JN299914

北ウェールズ
交通史論

梶本元信

日本経済評論社

はしがき

　イギリス経済史の中で，ウェールズに関する研究は，わが国では概して等閑視されてきた。というのも，ウェールズ，とりわけ北ウェールズは，ランカシャー（木綿工業）やヨークシャー（毛織物工業），北東イングランド地方（鉄鋼・造船業），ミッドランド地方（機械工業），さらにはスコットランドのクライドサイド（造船・機械工業）などとは異なり，決して産業革命の中心地域とはならなかったし，ロンドンを中心とする南東部のように，消費や流通，あるいは金融の中心でもなかった。ウェールズ，とりわけ北ウェールズは人口まばらな辺境の山岳地域という印象が強く，従来わが国の経済史家たちの目から見ると，幾分魅力に欠けた地域であったかもしれない。

　もっとも，この地域の経済の歴史がわが国の経済史家たちにほとんど注目されなかったからといって，そのことは，この地域がイギリス経済史の中で無視してよい地域であったことを決して意味しない。というのも，すでに中世から近世にかけて，ウェールズの草原では家畜の飼育が盛んで，そこで飼育された牛や羊が家畜商人によってイングランドの飼育場へ運ばれていた。生きた家畜の輸送はドローヴィング（droving）と呼ばれ，イングランドへ運ばれた家畜は都市近郊の牧場で太らされ，最終的にはイギリス人の食卓にのぼり，彼らの味覚を満足させていた。他方，家畜の販売で得られた収入は貧しいウェールズ農民の貴重な所得源となっていた。また，ウェールズの農場で作られたチーズやバターなどの酪農品は，古くから沿岸船でブリストルやロンドンなどに運ばれ，都会の消費者の食欲を満たしていた。このようにウェールズの牧場で飼育された家畜やその生産物は，ロンドンをはじめとするイングランドの都市住民の重要な食糧源となっていたのである。

　農業ばかりではなく，工業も発達していた。すでに16〜17世紀頃から，毛織物工業が当初は農家の副業として，後には工場制手工業・機械工業として発達し，そこで生産された反物はシュルーズベリーを中心とするイングランド商人によっ

て，単にイングランドばかりでなく，遠く海外にも輸出され，場合によっては植民地プランテーションで働く黒人奴隷の衣服として使用されていた。イギリスの工業化は海外植民地との貿易を無視して語ることはできないが，ウェールズの毛織物工業が植民地貿易の発達と密接に結びついていたことは注目すべきである。もっともウェールズ，とりわけ北ウェールズの毛織物工業は工業化の波に乗りきれなかった。周知のように，ランカシャーの綿織物工業に始まる産業革命の波は，やがて毛織物工業にも波及し，水運やエネルギー資源などに恵まれたヨークシャーのウェストライディング地方が毛織物工業の中心地となった。北ウェールズでも一部の革新的企業家を中心に機械化が図られ，中にはユニークなマーケティング革新によって成功するものも見られたが，全般的にみると，ウェールズの毛織物工業はイングランドの大規模業者との競争に敗れて衰退する運命にあった。私見では，ウェールズの毛織物工業の研究はわが国ではほとんど無視されているものの，それがプロト工業化時代の中心産業であったことはもっと注目されてよいと思うし，またプロト工業化の中心産業が必ずしも工業化の中心産業にならなかった一つの興味深い事例を提供するものといえよう。

　このほかにも北ウェールズでは，フリントシャーの炭田地帯を中心にかなりの規模の製鉄業が発達したし，さらには産業革命や鉄道時代の建築ブームに伴う屋根用スレート需要に応じるため，スレート産業が繁栄を謳歌したのである。実際，スレート産業は18世紀末から20世紀初期にかけて，北ウェールズの中心産業となった。スレート需要は，すでに鉄道時代以前の18世紀末以来，産業革命の進行に伴う都市化によって，屋根用の建材として大量に消費されるようになっており，その多くは北ウェールズから調達された。北ウェールズの内陸で生産されたスレートは，狭軌鉄道によって港（ペンリン港，カナーヴォン港，あるいはポースマドック港など）へ運ばれ，さらに帆船でイングランドの消費地へと輸送されていた。19世紀後半になると，北ウェールズにおける鉄道の普及とともに鉄道輸送が帆船輸送に取って代わった。帆船にせよ，鉄道輸送にせよ，北ウェールズで産出されたスレートはイギリス各地へ，さらには，特にポースマドックからのスレートは，ヨーロッパやアメリカ大陸へも輸出された。安価な生産コストと低輸送費がスレートの大量生産を助長し，スレート屋根の普及に貢献した。北ウェールズ

産のスレートは駅舎，教会，その他の公共建築物，そして一般家屋の屋根に使用されたばかりでなく，教材用石版や床の石材，暖炉，さらには棺桶や墓石としても使用されたのである。

　以上，北ウェールズの主要産業について若干言及してきたが，最後に忘れてならないのが観光産業である。近年の歴史研究の傾向，とりわけ環境保護や産業遺産への関心の高まりの中で，北ウェールズは，徐々にではあるが，注目すべき地域になってきているように思われる。風光明媚な海岸線やスノードニアの山岳地帯の景観，さらにカナーヴォン城やコンウィ城に代表されるように，ユネスコの世界遺産に登録されている中世以来の古城に加えて，数多くの保存鉄道やユニークな運河施設など，産業革命時代の数多くの産業遺産が，北ウェールズ観光の目玉になっている。それらのあるものは，例えばペンリン城内の狭軌鉄道博物館内のスレート運搬用機関車のように，すでに歴史的役割を終え，博物館に保存されている。あるものは，例えばメナイ海峡に架かるテルフォードの吊橋のように，今も現役で活躍しながら観光客を楽しませている。中には，ホーリーヘッド道路の一部区間がそうであるように，幸いにも完全には破壊されず，産業考古学者によって発掘されたものもある。また，スランゴスレン運河やモンゴメリーシャー運河のように，熱心な愛好家たちによって再建されたものもある。いずれにせよ，そうした産業遺産の多くは地方産業の繁栄と衰退という歴史を具現しているとともに，熱心なボランティア達による地味な保存運動の汗の結晶であることを忘れてはならない。実際，北ウェールズの産業遺産を考察する場合，それらの保存運動や観光資源化が，地方産業の衰退と密接に関係していたことに注目する必要がある。本書で取り上げる運河やナローゲージ鉄道の保存運動はその重要な事例である。

　さて，以上で見てきた北ウェールズの地域産業は，原料や生産物，あるいは観光客の輸送のために，交通を必要としたのである。実際，地域産業と交通は相互依存関係を持ちながら栄枯盛衰を共にした。筆者は，すでに前書『南ウェールズ交通史研究』（日本経済評論社，2000年）において，南ウェールズの主要産業である製鉄業と炭鉱業の盛衰を，再生可能エネルギー源である水力や動物力などから化石エネルギー源である石炭への移行を強く意識しながら，それらの産業形成

を可能にした交通（とりわけ運河，鉄道，そして海運）との関係で考察した。南ウェールズ，とりわけカーディフやニューポート，スウォンジーとその後背地域の産業は石炭を中心とするエネルギー革命と運命を共にしたといっても決して過言ではない。しかし，一口にウェールズといっても北と南とでは，立地した産業にかなりの相違があった。確かに北ウェールズでも炭鉱業はみられたものの，それは決して南ウェールズのように地域経済の中心にはならなかった。北ウェールズの産業は概して南ウェールズと比べると小規模で，より分散的であった。あえて言えば，スレート産業が南ウェールズの炭鉱業に類似していたといえるかもしれない。しかし南ウェールズにせよ，北ウェールズにせよ，産業と交通とが密接に絡み合って形成され，発展し，そして衰退した点では共通している。そこで本書では主として18世紀後半から19世紀末にかけての北ウェールズに注目しつつ，当時の主要交通機関であった道路，海運，運河，そして鉄道に焦点をあてつつ，交通と地域産業との相互関係を主たる考察対象とするものである。

　まず，第1章（北ウェールズ産業の盛衰と交通）では産業革命前後の地域産業の盛衰を交通との関連で概観する。第2章（鉄道以前の陸上交通）では，アイルランド併合以後建設されたホーリーヘッド道路を中心に，その建設動機と意義，およびその道路の地域経済への貢献を考察する。第3章（海事産業とスレート輸送）では，北ウェールズの主要スレート積み出し港（バンゴール，カナーヴォン，ポースマドックなど）における海運・造船の発展をスレート産業との関係で考察する。そのさい，スレートの輸送にどうして長らく帆船が使用されていたかという疑問にも解答を与える。第4章（北ウェールズの運河と沿線の産業発展）と第5章（戦後の運河再建運動）は連続しており，北ウェールズの主要運河であるエルズミア運河（スランゴスレン運河）とモンゴメリーシャー運河の建設事情とその盛衰を地域産業との関連で考察し，さらに第二次世界大戦後の運河再建運動に触れる。その際，トム・ロルトを中心とするボランティアたちによる運河再建運動の高まりと政府の運河に対する政策の変化を考察する。第6章以降の各章はいずれも北ウェールズの鉄道に関係している。第6章と第7章では，北ウェールズの2つの幹線鉄道を取り上げる。その一つがチェスター＆ホーリーヘッド鉄道であり，イギリスとアイルランドの迅速な連絡を目的として建設された。ここでは，

この鉄道の設立事情と地方経済への貢献を中心に考察する。もうひとつの幹線鉄道がカンブリアン鉄道であり，ここでは，北中部の地方鉄道がカンブリアン鉄道に統合される事情と統合後の経営変化を北中部ウェールズ経済との関係で考察する。第8～10章はナローゲージ鉄道の盛衰と再生がテーマである。北ウェールズは軌間60～80センチの狭軌鉄道の宝庫であり，現代でもそれらの多くは観光の目玉となっている。そこでこれらの章では，特にタリスリン鉄道とフェスティニョク鉄道に力点を置き，それらの盛衰と第二次世界大戦後のボランティアによる再建活動に焦点をあてる。第11章（北ウェールズ観光と交通）では，とりわけ，鉄道の開通による北ウェールズ観光の大衆化，臨海リゾートの発展に焦点を合わせる。最後に第12章（結論）で，本書で明らかにした点と今後の研究課題に触れて，結びとする。

目　　　次

はしがき　i

第1章　北ウェールズ産業の盛衰と交通……………………1

1．はじめに　1
2．北ウェールズの農業と交通　2
3．毛織物工業の盛衰と交通　13
4．製鉄業の盛衰と交通　23
5．おわりに　30

第2章　ホーリーヘッド道路と海上ルートの近代化………41

1．はじめに　41
2．北ウェールズにおける交通・通信改善の必要性　43
3．トマス・テルフォードとホーリーヘッド道路の建設　47
4．海上ルートの改善　63
5．おわりに　68

第3章　海事産業とスレート輸送……………………………79

1．はじめに　79
2．発展の基盤，交通インフラの形成　82
3．スレート市場の拡大　87
4．スレート輸送と海事産業の発展　90
5．蒸気船の役割　100
6．おわりに　106

第4章　北ウェールズの運河と地域経済……………………109

1．はじめに　109

2．運河の建設　110
　　　3．鉄道会社による買収　118
　　　4．運河沿線の産業発展と運河輸送　119
　　　5．おわりに　128

第5章　戦後の運河再建運動 ……………………………… 133

　　　1．はじめに　133
　　　2．ボランティアによる活動　134
　　　3．内陸水路政策の変遷　137
　　　4．再建の事例・ウェールズの運河の場合　143
　　　5．水路の娯楽・アメニティ利用　148
　　　6．おわりに　150

第6章　チェスター＆ホーリーヘッド鉄道 ……………… 157

　　　1．はじめに　157
　　　2．イングランドとアイルランド両首都間の鉄道計画　159
　　　3．チェスター＆ホーリーヘッド鉄道の設立と
　　　　　本線の建設　165
　　　4．S. M. ピートーと沿線開発　178
　　　5．おわりに　197

第7章　カンブリアン鉄道の形成と発展 …………………… 205

　　　1．はじめに　205
　　　2．カンブリアン鉄道前史　206
　　　3．カンブリアン鉄道の形成　213
　　　4．おわりに　228

第8章　ウェールズのナローゲージ鉄道(1)
　　　　　──概論── ………………………………………… 235

1．はじめに　235
2．タイプ1に属する鉄道　240
3．タイプ2に属する鉄道　242
4．タイプ3に属する鉄道　246
5．タイプ4に属する鉄道　248

第9章　ウェールズのナローゲージ鉄道(2)
　　　　　──タリスリン鉄道── ……………………………… 255

1．はじめに　255
2．「スレート産業」時代　257
3．「ツーリズム」時代　276
4．おわりに──現在のタリスリン鉄道──　280

第10章　ウェールズのナローゲージ鉄道(3)
　　　　　──フェスティニョク鉄道── ……………………… 289

1．はじめに　289
2．フェスティニョク鉄道の建設と発展　290
3．ライバル鉄道の出現とその影響　307
4．戦後の再建　314
5．おわりに　319

第11章　ウェールズ観光旅行の歴史と鉄道 ……………………… 327

1．はじめに　327
2．鉄道以前のウェールズ旅行　328
3．臨海リゾートの発達と鉄道　338
4．北ウェールズの主要臨海リゾート地　343

5．おわりに　353

第12章　結　論 …………………………………… 361

あとがき　369
索　　引　371

第1章　北ウェールズ産業の盛衰と交通

1．はじめに

　ウェールズは一般的に人口密度が低い丘陵地域という特徴を持ち，経済的にはイギリスの中でも後進地域という印象が強いが，このことは統計資料からも明白である。例えば2000年におけるウェールズの人口は約295万人で，連合王国全体（約5,976万人）の4.9％を占めていたが，その GDP は全体の4.0％に過ぎず，一人当たり DGP は連合王国平均の80％にすぎなかった[1]。このように現代でもウェールズはイギリスの中でも比較的貧しい地域といえるが，ウェールズと一口にいっても，北と南とでは立地した産業には幾分違いがあった。19世紀の南ウェールズが製鉄業や炭鉱業を中心に一大工業地域に発展したのと比較して，北ウェールズ[2]では，一時期，毛織物工業やスレート産業などが主要産業として栄えたものの，その繁栄は長くは続かず，一時繁栄していた町も衰退し，20世紀になると過疎地域になっていった。もっとも現代ではその風光明媚な自然と歴史遺産によって観光産業が発展している。実際，ウェールズにおいて観光産業は重要産業の一つとなっており，The Wales Tourist Board によると，2005年に海外からウェールズを訪問した旅行者の数は95万9千人で，彼らは総額で3億5百万ポンドを支出したという[3]。

　本章の課題は，18世紀後期から19世紀にかけて北ウェールズの主要産業に生じた変化を交通との関係で概観することである。まず次節では農業に見られた諸変化を考察する。農業を最初に取り上げる理由は，それが前工業化時代における経済活動の中心であり，当時の人々は大半が農業に従事しており，農業の状態が少なからず他の産業にも影響を与えたからである。農業は天候や地勢といった自然

環境の影響を受けやすい産業であり，丘陵地が大部分を占める北ウェールズでは，耕作よりも牧畜が古くからその中心を占めていた。劣悪な環境の中で困難な生活を強いられたことが，農業のみならず他の産業にも大きな影響を与えずにはおかなかったのである。そこで本章ではまず当該期における農業上の革新が北ウェールズではどのように行われたかについて若干触れたのち，北ウェールズの農業と交通，とりわけ鉄道が農業にいかなるインパクトを与えたかをドローヴィング（droving）の衰退を中心に考察する。次いで第3節では北ウェールズの毛織物工業と交通との関係を論じる。ウェールズの毛織物工業について語る場合も，農民の生活との関係を無視することはできない。古くからウェールズの農民の多くは，冬期の副業として毛織物業に従事していたからである。この産業は当初，農民の副業として発展し，地域によっては終始その域を出なかった。そしてたとえ機械制工場へと発展したとしても，多くの業者は資本不足や流通組織上の問題を抱えており，決してヨークシャーのウェストライディング地方に見られるほど大規模産業に発展することはなかったのである。ここでは，北ウェールズ毛織物工業の独自性を概観した後，交通の改善，とりわけ鉄道が地元の毛織物業者にどのような影響を与えたかについて考察する。そして第4節では製鉄業を取り上げ，この産業で活躍した著名な企業家，ジョン・ウィルキンソンの企業活動に焦点を合わせることによって，彼の事業と交通との関係を考察する。なお19世紀に発展した北ウェールズの代表的産業として，以上のほかにも炭鉱業やスレート産業があるが，北ウェールズの炭鉱業の規模は南ウェールズと比較すると小さく，多くは製鉄業に従属するものであったし，またスレート産業については，第3章で取り上げるので[4]，ここでは割愛する。

2．北ウェールズの農業と交通

イギリスの地形図を見れば容易に想起されるように，北ウェールズは，スコットランド高地地方と並んで，イギリスでも有数の山岳地帯であり，その関係でそのほとんどの地域では穀作よりもむしろ牧畜が発展した。確かにセヴァン川などの河川流域の低地地方では穀作が行われ，18世紀半ばには西部の港から小麦の積

み出しも行われていた。そうした例外はあるものの，北ウェールズではほとんどの地域で羊や牛の飼育が行われ，牧畜が農業の中心を占めていたのである。北ウェールズ農業のもうひとつの大きな特徴として，陸上交通の発達の遅れもあって，18世紀半ばまでほとんど自給自足に近い状態であったことがあげられる。18世紀後半から19世紀にかけて，ターンパイク・トラストを中心に道路建設が進行し，あるいは運河によってイングランド各地との交通が発達するまで，ウェールズでは，多くの旅行者が嘆いているように5)，道路らしい道路はほとんど見られず，貨物の輸送は駄馬やソリで行われねばならなかったのである。

　大きな変化は18世紀後半，とりわけ第4四半期になって生じた。その一つはエンクロージャー（囲い込み運動）であり，もうひとつは農業技術の革新であった。これらは相互に密接に関連しながら進行した。その場合，それらの変化は北ウェールズではイングランドでみられたよりも幾分遅れ，しかも変革の原動力は内部よりもむしろ外部からやってきた。中でも重要な出来事として，18世紀後半から19世紀にかけて起こった相次ぐ戦争，そしてそれに伴う富裕階級のヨーロッパへのグランド・ツアーの中断があげられる。今や，ロマン主義文学やピクチャレスク運動の流行とあいまって，ウェールズの山岳地域への関心が高まり，多くの画家や文人がスノードン山系や荒廃した修道院や古城を訪れ，それらを題材にして数多くの絵画や詩，旅行記などを発表した6)。それによってウェールズへの関心が高まり，イングランドからウェールズへの観光旅行や投資を助長したばかりでなく，地元のジェントリーや企業家たちによる経済改革への刺激ともなった。一連の農業改革も決してこうした動きと無関係ではなかったのである。

(1) エンクロージャーと農業技術の革新

　ウェールズの農業改革の一つは土地所有制度の変革，すなわちエンクロージャー（土地囲い込み運動）となって表れた7)。その場合，北ウェールズのエンクロージャー運動には次のような特徴が見られた。まず，第1にその時期はイングランドよりも遅れ，ようやく1770年代になって始まった8)。しかもイングランドの影響を受けて，イングランドとの境界地域から開始された。その嚆矢はフリントシャー，ソルトニー・マーシュ（Saltney Marsh）と呼ばれる沼地を干拓する囲

表1-1　北ウェールズのエンクロージャー裁定件数と面積

	1789年迄	1790-1809年	1810-29年	1830-49年	1850年以降	合　計
カナーヴォン	0(0)	0(0)	8(31,104)	2(2,560)	3(6,240)	13(39,904)
メリオネス	0(0)	1(0)	5(29,880)	1(17,374)	1(878)	8(48,132)
モンゴメリー	2(226)	3(44,970)	8(33,510)	2(237)	4(2,801)	19(81,744)
デンビー	0(0)	2(1,380)	5(12,800)	9(37,996)	8(20,138)	24(72,314)
フリント	3(5,100)	8(20,390)	3(2,280)	5(2,996)	3(1,674)	22(32,440)
アングルシー	0(0)	0(0)	3(4,237)	1(2,300)	4(418)	8(6,955)
合　計	5(5,326)	14(66,740)	32(113,811)	20(63,463)	23(32,149)	94(281,489)

(注)　括弧内の数値はエイカー。
(出所)　Chapman J., *A Guide to Parliamentary Enclosures in Wales*, University of Wales, (1992) より作成。

い込み立法（1778年）で，これにより沼地が埋め立てられ耕作地として利用された。次いで1780年代になって，モンゴメリーシャーで3つの囲い込み立法が通過し，セヴァン川やその支流域の9千エイカーの土地が囲い込まれ，穀作に利用された[9]。ドッドによると，北ウェールズでエンクロージャーが第1のピークに達するのは1790〜1815年の対仏戦争期であり，この25年間にフリントシャーで17件，デンビーシャーで15件，カナーヴォンシャーで10件，メリオネスシャーで7件，モンゴメリーシャーで6件，アングルシーで5件，計60件のエンクロージャー立法が通過した[10]。しかしウェールズでのエンクロージャーはそれ以後も続き，ターナーによると，1845〜60年頃に第2のピークを迎えるのである[11]。1845年に制定された一般エンクロージャー法（The General Enclosure Act）によって手続きが標準化され，共有地居住者の利権にも考慮が払われたことがこの時期のエンクロージャー運動に弾みを与えたといえよう[12]。

表1-1は，チャップマンが作成した資料をもとに，北ウェールズにおける議会エンクロージャーの裁定件数とその際の裁定面積（エイカー）を時期毎にまとめたものである。中にはエンクロージャー立法が獲得されたにもかかわらず，裁定年が記載されていないものや，裁定に達したものの面積が不明なものもあった。便宜上，前者の場合には立法通過の年を裁定年と記載し，後者の場合には面積は0と記載しておいた。また，場合によっては，裁定面積と実際の割り当て面積が異なるものもかなり多く見られた。いずれにせよ，カッコ内に記載された面積の数値はそれほど正確とは言い難い。こうした点を考慮に入れた上で表1-1を見

ることによって，ドッドやターナーの議論がいっそう補強されるであろう。北ウェールズにおいて議会エンクロージャーが始まるのはイングランドと隣接するフリントシャーやモンゴメリーシャーからで，例えば前述のソルトニー・マーシュの場合，立法が通過するのは1778年で，沼地の埋め立てによってグリン（Sir Stephen Glynne）は1,005エイカーの土地を手に入れている[13]。表1-1により，北ウェールズではフランス革命・ナポレオン戦争時代から19世紀半ば過ぎにかけてエンクロージャーが進行していることが明らかになる。またこの表によって，立法通過年と委員による裁定書作成年との間に数年のずれがあることを考慮に入れるならば，北ウェールズでもフランス革命からナポレオン戦争前後の時期にかけてエンクロージャー立法数の第1の大きなピークが見られ，その後1845～60年にも小さなピークが見られたのであり，この点でターナーの主張が確認されるであろう。その結果，1860年代末になると囲い込みが行われていない共有地や荒蕪地は，州によってかなり差があるものの，大きく減少したのである[14]。

　北ウェールズにおけるエンクロージャーの第2の特徴として，囲い込まれた土地のほとんどが共有地や荒蕪地で，その多くは丘陵地にあったため，囲い込みの後も耕地がさほど拡大しなかったことがあげられる。概して，18世紀後半以降イングランドを中心に実施された議会エンクロージャーの動機は，穀物需要の増加に応じるために耕地を拡大し，生産性を上げることであった。確かにイングランドとの境界近くの干拓地は耕作用に利用されたが，これは必ずしも一般的ではなく，ウェールズの多くの囲い込み地，とりわけ山岳地域の土地は，従来どおり牧畜に利用され続けた[15]。スレート採石が期待できる地域では，立法獲得の目的は採石地を占有することによって，不法定住者を追い出すことであった。実際，チャップマンが作成した個々のエンクロージャー資料を見れば明らかなように，エンクロージャー面積の大小にかかわらず，対象となった土地のほとんどが共有地や荒蕪地であり，それらの多くは丘陵地にあったため，エンクロージャー立法が獲得されたからと言っても，耕地に転用されたとは考えにくい。一例をあげると，カナーヴォンシャー，スランデイニオェン（Llanddeiniolen）のエンクロージャー立法が獲得されたのは1806年であり，1814年に裁定書が作成された。裁定書での土地は3,346エイカーの共有地と荒蕪地であったが，実際に割り当てられたの

は3,331エイカーであった。これらの土地のうちの80%にあたる2,695エイカーがトマス・アシェトン=スミス（Thomas Asheton-Smith）に割り当てられている[16]。言うまでもなく，彼はその土地をスレート鉱山開発のために利用したのである。また，ウェールズでは一般的に法律獲得後，委員による裁定が行われるまで，かなりの長期を要することが珍しくなかったが，その理由の一つは，土地の境界線が特定されておらず，地図にも明確に記載されていない土地が多かったことによっていた[17]。当然こうした土地の地価は安く，利用できたとしてもせいぜい牧畜程度であったと思われる。

　北ウェールズにおけるエンクロージャーの第3の特徴として，王領地とそこに住む不法定住者（squatters）の存在があげられる。ウェールズは中世から近世にかけてイングランドによって征服されたという歴史をもつ関係上，囲い込みが行われる前に王領地となっていた土地が多く，それらの土地には古くから多くの不法定住者が住み着き，掘立て小屋を建て，荒蕪地を耕作し，ジャガイモなどを栽培し，スレート採石によって細々と生活を営んでいた。しかもそれらの王領地の多くは辺境の荒蕪地ということもあって，地価が低く，戦争や革命などの混乱を経るうちに，いつのまにか忘れ去られ，所有権があいまいになっていった[18]。18世紀末に鉱山業などが発展するにつれて，土地を私有化するためにエンクロージャー立法を獲得した地主たちは，こうした不法定住者の権利に何らかの配慮を施す必要が生じた。時には地主と既得権者との間で軋轢が生じ，場合によっては暴動に発展することもあった。例えば，前述のアシェトン=スミスによるエンクロージャー立法で苦境に立たされたスレート採石労働者の暴動はその一例といえよう[19]。すなわちディノーヴィック地方の地所を相続したアシェトン=スミスは，当初は他人にスレート鉱山開発を委託し，自らはさほど鉱山開発に関与していなかったが，やがてこの産業の将来性が明らかになると，彼は1806年と1808年にエンクロージャー立法を獲得することによって荒蕪地の利権を確保するとともに，パートナーたちと共同でスレート鉱山開発に乗り出していった[20]。しかしそれにより，古くから荒蕪地に掘立て小屋を建て，細々とスレート採掘に従事していた採石労働者たちの生活が脅かされることとなり，1809年夏に暴動へと発展したのである。指名手配された6人の暴動犯のうち3人が刑務所に入れられ，他のもの

は逃亡した。幸いにも刑務所に入れられた3人の犯人もジョージ3世の戴冠50周年を記念する恩赦を受けて1810年に解放されている[21]。しかし，1812年にネヴィン（Nefyn）地域で行われたエンクロージャーに反対する暴動では，これよりも厳しい判決が下され，2人が死刑判決を受け，そのうち一人は懲役刑に減刑されている[22]。貧農たちの暴動の例はその他にも見られたことからも類推されるように，多くの場合，囲い込みの後，小土地所有者や小屋住み農の地位はますます悪化したのである。確かに小屋住み農たちは法律上なんらの土地割り当てを受ける権利をもってなかったが，場合によっては，貧民たちへの何らかの配慮が行われることもあった。例えば，Henllan Enclosure Act（1802年）の下では，荒蕪地に450ポンドの費用をかけて小屋が建てられ，22人の貧民に無償で提供されたという[23]。また一部の人道的地主も貧民たちに同情的であった。例えば，ウィン（Sir Watkin Williams Wynn）は貧民たちのために土地の一部を割り当て，ジャガイモの栽培を奨励した[24]。

　さて北ウェールズの人々の生活は一般にイングランド人よりも質素で貧しく，18世紀半ばまでほとんど自給自足に近い状態であった。そして改革の原動力は内部からというよりむしろ外部からやってきた。ウェールズの農業技術の革新との関係で重要な出来事としてまずあげられるのが，1793年にロンドンで創設された農業院（the Board of Agriculture）であった。ジョン・シンクレア卿がその初代総裁に任命され，革新農法の啓蒙活動で有名なアーサー・ヤングが書記となった[25]。農業院の委託を受けてイギリス各地方の農業状態に関する調査が相次いで実施され，報告書が作成された。ウェールズ農業状態の調査も行われた。ケイ（George Kay）の調査はさほど組織立ったものではなかったようであるが，その後，デイヴィス師（Revd. Walter Davies）が行った調査は周到を極め，その報告書（A General View of Agriculture and Domestic Economy of North Wales, 1810）はウェールズ農業の改善に貢献したのである[26]。

　また開明的地主たちが中心になって数多くの農業協会（Agricultural Societies）が設立され，改善に貢献した。そうした農業協会は1790年代にモンゴメリーシャーやデンビーシャーで，1801年にはメリオネスシャー，1807年にカナーヴォンシャー，そして1808年にはアングルシーやクルイドにも設立された[27]。

これらの農業協会は羊毛刈り取りや耕作競技や家畜品評会の開催などを通じて，新農法や新種の家畜の普及に貢献し，時には市の開催を行い，農民のために議会への請願活動や道路改善キャンペーンも実施したのである[28]。こうした農業協会の設立に貢献した地主の例として前述のウィン卿があげられる。彼はレクサム農業協会（Wrexhsam Agriculture Society）の設立など，新農法の普及に貢献した[29]。

このほかにも新農法や植林，築堤などを通じて多くの企業家が北ウェールズの農業や産業発展に貢献した。例えばフリントシャーのグリン（Sir Stephen Glynne）は排水やカブの導入で貢献し，初代ペンリン卿も牧畜や農場の家屋の改善などで貢献した[30]。またマドックス（W. A. Madocks）[31]やウィルキンソン（John Wilkinson）は，本来他の目的で革新を行ったが，結果的に農業の発展にも貢献した。前者は築堤によって干拓に貢献したのに対して，後者は製鉄業を営むために購入した土地を農業用にも利用し，北ウェールズで初めて蒸気脱穀機を導入した。しかしこうした改良にもかかわらず，貧弱で起伏の多い地勢のために，ウェールズではなお伝統的農業方法やソリや駄馬といった古くからの輸送方法が19世紀末になっても残っていたのである[32]。

(2) ドローヴィングとその衰退

丘陵地が国土の大部分を占める北ウェールズでは，農業の中心は牧畜であり，ドローヴィング（droving）といって，古くから家畜を追ってイングランドの牧草地まで送っていた[33]。扱われた家畜の中心は牛であったが，羊やブタも追われた。もちろん，家畜が生きたまま船で運ばれることもあったが，多くの場合陸路で送られていた。この点に関してアダム・スミスは『国富論』の中で「生きた家畜は，海上輸送が陸上輸送よりも費用がかかるおそらく唯一の商品であった」[34]と述べている。というのも，陸上輸送に比べて海上輸送では，家畜を養うための食糧や水も積み込まねばならず，高価であったばかりでなく，不便でもあったからである[35]。もっとも家畜以外の農産物の多く，とりわけバターやチーズなどの酪農品は，古くから沿岸船によってブリストルやリヴァプールなどに輸送されていた[36]。しかし，19世紀後半になって，ウェールズでも鉄道時代を迎えると，従

来の農産物のマーケティング方法は大きな影響を受けることとなった。そこで以下では，鉄道時代以前の家畜のドローヴィングについて触れ，ついで鉄道の出現による影響を考察しよう。

　ウェールズの丘陵地やスコットランド高地地方の痩せた家畜を追って，イングランドの牧草地まで連れて行くドローヴィングの仕事は，中世以来の歴史をもち[37]，貧しいウェールズの農民にとって，重要な収入源であった[38]。テューダー朝時代からドローヴァーには資格制度が設けられ，その資格を得るには，30歳以上，家主，そして既婚の男性でなければならなかった[39]。こうした資格制度が設けられたからといって，悪徳業者がなくなったわけではないが，概してドローヴァーは農業労働者に比べると高い所得を得ており，その社会的評価も低くはなかったといえよう[40]。時には家畜だけでなく，現金や重要文書の輸送を委託されることもあった。もっとも多額の現金輸送には危険が伴ったため，やがて手形取引に取って代わられ，こうした信用取引が地方銀行の発達の一因となった。実際，ウェールズのドローヴァーが蓄積した資金を利用して地方銀行を設立する事例も見られたのである。例えば，アベリストゥイスやスランドベリーの地方銀行はその好例である[41]。彼らはウェールズのような外界から隔離された半自給自足的な社会にとって，中央からのニュースの重要な伝達者であったし，時にはウェールズの女性たちへの職業斡旋者ともなった[42]。

　さて，1回のドローヴィングで運ばれた牛の数は，季節やイングランド飼育者側の需要に応じて変動し，必ずしも一定ではなかったが，概ねその規模は100〜400頭で，4〜8人のドローヴァーと彼らの犬から構成されていた[43]。その平均時速は約2マイルで，1日平均14〜16マイルを踏破した[44]。北ウェールズからケントの牧草地まで3週間足らずの行程であったという。スコットランドのドローヴァーにとって，野宿がごく当たり前のことであったが，ウェールズからの場合は，途中の宿泊には旅籠（inn）が利用された。もっとも旅籠に泊まるのは年長者だけであり，若者は牛たちの世話をする必要上，旅籠の傍らの草地で牛たちと寝食を共にしなければならなかったのである[45]。ドローヴァーにとって最も重要なことは，牛の餌の確保であった。彼らは途中の牧草地で牛に餌をやらねばならなかった。今日でも稀に地名などにその名残が見られ，例えばハーフペニ

イラスト1-1　ウェールズのドローヴァー，左腕に貼り付けられているのはライセンス番号である。

（出所）Toulson S., *The Drovers*, Shire Publication Ltd., (2005), p. 13.

ー・パスチャー（halfpenny pasture）などと呼ばれている場所がそれである。これは牛1頭一晩当たりの牧草地を意味していた。ドローヴァー自身が宿泊する旅籠にその名称をとどめているものもある[46]。

　ドローヴァーの仕事にはさまざまな危険が待ちうけていた。追いはぎや狼の襲撃，あるいは家畜の集団暴走などに加えて，河川や海峡を渡るのも，危険がいっぱいであった。アングルシーからの牛追いにとって，テルフォードによる架橋以前に，メナイ海峡は最大の難所であったし，洪水で増水した川を渡るのも命がけの大仕事であった。また18世紀半ば頃から多くのターンパイク道路（有料道路）が建設され，通行料を徴収するために数多くのゲートが設置された。こうした有料道路の建設は，メトカーフやテルフォード，マカダムなど，有能な土木技師たちに活躍の機会を与え，産業革命期の道路交通の発展に大いに貢献したが，ドローヴァーたちにとって，それらのゲートは必ずしもさほどありがたいものではな

かった。というのも，通行料の支払いに加えて，ゲートでの支払い手続きに時間を要したからである。このためドローヴァーたちはできるだけ迂回路を利用しようとした。また，同時期に議会エンクロージャー運動が進行し，多くの共有地や荒地が石垣や柵などで囲い込まれたことも，ドローヴィングの妨げになった。アルバートによると，ターンパイク道路とエンクロージャーとの間には大きな共通点があった[47]。一方は通行料徴収所の設置，他方は生垣や石垣，または柵を設けることによって，少数の富者によって，多数の貧者を犠牲にしながら実施されたのである。しかしドローヴァーたちをそうした犠牲者と決めつけてしまうには若干問題があるように思われる。というのもターンパイク道路は必ずしもデメリットばかりではなかったからである。時には迂回路を利用するよりも有料道路を通過するほうが有利なこともあった。というのも直線的な有料道路を通過するほうが，迂遠で危険な山道を通るよりも時間や家畜の草代，蹄鉄代の節約になったし，家畜の体力の消耗も少なくてすんだからである[48]。

　何百年にもわたるドローヴァーたちの活動に決定的な打撃を与えたのが鉄道であった。ウェールズの鉄道時代はイングランドよりも幾分遅れて到来し，しかもその建設プロセスも緩慢で，パッチワーク的であった。リヴァプール＝マンチェスター鉄道の開通（1830年）がイングランドでの鉄道時代の幕開けであったのと同様，ウェールズ最初の本格的な鉄道であるタフ・ヴェール鉄道が開通したのは1841年であった。北ウェールズで最初の幹線鉄道，チェスター＆ホーリーヘッド鉄道はロバート・スティーブンソンのブリタニア鉄橋の完成後1850年に開通し，そのカナーヴォン＝バンゴール間の支線は1852年に開通した。同年に南ウェールズ鉄道はカマーザンまで達し，翌1853年にその路線はハーバーフォード・ウェストまで達した。その後1850年代から60年代にかけて，北中部ウェールズで小鉄道が間歇的に建設され，やがて1864年にそれらの多くがカンブリアン鉄道に統合された。そして1860年代末になると，ほとんどのウェールズの主要都市は鉄道網で連絡されていた。

　鉄道による安価で大量輸送の提供は，シュムペーターのいう「創造的破壊」過程の好例を示すものであった。鉄道は一方では新産業を生み出し，経済発展の原動力になったが，他方では旧産業の衰退を余儀なくしたのである。鉄道はウェー

ルズの農民に輸送コストの大きな削減をもたらしたが，他方ではドローヴィング衰退の原因となった。ドローヴィング費用の中には通行料の支払い，ドローヴァーの宿代，食費，賃金などが含まれていた。例えば，D. ジョナサンというあるドローヴァーの1843年における費用の中で最も高価だったのは家畜の草代で，次いで有料道路代，その他宿泊費，飲食費，助手たちへの手当て，家畜用蹄鉄代，市場代など総額約8ポンドとなっている[49]。また，ホウク（Hawke）の指摘によると，ドローヴィング費用の削減という点で，鉄道の利益は一見するよりも大きかった。というのも，19世紀が経過するうちにドローヴィング費用は増加したからである[50]。牛追いに伴う重要な損失は，牛の体重の減少であり，時には路上で死ぬこともあったという。そうしたことを考慮してホウクは，伝統的なドローヴィングで，家畜1頭1マイル当たりに必要な費用は，最低で0.8ペニー，高ければ2.44ペンスも要したのに対し，鉄道輸送ではわずか0.49ペンスにすぎず，明らかに鉄道輸送のほうが安価であった。ホウクの計算によると，鉄道がドローヴィングにとって代わることによる社会的節約は最低で0.31ペニー，最高で1.95ペンスに達したという[51]。鉄道による迅速な輸送は，安価な輸送費に加えて，農民による肥えた牛の生産を可能にし，効率的出荷を可能にしたのである。

また鉄道輸送の発展は，ドローヴィングのみならず，家畜の海上輸送にも大きな影響を与えた。この点，特にスコットランドからロンドンへの輸送に見られるように，長距離輸送では，必ずしも鉄道輸送が海運より有利というわけではなかった[52]。しかし短距離輸送では鉄道が海運に取って代わった。その一例が，北ウェールズからリヴァプールへのブタの輸送であり，海上輸送は鉄道に取って代わられ衰退していった。1847年には北ウェールズ諸港からリヴァプールへ12,072頭のブタが船で運ばれていたが，1855年にはわずか55頭に減少した。羊や子羊の輸送でも同様の変化があり，1847年には1,148頭の羊と1,771頭の子羊が船で運ばれていたが，1855年にはそれぞれ90頭と170頭に減少した[53]。他方海上輸送の減少と対照的に，鉄道による輸送は増加した。例えば，ヴェール・オヴ・クルイド鉄道（Vale of Clywd Railway）による牛の輸送は1860年に541頭にすぎなかったのが，1864年には3,100頭，そして1866年には4,840頭に増加した[54]。また1865～67年の3年間のカンブリアン鉄道による家畜輸送は表1-2のとおりである[55]。そ

表1-2 カンブリアン鉄道による家畜輸送

年	路線距離(マイル)	家畜輸送数(頭)		
		牛	羊	豚
1865	128〜135	19,172	31,911	23,119
1866	135	22,598	19,521	38,204
1867	135〜176	25,651	19,010	29,872

(出所) Howell D., 'The Impact of Railways on Agricultural Development in Nineteenth Century Wales', *Welsh Historical Review*, vol. 7, June (1974).

れ以前と以後の時期についてのデータが明らかでないのでなんとも言えないが,鉄道会社にとって家畜輸送が重要な収入源になったことは疑いない。

3. 毛織物工業の盛衰と交通

(1) 18世紀半ば以前

すでに中世の時代から,毛織物工業はウェールズの重要産業の一つであった。その場合,中世の毛織物生産は,家内工業が一般的であった。ギラルドゥス・カンブレンシスによれば,ウェールズ人は「商業や海運,あるいは工業になんら注意を払っておらず」[56],毛織物工業は中世ウェールズで広く普及していたものの,当時は主に自家消費のために生産されていたのである。この頃には生産物である毛織物よりむしろ,余った原毛が国王の許可を受けた南ウェールズのステイプル港からフランダース地方へと輸出されていた。当初はハーバーフォード・ウェスト,カマーザン,そしてカーディフなどがステイプル港であったが,14世紀半ばにはカマーザンが唯一のステイプル港となった。しかしこの頃になると,本国の毛織物工業の発展につれて,原毛の輸出は徐々に減少していった[57]。

絶対王政時代から18世紀半ばにかけて,毛織物生産の一工程である縮絨工程は家内工業の段階を脱して工場制に移行していった。パンディ(pandy),あるいはパンダイ(padai)と呼ばれる水車を利用した縮絨工場があちこちの川のほとりに設立されるようになったのである。すでに南ウェールズでは13世紀末からパンディが見られたが,北中部ウェールズではそれより幾分遅れて14世紀になって

地図 1-1　ウェールズにおけるパンディ（pandy；fulling mills＝水車利用の縮絨工場）という地名の分布

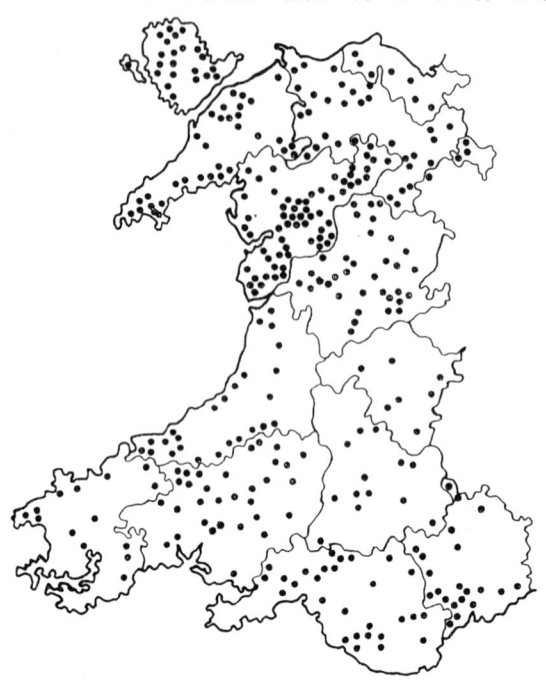

（出所）Jenkins J. G., *The Welsh Woollen Industry*, National Museum of Wales, (1969), p. 103.

設立が始まった[58]。しかしながらパンディがウェールズ中で増加するのは16世紀から17世紀，絶対王政時代においてであった[59]。

　しかしこの頃には，縮絨工程以外の主要工程，すなわち刷毛，紡績，および織布工程は未だ家内工業の段階であった。一般的に北ウェールズでは丘陵地が多く，農業の中心は牧畜であった。農業の規模は小さく，耕地が少なく，食糧の自給が困難だったため，他の地域から穀物を購入しなければならなかった。貧しい農民は農業だけでは自立できないため，何らかの副業に従事する必要があった。かくして毛織物業はウェールズ農民の副業として貴重な現金収入源となっていった。

　絶対王政時代から18世紀半ばにかけて，北ウェールズ毛織物工業に見られた大きな特徴として，イングランド商人，とりわけシュルーズベリー・ドレイパー

ズ・カンパニー（The Shrewsbury Drapers Company：以下SDCと略記）と呼ばれる中世のギルドに由来する商人組合への従属関係を指摘することができる[60]。彼らの独占は名目的には1624年の法律（ウェールズ産反物の自由取引に関する法律）によって廃止されたが[61]，実際にはその後18世紀半ば頃まで支配力を行使していた。こうした従属関係の背景にはウェールズ農村の貧困と交通の未発達があった。常に現金不足に喘いでいたウェールズの農民は，できるだけ迅速に布地を販売することによって現金収入を得ようとした。また毛織物工業は農村地域一帯に広く分散していたため，適切な販売組織を作ることができず，彼らよりも豊かでよく組織化された商人グループの意のままになっていたのである。交通が未発達であったこともSDCにとって有利に働いた。ウェールズ産毛織物市場は他の地方町でも発達したが，16世紀半ばにはオズウェストリーが主要市場となった。その町では年中月曜日毎に反物市場が開かれ，特に5月，8月，11月には盛大な大市が開催された。この市場には各地から呉服商人が訪れ，ウェールズ産の織物を購入したが，中でも域外市場への取引で独占的地位を占めるようになったのがSDCであった[62]。オズウェストリーは，しばらくはウェールズ産反物市場として賑わっていたが，町そのものが狭く，しかも交通が不便なこともあって，やがて1620年代初め頃からシュルーズベリーがこれに取って代わった。そこで取引された反物は駄馬隊を連ね，約1週間をかけてロンドンへ運ばれ，ブラックウェル・ホールを介して，海外へ輸出された[63]。そのあるものは西インド諸島で奴隷用衣服として使用されたのである[64]。

(2) 18世紀第4四半期～19世紀前半

　さて，北ウェールズ毛織物工業の大きな変革は18世紀末期に生じた。すなわち，SDCによる独占の崩壊，機械化の開始，縮絨以外の工程における工場制度の普及，そしてそれと関連して毛織物工業都市の成長などが主なものであるが，これらの諸変革に不可欠な影響を与えたのが交通の発達であった。

　交通の発達は，まず第1にシュルーズベリーの反物市場やSDCの独占を崩壊させた。というのはこの頃の道路や運河の建設に伴って，各地で市場は発達し，今やシュルーズベリーはウェールズ産毛織物市場の一つにすぎなくなったからで

ある。またそれと並んで重要なのは，ウェールズ産毛織物がアバーダヴィやバーマスなどの地方港からイギリス各地に輸送され，さらには沿岸海運を介して，リヴァプールやロンドンから海外へ輸出されるようになったことである。それにつれてシュルーズベリー市場の独占は失われ，チェスター，レクサム，ウェルシュプール，ニュータウン，およびオズウェストリーがウェールズ毛織物の重要な市場となっていった。とりわけウェルシュプールは，SDCの妨害にもかかわらず，繁栄を謳歌した。地方からのフランネル業者が多くの毛織物を積んで駄馬や馬車でこの町にやってきた。もちろんシュルーズベリーからの呉服商人もやってきたが，そのほかランカシャーやチェシャーからもやってきた。18世紀末から19世紀にかけてこの町の毛織物市場は繁栄し，トマス・ペナントも大量のフランネルがウェルシュプールからシュルーズベリーへ販売されていると述べている[65]。

また，同時期にニュータウンでも市場が発達し，1835年頃には「ウェールズのリーズ」[66]といわれるほど繁栄した。この町では，年中2週ごとの木曜日にフランネル市場が設けられ，ロンドン，チェスター，シュルーズベリーなど全国から商人がやってきた。ここではりっぱな市場が建てられ，やがてウェルシュプール市場の地位を奪うまでになった。さらにはスラニドロエス（Llanidloes）でも市場が発達したが，その市場はニュータウンほど重要なものにはならなかった。これらの新興毛織物市場の発達のきっかけとなったのが交通の発達，とりわけこのころ盛んに建設されたターンパイク道路やイングランドと連絡する運河であった。

第2の大きな変化は機械化の開始，それと関連して縮絨工程以外での工場制度の普及があげられる。交通の発達は外部との情報の迅速な伝達を可能にし，種々の機械類の購入を容易にした。最初に機械化されたのは刷毛工程においてであった。数世紀にわたってその工程は一対の刷毛板を使用することによって手作業で行われていた。1780年頃になると，カーディング・ベンチの使用によって仕事が楽になり，さらに19世紀初期にはアークライトが発明した刷毛機が一般に普及した[67]。次に機械化が行われたのは紡績工程であった。19世紀初期にジェニー紡績機がモンゴメリーシャーでも知られるようになった。ジェニー機は20以上の糸を同時につむぐことができたが，手動であった。もっともそれはかなり大きなサイズであったため，特別の建物や既存の縮絨工場・刷毛工場に設置された[68]。例え

ば，1810年にディナス・モウズウィ（Dinas Mawddwy）のアバーカワーフ（Abercywarch）工場にジェニー機が設置され，1806年にすでに設置されていた刷毛機とあわせて使用された。ジェニー機の設置に続いて，多くの水力設備の改善が行われ，最後に自動ミュール機が使用されるようになった。この例にも見られるように，刷毛工程や紡績工程の機械化が実施されたのは，多くの場合，水車を利用する既存の縮絨工場においてであった。

しかしながら，高度の熟練を要する織布工程は19世紀がかなり経過するまで家内生産の段階で，しかも少なくとも1850年代までは手織りで行われていた。因みにこの頃には，すでにヨークシャーが毛織物工業の中心地としての地位を確立しており，1850年にイングランドとウェールズに存在した梳毛工業用の力織機32,617台中の実に30,856台（94.6％）がヨークシャーに集中していた[69]。ウェールズはすでに大きく遅れをとっていた。1830年代にモンゴメリーシャーで力織機が導入されたが成功しなかった[70]。すなわちヨークシャー毛織物工業の機械化の影響を受けて，ニュータウンでも力織機の導入が検討されたが，その計画は放棄された。その企画者はウィリアム・ピュー（William Pugh）という人物で，彼の意図は，それらの機械を年間100ポンドで毛織物業者に貸し出すことであった。それを受けて，資本をもたない20人の労働者がマンチェスター銀行から資金を借りて事業を起こそうとしたが失敗し，ピュー自身も破産した[71]。ニュータウンの工場が再度力織機を導入するのはそれから25年後のことであった。

ウェールズの多くの州では，19世紀になっても毛織物工業は農村工業の特徴をもっており，村々には自らの家で働く独立職人が見られた。彼らの多くは半工半農の手織工であった。例えばマカンスレスにおいて，織布工の1/3は農業労働者であり，夏は農場で働き，冬は織布の仕事を行っていた。また農場経営者が手織り職人を雇用する場合も見られた[72]。初期工場制度の時期全体を通じて，毛織物工業は未だ，分散した農村工業の特徴を強くもっていたのである。もっとも18世紀末から19世紀初期になると，手織り工たちの中から彼らの織布作業場を刷毛や紡績工場の近くに設置する者も現れるようになり，徐々に工場制度が織布にも普及した。とりわけモンゴメリーシャーの町や村が毛織物工業の中心として，重要性を増していった。

とりわけ際立っていたのがニュータウンとスラニドロエスであった。18世紀末になるまで，ニュータウンは，近郊の農村に必需品を提供する小さな市場町にすぎなかった。この頃の町の状態について，ロバート・オウエンはその自叙伝の中で次のように書いている，「ニュータウンはその頃，ごく小さい，市の立つ町で，人口も千人より多くはなかった。——小奇麗な，こざっぱりした，景色のいい土地にある，町というよりむしろ田舎の村で，商売も普通のものがあるだけで，工業としては少しのフランネル機があるのみであった」[73]。しかし18世紀末から19世紀前半にかけて，この町は急速に毛織物工業都市として発展した。ニュータウンとその近郊教区を併せた人口は最初のセンサスが行われた1801年には1,665人にすぎなかったのが，1811年には2,724人，1821年には3,593人，1831年には6,555人，そして1842年には6,842人に増加した[74]。この町の毛織物工業の発展を促進したのは交通発展，とりわけ道路と運河であった。1821年にシュロップシャー運河の支線がニュータウンに達し，1825年にはこの町とマンチェスターとの間で規則的な輸送サービスが行われるようになった。また，同年におけるニュータウン＝ビュルス間の道路の建設によって，フランネルの南ウェールズへの荷車や荷馬車輸送が可能になった[75]。もっとも，ニュータウンの毛織物工業はその全盛期においても問題を抱えており，労働者は決して豊かではなかった。貧困は社会不安の原因となり，産業不和やチャーチスト運動の原因となった。ウェールズにおいて最初のチャーチストの会合が行われたのはニュータウンであり（1838年10月3日），この会合には4,000人が参加したといわれている[76]。

他方，スラニドロエスはニュータウンよりも早く毛織物工業が発展した町であり，18世紀末期にこの町にやってきたペナントは，「フランネルに仕上げられる撚り糸の大市場であり，そこから毎週ワゴンでウェルシュプールへ運ばれている」[77]と述べている。ニュータウンと同様，この町でもかなり多くの刷毛・紡績工場が操業していたが，とりわけ興味深いのはグラン・クラウェドグ（Glan-Clywedog）の工場である。この工場は1797年にハント（William Hunt）によって設立され，後にイングラムとコール（Messrs. Ingram & Cole）によって拡張された。この工場で興味深いのは，1835年にミュール機を導入したばかりでなく，1837年には力織機を設置し，ウェールズで唯一の紡織一貫工場として，フランネ

ル生産の全工程を行っていたことである[78]。この工場やその他のより小規模な工場を併せた雇用者の数は1838年に180人であった。しかしニュータウンと同様，織布は家内工業ないし織布作業場で，手織工によって営まれていた。当時，スラニドロエスの町には795人の手織工がおり，815台の手織り機があった[79]。

　中には，運河や道路交通の発達がかえって町の産業を衰退へと導いたケースも見られた。マカンスレスがその一例である。古くからマカンスレスと近郊の村々はウェブ（web）ないしコットン（cotton）と呼ばれる厚手の丈夫な白地の布の生産地として栄えていた[80]。もっともこの地域の工場の規模は一般的に小さく，織布のほとんどは家内工場で，独立の手織工によって営まれており，織布工程において工場制度の発展はほとんど見られなかった。この町の毛織物工業者は，1820年代になると，フランネルの生産にも関与するようになり，やがてフランネルが主要生産物としてウェブに取って代わった。しかしこの頃になると，交通の発展がこの町の産業に悪影響を与えるようになった。というのは，18世紀においては，ウェブの大部分はダヴィ川（The Dyfi）下流の港から搬出されていたが，モンゴメリーシャー運河の開通によって，交通はニュータウンに転換され，1820年代になると，マカンスレスの産業は停滞するようになったのである[81]。

　場合によっては，一人の情熱的人物によって都市，したがって交通そのものが作り出され，しかも毛織物工場が創設される場合もあった。W. A. マドックスは河口の湿地に築堤を設けることによって，トレマドックの町を創出したことで有名であるが，彼は新生の町に活気を与えるために，隣人のウォードル大佐（Gwyllym Lloyd Wardle）の協力を得て，毛織物工場を建設した。その工場は5階建ての大きな建物で，トラファルガー海戦の年（1805年）に完成し，その後，数基の刷毛機と60台の手織り機が設置された。マドックスはその工場に動力を供給するために川の上流にダムを建設し，水車の力によって機械類を動かした。工場の敷地には管理人用の建物とともに，6棟の労働者用家屋も建設された。その工場で生産された衣服は工場近くのポースマドック港から出荷された。ナポレオン戦争下で，彼らの工場では主に軍服の生産が行われ，そのあるものはイベリア半島で戦うウェリントンの軍隊用として出荷されていた。当時マドックスもウォードル大佐も事業家であると同時に政治家として活躍しており，このことと関連

して，ポースマドックから出た船が行き先不明の港へ向かったとか，フランスへ向かう彼らの船が捕獲されたといった噂が流れた。たちまちウォードル大佐の評判は下がり，彼は議席を失った。同時に事業も行き詰まり，結局その工場は1810年に売却され，5年後には再度販売に出された。しかしその後その工場は他の経営者のもとで，19世紀末まで営業を続けていたのである[82]。

(3) 19世紀後半

　ごく大雑把に言って，18世紀第4四半期から19世紀前半の北ウェールズ経済は未だ再生可能エネルギーである水力や畜力に依存していた時代であった。主要工業である毛織物工業において，工場の多くは河川沿いに建設された水車小屋を利用した縮絨工場から発展し，水力によって動かされていた。当時の主要交通機関である運河や道路交通は馬力に依存していたし，海上輸送は帆船で行われた。イングランドではすでにこの頃にワットの蒸気機関が工場や交通で大々的に使用されていたが，一部の例外があるものの，北ウェールズでは蒸気機関は概して遅れて採用された。

　しかし北ウェールズでも19世紀後半になると，遅ればせながら鉄道時代が到来した。すでに1850年代初期にイングランドと北ウェールズを結合するチェスター＆ホーリーヘッド鉄道が開通し，やがてその支線がバンゴールからカナーヴォンへと延びていった。1855年から60年代にかけていたるところで鉄道計画が実行された。それらの鉄道は当初は独立の小鉄道にすぎなかったが，やがてカンブリアン鉄道に統合され，1866年には地方鉄道はほとんど完成していた[83]。鉄道網の拡張につれて，毛織物工業は，重要な鉄道の連接点となった比較的大きな町の工場に集中していった。それらの工場は従来の河川沿いのものとはかなり大きな違いを有していた。典型的な工場は刷毛から織布まで一貫工場の特質を備えていた。また新工場の多くは自動ミュール機と力織機を採用しており，しかもそれらの機械は蒸気機関によって運転された。蒸気機関の運転のためには，石炭が必要であったため，一貫工場はカンブリアン鉄道の近くに設立された[84]。しかし町の工場が増加すると，農村地帯の工場は衰退していった。北ウェールズの毛織物工業はますますニュータウンやスラニドロエスに集中していった[85]。

しかしここで重要なことは，蒸気機関を利用する近代的工場が出現したという事実にもかかわらず，19世紀後半は北ウェールズ毛織物工業の衰退期であったことである。というのもこの時期には小規模工場が相次いで閉鎖されたからである。そうした衰退には州によってかなり大きな差異がみられた。一般的に見て，地方市場よりも域外市場向けに生産している州で衰退の程度は大きかった。このことはモンゴメリーシャーとメリオネスシャーの毛織物業者の市場戦略の違いによって示される。

　北ウェールズで毛織物工業が最も大規模に発展したのはモンゴメリーシャーであった。今まで述べてきた機械化，大規模工場への集中，毛織物工業都市の成長の多くはモンゴメリーシャーで生じたことであった。この地方の業者は，地方市場よりもむしろ域外市場向けに生産していたのである。ところが多くの業者は，概して自らのイニシアティブによって独自の商品を開発するよりもむしろ流行の後を追った。例えば，モンゴメリーシャーの業者はファンシー（fancy）と呼ばれる替わり模様の繊維，とりわけショールの生産に乗り出したが，ジェンキンスによると，「そのこと自体が災難であった。というのはそれらの生産はイングランド北部の業者によってすでに安価でしかも十分多量に生産されており，ウェールズ産商品が食い込む余地は存在しなったからである」[86]。これに対して，メリオネスシャーの業者はできるだけランカシャーやヨークシャーの大規模業者との競争を避けた。メリオネスシャーの水車小屋工場は小規模であったため，まともに競争しても大規模会社に太刀打ちできなかった。そのため，域外への販売よりも域内や家庭用生産に力点をおいた[87]。かくして19世紀が経過してもメリオネスシャーの産業の衰退はモンゴメリーシャーと比較して緩慢であった。この地方の工場の生産規模は小規模で，毛織物業者は彼らの生産や販売を制限し，輸出市場に依存しなくなった[88]。メリオネスシャーの小規模業者は決して支払い能力もないのに大急ぎで力織機を無理して購入しなかった。この地方で最初に力織機が導入されたのはようやく1880年代になってからであり，しかもそれはドルゲロウ，バラ，ブラナイ・フェスティニョクなどの大工場に限られていた[89]。

　もちろん，中には真にユニークな方法で大成功を収めた企業家も見られた。プライス・ジョーンズ（Pryce Jones）[90]は1859年，ニュータウンに繁栄する郵便に

よる通信販売を利用するサービスを確立した。彼は当初マーケット・ホール近くで小規模な店を開いていたが，1879年に鉄道駅近くの新築の建物へと移転し，1895年にその工場を拡大した。もとは倉庫であった工場で，彼は300人以上の労働者を雇用し，生産された商品は世界中へ郵便で運ばれた。彼の事業の初期の繁栄はほとんど完全にウェールズ産のフランネルに基づいていた。それはカタログによる販売であった。彼の事業は非常に繁栄したため，ロンドン&ノースウェスタン鉄道（London & North Western Railway）はジョーンズの貨物輸送用に特別の貨車を運行したという。それぞれの貨車の車両には彼の名称，事業，立地を示すラベルが貼られ，ニュータウン=ユーストン間を毎日走行した[91]。しかしこのようなジョーンズの事業の成功にもかかわらず，彼の企業はモンゴメリーシャー毛織物工業の衰亡を食い止めることはできなかった。というのはその事業の繁栄にもかかわらず，北ウェールズ産フランネルの販売はますます少なくなっていったからである。

　北ウェールズ毛織物工業の衰退にはさまざまな要因が存在した。ジェンキンスは，一般的な資本不足，旧態依然たる生産方式や組織上の欠陥に加えて，運河や鉄道が南北ではなく東西に敷設されたことも大きな要因であると主張している。すなわち彼によると，産業衰退の理由として，「シュロップシャー運河と鉄道が南北ではなく，東西に走っていたことがあげられる。それによりミッドランドやランカシャー地方の大量生産商品をウェールズの中心部へもたらした。鉄道の到来は産業に新たな繁栄をもたらすであろうと思われた。確かにもし鉄道が南北に発展していたならば，そうなったかもしれない。モンゴメリーシャーの繊維は南ウェールズの工業地帯へもたらされていたかもしれないからである。——しかし鉄道が東西に敷かれたことによって，ランカシャーの非常に効率的な繊維産業の市場を拡大させた。それによってモンゴメリーシャーの毛織物工業は太刀打ちできず衰退した」[92]。この説明がどの程度妥当であるかは明らかではない。ただ運河や鉄道などの交通機関の発達が産業に与える外部効果には外部経済効果と外部不経済効果の2面性があったことも確かである。確かにジェンキンスの説明のような効果は地元の毛織物業者にとっては一種の外部不経済効果といえるかもしれない。しかしそれがすべてではなかった。19世紀後半に北中部で鉄道が開通する

と，多くの毛織物工場がその連接点に設立された。その目的は，鉄道による製品の安価な大量輸送が利用でき，しかも地元では産出されない石炭の安価な輸送が期待されたからであった。

4．製鉄業の盛衰と交通

(1) 初期の製鉄業

すでにコークスを利用する製鉄業が始まる前から，ウェールズの広範な地域で木炭を燃料とする製鉄が行われていた。しかしイギリスの海外発展に伴う船舶用木材の需要やエンクロージャーの進行に伴う森林伐採などの要因によって木材不足が生じ，薪を燃料とする製鉄業は危機を迎えた。スクリヴナーによると，多いときには300もあったイギリスの溶鉱炉の数は1740年には59に減少したという。その結果イギリスの製鉄業は増大する国内需要を十分満たすことができず，17世紀から18世紀にかけて，スウェーデンやロシアから多くの棒鉄が輸入されていた[93]。このころウェールズはイギリスの中でも重要な製鉄地域となっており，ブレコンやグラモーガンシャーなどの南ウェールズだけでなく，デンビーシャーを中心とする北ウェールズでも活発な製鉄業が営まれていたのである[94]。例えば産業考古学者のリーズは「デンビーシャーのある製鉄所は17世紀半ばに大砲の製造で評判を得ていたが，18世紀初期になって再建された。そしてこの時期になるとクエーカー教徒の家族がモンゴメリーシャーやメリオネスシャーで製鉄業や鉄製品の鍛造を推進するようになり，その事業は19世紀にまで続いていった」[95]と書いている。実際，北ウェールズではすでにウィルキンソン家が事業を始める前から，クエーカー教徒たちを中心にコークスを燃料とする製鉄業が開始されていたのである。

(2) ジョン・ウィルキンソンの事業

しかしこの地方の製鉄業の発展に大きく寄与したのがウィルキンソン親子，とりわけ息子のジョン・ウィルキンソンであった。彼は中グリ旋盤の発明者で，し

かも世界最初の鉄船を造ったことで有名で，さらには世界最初の鉄橋「アイアンブリッジ」の建設にも関わったばかりでなく，鉄の説教壇を作り，死に臨んで，「鉄のオベリスクの下で鉄棺に入れられ，鉄の墓碑を建ててもらった」[96]ほどの「鉄狂い」(iron mad)であった。

ジョンの父親はアイザック・ウィルキンソンで，ファーニス出身でウェールズにやって来る前には，農業のかたわらカンブリア地方の製鉄所で，パートタイムで働いていた。後に製鉄業に専念するようになった彼は，やがて北ウェールズ，バーシャムの広大な土地を借り受け，本格的に製鉄業を開始した。アイザックはニューコメン機関に習熟していたばかりでなく，発明の才にも恵まれていた。彼の発明の中で特に重要なのが，円筒型送風機であった。その送風機は溶鉱炉や鍛造炉で使用され，古くから使われていた皮製のフイゴに取って代わった。アイザックの発明は単に製鉄業用の溶鉱炉や鍛造所ばかりでなく，鉛や銅の精錬でも使われた[97]。

確かに父親のアイザックは発明家として優れていたかもしれないが，企業家としては成功せず，彼はやがてバーシャムの製鉄所を息子たち（ジョンとウィリアム）にまかせ，自らは南ウェールズへ移住することとなった[98]。ドッドによると，長男のジョンは当初から主導的な役割を演じた。彼はミッドランド地方で製鉄業の経験を積んでいたが，弟のウィリアムはバーシャムにあって父親の忠実な右腕にすぎなかった[99]。

ウィルキンソン親子が事業を拡大していた時期は，まさに製鉄業の革新期であった。18世紀初期におけるアブラハム・ダービー1世の発明（1708年）は，ただその産業の一部を変革したにすぎなかった。溶鉱炉におけるコークスの使用は確かに鋳鉄品の用途を拡大したが，鍛鉄の製造はなお木炭で行われていた。工業化に伴う木材需要の増加により木炭はますます貴重となり，一時イギリス製鉄業は危機を迎えた。このため18世紀にはスウェーデンやロシアからの棒鉄輸入が増加した。こうした危機的状況を打開したのがヘンリー・コートのパドリング法の発明（1783～84年）など一連の発明であった。コートのパドリング法やワットの蒸気機関，さらにはニールソンの熱風炉の発明などと並んで，ウィルキンソン親子による発明や改良は，製鉄業ばかりでなく，機械工業の発展に大きな役割を演じ

た。中でも重要であったのがジョン・ウィルキンソンによる中グリ旋盤の発明であった。

　18世紀後期から19世紀の時期は，戦争と平和が交互に繰り返された時代であった。七年戦争，アメリカ独立戦争，フランス革命とそれに続くナポレオン戦争。そして戦争に伴う軍需品生産と戦後の蒸気機関用部品の生産において，ウィルキンソンの工場は主導的な役割を演じた。ジョン・ウィルキンソンが発明した中グリ旋盤は大砲の砲身の穿孔に利用された。しかし，その後のアメリカ独立戦争においてウィルキンソンはその軍需品を敵方に販売しているというよからぬうわさが流れた。1782年にその問題について調査が行われたが，真偽のほどは明らかにされなかった[100]。ウィルキンソンの利敵行為が単なる噂話ではなかったことはアーサー・ヤングのフランス旅行記での記述から明らかであるが[101]，その動機については，ウィルキンソン家の人々とジョセフ・プリーストリー（Joseph Priestley, 1733-1804）との密接な関係からある程度推察される。実際，プリーストリーはジョンの義兄弟[102]であり，弟のウィリアムの教師でもあった。彼は酸素の発見者として名高い化学者で，またワットやウィルキンソンと同様ルナー・ソサエティーのメンバーで，宗教家としても活躍し，ユニテリアン派の牧師であった。プリーストリーは思想的には急進派で，フランス革命を支持する共和主義者であった。そのこともあって，彼はフランス革命中，愛国主義者の攻撃の的となり，家屋や蔵書を焼き払われたという。ジョン・ウィルキンソンは身内の危機に際して，資金援助を行ったばかりでなく，暴徒の襲撃から守るための隠れ家も提供した[103]。したがってウィルキンソンの行動の背景にはプリーストリーの思想の影響があったことも十分考えられよう。

　ところでウィルキンソンが発明した中グリ旋盤で造られたのは大砲だけではなかった。それはワットの蒸気機関用シリンダーの製造にも利用されたのである。周知のように，ワットはニューコメン機関の改良に努め，シリンダーとは別にコンデンサーを配置することによって，蒸気機関の熱効率を飛躍的に向上させたが，彼の蒸気機関が効率よく作動するには精巧なシリンダーが不可欠であった。ワットの共同経営者，ボールトンが1766年にバーシャムを訪問した際，ウィルキンソンの手になる精度の高い中グリ旋盤に深い感銘を受けた[104]。そのことがきっか

イラスト1-2 ジョン・ウィルキンソンのコイン

（出所）Solden N. C., *John Wilkinson 1728-1808 English Ironmaster and Inventor*, The Edwin Mellen Press, (1996), p. 171.

けとなり，ワット自身もその技術に関心を示すようになった。ワットたちは当初オニオンズやコールブルックデールなどからシリンダーの供給を受けていたが，1775年にウィルキンソンの工場で製造されたワット機関用シリンダーが大成功をおさめて以来，もっぱらウィルキンソンの工場に注文を集中するようになったという[105]。また，ウィルキンソンもワットに特許使用料を支払うことを条件に，ワット式蒸気機関を製造する許可を得，それによって多くの蒸気機関を製造した。前述のようにウィルキンソンは「鉄狂い」で知られているが，ソールデンによれば，また大変な「蒸気機関狂い」でもあり，彼の企業のいたるところで蒸気機関を使用していたのである[106]。

(3) 製鉄工場の立地と交通

さて，企業家が工場を設立するに当たって，何よりも大きな関心を寄せたのは立地条件であった。製品の販売市場や原料・燃料供給源への交通の便の良し悪しは，事業の成否に関わる重要な問題であった。この点，ジョン・ウィルキンソンも例外ではなかった。彼の工場は北ウェールズばかりでなく，広くイングランド西部に分散していたが，それらの工場の設立において，常に市場や原料供給源へのアクセスに注意が払われた。彼の工場の多くは石炭を燃料として使用したが，

当初，多くの作業は水力によっていたため，たいていは川のほとりに建設された。また，交通が不便なところに設立する必要がある場合，彼は道路や鉄軌道，あるいは運河の建設に積極的に関与した。彼の主要製鉄所はレクサム近辺（バーシャムとブリンボ），ブローズリー近郊（オールドウィリーとニューウィリー），バーミンガムとウルバーハンプトン近辺（ブラドリーとビルストン），そしてウェリントン近辺（ハドリー）に立地していた。

　ウィルキンソン家の製鉄所のうちで最も古く開設されたのはバーシャムの製鉄所であり，すでにそこには父親のアイザックがやってくる前から，アブラハム・ダービーの知人のクエーカー教徒のチャールズ・ロイド（Charles Lloyd）によって営まれていた。ロイドは1718年にそこに溶鉱炉を建設し，1721～26年にコークスによる製鉄業を営んでいた[107]。ロイドの破産後，この製鉄所はやがて1753年にアイザックに販売されたのである。バーシャムは石炭，鉄鉱石，水利など，製鉄業にとって有利な多くの立地条件を備えていた。アイザック・ウィルキンソンはバーシャム地域の多くの土地や家屋，炭鉱，そして鉄道敷設権などを借り受けた。その後，彼が南ウェールズへ移住した後，息子のジョンとウィリアムがバーシャムの工場を引き継いだ。1765年に彼のバーシャム工場の溶鉱炉はコークス製鉄を開始し，ディー川の支流，クリウェドッグ（Clywedog）川の水力が送風用水車の動力に使用されていた。バーシャム製鉄所の主要な施設としては，ボイラー小屋，鍛造工場，大砲の鋳造所，労働者の住宅，馬車軌道，石灰焼き釜，などがあった。それからも運河への交通手段として馬車軌道が使われていたことが明らかである。

　バーシャムに次いで彼らの重要な事業拠点となったのがブリンボであった。ジョン・ウィルキンソンがブリンボ所領，500エイカーの広大な土地を購入したのは1792年であったが，それ以前，この土地は1771年以来トマス・アシェトン・スミスとワトキン・ウィンが所有していた。ジョンがこの土地に目をつけた主たる理由は製鉄業用燃料としての石炭を開発するためであった。彼は製鉄所の操業のために将来ますます水力に代わって石炭が重要になることを認識していた。しかし彼が購入する以前にブリンボの炭坑は交通の便が悪かったため，十分に開発されていなかった。したがってここでの大きな課題はいかに交通の便を良くするか

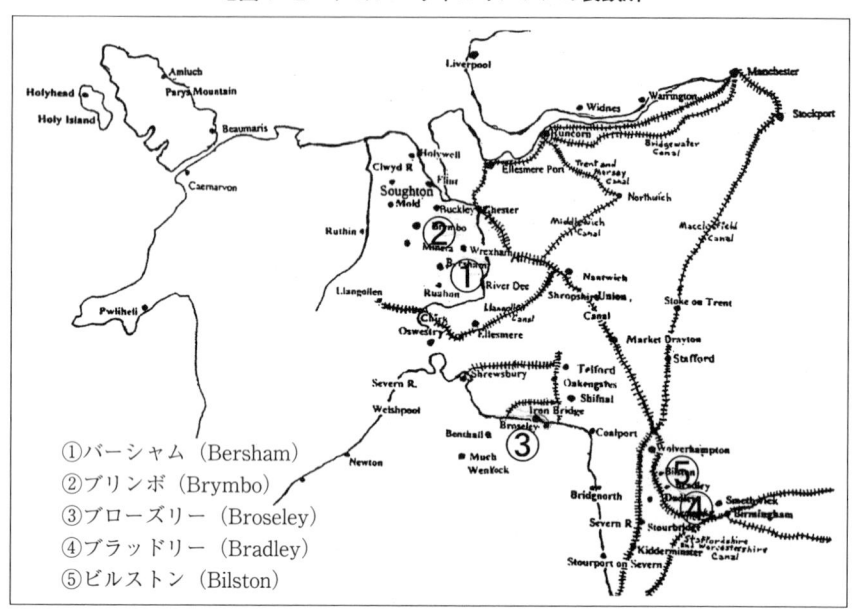

地図 1-2　ジョン・ウィルキンソンの製鉄所

① バーシャム（Bersham）
② ブリンボ（Brymbo）
③ ブローズリー（Broseley）
④ ブラッドリー（Bradley）
⑤ ビルストン（Bilston）

(出所) Solden N. C., *John Wilkinson 1728-1808 English Ironmaster and Inventor*, The Edwin Mellen Press, (1996), Map 4 より作成。

という点にあった。そしてジョンがこの土地を購入したのとほぼ同じ時期に，北ウェールズでも運河計画が立てられていた。エルズミア運河の計画がそれである。この運河については第4章で詳述する[108]のでここでは取り上げないが，重要なことは，ジョン・ウィルキンソン自身その運河計画の主導者の一人であり，ブリンボを通過する西部路線案の強力な推進者であったことである。当初の計画では，エルズミア運河を通じてマージー川やディー川へと石炭を輸送する手はずであったが，この計画は運河の路線変更によって実現しなかった。ハッドフィールドによると，ジョン・ウィルキンソンと弟のウィリアムの兄弟喧嘩が，この計画変更と密接に関係していたという[109]。ウィルキンソンは鉱山からの大量の排水のためにブリンボ・ホールからグラスコイド渓谷へ2マイルのトンネルを掘った。このトンネルは排水だけでなく，ナローゲージの馬車軌道の通行にも使用された。それによってミネラ＝チェスター道路へと連絡されたのである。

ウィルキンソンはエルズミア運河のほかにも，北ウェールズのほかの運河建設にも関係していた。彼が出資したもうひとつの北ウェールズの運河としてフリント石炭運河（Flint Coal Canal Company）があげられる。その他の出資者としては，ロイド（Edward Lloyd；彼はParys Mineの創設者の一人），ウィリアムズ（Thomas Williams；Parys Mineの専務取締役），そしてジョーンズ（Edward Jones）が挙げられる。1788年の議会立法によって，ディー川沿いのペントレ・ロック（Pentre Rock）からグリーンフィールドへの路線拡大が認められた。その資本金は2万ポンドで，もし必要ならさらに1万ポンドが追加された。その運河は1785年にウィリアム・ジェソップが測量した。またペントレ・ロックではディー川沿いに100トンの船が係留できるように係留地が設けられた。しかし河川水位の変動は大きく，当時のセヴァン川は，秋には船舶の通行に十分な水位が得られたが，夏の渇水期には，船は通行できなかった。例えば1796年は非常な渇水の年で，年に8週間しか利用できなかったという[110]。

因みにウィルキンソンはイングランド西部，シュロップシャーやスタッフォードシャーにも製鉄所をもっていたことと関連して，この地方の運河にも多くの資金を出資していた。中でも重要だったのがシュロップシャー運河（Shropshire Canal）であり，この運河は，シュルーズベリー運河やドニントン・ウッド運河（Donnington Wood Canal）[111]と連絡され，これらの運河によって，セヴァン川上流の鉱山と南の溶鉱炉が連絡され，さらにはミッドランド地方の市場と連絡された。シュロップシャー運河の測量はレイノールズ（William Reynolds）によって行われ，その費用は5万ポンドと見積もられた。株式会社組織で会社が設立され，運河会社と利害関係のある製鉄業者や地主，そして近郊の農民が出資した。ジョン・ウィルキンソンは5,500ポンド出資し，彼は3番目の大株主であった。彼の親類であるクレイトン（Elizabeth Clayton）も1,000ポンド出資した。製鉄業者のレイノールズ（Richard Reynolds）とラズボーン（Joseph Rathbone）が最大の株主で，それぞれ6,000ポンド出資した[112]。

5. おわりに

本章の主たる目的は，交通史との関係で，北ウェールズの主要産業の盛衰を概観することであり，ここで取り上げた産業は農業，毛織物工業，そして製鉄業であった。イングランドの農業と比較して，ウェールズの農業が遅れていたことは，議会エンクロージャーの普及の遅れや，ノーフォーク式農法や家畜の新品種といった農業技術の採用の遅れに明白に表れていた。また，交通革命との関係で，本章では，とりわけウェールズにおける鉄道網の拡大に伴うドローヴィングの衰退に言及した。

次に考察したのは毛織物工業の盛衰であった。近世になって，毛織物工業はウェールズ農民の重要な副収入源となり，多くの農家が羊の飼育，羊毛の縮絨，刷毛，紡績，あるいは織布によって所得を得ていた。18世紀末から19世紀にかけて，とりわけモンゴメリーシャーでは毛織物工業の機械化が進行し，ニュータウンやスラニドロエスを中心に数多くの毛織物工場が設立された。しかし，とりわけ中期の鉄道時代になると，ヨークシャーのウェストライディング地方への産業集中と裏腹に，北ウェールズの毛織物工業は衰退期に入った。それには，ヨークシャーと比較しての事業規模の小規模性，それに関連する資本不足や企業革新の欠如，広範囲にわたる生産の分散による適切な販売組織の欠如，さらには近くに炭鉱地域がなかったことに伴う高燃料価格など，さまざまな要因があげられる。また，この点に関して，ジェンキンスの鉄道敷設上の問題点に関する指摘も興味深い主張といえようが，それがどの程度妥当であったかは必ずしも明白とは言えない。

本章で取り上げた第3の産業は製鉄業で，特にここではジョン・ウィルキンソンの事業を中心に考察した。彼は父親の発明した円筒型送風機の生産によって，さらにはとりわけ中グリ旋盤の改良やそれらの大砲および蒸気機関用シリンダーへの応用によって一躍有名になった。彼はまた，世界最初の鋳鉄橋（アイアンブリッジ）の建設に関係したばかりでなく，世界最初の鉄船や鉄の説教檀を作り，死に臨んで，鉄のオベリスクの下で鉄棺に入れられ，鉄の墓碑を建ててもらったほどの鉄狂いであった。ウィルキンソンに関しては弟のウィリアムやボールトン

&ワット商会との確執など考察すべきテーマは多いが，本章ではとりわけ，彼の北ウェールズでの工場立地を交通との関係で論及した。

注

1) すなわち，連合王国全体での一人当たりDGPは約１万2,550ポンドであったのに対してウェールズでは約１万ポンド余り（1998年の数値）にすぎなかった。Cardiff Business School, *Economic Research of Wales*, http://www.cf.ac.uk/carbs/research/groups/weru/economy.html

2) 本章では1974年以前の行政区分でアングルシー，カナーヴォン，デンビー，フリント，メリオネス，そしてモンゴメリーの６つのカウンティをさす。

3) Welsh Assembly Government's tourism Visit Wales http://new.wales.gov.uk/depc/publications/tourism/research/touismin wales/trends/tourism_trends_feb_2006_eng.pdf?lang = en 参照。

4) なお拙稿「19世紀イギリス海事産業のひとこま──北ウェールズのスレート輸送をめぐって──」『帝塚山経済・経営論集』第12巻（2002），および「ウェールズのナローゲージ鉄道──タリスリン鉄道の盛衰と保存運動を中心として──」『帝塚山経済・経営論集』第13巻（2003）も参照。

5) 例えば18世紀初期に活躍した著名な文人，ダニエル・デフォーはウェールズを旅したさい，特に山岳地帯を通過する時，悪路に悩まされ続けた。例えばブレコンシャーのブラック・マウンテン付近では山の背の道を通過しなければならず，ガイドなしでは道に迷ってしまったであろうと書いている。また，ウェールズ中部の人口まばらな山岳地帯を通過した時，「悪魔が住む言い伝え」について言及している。Defoe D., *A Tour through the Whole Island of Great Britain*, J. M. Dent & Sons, (1962), Vol. 2, p. 54, p. 61.

6) この点に関連する研究としては，吉賀憲夫『旅人のウェールズ』晃学出版（2004）；森野聡子・森野和弥『ピクチャレスク・ウェールズの創造と変容』青山社（2007）参照。

7) イギリスのエンクロージャー運動についての近年の研究史の動向は，重富公生『イギリス議会エンクロージャー研究』勁草書房（1999）によって詳しく知ることができる。それによって，その運動に関する研究は近年著しく進展していることが明らかになる。例えば，かつては，この運動を第一次囲い込み運動（エリザベス朝時代に行われ，羊の飼育を主要目的としていた）と第二次囲い込み運動（18世紀後半から19世紀初期にかけて進行し，人口増加に伴う穀物の増産が主目的）に分けるのが一般的であったが，研究の進展につれて，その区分はもはや有効ではなくなったと論じられている。重富公生『イギリス議会エンクロージャー研究』54ページ参照。

8) 例えば，議会エンクロージャーについてみると，イングランドではすでに1760, 70年代に第1のピークを迎えていたが，ウェールズでは1790～1810年代に第1のピークを迎え，その後1845～60年代まで続けられた。この点については Turner M., *Enclosures in Britain, 1750-1830*, (1984). 重富公生（訳）『エンクロージャー』慶応通信（渡辺文庫）(1987) 61ページ参照。
9) Dodd A. H., *The Industrial Revolution in North Wales*, University of Wales Press (1951), p. 61.
10) *Ibid.*, p. 63.
11) ターナーによれば，ウェールズ全体で約250のエンクロージャー法のうち，1790年代以前のものはわずか12で，第1のピークであるナポレオン戦争期に通過したエンクロージャー法は93, 1850～60年代の大量のエンクロージャーをもたらした1845年の一般法による第2のピークに通過したものは89に達したという。Turner M., *Enclosures in Britain, 1750-1830*, (1984). 重富公生（訳）『エンクロージャー』慶応通信（渡辺文庫）(1987) 31-32ページ。
12) Dodd A. H., *A History of Caernarvonshire 1284-1900*, Caernarvonshire Historical Society, (1968), p. 240.
13) Chapman J., *A Guide to Parliamentary Enclosures in Wales*, University of Wales, (1992), p. 91.
14) アングルシーやフリントシャーではそれぞれ1/60, 1/23にすぎなくなったが，カナーヴォンシャーやモンゴメリーシャーではなお1/8, そしてメリオネスシャーでは1/3が未囲い込み地として残った。Dodd A. H., *The Industrial Revolution in North Wales*, p. 64.
15) この点について，ターナーは「ウェールズで強調されたのは，穀作への転換ではなく，既存の牧養業における改善」であったと述べている。ターナー前掲訳書, 32ページ。
16) Chapman J., *A Guide to Parliamentary Enclosures in Wales*, pp. 46-47.
17) *Ibid.*, p. 8.
18) Dodd, *The Industrial Revolution in North Wales*, pp. 56-57.
19) *Ibid.*, pp. 77-78.
20) Richard A. J., *Slate Quarrying in Wales*, Gwasg, Carreg Gwalch, (1995), p. 27.
21) Lindsay J., *A History of the North Wales Slate Industry*, David & Charles, (1974), p. 65.; Dodd, *The Industrial Revolution in North Wales*, pp. 77-78.; Do., *A History of Caernarvonshire 1284-1900*, p. 237.
22) Dodd, *The Industrial Revolution in North Wales*, p. 78.; Do., *A History of Caernarvonshire*, p. 238. また Chapman によると，このエンクロージャー立法では，1821年に裁定書が作成され，割り当てられた共有地と荒蕪地の面積は1万エイカーと

なっている。Chapman J., *op. cit.*, pp. 47-48.
23) Dodd, *The Industrial Revolution in North Wales*, p. 80. このエンクロージャーの裁定書作成は1814年で、8,000エイカーが割り当てられている。Chapman J., *op. cit.*, pp. 47-48.
24) Dodd, *op. cit.*, p. 80.
25) Board of Agriculture は多くの日本語の文献では農業院と訳されているが、楠井敏明氏は農業改良会と訳されている。詳しくはC. S. オーウィン／三沢岳郎訳（訳）『イギリス農業発達史』日本評論社（1958）；椎名重明『イギリス産業革命期の農業構造』御茶の水書房（1962）；楠井敏明『イギリス農業革命史論』弘文堂（1969）；三沢嶽郎『イギリスの農業経済』農林水産業生産性向上会議（1958）参照。
26) Dodd, *The Industrial Revolution in North Wales*, pp. 38-39.
27) Dodd, *op. cit.*, pp. 39-40.
28) Dodd, *A History of Caernarvonshire 1284-1900*, p. 234.
29) もっともそうした新農法や新品種がどの程度普及したかは疑問で、ロバート・ベイクウェルらによる羊や牛の品種改良にもかかわらず、ウェールズでは19世紀末になっても相変わらず伝統的な家畜が飼育されていたという。Moore-Colyer R., *Welsh Cattle Drovers*, Landmark Publishing Ltd., (2006), p. 18.
30) Dodd, *A History of Caernarvonshire 1284-1900*, pp. 232-233.
31) マドックスの事業活動については Beazley E., *Madocks and the Wonder of Wales*, Faber and Faber, (1967) 参照。
32) Moore-Colyer R., *Welsh Cattle Drovers*, p. 15. なおウェールズにおける農業用輸送機具の詳細な歴史については、Jenkins J. G., *Agricultural Transport in Wales*, National Museum of Wales, (1962) 参照。
33) ドローヴィングに関する以下の記述は、主として Moore-Colyer, *Welsh Cattle Drovers*, Landmark Publishing Ltd., (2006); Hughes P. G., *Wales and the Drovers*, Golden Grove House, (1988); Toulson S., *The Drovers*, Shire Publication Ltd., (2005); Moore-Colyer R., *Roads & Trackways of Wales*, Landmark Publishing Ltd., (2001) によっている。
34) Smith A, *An Inquiry into The Nature and Causes of The Wealth of Nations*, Methuen & Co. Ltd., (1950), Vol. 1, p. 424. 水田洋（訳）『国富論』河出書房、（上）379ページ。
35) Hughes P. G., *Wales and the Drovers*, p. 6.
36) ウィランによるとブリストル湾内などの短距離輸送では酪農品ばかりでなく、家畜の海上輸送も行われていた。Willan T. C., *The English Coasting Trade 1600-1750*, Manchester University Press, (1938), Chapter 10 参照。
37) 780年頃にマーシャ王、オファがウェールズとイングランドの境界に防塁を築いたとき、ドローヴァー用に通路を開いておく必要があったという。Moore-Colyer R.,

Welsh Cattle Drovers, p. 59.
38) その場合，スコットランドでは一般にドローヴァーたちは農民から家畜を購入し，自己の責任で家畜を飼育場まで運んでいたのに対し，ウェールズでは一般にドローヴァーたちは農民から委託された家畜をイングランドの飼育場まで追っていった。なお，スコットランドのドローヴィングの活動の一端はウォーター・スコットの短編小説 "Two Drovers" からもうかがい知ることができる。Scott W., "Two Drovers" in *The Edinburgh Waverley*, vol. xli, (1903), pp. 217-264.
39) Hughes P. G., *Wales and the Drovers*, p. 32.
40) トゥルソンによれば，農業労働者は夏期に朝の5時から夕がた8時半まで働いて，1日の賃金が1シリング6ペンスにすぎなかったのに，ドローヴァーは1日3シリング稼いでいたという。Toulson S., *The Drovers*, p. 7.
41) Hughes P. G., *op. cit.*, p. 37.
42) ヒューズはドローヴァーの世話でウェールズの少女たちがケントの果樹園に出稼ぎに行った事例をあげている。Hughes P. G., *op. cit.*, p. 53.
43) Moore-Colyer R., *Welsh Cattle Drovers*, p. 87.
44) Hughes P. G., *Wales and the Drovers*, p. 72.
45) *Ibid.*, p. 61.; Moore-Colyer R., *Welsh Cattle Drovers*, p. 88.
46) 'The Drovers', 'The Black Ox' という名称の旅籠がその例である。Toulson S., *The Drovers*, pp. 44-45.
47) Albert W., 'The Turnpike Trusts', in *Transport in The Industrial Revolution*, Manchester University Press, (1983); Do., *The Turnpike Road System in England, 1663-1840*, Cambridge University Press, (1972) 参照。
48) Moore-Colyer R., *Welsh Cattle Drovers*, p. 96.
49) 詳しくは草代が3ポンド5シリング6ペンス，有料道路の通行料徴収所での支払いが約2ポンド6シリング，宿泊費・飲食費が18シリング7ペンス，蹄鉄代が10シリング6ペンス，助手たちへの手当てが8シリング9ペンス，市場代が約2シリング，その他不明が約7シリングとなっている。しかしこれが家畜何頭分の費用か，など不明な点が多い。Moore-Colyer R., *Roads & Trackways of Wales*, Landmark Publishing Ltd., (2001), p. 111.
50) ホウクによると，道路や築堤などのさまざまな土木施設の建設によって，有料道路の通行料，蹄鉄費用，自然の草地の不足などが生じ，それによって19世紀初期に比べて後期になるとドローヴィング費用は増加していたと述べている。Hawke G. R., *Railways and Economic Growth in England and Wales, 1840-1870*, Clarendon Press, Oxford, (1970), p. 145.
51) Hawke G. R., *op. cit.*, pp. 146-147. なおこの点について，Moore-Colyer は Jonathan 文書などに基づいて詳細な検討を加え，牛1頭1マイル当たりのドローヴィング費用

が0.6ペンス〜0.8ペンスであったのに対し，鉄道輸送による費用を0.11〜0.45ペンスと見積もっている。Moore-Colyer R., *Welsh Cattle Drovers*, pp. 114-118.

52) 家畜の海上輸送という点では，鉄道は必ずしも海運よりも費用や運賃で有利といういうわけではなく，特にスコットランドのアバディーンからロンドンへの輸送などの長距離輸送では海運会社は遅くまで鉄道と競争できた。この点についてはSmith J. H., 'The Cattle Trade of Aberdeenshire in the 19th century', *Agricultural History*, vol. 3 (2), (1955); Lee G. H., 'Some Aspects of the Coastal Shipping Trade: the Aberdeen Steam Navigation Co. 1835-80', *Journal of Transport History*, New Ser., vol. 13, (1975)；拙稿「イギリス沿岸海運の発展」『海外海事研究』No.117 (1992)；Hawke, *op. cit.*, pp. 142-143参照。

53) Howell D., 'The Impact of Railways on Agricultural Development in Nineteenth Century Wales', *Welsh Historical Review*, vol. 7, June (1974).

54) Moore-Colyer R., *Welsh Cattle Drovers*, p. 120の表参照。

55) 因みにHowellとMoore-Colyerは，イギリス議会文書を使用することによってウェールズの主要鉄道による牛の輸送数の統計を提示している。

56) Jerald of Wales, *the Journey through Wales and the Description of Wales*, Penguin Books, (1978), p. 233. なおカンブレンシスのウェールズ旅行・地誌については吉賀憲夫『旅人のウェールズ』晃学出版 (2004年) 11-43ページ参照。

57) Jenkins J. G., *The Welsh Woollen Industry*, National Museum of Wales, (1969), p. 98. なお，イギリス毛織物業の本格的研究としては坂巻清『イギリス毛織物工業の展開』日本経済評論社 (2009) を参照。

58) ジェンキンスはウェールズにおける縮絨工場の普及とフランダース職人の移住との間には必ずしも明確な相関関係は見られないと主張している。*Ibid.*, pp. 101-104.

59) ジェンキンスが示した地図をみると，pandyと呼ばれる縮絨工場はウェールズ全体に普及したが，その密度は南ウェールズよりも北ウェールズのほうが高かったことがわかる。Jenkins J. G., *The Welsh Woollen Industry*, p. 103の地図参照。

60) ウェールズ毛織物工業とシュルーズベリー・ドレイパーズ・カンパニーとの関係についての詳細は，Mendenhall T. C., *The Shrewsbury Drapers and the Welsh Wool Trade in the 16th and 17th Centuries*, Oxford University Press, (1953) 参照。

61) SDCの独占廃止にいたるプロセスはMendenhall T. C., Chapter 6 Free Trade for Welsh Clothに詳しく論じられている。

62) Mendenhall T. C., *op. cit.*, pp. 28-31.

63) 16世紀において，オズウェストリーからロンドンまでの駄馬による輸送費は1頭当たり9シリングであったという。メンデンホールはその行程についても書いている。*Ibid.*, pp. 34-36.

64) 18世紀末期の署名な旅行記作家のトマス・ペナントはモンゴメリーシャーでは数

多くの羊が飼育され，その羊毛を用いていたるところにフランネルの生産が行われ，生産された織物は軍隊用や西インドの貧しい黒人用衣服に使用されていると述べている。Pennant T., *A Tour in Wales.*, Bridge Books, (1991), Vol. 2, p. 364. なおトマス・ペナントのウェールズ紀行については吉賀憲夫，前掲書，44-88ページ参照。

65) *Ibid.*, Vol. 2, p. 392.
66) ヨークシャーの中心都市リーズは水運や豊富な石炭に恵まれることによって，ウェストライディング地方の毛織物工業の中心都市として発展した。中でもベンジャミン・ゴット（Benjamin Gott）の工場は早くも1797年に1,200人の労働者を雇用する全工程の一貫工場となっていた。豊富な石炭に恵まれていたことにより，蒸気機関の採用が進み，リーズで使用された蒸気機関の馬力数は1824年に739馬力であったのが，1830年には1,884馬力に達していた。Fraser D. (ed.), *A History of Modern Leeds*, Manchester University Press, (1980), pp. 142-150 参照。
67) アークライトの刷毛機は回転する大きなドラムとその上半分を覆う半円形の板の接触面にびっしり針を植え，羊毛がドラムとともに半周する間に針によって繊維の方向がそろえられる構造になっていた。詳しくは荒井政治・内田星美・鳥羽金一郎（編）『産業革命の技術』有斐閣（1981）43ページ参照。
68) Jenkins J. G., *The Welsh Woollen Industry*, p. 133.
69) 熊岡洋一氏によると1850年にイングランドとウェールズの梳毛工業で使用された紡錘数約86万錘中の約86％がヨークシャーにあり，同じく78,915人の労働者数のうち7万人余り（約90％）がヨークシャーに集中していた。そこでは地域ごとに専門化が行われ，ブラッドフォードが梳毛工業の中心地となった。熊岡洋一『近代イギリス毛織物工業史論』ミネルヴァ書房（1993）87ページ，表1-17参照。
70) リプソンによれば，ヨークシャーにおいても毛織物工業の機械化，とりわけ織布行程の機械化と工場制度への移行はさほど迅速に進行したわけではなく，1835年において力織機の使用割合は織布全体の1/4にすぎなかった。なおリプソンによると，同年における力織機の数はヨークシャーの毛織物工業で688台，ランカシャーで1,142台であったのに対して，ウェールズのモンゴメリーシャーではわずか4台にすぎなかった。Lipson E., *The History of The Woollen and Worsted Industrias*, A & C. Black Ltd., (1921), pp. 176ff.
71) Jenkins J. G., *The Welsh Woollen Industry*, p. 135.
72) *Ibid.*, pp. 135-136.
73) ロバート・オウエン／五島茂（訳）『オウエン自伝』岩波書店，14頁。Robert Owen, *A Biography*, Tokyo, Subun-So, (1968) 参照。
74) Williams J., *Digest of Welsh Historical Statistics*, Vol. 1, University College of Wales, Aberystwyth, (1985), p. 65.
75) Jenkins J. G., *The Welsh Woollen Industry*, p. 143.

76) *Ibid.*, p. 148.
77) Pennant T., *A Tour in Wales.*, Vol. 2, p. 378.
78] なおジェンキンスは1840年頃にスラニドロエスで操業していた会社を挙げている。Jenkins J. G., *The Welsh Woollen Industry*, pp. 149-150.
79) もっともニュータウンと同様，この町でも労働者は貧しく，やはりチャーチスト運動の温床になったという。*Ibid.*, pp. 150-151.
80) Jenkins J. G., *The Welsh Woollen Industry*, pp. 170-172.
81) *Ibid.*, p. 152.
82) Beazley E., *Madocks and the Wonder of Wales*, pp. 102-107.; Dodd, *A History of Caernarvonshire*, pp. 259-260.
83) カンブリアン鉄道の歴史について Christiansen R. & Miller R. W., *The Cambrian Railways*, vol. 1. 1851-1888, David & Charles, (1967); Kidner R. W., *The Cambrian Railway*, The Oakwood Press, (1992) 参照。
84) Jenkins J. G., *The Welsh Woollen Industry*, p. 156.
85) ジェンキンスはニュータウンやスラニドロスにおける多くの工場の事例をあげている。例えば，Craigfryn Mill（ニュータウン）は，ナポレオン戦争後古くから存在した製粉所から梳毛，縮絨工場へ転化し，1870年代に力織機を導入した。Cambrian Mill（ニュータウン，スラニドロス）は1870年代に力織機を採用した。また，Cymric Mill（ニュータウン）は The Commercial 工場として知られ，紡織一貫工場で，建物の一部で手織り，他の一角では力織機によって織布が行われた。Jenkins, *op. cit.*, p. 157.
86) Jenkins J. G., *op. cit.*, p. 159.
87) *Ibid.*, pp. 200-201.
88) *Ibid.*, pp. 201-202.
89) 例えば，ターウィン近くのある小工場が1938年に閉鎖された時，なお手織り機が使われていたという。
90) プライス・ジョーンズ（1834-1920）は郵便によるカタログ販売のパイオニアとして名声を博した。彼はその功績によってナイトに叙せられ，ニュータウン選出の国会議員にも選出されている。しかし彼の死後，1930年代の不況期に彼の会社は破産し，1938年にリヴァプールの企業に買収されている。詳しくは http://www.bbc.co.uk/wales/mid/halloffame/innovators/pryce_jones.shtml および，Wikipedia, the free encyclopedia 参照。
91) *Ibid.*, pp. 165-167.
92) *Ibid.*, p. 168.
93) J. R. ハリス／竹内達子（訳）『イギリスの製鉄業』早稲田大学出版局（1998）33-35ページ。
94) スクリヴナーによると，1740年にブレコンで年間600トン，グラモーガンシャーで

400トン，カマーザンで100トン，デンビーシャーで550トンの鉄の生産が行われていたという。また当時イギリス最大の鉄の生産地となっていたのはウェールズ隣接のグロスターシャー，チェシャー，ヘレフォードシャーなどイングランドでも辺境地域であったことがわかる。Scrivenor H., *History of the Iron Trade*, (1854), pp. 56-57.
95) Rees, D. M., *The Industrial Archaeology Of Wales*, p. 20.
96) 天川潤次郎，「発明家と企業家」荒井政治（他編）『産業革命を生きた人びと』有斐閣（1981）所収，23ページ。
97) Solden N. C., *John Wilkinson 1728-1808 English Ironmaster and Inventor*, The Edwin Mellen Press, (1996), p. 33. そのほかにアイザックは大砲の鋳造方法の改善（1758年4月）や製粉機（1753年）によっても特許をとった。こうした父親の発明の才は息子のジョンにも引き継がれていったのである。
98) 南ウェールズでもダウレス製鉄所，プリマス製鉄所，そしてカヴァースヴァ製鉄所に出資することによって製鉄業と関わったが，いずれも短期間に終わった。とりわけカヴァースヴァにおいて，炭鉱業者との間で石炭の供給契約をめぐって争いに巻き込まれ，挙句の果ては刑務所に監禁されるはめになった。Solden N. C., *op. cit.*, pp. 39-43.
99) Dodd, *Industrial Revolution in North Wales*, p. 134.
100) Solden N. C., *op. cit.*
101) ヤングによると，「――それはナント下流のロワール河上のとある島にあるウィルキンソン氏の大砲をくり抜く工場見物である。あの有名なイギリスの製造者がやってくるまで，フランス人は大砲を硬質に鋳造し，それから砲身をくり抜く技術を知らなかった」。Young A., *Travels in France and Italy*, Everyman's Library, (1915, 1976). 宮崎洋（訳）『フランス紀行』法政大学出版局（1983）149ページ。
102) プリーストリーは1762年にジョンの妹のメアリーと結婚していた。
103) ウィルキンソン家とプリーストリーとの関係についての記述は，Solden N. C., *op. cit.*, pp. 122-131 によっている。
104) *Ibid.*, p. 107.
105) *Ibid.*, p. 117.
106) *Ibid.*, p. 119. ワットたちとウィルキンソンとの関係はしばらくは良好に推移したが，やがてウィルキンソンによるワットの特許侵害問題がきっかけとなって両者の関係は破局を迎えることになる。しかし本稿ではこの問題は考察の対象外である。詳しくはSolden N. C., *op. cit.*, pp. 238-271 参照。
107) Solden N. C., *op. cit.*, pp. 28-29. ロイドはコークスを燃料とする新製鉄法の秘訣をおそらく同じくクエーカー教徒のアブラハム・ダービーから学んだと考えられる。ダービーの企業活動については，バリー・トリンダー（著）／山本通（訳）『産業革命のアルケオロジー』新評論（1986）参照。なお，イギリスの産業界で活躍した著名なク

エーカー教徒としては,ブライト家(綿業),ガーニー家(銀行業),ピーズ家(鉄道),ラウントリー家,キャドベリー家(ともにチョコレート産業)などがある。詳しくは山本通『近代英国実業家たちの世界;資本主義とクエイカー派』同文舘 (1994);Jaremy D. J. (ed.) *Business and Religion in Britain*, Gower Publishing Co. Ltd., (1988) 参照。

108) 第4章,および拙稿「北ウェールズの運河と地域経済」『帝塚山経済・経営論集』第18巻(2008年)参照。

109) Hadfield C., *Thomas Telford's Temptation*, M & M Baldwin, Cleobury Mortimer, (1993), p. 37.

110) *John Wilkinson 1728-1808*, pp. 140-141.; Hadfield, *The Canals of the West Midlands*, pp. 47-48.

111) ドニントン・ウッド運河については,Hadfield, *op. cit.*, pp. 150-151 参照。

112) *John Wilkinson 1728-1808*, pp. 140-141.; Hadfield, *Canals of West Midlands*, pp. 152-159. おそらくジョセフ・ラズボーンは著名なリヴァプール商人ウィリアム・ラズボーンの先祖と思われるが,残念ながら,この点についてマリナー女史の著書には何も触れられていない。Marriner S., *Rathbones of Liverpool 1845-73*, Liverpool University Press, (1961) 参照。

第2章　ホーリーヘッド道路と海上ルートの近代化

1．はじめに

　18世紀のイギリスでは，ターンパイク・トラストと呼ばれる民間の受託団体の管理する有料道路が，徐々に古くから存在する教区道路に取って代わっていった。従来の教区道路では道路の管理や修理を教区が行い[1]，道路の改修作業は監督官のもとで，教区民の無償労働によって行われていた。しかし，商工業の発達に伴う交通量の増加につれて，道路修理のための教区負担が増加し，しかも長距離の通過交通の増加に伴い，都市間の長距離交通のために，たまたまそこを通る道路沿いの教区民が修理費用を負担するのは正当ではないと考えられるようになった。そこで考えだされたのが利用者負担の原則であり，道路修理の費用を道路沿いの住民から利用者に移転させようとする考え方であった[2]。

　イギリスではすでに1663年に，イングランドからスコットランドに至る幹線道路の一部で，治安判事が通行料を徴収し，道路修理の責任を負う有料道路が現れた。その後1706年にフォーンヒル＝ストーニー・ストラットフォード間で治安判事の管理に代わる本格的なターンパイク・トラストが現れた。それは32人の受託者（トラスティー）が道路管理の責任を負い，料金徴収所（トール・ゲート）を設置することによって通行料を徴収し，道路建設や修理に当てようとするものであった[3]。アルバートによるとターンパイク道路はロンドンを中心に放射状に伸びていき，その設立件数は1750～72年頃にピークに達した。このころにはイングランドの幹線道路のほとんどがターンパイク化されていたのである[4]。

　しかしこうしたターンパイク道路にも問題がないわけではなかった。実際，従来は無料であった道路利用の有料化は多くの住民の反発を招き，時にはターンパ

イク・ライオット（turnpike riot）と呼ばれる暴動に発展することもあったし[5]，道路の管理を巡る汚職や通行料の徴収に際しての不正などが発生することもあった[6]。こうした問題に加えて，道路管理が数多くの地域的な民間団体にまかされていたことにより，ゲート通過に時間がかかり，迅速な交通の妨げになることもあった。

　本章では産業革命期における北ウェールズ交通史のひとこまを，ロンドンとホーリーヘッド港とを結ぶ道路と，この港からダブリンに至るアイリッシュ海の海上交通の改善を中心に考察する。ロンドン=ホーリーヘッド間の道路のうち，本章で特に重点を置くのはシュルーズベリーからホーリーヘッドに至るウェールズの区間である[7]。この区間の道路も18世紀中期以降ターンパイク化され，19世紀初期には6つのトラストの管理下に置かれていた。その後この区間の道路は1815年に設立されたホーリーヘッド道路委員会（Holyhead Road Commission）によって議会の管理下におかれ，当時の著名な技師，トマス・テルフォードの指導の下に新たに建設されることになったのである。その結果，この道路は従来のターンパイク・トラストとは幾分異なった特徴を備えることとなった。ヒューズはこれを「ニューモデル・ターンパイク道路」と名づけた[8]。すなわち，それは議会によって管理され，公的資金によって建設・維持されることになり，その独立性は議会によって制限されることとなった。また，一般のターンパイク・トラストは，場合によっては百人以上もの委員から構成され，その経営は時にはかなり杜撰になることもあったが，ホーリーヘッド道路委員会の委員数は15人に制限され，効率よく管理されることになった。技術的な点から見ても，当時のイギリスを代表する技師であったテルフォードの指導下で有能な部下たちによって建設されることになったのである[9]。

　またホーリーヘッド道路は有料道路統合の先駆者ともなった。19世紀初期にロンドンを中心とするターンパイク・トラストの統合運動が展開されたが，その統合の中心人物であったマカダム（John Loudon McAdam）が範としたのがホーリーヘッド道路であった[10]。因みにこの統合運動は多くの反対のために規模を縮小して実現し，1826年に首都道路委員会（the Metropolis Roads commission）が設立された[11]。

さて，産業革命時代の輸送の発展を考察するさい，ドイツや日本などの後発工業国と対照的に，イギリスでは政府が自ら交通インフラの形成に関与することは少なかった。当時のイギリスでは「レッセ・フェール」（自由放任）哲学が支配的であり，運河や道路などのほとんどの交通インフラは民間企業家の主導下に建設・維持されていたのである。その意味で，本章で考察するブリテン島とアイルランド間の交通・通信の改善は，こうした一般論が必ずしも当てはまらなかったことの好例と言えよう。もちろん，本章で取り上げる交通近代化の動機は，単に経済的なものにとどまらず，極めて政治的・軍事的色彩をもっていたことも確かである。しかし，イギリスの工業化に際して政府が関与する例は，本章で取り上げる事例以外にも，かなり多く存在していたと思われる[12]。

なお本章では単にホーリーヘッド道路だけでなく，この道路と関係するアイリッシュ海の海上交通も視野に入れている。というのも，この道路は決してそれ自体が完結したものではなく，ブリテン島とアイルランド間の交通・通信の改善の一環として建設されたからである。交通を需要者側の立場から見ると，陸上交通と海上交通は互いに密接に関連しており，両者を分離する必要性は存在しないのである[13]。この意味において，ここで考察する交通の改善は水陸連絡交通についての興味深い事例を提供している。

2．北ウェールズにおける交通・通信改善の必要性

(1) 既存の交通インフラとその問題点

まずは改善が行われる前の北ウェールズ＝アイルランド間の陸上・海上ルートにおける既存の交通インフラの状態とその問題点を指摘し，どのような点で改善が求められていたかについて見ていこう。

① 既存の道路とその問題点

18世紀後半の北ウェールズにおいて，道路建設や改修の担い手となったのは地方の企業家や地主であった。その顕著な事例が北ウェールズを代表する大スレート鉱山主のペンリン卿であった。ペンリン卿をはじめとする北ウェールズのスレ

ート鉱山業者は,その生産物を輸送するために,自ら道路や港湾,鉄道などの輸送施設を建設しなければならなかったのである[14]。例えば,1791年にオグウェン湖を通り,カペル・キリグ(Capel-Curig)に至る道路の建設がペンリン卿によって行われたし[15],1802年にはペントレヴォーラス(Pentrefoelas)からスランデガイ(Llandegai)にかけての道路のターンパイク化がペンリン卿によって鼓舞された。またこの新しい道路の建設にあたって,シュルーズベリーの旅館の経営者で駅馬車業者ロバート・ローレンスが主導力を発揮し,多くのシュルーズベリー市民が資金的貢献を行ったのである[16]。

18世紀後半には,イングランドの多くの地域と同様に,北ウェールズにおいてもターンパイク道路が拡大していった。すなわち,北中部ウェールズにおいて1752年から82年にそうした道路の建設を認可する法律が10以上通過した[17]。本章で考察するシュルーズベリー=ホーリーヘッド間の道路でも,テルフォードによる改善が行われる前に,すでに18世紀半ばからターンパイク化が始まっていた。すなわち,1756年には,オズウェストリー=フロンカサルテ間の道路はウェルシュプール=レクサム間の道路を管理するトラストによって有料化された。また,1765年にはバンゴール・フェリーからホーリーヘッドに向かうアングルシー横断の道路がターンパイク化され,1777年にはフロンカサルテ=ペントレヴォーラス間,さらに1802年にはペントレヴォーラス=スランデガイの区間で新道路が建設された[18]。

しかしここで重要な点は,こうした道路の有料化によって,必ずしも十分な道路改善が行われたとは限らなかったことである。確かに一般的に見れば,ターンパイク化された道路の多くはそれ以前の教区道路に比べて良くなったと言えようが,18世紀を通じて土木技術者の能力には問題があった[19]。当時は未だ土木技術は揺籃期であり,しかも技師たちは橋や港の建設と比較すると,道路建設をあまり重視していなかったのである。しかも技術的問題に加えて,トラストの管理が必ずしも適切に行われたとは限らなかった点も指摘する必要がある。ほとんどのターンパイク・トラストは数多くのトラスティ(受託者)に任されていたが,その管理においてトラストの会議に出席したのは少数者であり,時には管理能力に問題のあるケースや特権濫用が行われることも少なくなかったのである[20]。しか

も，本章で考察の対象とする北ウェールズのような過疎地域で設立されたターンパイク道路の場合，不十分な交通量の必然的結果としての通行料収入の不足によって，修理が不十分で，迅速な交通を妨げる隘路となっていた[21]。この点について，例えば1810年の議会委員会報告書は，ホーリーヘッドに至るウェールズの道路は，修理がほとんど行われず，ほとんど全体にわたって道幅が狭くて危険で，しばしば不必要なほど急勾配になっており，その結果，郵便輸送に深刻な遅れが生じていると嘆いている[22]。道路状態の悪さに加えて，メナイ海峡やコンウィ川の下流では，渡船が利用されており，それらは危険なばかりでなく，荒天時にはたびたび遅れが生じたのである[23]。

② 既存の港湾と海運の問題点

そればかりでなく，ホーリーヘッド＝ダブリン間の郵便船が基地として使用していた港や当時の海上輸送にも多くの問題があった。まずホーリーヘッド港についてみると，この港はすでに17世紀末には郵便船の基地として使用されており，18世紀初期には政府とダブリン商人トマス・ブレア（Thomas Blair）との間に郵便輸送契約が交わされていた。ブレアは郵便だけでなく旅客輸送によっても利益を得ていたのである。彼の定期船は毎週月曜，水曜，土曜にダブリンに向けて，ホーリーヘッドを出帆し，日曜，水曜，金曜にアイルランドからの郵便を積んで戻ってきたのである。しかし，その契約には「風と天候が許せば」という条件が付けられていた。この条件は当時の航海技術と港の状態に鑑みれば，当然の規定であった。当時の船舶は風向きが悪ければ，数日間出航が延期されたし，入港のさいに桟橋にぶつかって損傷するということは日常茶飯事であった[24]。当時のホーリーヘッド港には船を風から保護する十分な施設が存在しなかったのである。このため，例えば『ガリバー旅行記』で有名なジョナサン・スウィフトは，1727年のイングランドからアイルランドへの旅行に際して，風待ちのためにホーリーヘッドで6日間も足止めされ，ようやく9月30日（金曜）に出帆することができたが，逆風のために港に引き返さなければならなかったのである。彼が，どれくらい長く待たねばならなかったかは不明である[25]。実際，アイリッシュ海を横断するのに1週間も立ち往生するということは帆船時代には決して珍しいことではなかったのである[26]。

他方，アイルランド側の基地はダブリンであったが，後にジョン・レニーの勧告に従って，ダブリンから6マイル離れたハウス（Howth）に外港が建設される以前に，郵便船はダブリン湾のピジョン・ハウス（Pigeon House）と呼ばれる基地に入港していた。しかし，19世紀初期にはダブリン湾には十分な港湾施設は存在せず，しかも干潮時の水位が浅く，時には船が入港できるまでに何時間も湾の外で待機しなければならなかったのである。こうした不便さに加えて，東からの強風が吹いている時の入港は特に危険で，1隻の商船も難破することなしに冬が過ぎた年はないほどであったという。そうした難破によって多くの貴重な財産ばかりでなく，多くの人命が失われた。例えば，1807年2月のある夜，イギリス人兵士を満載した3隻の船舶がダブリン湾東部で難破し，多くの人命が失われたという。こうした状況において，議会委員会は，船舶の安全な入港が可能となるハウス港の建設工事を促進していたのである[27]。

(2) アイルランド併合

このように，18世紀末から19世紀初期にかけてのブリテン島とアイルランドとの交通通信状態は，海陸とも極めて劣悪な状態にあった。産業革命の進展に伴う交通増加につれて，こうした状態を改善する必要性が高まってきた。しかし，議会の主導のもとでホーリーヘッド道路を建設し，港や海上輸送の改善を行う直接的きっかけとなったのは，18世紀末に起こった反乱とそれに続くアイルランド併合であった。

周知のように，ピューリタン革命中，クロムウェルは王党派の殲滅を口実にしてアイルランドを征服し，先住民の土地を没収して，この島を植民地的な地位に陥れていた。そしてイングランド人支配者に対するアイルランド人の反感の高まりが，フランス革命の影響を受けて，ユナイテッド・アイリッシュメン（United Irishmen）の反乱を引き起こしたのである。1791年にウルフ・トーン（Wolfe Tone）を中心に結成されたユナイテッド・アイリッシュメンは，全アイルランド人民の連帯による民族解放をめざして運動を展開していた。英仏戦争の勃発によって政治情勢が緊迫化すると，この組織は秘密結社に改組され，ウルフ・トーンは，アイルランド遠征軍を要請するために，1796年にフランスへ渡った。その

結果，同年12月に「フランス革命軍の最も傑出した将軍の1人オッシュの率いる1万4,000人の乗組員を擁したフランス艦隊がアイルランドに向けて出航した。しかし，冬の嵐がこの艦隊を四散させ，その一部は（アイルランド南部の）バントリー湾にたどり着いたが，上陸することはできなかった」[28]。こうした出来事とナポレオンがイギリスを征服しようとしているという噂により，ユナイテッド・アイリッシュメンは1798年5月に反乱を起こした。しかしながら，反乱軍の中に潜入したスパイの通報もあって，この反乱はあえなく失敗に終わり，ウルフ・トーンも独房で自殺に追い込まれたのである[29]。「その反乱はイングランドとアイルランドとの関係を絶ちきることを目的としていたが，皮肉にもアイルランド併合法の通過へと導いたのである」[30]。

　反乱を鎮圧したイギリス政府は，1800年にアイルランド併合法を制定した。これによって，翌年1月からアイルランドは連合王国に完全に組み込まれることになり，100人の下院議員と28人の上院議員に代表される連合王国の一部となり，やがてアイルランドとグレート・ブリテンとの間の貿易は自由化されることとなった[31]。また，アイルランド併合法の成立によって，アイルランド政治家や実業家によるダブリンとロンドンの往来の機会が増えるにつれて，この間の交通，とりわけウェールズを通る悪路に対する不満が高まっていったのである。

3．トマス・テルフォードとホーリーヘッド道路の建設

(1) 議会主導とその理由付け

　以上で見てきたように，イングランドとアイルランドの両都間を連絡する交通・通信改善の中心はホーリーヘッド道路であった。そしてこの道路は議会の主導により，公的資金を投入することによって建設された点に大きな特徴がある。その担い手となったのが，1815年に設立されたホーリーヘッド道路委員会であった。それでは当時の自由主義的風潮の中で，多額の公的資金の投入はいかにして正当化されたのであろうか。

　その際，何よりも強調されたのが現行のターンパイク・トラストによる資金調

表 2-1 ホーリーヘッド道路沿いターンパイク・トラストの収支状況

ホーリーヘッド道路上を通過するターンパイク・トラストの区間	ゲート数	通行料収入（ポンド）		通行料徴収方法	負債額（ポンド）
		1809年	1810年		
No.1. Holyhead=Bangor Ferry（25マイル）	4	1,290	900	請負業者に貸出	2,863
No.2. Llandegai=Pentre Voilas（30マイル）	3	1,688	715	請負業者に貸出	9,663
No.3. Pentre Voilas=Cerig-y-Druidion（5マイル）	0	256	283	請負業者に貸出	866
No.4. Cerig-y-Druidion=Terfynant（17マイル）	3	360	329	請負業者に貸出	1,813
No.5. Terfynant=Oswestry近郊の里標塚（23マイル）	4	1,210	1,294	請負業者に貸出	2,490
No.6. Oswestry近郊の里標塚=Shrewsbury（10マイル）	2	395	325	請負業者に貸出	2,300

（出所）*Second Report from Committee on Holyhead Road and Harbour*, (1810), p.53 より作成。

達の限界であった。ホーリーヘッド道路の建設に関する議会委員会は繰り返しこの点を強調した。例えば1819年委員会の第2報告書は，現行のターンパイク・トラストの通行料収入だけでは新道建設資金を調達するのは不可能であり，ただ公的資金の投入によってのみそれが可能であると述べている[32]。表2-1はホーリーヘッド道路に関する議会委員会に提出された1810年の資料によって，ホーリーヘッド=シュルーズベリー間の道路を管理するターンパイク・トラストの収支状況を示したものである。これにより，19世紀初期にこの区間の道路は6つのターンパイク・トラストによって管理されていたことがわかる。しかもそれらのトラストはいずれも，年々の通行料収入によって返済するにはかなり多くの年月が必要なほど，多くの負債を抱えていたことが明らかになる[33]。なお原表に付された備考によれば，この表で示されたNo.1.のトラストの通行料は利子の支払いを補填するには十分であるが，道路修理を行うには不十分な金額であり，またNo.4.のトラストの場合，その道路修理は法的賦役（statute labour）[34]によって行われ，何らの道路改善も行われていないと述べられている。さらに，この表からNo.3.のトラストが管理する道路は17マイル半で，そのうちホーリーヘッド道路沿いの区間は5マイルであるが，この区間には全くゲートが存在しなかった。

したがって，この区間の修理費用は他の区間で得られる通行料収入からの内部補助によって賄われていたことになる。いずれにせよ，この表によって，北ウェールズ，とりわけホーリーヘッド道路沿いの既存のターンパイク・トラストによっては，決して十分な道路修理が行うことができなかったことが明らかになる。ちなみにこれらのターンパイク・トラストは通行料を自ら直接通行者から徴収するのではなく，トール・ゲートを請負業者（toll farmers）に貸し出していた。それによってトラストは煩雑な業務を行うことなく，一定の収入を得ることができたのである。こうしたやり方は当時一般的に採用されていた方法であったが，問題がないわけではなかった。請負業者が道路利用者から法外な通行料を要求することもあったし，トール・ゲートの競売に際して，請負業者間で共謀が行われることもあった[35]。

公的資金投入のもうひとつのより積極的な論拠は，交通インフラの改善によって生じる経済的メリットであった。この点について1819年委員会報告書は「これらの道路の改善に用いられた公的資金の支出は，その金額に比例して，通信を促進することによって，イングランドとアイルランドの間の重要な交通に従事する人々の産業や資本を一層生産的なものにするのに貢献する。またそれと同時に，その支出は，それと同程度に，国富と税源の全般的ストックを増加することによって，国に対する資金返却能力の確保にも貢献するであろう」と述べ，雇用や資材供給の増加，馬や馬車の浪費を減少させることによる資本の節約，交通の迅速化に伴うビジネスの拡大，旅行の快適性の増加や旅行費用の削減など，さまざまなメリットを強調している[36]。

次に，ホーリーヘッド道路建設の主体となった委員会の設立に至るプロセスと，主要な施設を中心にこの道路の建設プロセスを辿ってみよう。なお，ここで本章に関係する主要事項を示した年表で掲げておく（表2-2）。

(2) ホーリーヘッド道路委員会の設立

トマス・テルフォードによる新たな道路建設への第一歩は，1810年にロンドン=ホーリーヘッド間のルートを調査するために設置された議会委員会から始まる[37]。その最初の委員長に指名されたのはトマス・ヘンリー・フォスターであり，

表2-2 アイルランド=ブリテン島間の陸上・海上ルート改善関連年表
(18世紀半ば〜19世紀半ば)

年代	事　項
1756	北ウェールズで多くのターンパイク道路建設始まる(〜1802)
1796	ユナイテッド・アイリッシュメンの反乱(〜1800)
1800	アイルランド併合法
1808	シュルーズベリー経由によるロンドン=ホーリーヘッド間郵便輸送の開始
1810	ホーリーヘッド道路調査についての議会委員会(第1回)
	ジョン・レニーによりホーリーヘッド港,ハウス港建設開始
1811	テルフォードによるホーリーヘッド道路調査報告
1815	ホーリーヘッド道路委員会(Holyhead Road Commission)設置,道路建設開始
	ウォータールー橋完成。ホーリーヘッド=ダブリン間の民間蒸気船就航
1819	シュルーズベリー以西のターンパイク道路の統合
1821	ホーリーヘッド港の桟橋(アドミラル・ピア)完成
	郵政省の蒸気船就航(ホーリーヘッド=ハウス間)
1823	ホーリーヘッド道路委員会,ホーリーヘッド港,ハウス港も管理
1826	メナイ海峡吊り橋開通(1月),コンウィ橋開通(7月)
1830	ホーリーヘッド道路全通
1837	ロンドン&バーミンガム鉄道開通
1838	グランド・ジャンクション鉄道開通
1848	チェスター&ホーリーヘッド鉄道開通
1850	R.スティーブンソンのブリタニア鉄道橋完成

　その第1報告書は3月に提出された。同年6月に出された第2報告書にはホーリーヘッドからシュルーズベリーを経由するルートとチェスターを経由するルートの調査が行われたことが触れられ，メナイ海峡架橋についてのレニーの案が載せられている[38]。しかしこれらの案は，港湾建設を除いて，計画倒れに終わっている。テルフォードによる道路状態の調査とメナイ架橋の案が出されるのは翌年5月に開催された委員会においてであった。この報告書の中で，テルフォードはシュルーズベリーからホーリーヘッドに至る道路改修の具体案を地図とともに提出し，2つのメナイ海峡架橋案を提出しているが，その後のフォスターの辞任により，この案も棚上げにされた[39]。

　実際に道路建設へと動きだすのは，1815年に設立されたホーリーヘッド道路委員会(Holyhead Road Commission)においてヘンリー・パーネルが委員長になり，指導力を発揮して以後のことである。ヒューズによると，パーネルの指導力によって下院は委員会の勧告に従って2万ポンドを拠出したが，これがその道路

改修における公的資金投入の端緒となった。それ以後，道路が完成する1830年までに73万ポンド以上の資金が投入されるのである。1815年の法律によって，計画を実行し，資金を管理するために9人の委員が選ばれたが，その中にはパーネルのほかに，ロバート・ピールやW. V. フィッツジェラルド，J. M. バリーといったアイルランド側の権益を代表する重要人物が含まれ，委員会の最初の会合は1815年7月20日にロンドンのウィリアム・ハスキッスン邸で開かれたという[40]。この委員会においてA. ミルンが書記に指名され，資金の多くを主としてウェールズの道路建設に費やされることが決定された。この委員会で技師に任命されたトマス・テルフォードは部下とともに9月から道路調査を開始し，建設作業を開始するのである[41]。

　なお，アイルランド出身の代議士，ヘンリー・パーネルは，アイルランド併合法に反対していたが，併合後はこの道路改善のために大いに貢献したのである。アイルランド併合以後，ダブリンとロンドンを往復する政治家やビジネスマン，さらには一般旅行者の数が増加したが，それとともにその間の交通，とりわけウェールズ区間の交通に対する不満が高まっていった。こうした不満が単なる不満に止まっている限りでは，何ら効果的な事業は実行されなかったのであるが，地域交通に対する不満を公的資金の投入による一大プロジェクトに高めていったのが政治力であり，その中心に位置したのがヘンリー・パーネルであった。パーネルはアイルランドを代表する国会議員としてアイルランド人民の利益のためにばかりでなく，その優れた政治的手腕と著名政治家との幅広い人脈によってイギリスの経済政策の遂行に大きく貢献したのである。ホーリーヘッド道路の建設もその一つであった[42]。

(3) トマス・テルフォードと主要施設の建設

a) トマス・テルフォード

　財政面の立役者がパーネルであったとすれば，この道路の技術面での中心人物はトマス・テルフォード（Thomas Telford）であった。スコットランド南部，ダンフリーズシャー，エスクデール（Eskdale）出身のテルフォードは，その出生の年に父親を亡くし，貧困のうちに母親の手で育てられた。彼はすでに少年の

頃から水車大工のもとでの徒弟奉公を通じて土木・建築の基礎的技術を習得し，シュルーズベリーの城や教会をはじめとするさまざまの建物や橋梁などの建築でめきめき頭角を現した[43]。彼はジェームズ・ブリンドリーやジョージ・スティーブンソンと同様，正式の教育を受けることなく，現場での経験と独学によって類い稀な能力を発揮するという，当時のイギリス屈指の立志伝中の人物であった。彼がホーリーヘッド道路の主任技師に雇用された頃には，すでにウェールズのエルズミア運河とこの運河の目玉であるポントカサルテ水道橋（1805年完成），スコットランドのハイランド道路やカレドニア運河（1803年）などの建設を通じて，一流の土木・建築技師としての名声を博していたのである[44]。最近の研究では，一方ではテルフォードの業績を過大に評価することに対する批判も行われているが[45]，他方では産業考古学的調査に基づき，これらの施設の革新性を改めて強調する研究が行われている[46]。以下，先学の研究やホーリーヘッド道路委員会報告書などに依拠しつつ，テルフォードが中心となって建設したこの道路の特徴と主要施設を紹介しておこう。

b）ホーリーヘッド道路の主要施設

① テルフォードによる新道の特徴

　シュルーズベリー＝ホーリーヘッド間の旧道の全長は109マイルで，交通の要衝シュルーズベリーからチャーク近郊でウェールズに入り，スランゴスレン，ベトゥイス・ア・コイドを経由し，スノードニアの山岳地帯を通って，スレート採石の町ベセスダからバンゴールに出る。ここでメナイ海峡を渡ってアングルシー島に入り，アイルランドへ向かうフェリーの基地ホーリーヘッドまで通じていた。前述のように，ホーリーヘッド道路委員会が改修を開始する以前に，この区間の道路は6つのターンパイク・トラストが管理する有料道路となっていたが，過疎地帯での道路ということもあって，迅速な郵便輸送という点からは決して満足すべきものではなかった。したがって道路委員会はテルフォードを技師に雇用し，多額の公的資金を投入することによって，大幅な改修に取りかかっていたのである。それは単なる改修というよりも，新たな道路建設と言っても決して過言ではなかった。実際，アングルシー島を通過する道路やスノードニアの山脈地帯では，起伏やカーブの多い旧道とは別に全く新たな道路が建設された。それによって，

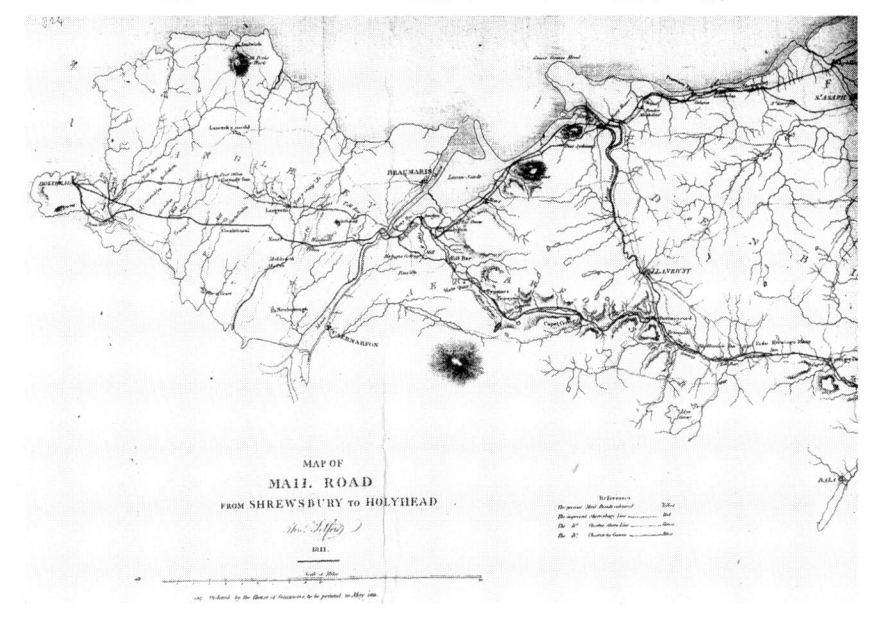

第2章 ホーリーヘッド道路と海上ルートの近代化 53

地図2-1 ホーリーヘッド道路（テルフォード測量図の一部）

距離は105マイルに短縮され，郵便輸送時間も大幅に短縮されることになったのである（地図2-1参照）。

　中でも最も顕著な事例がアングルシー島を通る区間であった。ハーパーによると，旧道は道路沿いの村人たちに便利なように作られてはいるものの，道幅が狭い上に急坂が多く，島の中ほどのグラナラヴォン（Glanyrafon）あたりでは大きな石がゴロゴロしており，御者が梶を取り損ねて馬車が横転することもあったという[47]。これに対して，テルフォードの新道は旧道の南側の緩い丘陵地帯を通り，ほとんど直線的にホーリーヘッドへ通じていた。それによって路線距離は2マイル594ヤード短縮され，メナイ海峡からホーリーヘッドまで郵便馬車は2時間半で通過できるようになった[48]。

　またオグワン湖からカペル・キリグに至る山道でも旧道沿いに新道が建設された。以下，この区間における旧道と新道の比較についてテルフォード自身の証言を引用しよう。この区間の新道にどのようなメリットがあるかという質問に答えて，テルフォードは次のように証言している。すなわち「旧道は渓谷の南側を通

っており，日当たりが悪く起伏の多い山の裾を縫い，険しく湿気た地帯を通っている。その勾配は時には1：9にも達し，事故が頻発している。これに対して新道は日当たりのよい渓谷の北側を通り，しかも緩勾配であらゆる不便を避けている。また新道では当面の建設にも将来の修理にも便利なように，良質の材料を用いている。一方で旧道は多くの箇所で幅が12フィートにも満たず，しかも馬車が沼地に転落するのを避けるための保護措置がなんら施されていないし，道路自体薄っぺらな造りとなっている」[49]。

　テルフォードの新道は旧道の欠陥をほとんど完全に取り除くように設計されていた。実際，この道路はテルフォードの道路建設技術の粋を集めたものであり，郵便馬車が迅速かつ安全に通行できるためにさまざまな配慮が払われていた。彼が建設した新道は旧道に比べて遥かに幅が広く，ほとんどの区間で40フィートを保ち，最低でも30フィートを下ることはなかった[50]。またこの道路はウェールズの山岳地帯に建設されたこともあり，山の中腹を通過する箇所が多いが，その場合，丘陵の側壁を利用し，谷側には安全のための柵が付けられていた。さらに，テルフォードは道路建設にあたって，石材の材質に注意を払い，基礎工事を重視した。路床に大きな石を置き，その上にこぶし大の丸石，そして路面をできるだけスムーズにするためにジャリで覆った。その他，排水を良くし，長期間使用可能なようにさまざまな工夫が施されていた。例えば，修理を速やかに行うために一定間隔で修理用石材の置場が配され，生け垣よりも石壁を多用するという配慮も払われていた。というのは生け垣だと見通しが悪いし，降雨のさいに木から雫がしたたり，路面に損害を与えたからである。また，道路の側壁の石には石が盗まれるのを防止するためモルタルが張られていたし，全行程にわたってマイル・ストーンが立てられ，旅行者に道路情報を通知する鉄板がはめ込まれていた[51]。

　ホーリーヘッド道路は議会委員会によって公的資金で建設されたとはいえ，有料道路であったため，駅馬車や荷馬車は通行料を支払わなければならなかった。その通行料支払いのためのトール・ゲートは木材，あるいは日の出模様のデザインのある鋳鉄製のゲートが使用されていた。通行料徴収所（トール・ハウス）は2つのタイプがあり，ウェールズの本土側のものは標準タイプであるが，アングルシー島側のものは八角形でタワー付きの設計になっていた[52]。テルフォードは

徴収所の建物の屋内をできるだけ快適なものに設計することによって，品行の良い通行料徴収人が雇用され，徴収に関わる不正を避けようとしていた[53]。

また道路建設に際して，テルフォードはできるだけ直線を保つために，数多くの切りとおしや築堤を建設した。とりわけ有名なのはチャーク（Chirk），ティ・ナント（Ty Nant），ナント・フランコン（Nant Ffrancon）およびアングルシー島からホーリーヘッドに通じる砂地に建設されたスタンレー（Stanley）の築堤である。このうち，ナント・フランコンの築堤はスノードニア山脈の中央部を通過する難所に建設された。テルフォード以前にもすでにペンリン卿やターンパイク・トラストによってこの難所を通過する道路が作られていた。もっともペンリン卿の道路はあまりに急坂であったために，旅行者は馬車を降りて馬車を押さなければならなかったし，ターンパイク・トラストによって作られた道も狭くて急峻な渓谷を縫うように迂回するものであった。そこでテルフォードは全長3マイルにおよぶ築堤を築き，さらに幅が広くて緩勾配の道路を建設することによって，従来の道路の問題点を一挙に解決したのである[54]。

また，この道路の終点であるホーリーヘッド港は浅い海峡によってアングルシー本島と隔てられた小島の先端にあった。旧来のターンパイク道路はこの海峡をフォー・マイル・ブリッジ（Four Mile Bridge）と呼ばれる橋で島と連絡していたが，それはかなりの迂回路となっていた。そこでテルフォードはアングルシー島に新たな直線道路を建設するとともに[55]，港への連絡も迂回路を通ることなく，スタンレーの砂地に長大な築堤を建設したのである。その築堤の建設が開始されたのは1823年1月で，2万ポンド以上の費用を要して翌年11月に完成した[56]。

② 主要橋梁

シュルーズベリー＝ホーリーヘッド間やその迂回路であるチェスター＝バンゴール間のルートにはディー川やコンウィ川をはじめ数多くの河川が存在したし，さらには最大の難所であるメナイ海峡を渡らなければならなかった。テルフォードはそれらを越えるために多くの鉄橋や石橋を建設した。彼が建設した橋梁はその道路と同様，迅速な交通の妨げにならず，耐久性を重視したものであった[57]。そのうち，以下に取り上げる3つの橋は当時の技術の粋を集めた極めてユニークな橋梁であり，現在でも利用され，北ウェールズを訪れる多くの観光客を魅了し続

図2-1 ウォータールー鉄橋（筆者撮影）

けているのである。

○ウォータールー橋

　ホーリーヘッド道路の建設はスノードン山脈地帯の難所から開始され，その過程で，ベトゥス・ア・コイド（Betws-y-Coed）でコンウィ川に架橋する必要が生じた。ここに建設されたのが，全長105フィートのウォータールーの鋳鉄橋である。世界最初の鋳鉄橋は言うまでもなく，1781年に建設されたコールブルックデール近郊のアイアンブリッジであるが[58]，それ以後，イギリス各地で鋳鉄橋が建設された。実際，テルフォードもこの橋に先駆けて，数多くの鋳鉄橋を建設していた[59]。さて，この橋はそこを車で通過すると，つい見落としてしまいがちであるが，車を下りて橋脚の下に立つと，THIS ARCH WAS CONSTRUCTED IN THE SAME YEAR THE BATTLE OF WATERLOO WAS FOUGHT．という文字が鋳鉄の橋梁に刻印されていることに気がつく。この文字からこの橋がウォータールーの戦いでのイギリス軍の勝利を記念して建設されたことがわかる。周知のようにベルギーのウォータールーでの戦いに破れたナポレオンは大西洋の孤島セント・ヘレナ島に流され，戦いに勝利したウェリントン将軍は一躍イギリスの英雄になったのである。また，この橋梁にはイングランドを象徴する赤バラ

(rose), スコットランドの国花であるアザミ (thistle), アイルランドを象徴するシロツメクサ (clover), そしてウェールズのポロネギ (leek) の模様で飾られている (図 2-1)[60]。

○メナイ海峡吊り橋

この道路の最大の目玉は, メナイ海峡の吊り橋である。ウェールズの本土側 (カナーヴォンシャー) とアングルシー島の間の交通を長期にわたって阻害してきたのが, メナイ海峡であった。テルフォードの吊り橋が建設される前には, 長らく渡船が利用されていた[61]。潮の流れが速かったために, ここを通過するには相当な危険を伴い, ハーパーによると, 1664年から1842年までに180人もの死者がでたという[62]。

メナイ海峡に橋を架けようとする計画は古くから存在し, 実際, 戦時に軍隊を移動させる場合には臨時の橋が建設されることもあった[63]。1810年委員会の報告書やロルトの著書によれば, 恒久的な橋の建設計画は18世紀末頃から建てられた。すなわち, 1783年にはジョン・ゴルボーン (John Golborne) がスウィリー・ロック (Swilly Rocks) と呼ばれる海峡中央付近の岩礁からアングルシー側へ架橋するとともに, 築堤を築き, カナーヴォン側に大きな閘門を設置することによって船を通行させる計画を建てた。また, その翌年の1784年にはウィリアム・ジェソップ (William Jessop) が木造の橋を計画していたし, 1801年にはジョン・レニー (John Rennie) によって複数の計画案が提出されたが, いずれも実現には至らなかった[64]。また, 1810年にテルフォードがホーリーヘッド道路の調査を依頼された時に, 2つの代案を提出した[65]。その一つはスウィリー・ロックの地点で260フィートの3脚橋を建設する案で, もう一つはそこから幾分北側のピッグ・アイランドといわれる岩礁に橋脚を建てることによって500フィートのシングル・スパンの吊り橋を建設する計画である。これらの橋の設計図は1811年委員会報告書に掲載されており, それらの橋のイラストはスマイルズの著書にも紹介されている[66]。ここでそのうちの一つを掲載しておく (図 2-2)。最大の問題はこれらの案はいずれも海面から橋の本体までの高さが十分でなく, そのためメナイ海峡の船舶の通行を妨げることにあった。1811年委員会報告書には, この海峡を通行する船舶の乗組員や海軍関係者の証言が数多く載せられており, 架橋に反

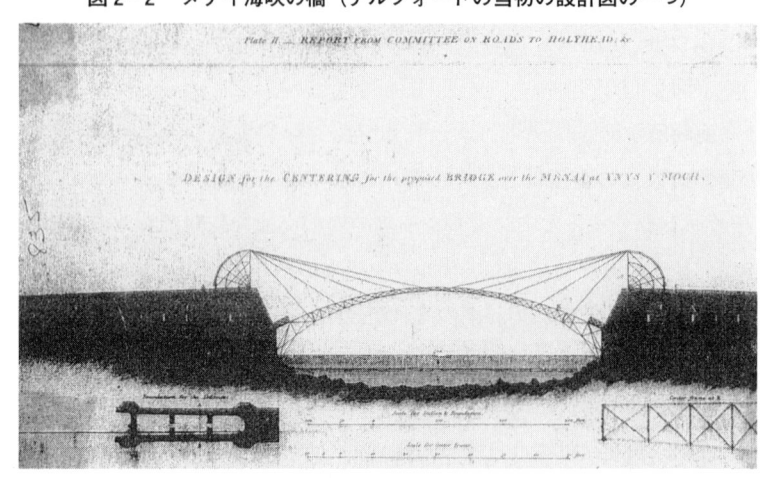

図2-2 メナイ海峡の橋（テルフォードの当初の設計図の一つ）

対している[67]。

　その後，ナポレオン戦争の激化に伴う計画の中断時に，テルフォードはリヴァプール近郊のランコーン（Runcorn）でマージー川の架橋計画に関与した。その橋の建設計画において，彼がサミュエル・ブラウン（1776-1852）という技師と知遇を得たことは，後のメナイ架橋に大いに役立ったと言われている。というのは，イギリスで最初に大規模な鉄の吊り橋を建設したのはブラウンのユニオン橋（Union Bridge, 1819年）であり，それはバーウィック近くのノーハムフォードにおいてツイード川に架橋するものであり，その橋のスパンは361フィート（約108メートル）であった。テルフォードがメナイ海峡の吊り橋に錬鉄製のチェーンを使用することを決定したのはブラウンの影響によっていた[68]。

　さて，メナイ海峡に錬鉄製の吊り橋を建設する計画が実際に動きだすのはやはり1815年のパーネルを委員長とする委員会が設置されて以後のことであった。そして，1818年にパーネル卿はホーリーヘッド道路委員会にメナイ海峡の架橋を説得し，テルフォードに計画案の提出を求めた。テルフォードは今までの経験からピッグ・アイランド（ウェールズ語での地名は Ynys-y-Moch）に主要橋脚の一つを設置するシングル・スパンの吊り橋の計画を提出した。その橋の海面からの高さは100フィートもあり，大型船も通行可能であり，そのスパンは579フィート

図 2-3 メナイ海峡に架かるテルフォードの吊橋（著者撮影）

にも達するものであった。もう一つの主橋脚はカナーヴォンの海岸に設置され，ピラミッドと呼ばれた主橋脚の高さは海面から163フィート，路面からの高さは50フィートにも達した。これら2本の主橋脚へのアプローチに各々約52フィート間隔でアングルシー側に4本，カナーヴォン側に3本，合計7つのアーチを建設し，16本のチェーンによって橋を支えという，壮大な計画であった。テルフォードの案にはカナーヴォンの海運関係者をはじめとして多くの反論が唱えられたが，パーネル卿による強い支持のおかげで彼の計画は是認された。橋の建設は1819年から始まり，1826年1月に開通したのである[69]。なお，図2-3は現代のメナイ海峡吊り橋である。

○コンウィ吊り橋

また，メナイ海峡の吊り橋が開通したのと同年の1826年にはコンウィ橋も完成している。この橋はメナイ海峡の橋の規模を縮小した吊り橋といえよう。周知のように，コンウィ城はエドワード1世のウェールズ征服に際して建設した城のうちの一つであり，現在ではカナーヴォン城やビューマリス城などとともにユネスコの世界遺産に指定されている。ロンドンからシュルーズベリーを経て，バンゴ

図2-4 手前の橋がテルフォード設計のコンウィ橋，左側の橋は
ロバート・スティーブンソン設計の鉄道橋（筆者撮影）

ールへ向かう道路が開発されるまでは，チェスターから北ウェールズの海岸線を通ってコンウィ経由でホーリーヘッドへ向かう道路がメインルートとして利用されていた。この海岸道路の最大の難所がコンウィ川の渡河であり，テルフォードによってコンウィ橋が建設されるまでは，ここでも渡船が使用されていたのである[70]。そして，メナイ海峡の橋と同様に，テルフォードによって建設が行われるまでに，すでに1802年にジョン・レニーが建設計画を作成していた。彼の計画は城を通る道路を建設して橋を作ろうとするものであり，著しく景観を破壊するものであった。幸運にもレニーの計画は拒否され，その後，ホーリーヘッド道路委員会はテルフォードに計画の提出を要請した。テルフォードの計画はメナイ海峡の吊り橋と類似の計画を提出したが，多くの点で城と調和するように工夫されていた。銃眼のついた中世風の支柱やちょうど中世の城門に入る跳ね橋のような風情を与える工夫もその現れである。コンウィ橋の建設が開始されたのは1822年4月で，1826年7月に開通した（図2-4）[71]。

c）事業組織の特徴

　産業革命初期にジェームズ・ブリンドリーはブリッジウォーター運河の建設に

際して，その運河や橋などの施設の建設を設計図なしに行っていたことで有名である[72]。しかし19世紀になると，土木技術はますます複雑化し，道路や運河などの土木事業の大プロジェクトを実行するには，綿密な調査と計画，大規模な労働力の組織，そして多額の資金調達が必要になっていた。例えば，ケネット＆エイボン運河の建設において主任技師であったジョン・レニーは事業を円滑に遂行するために，運河建設の各現場に数名の駐在技師（resident engineers）を配置し，その指導のもとに，代理人を介して建設作業を請け負わせていた[73]。ホーリーヘッド道路のような大規模な国家的プロジェクトを首尾よく遂行するためには，相当効率的な管理組織が必要であった。しかもテルフォードはマクレスフィールド運河，バーミンガム運河，アバディーン港など，同時に多くの仕事に関係していた。ホーリーヘッド道路委員会が関係するプロジェクトは1823年の法律によって拡大され，それによってテルフォードはロンドンからダブリンに至る全ルート（ホーリーヘッド港とダブリン港を含む）改善のための主任技師となった[74]。こうした大規模プロジェクトを効率よく実行するために，彼は信頼のおける部下や資材業者のチームを組織しており，部下たちに主要プロジェクトの責任を分担させ，そのもとにプロジェクトをいくつかの区間に区切って請負業者を雇用していたのである。彼の腹心の部下にはウィリアム・プロヴィス（Willam Provis）とジョン・ウィルソン（John Wilson）がいた。また，橋梁の主要資材である錬鉄工場主としてはヘイズルダイン（William Hazledine）があげられる。彼はテルフォードの友人で，シュルーズベリーで鋳造工場を経営し，メナイ，コンウィ，ウォータールー橋など主要な橋梁の鉄の鋳造を担当した[75]。

　プロジェクトの遂行にあたって，技師の指図に従い，事業を遂行するのが請負業者であった。ホーリーヘッド道路の場合，その他の土木工事と同様に競争入札によって，請負業者が選ばれていたが，特に困難に区間においてはテルフォード自身が特定の信頼のできる請負業者に担当させることがあった。道路建設に関与した主要請負業者としては，ギル・ホッジス社（Gill, Hodges & Co.），トマス・エヴァンズ（Thomas Evans），ジョージ・ディーズ（George Deas），ストラフェン＆スタントン（Straphen & Stanton）があげられる。このうち，ギル・ホッジス社はスタンレーの築堤やアングルシー島の道路など圧倒的に多くの工事を請

表2-3 ホーリーヘッド道路の主要請負業者

ウェールズの本土側

請負業者名	請負件数	請負金額(£)	主要請負箇所
Gill Hodges & Co.	30	39,865	Chirk, Ddwygyfylei & Conway
George Deas	25	9,399	Bettws-y-Coed, Llangollen
Thomas Evans	18	28,542	Corwen to Llangollen
Straphen & Stanton	6	16,584	Ty Gwen to Lake Ogwen
Thomas Roberts	4	9,030	Capel Cerrig to Lake Ogwen
John Wilson	2	1,375	Bangor 近郊, Gorfwysfui
George Edgcomb	2	1,095	通行料徴収所の建設
Straphen & Hall	1	595	Llan-ifsa
John Jones	1	1,720	Llandegai
John Hall	1	290	Bangor 近郊
William Hughes	1	767	Chirk to Gobowen

アングルシー島側

請負業者名	請負件数	請負金額(£)	主要請負箇所
Gill Hodges & Co.	14	36,465	Stanley Sands の築堤
William Parry	2	656	Llanfair 近郊, Nant
John Wilson	1	1,496	Trewarn 近郊
George Deas	1	345	Llanfair-pwl-Gwyn-Gwyll 近郊
Robert Pritchard	1	346	Gwalchmai 近郊

(出所) Penfold A. & Phil M. (eds.) *The Public Works of Thomas Telford*, Microform Limited, (1983), pp. 62-67 より作成。

　け負い，トマス・エヴァンズはスランゴスレン近郊の道路の建設に関与した（表2-3参照）。

　もっとも，すべての請負業者が有能というわけではなかったし，場合によっては技師との意見衝突によって途中で解雇される場合もあった。例えばストラフェン＆スタントンはトラック・ショップ[76]を開設して建設労働者を搾取していることが判明し，解雇されている。またトマス・ロバーツ（Thomas Roberts）は1817年から18年にかけて4か所の道路区間を請け負ったが，契約期間中に仕事を完成できなかったために解雇されている。

4. 海上ルートの改善

(1) 港湾の近代化

a) ホーリーヘッド港の改善

　ホーリーヘッド港はアイルランドの首都であるダブリンから最も近いアングルシー島の先端に位置する。船出の目的にとって好位置にあり，アイルランド併合当時においては自然の良港ではあったものの，桟橋や港湾施設は不十分であった[77]。かくして19世紀初期まではイングランドとアイルランドとの連絡にはリヴァプールやチェスター近郊のパーク・ゲイトの港が使用されていたのである。

　したがってホーリーヘッド港がアイルランドとの連絡に頻繁に使用されるようになったのはアイルランド併合法の制定以後のことであり，道路と並んでこの港が改善されて以後のことである。アイルランド併合後まもなく，政府は1802年にジョン・レニーにコンウィとメナイ海峡のフェリー，さらにはホーリーヘッドとハウスの港について調査を依頼した。それに応じてレニーは港を調査し，両海峡に橋の建設を勧告したが実行されず，1809年まで棚上げにされていたが，同年に政府は再度，レニーにホーリーヘッド港の調査を依頼した。彼のプランは承認され，翌年から港の建設工事が開始された。海に突き出た崖から全長1,150フィート，幅50フィートの突堤（'Admiralty Pier' と呼ばれた）が建設され，それによって大波が内湾へ入るのを防止された。また突堤の先端には航海の安全のために灯台が設置され，突堤の端から60フィートの桟橋が建設された。それと並んで，(Pilbeo Rockと呼ばれる）対岸の岩場からも550フィートの突堤が建設され，この突堤の内側に商船用の乾ドックが建設された。この港の建設作業は1810年に始まり，1824年に完成した[78]。レニーは港の貿易が発展に備えて，さらに港の拡張計画を立てていたが，その計画は実行されなかった[79]。

b) ダブリンとその外港

　他方，郵便船のアイルランド側の基地はダブリンであったが，当初基地として使用されていたピジョン・ハウスの施設は不十分で，船舶の出入港に不便であっ

た。このため政府は1807年にダブリンの北東部の半島ハウス（Howth）に港湾を建設することを決定し，キャプテン・ジョージ・テイラー（Captain George Taylor）に計画の作成を依頼した。翌年，テイラーの辞任後，ジョン・レニーの指揮下，部下のジョン・エアード（John Aird）が工事を引き継ぐことになった。その後レニーの勧告に従って1810年には第2の桟橋が建設された。ハウス港は1813年に完成したが，郵船用の基地として開港するのは1818年であった[80]。そのことに関して1819年の委員会報告書は「ホーリーヘッドからダブリンへの郵便輸送に関して，新設のハウス港がその基地として完全に継承されたことに委員会は非常に満足している」[81]と述べている。というのも，同委員会報告書の付録によると，ハウス港が基地として使用される以前にはホーリーヘッドからダブリンまでの航海時間は平均約20時間であったが，ハウス港を基地とすることによって約15時間に短縮されたからである[82]。同委員会報告書は，開港間もないハウス港には，桟橋の外部での浅瀬や投錨地の不足，防波堤の必要性といった解決すべき問題があるものの，この港の開設に伴う航海時間の短縮の意義を認めている[83]。

　確かにハウス港の建設は，出入港に際して風向きが重要な意味をもつ帆船時代にはそれなりに意義を持っていたが，決して万全の解決策とはならなかった。沈泥の堆積問題に加えて，大型蒸気船用の港としては狭すぎたのである。そこで新たにダブリンの南方，ダンリアリー（Dunleary）に港を建設し，ダブリンと鉄道で連絡する計画が立てられた。新港の建設工事は1816年に開始され，その4年後に完成した。1820年に即位したジョージ4世が1821年にアイルランドを訪問したさいにこの港を使用したことにちなんで，新港はキングズタウン（Kingstown）と命名された[84]。

(2) 蒸気船の導入

　ホーリーヘッド道路や港湾建設とともに，イギリスとアイルランドの輸送において重要であったのが，アイリッシュ海の海運であった。アイルランド併合法が通過した時期のアイルランドとブリテン島との連絡ルートは主として3つあった。その一つ，南部アイルランドとブリテン島との連絡は，ウォーターフォード=ミルフォード間の定期船によって結ばれていた。また，アイルランドの首都，ダブ

リンはホーリーヘッド経由でホーリーヘッド道路を通じてロンドンと結ばれていた。さらに，北アイルランドからスコットランドへ渡る旅客や郵便はドナハーディーとポートパトリックの第3のルートを使用していた[85]。ホーリーヘッド道路の建設当時において，これらの輸送には，なお帆船が主役を演じていた。これらの航路で蒸気船が本格的に導入されるのは1810年代末からであり，郵便輸送に関する限り，中でも最も海上輸送距離の短いホーリーヘッド=ダブリン航路が基軸的な重要性をもっていた。以下，この航路を中心にアイリッシュ海の蒸気船導入過程を考察しよう。

　帆船時代においてホーリーヘッド港からダブリンのピジョン・ハウスへの平均航海時間は20時間27分で，復路は平均17時間7分であった。1818年8月からアイルランド側の到着港がハウス（Howth）に代わったことによって航海時間は両方向とも15時間未満に削減されたが，帆船の航海時間には大きな変動が見られ，24時間以上ということも決して稀ではなかったのである[86]。しかも前述のジョナサン・スウィフトの航海にみられるように，帆船時代には船の出帆も風しだいであった。こうした状況において，この航路における蒸気船の導入は極めて大きな意義をもっていた。ホーリーヘッド=ハウス間に就航した最初の蒸気船は Steam Packet 社が所有する2隻の外輪船 Hibernia 号と Britannia 号であった。これらの船はともにクライドサイドの造船業者によって建造され（全長77フィート），蒸気力による推進に加えてスクーナー艤装が施されていた。これらの船がハウスからホーリーヘッドへ向けて処女航海を行ったのは1816年の9月のことであった。その後数カ月間にわたって散発的なサービスを行い，航海時間を8時間に短縮したが，経営者間の不和によって会社は解散された[87]。その後，1819年の夏に，Messrs. Holmes & Co. によって New Steam Packet 社が設立され，新造外輪船 Talbot 号がホーリーヘッド=ハウス間の旅客輸送を開始し，その3週間後には Ivanhoe 号が就航した。これらの蒸気船は Hibernia 号よりも強力なエンジンを搭載し，快速であったため，航海時間も7時間半に短縮された[88]。これらの蒸気船はともにクライドサイドの造船会社によって建造され，Napier 製のエンジンを積んでいた（表2-4参照）。クライドサイドはイギリス造船・造機工業の揺籃地であり，Napier をはじめ Denny, Scot& Sons, Bolton & Watt をはじめ先進

表2-4 アイリッシュ海に就航した初期の主要蒸気船

年	船 名	トン数	航 路	造船業者	機関製造者
1818	Rob Roy	100	Glasgow=Belfast	Denny	Napier
1819	Talbot	156	Holyhead=Dublin	Wood & Co.	Napier
1819	Waterloo	210	Liverpool=Dublin	Scot & Sons	Cook
1820	Ivanhoe	158	Holyhead=Dublin	Scot & Co.	Napier
1820	Belfast	190	Liverpool=Dublin	Ritchie & Co.	Napier
1821	Mountaineer	190	Liverpool=Dublin	Cornwallis	Hawthorn
1821	Eclipse	140	Glasgow=Belfast	Steel, Greenock	Napier
1821	Rapid	140	Glasgow=Belfast	Cornwallis	McArthur
1821	Tartar	180	Holyhead=Dublin	?	Cook
1821	Royal Sovereign	205	Holyhead=Dublin	Evans, Rotherhithe	Boulton & Watt
1821	Meteor	190	Holyhead=Dublin	Evans, Rotherhithe	Boulton & Watt
1822	St. Patrick	298	Liverpool, Dublin, Tenby, Bristol	Mottershead & Hayes	Fawcet & Littledale

(出所) *Fifth Report of the Select Committee on the Road from London to Holyhead*, June (1822), pp. 198-202 より作成。

的な造機・造船業者がひしめいていたのである[89]。

　蒸気船はその快速性能による航海時間の短縮という点で帆船よりも優れていたが，それに劣らず大きな意義があったのは，蒸気船によって1年中を通しての航海が可能になったことであった。例えば，1822年委員会の第5報告書は，初期の蒸気船に関する多くの興味深い資料を提供しているが，その中で帆船に対する蒸気船のメリットとして，帆船ならば不可能であったような冬期の荒天時にもスケジュールどおりの航海が可能であったと述べている。同報告書によると，ホーリーヘッド航路の蒸気船は，エンジン性能，ボイラー，推進機構などでなお数多くの改良の余地があったものの，船体の強度と言う点でも優れていたという[90]。

　さて，上述のように，ホーリーヘッド=アイルランド間航路で最初に蒸気船を導入したのは民間企業であった。このため郵政省の帆船はたちまち顧客を民間の蒸気船に奪われ，その旅客輸送は1819年の10,599人から翌年には5,596人に半減した。また民間蒸気船は郵便物の輸送にも関与するようになった[91]。しかし郵政省も決して手をこまねいていたわけではなく，蒸気船の優秀性が立証されると，民間企業に対抗するために2隻の新造船の建造を決定した。それらの船体はロザーハイズの Messrs. Evans 社が，そしてエンジンはソーホーの Bolton & Watt 社が製造した[92]。これらの郵政省の蒸気船は Lightning 号（後に Loyal Sovereign

号に改名）と Meteor 号で，前者は205トンで40馬力のエンジンを2基装備していた。後者の Meteor 号は190トンで30馬力のエンジンを2基装備し，ともに民間企業の船よりも快速であった。これらの船舶は1821年5月31日にハウス港に到着し，翌日から営業を開始した。郵政省の蒸気船の就航によって民間海運会社は競争をあきらめ，同年6月に同社の蒸気船をダブリン=リヴァプール航路へ転用したのである。その後，郵政省は次々に新造蒸気船をこのホーリーヘッド航路に投入し，サービスの充実をはかったため，この航路での収入もしばらくは増加していき，1826年には約12,000人の船室旅客と2,300人のデッキ旅客を輸送していたのである[93]。

郵政省はしばらくの間ホーリーヘッド航路の旅客輸送から利益を得ていたが，1827年からはホーリーヘッド基地での会計は赤字に転落した。その理由は，他の航路に就航している郵便蒸気船の修理をホーリーヘッド基地で行うようになったことによって支出が急増したこと加えて，1826年8月からダブリン=リヴァプール航路でも蒸気船が導入されたため，ホーリーヘッド航路の輸送が減少したことがあげられる[94]。というのも，1826年まではリヴァプールからアイルランドへの郵便物は郵便馬車でホーリーヘッドまで運ばれ，そこで郵政省の蒸気船によってアイルランドへ運ばれていたが，それは遠回りであった。このため1821年から相次いでリヴァプールからダブリンに向けて民間蒸気船が就航し，旅行時間と経費を削減した。例えば，1822年に St. Georges Steam Packet 社が3隻の蒸気船によって設立され，1824年にはチャールズ・W. ウィリアムズによって City of Dublin Steam Packet 社が設立された。後者は1826年には16隻の船舶を所有する大海運会社に成長していた[95]。これらの民間企業の蒸気船は旅客ばかりでなく，郵便の輸送にも関与したため，郵政省も民間企業に対抗して，1826年8月から同航路に蒸気船を就航させることになったのである[96]。

因みに1824年4月からミルフォード=ウォーターフォード（ダンモア）間に，またそれに次いでポートパトリック=ドナハーディー間でも郵政省の蒸気船が就航するが，これらの航路は迂遠な長距離陸上輸送のために鉄道時代以前にはあまり利用されなかった。しかし，本章での考察の中心であるホーリーヘッド経由の交通という点からみると，他の航路で相次いで蒸気船が就航したことにより，郵

便や旅客の輸送が減少していったことは重要な意味をもっていたのである。

5．おわりに

最後に，以上で述べてきたシュルーズベリー=ホーリーヘッド間道路，およびホーリーヘッドからダブリンへの海上ルートの改善がもたらしたさまざまな効果を簡単に言及して，本章のむすびとしたい[97]。

このルートに生じた主たる改善としては，ルート自体の距離の短縮と拡幅，道路の直線化，安全性の増大などであり，またメナイ海峡やコンウィ川などで橋梁が建設されたこと，さらにはアイリッシュ海の海上ルートでも港湾建設に加えて，蒸気船が使用されるようになったことがあげられる。こうした陸海の交通インフラの改善の結果，交通時間は大幅に短縮されたことは疑いない。メナイ海峡吊り橋を含むホーリーヘッド道路の完成によって，交通は遙かに安全かつ迅速なものになり，ロンドン=ホーリーヘッド間の旅は1784年には48時間もかかっていたが，1836年には27時間に短縮された[98]。これに加えて港湾施設の改善や蒸気船の導入によってアイリッシュ海の航海時間も大きく短縮された。すでに述べたように，帆船時代のアイリッシュ海の航海は風の状態によって大きく左右され，ホーリーヘッド=ダブリン間の航海に平均15時間から17時間，場合によっては24時間以上もかかっていた。蒸気船の導入によって航海時間は半分以下の7～8時間に短縮されたのである。

こうした時間の短縮に加えて，旅行が遙かに安全，かつ規則的に行われることになった。テルフォードによる改善が行われる以前の北ウェールズの道路には数多くの難所が存在し，悪路で御者が楫を取り損ねて馬車が横転し，谷底に転落することも頻繁に起こっていたが，こうした物理的危険に加えて，人里離れた辺鄙な道路では，ハイウェー・マン（highwaymen）と呼ばれる盗賊に襲われることも決して稀なことではなかった。その意味でテルフォードによる新道建設は馬車時代の高速道路と言えるものであり，それにより物理的・人為的危険性は大幅に削減されたのである。また既述のように，海上ルートにおける蒸気船の導入によって，帆船時代には不可能であった冬期航海も可能となり，時刻表に従って年中

規則的な航海が可能となった。

　こうした陸海を通じての交通インフラの改善の結果，アイルランド＝ブリテン島を結ぶ交通が以前に比べて発展したことは疑いない。まず郵便馬車の走行が以前に比べて容易になった。周知のように，郵便馬車サービスは1784年にバースの劇場支配人，ジョン・パーマーによって開始されていた。その後，この制度はイギリス各地へと拡大し，ロンドンからアイルランドへの郵便についても，1795年には非効率的なポスト・ボーイによる輸送に代わって，チェスター経由の郵便馬車サービスが開始された。すでにホーリーヘッド道路の建設以前にシュルーズベリーの旅館の経営者，ロバート・ローレンスがシュルーズベリーからスランゴスレンを経由する駅馬車サービスを始めていた。そして，彼の努力によって，1808年9月にはシュルーズベリー経由でのロンドン＝ダブリン間の郵便馬車サービスが開始された[99]。しかし未だこの段階では，メナイ海峡のフェリーを利用しなければならなかったし，スノードニア山岳地帯の難所を通過しなければならなかった。その意味で，メナイ海峡吊り橋を含むホーリーヘッド道路の完成，さらには郵便蒸気船の発展によって，ブリテン＝アイルランド間の通信が大きく改善されたことは疑いない[100]。

　次に貨物輸送についてみると，すでにホーリーヘッド道路の建設以前でも馬車による貨物輸送にはかなりの発展が見られた。そのさい注目すべき点は，専門の貨物運送業者（パブリック・キャリア）の発達であり，ウェールズ周辺でもすでに18世紀末にはカナーヴォン，バンゴールなどの主要都市で専門運送業者によるサービスが行われていた。それに加えて，「フライング・ワゴン」と呼ばれる長距離荷馬車サービスもイングランドからウェールズへ拡大していた。すでに1790年代にはロンドン＝ホーリーヘッド間の荷馬車サービスが毎週行われ，1802年にはオズウェストリー，1817年にはプルヘリへの長距離荷馬車サービスが行われるようになった。ウェールズの毛織物産業がこうした荷馬車サービスの発達と密接な関係をもっていたのである。例えば，シュルーズベリー＝ウェルシュプール間の荷馬車サービスは毛織物取引とともに発展した。とりわけシュルーズベリーがこうした荷馬車サービスの中継点として発展し，19世紀初期にはホーリーヘッドへの長距離サービスが開始され，1816年にはアベリストゥイス，1820年代にはロ

ンドンからシュルーズベリー経由でウェールズ各地への荷馬車サービスが行われるようになったのである[101]。ホーリーヘッド道路の完成，そしてアイリッシュ海での蒸気船フェリーの発展は，こうした荷馬車による貨物輸送サービスをさらに発展させたばかりでなく，新たな貨物輸送，とりわけアイルランドとの交通の増加をもたらしたと考えられるが，それがどの程度増加したかについての考察は今後の課題である。

最後に，ホーリーヘッド道路とアイリッシュ海の海上ルートの改善は北ウェールズの道路改善にも大きな刺激となり，他のターンパイク道路のモデルとなった点が指摘される。ターンパイク道路網はウェールズの各地に拡張され，1840年には1,200マイル以上に達していた。その内訳はカナーヴォンシャーが160マイル，デンバイ・フリントシャーが300マイル，メリオネスシャーが240マイル，そしてモンゴメリーシャーが400マイルであった[102]。この結果，1840年の Royal Commission on the State of the Road は北ウェールズのすべてのターンパイク道路に高い評価を与えたのである。

注

1) 教区とは中世から続く教会組織の最小単位で，普通一つの教区教会を中心とする地域共同体である。1555年の道路法は教区を道路管理の中心に位置づけ，道路の修理は法的賦役（statute labour）と呼ばれる教区民による無償強制労働によって行われることを定めていた。詳しくは武藤博己『イギリス道路行政史』東京大学出版会（1995）第1章参照。

2) ターンパイク・トラストの成立事情に関する説明としては武藤氏の著書のほかに，バーカー T. C. &サヴィジ C. I.／大久保哲夫（訳）『英国交通経済史』泉文堂（1978）第1章；バグウェル P. S. &ライス P.／梶本元信（訳）『イギリスの交通』大学教育出版（2004）第3章；星名定雄「イギリスの郵便馬車について」『交通史研究』第46号（2000），を参照。

3) Albert W., 'The Turnpike Trusts', in Aldcroft D. & Freeman M. (eds.) *Transport in the Industrial Revolution*, Manchester U. P., (1983), pp. 32-33.

4) Albert W., *The Turnpike Road System in England 1663-1840*, Cambridge, (1972), pp. 30-56.

5) *Ibid.*, pp. 26-29.; 'The Turnpike Trusts', p. 35. アルバートによると，ブリストルでは近郊の炭鉱業者や農民が1727年，31年，そして48年にゲートを破壊した。そのほかに

もヨークシャーのリーズやブラッドフォードをはじめ各地で暴動が起こった。なおウェールズでは1830年代末から1840年代初期にかけて猛威を振るったレベッカ・ライオットと呼ばれる暴動で有名である。女装した暴徒たちはターンパイク道路のゲートを破壊しただけでなく，十分の一税や新救貧法に反対して，国教徒の教会や救貧院も襲撃した。詳しくは Williams, D., *The Rebecca Riots: A Study in Agrarian Discontent*, Cardiff, 1955.; Herbert t. & Jones g. e. (eds.), *People & Protest: Wales 1815-1880*, Cardiff University Press, (1988), pp. 113-138 参照。

6) Albert W., *The Turnpike Road System in England*, p. 83.; Moore-Colyer R., *Roads and Track-ways of Wales*, Landmark Publishing Ltd., (2001), p. 134.

7) 因みにイングランド側の区間は，ホーリーヘッド道路委員会の設立後もその区間を管理する民間のターンパイク・トラストによって管理され続けた。その道路状態はウェールズ側の区間に比べると良好で，その改善は各トラストと委員会の共同で行われた。Trinder B., 'The Holyhead Road; An Engineering Project in its Social Context' in Penfold A. (ed.), *Thomas Telford: Engineer*, Thomas Telford Ltd., (1980), pp. 52-54.

8) Hughes M., 'Telford, Parnell, and the Great Irish Road', *The Journal of Transport History*, vol. 6, No. 4, (1964), pp. 199-209.

9) *Ibid.*, p. 206.

10) Albert, *op. cit.*, pp. 64-65.

11) *Ibid.*, pp. 68-69.

12) 例えば，スコットランドにおけるハイランド道路の建設や，P&O社やキュナード社など萌芽期の外洋蒸気船会社への郵便補助金もレッセ・フェール時代の経済活動への政府介入の事例と言えよう。

13) 例えばバグウェルとライスは交通史を道路や鉄道など個々別々にではなく，各交通手段の相互関係を考慮して総合的に考察する必要性を強調している。バグウェル＆ライス『イギリスの交通』日本語版へのまえがき参照。

14) ペンリン卿による鉄道建設については Boyd J. I. C., *Narrow Gauge Railways in North Caernarvonshire vol. 2, The Penrhyn Quarry Railways*, The Oakwood Press, (1985) 参照。なお北ウェールズのスレート鉱山とナローゲージ鉄道については本書第9〜11章，および拙稿「ウェールズのナローゲージ鉄道――タリスリン鉄道の盛衰と保存運動を中心として――」『帝塚山経済・経営論集』第13巻 (2003) 参照。

15) Trinder B., 'The turnpike roads in north Wales and the coming of Thomas Telford's road' in Quartermaine J. Trinder B. & Turner R., *Thomas Telford's Holyhead Road*, the Council for British Archaeology, (2003), p. 11.

16) このターンパイク道路はペンリン卿の初期の道路の反対側を通り，ナントフランコンの東側を辿っていた。また，考古学的証拠によるとこの道路の一部は後にテルフォードの道路で覆われた。なお，この道路について Moor-Colyer, (2001), p. 155 にも

取り上げられている

17) Albert, *op. cit.*, pp. 202-203.; Pawson E, *Transport and Economy, the Turnpike Roads of Eighteenth Century Britain*, Academic Press, (1977), pp. 341-360.
18) Trinder B., 'The turnpike roads in north Wales and the coming of Thomas Telford's road' in Quartermaine J. Trinder B. & Turner R., *Thomas Telford's Holyhead Road*, the Council for British Archaeology, (2003).
19) トラストの測量技師の中には無能な者も多く、中には読み書き能力のない者や酔っ払いも含まれていたという。Moore-Colyer, *op. cit.*, p. 135.
20) Trinder B., 'The turnpike roads in north Wales and the coming of Thomas Telford's road', p. 10.
21) 南ウェールズでも事情は同じで、1840年代半ばまでに29のトラストのうち、13が破産したという。Moore-Colyer, *op. cit.*, p. 133.
22) *Second Report from Committee on Holyhead Road and Harbour*, (1810), p. 6.
23) *Ibid.*, p. 6.
24) Owen D. J., *The Origin and Development of the Port of the United Kingdom*, Allman & Son. Ltd., 発行年度不明, pp. 247-248.
25) Swift J., 'Holyhead Journal, 1727', in Davis H. (ed.), *Jonathan Swift: Miscellaneous and Autobiographical Pieces Fragments and Marginalia*, Basil Blackwell Oxford, (1969), pp. 201-208.
26) Harper C. G., *The Holyhead Road*, p. 309；バグウェル&ライス（著）『イギリスの交通』p.44。
27) *Report from the Committee appointed to enquire into the State of Houth Harvour*, 1810, p. 5.
28) エリス P. ベアレスフォード／堀越智・岩見寿子（訳）『アイルランド史』（上）論創社、(1991), 103ページ。
29) 同訳書、106-107ページ。
30) バグウェル&ライス『イギリスの交通』78ページ。
31) エリス『アイルランド史』（上）、110-111ページ；松尾太郎『アイルランド民族のロマンと反逆』論創社（1994）63ページ。
32) *Second Report from the Select Committee on the Road from London to Holyhead*, (1819), pp. 9-14.
33) もっともアルバートは負債額が多いからといって、このことは修理が十分行われなかったことの証拠にはならないと主張している。というのもターンパイク・トラストは、運河や鉄道会社のように株式を発行することができず、抵当負債によって創業時の道路修理資金を調達していたからである。そのさい、負債が株式資本のような役割を果たしていたという。Albert W., 'The Turnpike Trusts', p. 48.

34) 詳しくは武藤博己『イギリス道路行政史——教区道路からモーターウェイへ——』東京大学出版会（1995）24-28ページ参照。
35) Albert, *The Turnpike Road System*, p. 87.
36) *Second Report from the Select Committee on the Road from London to Holyhead*, (1819), pp. 9-13.
37) *Second Report form Committee on Holyhead Road and Harbour*, June (1810).
38) *Ibid.*, pp. 43-45.
39) *Report from Committee on Holyhead Road*, May (1811).
40) Hughes M., 'Telford, Parnell and the Great Irish Road', *J. T. H.* vol. 6, No. 4, (1964), pp. 200-201.
41) *Ibid.*, pp. 200-202.
42) ヘンリー・パーネル（Henry B. Parnell, 1776-1842）はアイルランド選出の国会議員として、カトリック教徒解放法などアイルランドの人々のために活躍した。彼はまた政府の金融・財政関係の要職に就き、さらには穀物法撤廃のために努力した。*The Dictionary of National Biography*, Oxford University Press, (1959-69), vol. 15, pp. 342-345. なお、パーネルと穀物法との関係については北野大吉『英国自由貿易運動史』日本評論社（1943）第3章参照。
43) テルフォードのシュルーズベリーでの建築技師としての活動については、Lawson J. B., 'Thomas Telford in Shrewsbury', in Penfold A. (ed.), *Thomas Telford: Engineer*, Thomas Telford Ltd., (1980) 参照。
44) ホーリーヘッド道路について述べた初期の文献の多くは、テルフォードの偉業としてのメナイ海峡やコンウィ川の吊り橋などの主要施設建設について詳しく記述している。その代表的著作が Smiles S., *Lives of the Engineers. History of roads: Metcalfe and Telford*, John Murray, (1878) である。
45) Hadfield C., *Thomas Telford's Temptation; Telford and William Jessop's Reputation*, Cleobury Mortimer, (1993).
46) Quartermaine J., Trinder B. & Turner R., *Thomas Telford's Holyhead Road*, the Council for British Archaeology, (2003).
47) Harper, C. G., *The Holyhead Road: The Mail-Coach Road to Dublin.*, London, (1902), pp. 318-319.
48) *Second Report from the Select Committee on the Road from London to Holyhead*, (1819), p. 12, p. 15 (テルフォードの証言).
49) *First Report from the Select Committee on the Roads from London to Holyhead*, (1819), p. 4.
50) *Report from Committee on Holyhead Roads*, (1811), pp. 3-4.
51) Quartermaine J., 'Typical structure of the road and their survial', in Quartermaine J.

Trinder B. & Turner R. (eds.), *Thomas Telford's Holyhead Road*, the Council for British Archaeology, (2003), pp. 37-38.

52) とりわけアングルシー島の中央に位置するモナ（Mona）のトール・ハウスは鉄道が開通する1848年まで旅人たちにとって重要な宿屋であった。Moore-Colyer, *op. cit.*, p. 151.

53) Quartermaine J., 'Typical structure of the road and their survial', p. 38.

54) Trinder B., 'The Holyhead Road: an engineering project in its social context', in Penfold A. (ed.), *Thomas Telford: Engineer*, Thomas Telford Ltd., (1980), p. 50.; Rolt L. T. C., *Thomas Telford*, Penguin books, (1979), p. 128.

55) テルフォードの新道が建設されたことによって，それまで使用されていた旧道の交通量は減少し，それとともに旧道上の宿屋も廃れていった。その一つが Gwyndy と呼ばれる宿屋で，そこは現在では廃墟になっているという。Moore-Colyer, *op. cit.*, p. 148.

56) その築堤の長さは1,180メートルで高さ16フィート，築堤の底辺の幅は114フィート，上部の幅は34フィートであった。Trinder, *op. cit.*, pp. 50-51.; Rolt L. T. C., *op. cit.*, p. 129.

57) Quartermaine J., 'Typical Structures of the Road and their Survival' in Quartermaine J., Trinder B. and Turner R. (eds.), *Thomas Telford's Holyhead Road*, pp. 33-37.

58) アイアンブリッジは John Wilkinson の推奨により，E. Pritchard が設計し，主として Abraham Darby 3世の財政負担によって建設された。詳しくは Cossons N. & Trinder B., *The Iron Bridge: Symbol of the Industrial Revolution*, first ed. Moonraker Press, (1979), second ed. Phillimore & Co., (2002), p. 30 参照。

59) 中でも有名なのがポントカサルテの水道橋であるが，テルフォードはこのほかにもハイランド道路の建設に際して，多くの鋳鉄橋を建設していた。

60) それら花模様の大きさや位置にも注目すべきである。筆者の見たところ，バラの花が最も大きく，最も良く目立つ位置に配置されているのに対してウェールズを象徴するポロネギは最も陰が薄いように見えるのはどうしてであろうか。因みにこの橋は1815年に建設されたと書かれているが，実際には翌年に完成したようである。Quartermaine J., Newman R., Holland E. & turner R., 'The great embankment and bridges', in *Thomas Telford's Holyhead Road*, pp. 80-81.

61) その渡船の権利はエリザベス1世の時代にジョン・ウィリアムズ（John Williams）という人物に与えられ，以後，その家族が世襲的に渡船の事業を営んでいた。そして，橋の建設が決定された時，ウィリアムズ家の人々に2万6,557ポンドという破格の賠償金が支払われたという。橋の建設費用が123,000ポンドであったので，その賠償金はなんとその20％以上にも達したのである。Rolt, *Thomas Telford*, pp. 129-130.;

Moore-Colyer, *op. cit.*, p. 146.
62) Harper, *op. cit.*, p. 280.
63) 例えば13世紀末に行われたエドワード１世のウェールズ遠征に際して，軍隊が海峡を横断するのに平底の船をつなぎ合わせることによって，プレハブ橋梁が建設されたという。Quartermaine J., Newman R., Holland E. & turner R., 'The great embankment and bridges', in *Thomas Telford's Holyhead Road*, p. 85.
64) *Second Report from Committee on Holyhead Road and Harbour*, June (1810); Rolt, *Thomas Telford*, p. 130.
65) *Report from Committee on Holyhead Roads*, May (1811).
66) *Ibid*.; S. Smiles, *Lives of Engineers. History of Roads*, John Murray, (1878), pp. 263-264 イラスト参照。
67) 例えばキャプテン・ジョーンズ（Cap. John Jones）の証言によると，カナーヴォンの船乗りや水先案内人の会合が行われ，橋の建設への反対表明が行われたという。そのほかに，海軍提督（Admiral Bentinck）やメナイ海峡の水先案内人（John Thomas）などが橋の建設に伴う航海妨害への懸念を表明している。*Report from Committee on Holyhead Road*, May (1811), pp. 11-21.
68) Rolt, *Thomas Telford*, p. 132; J. Quartermaine, R. Newman, E. Holland & R. Turner, 'The great embankment and bridges', in *Thomas Telford's Holyhead Road*, p. 87.
69) Smiles や Rolt の著書にはその建設プロセスが詳しく述べられている。
70) コンウィ川の渡船は決して安全とは言えず，たびたび船の転覆によって人命や財産が失われ，しかも渡船料金はかなり高価であった。Moore-Colyer, *op. cit.*, pp. 139-141.
71) J. Quartermaine, R. Newman & E. Holland, & R. Turner, The great embankment and bridges, in *Thomas Telford's Holyhead Road*, p. 83. なお，第二次世界大戦後，自動車用の道路建設に際して，すでに歴史的使命を終えて老朽化したこの橋を壊して代わりに近代的な自動車道路を建設しようという計画が持ち上がると歴史遺産の保護運動が展開され，その努力によって現在この道路は民間の自然・歴史遺産の保護団体であるナショナル・トラストによって保存されている。
72) 荒井政治・内田星美・鳥羽欽一郎（編）『産業革命を生きた人びと』有斐閣(1981) 43-44ページ；Boucher T. G., *John Rennie*, Manchester U. P., (1963), p. 62.
73) Boucher, *op. cit.*, pp. 62-65.
74) Trinder B., Bell J. and Newman R., 'How the Road was Built' in *Telford's Holyhead Road*, pp. 18-19.
75) Quartermaine J., Newman R., Holland E. & turner R., 'The great embankment and bridges', in *Thomas Telford's Holyhead Road*, p. 89.
76) トラック制度とは一種の現物給制度であった。給料として現金の代わりにトミー・

ショップと呼ばれる現場の店でしか通用しないチケットを手渡し，粗悪な品物を高価に販売することによって労働者の搾取が行われることもあった。トラック制度はウェールズの辺鄙な村の毛織物工場や道路や鉄道などの交通施設の建設においてたびたび採用された。なお，J.G. Jenkins によれば，モンゴメリーシャーの村の小規模織布工場では，トラック制度が法律で禁止された後にも，なお労働者への賃金の支払い方法として残存していたという。Jenkins J. G., *The Welsh Woolen Industry*, Cardiff, (1969), pp. 138-139. また鉄道建設におけるトラック制度の詳細については湯沢威『イギリス鉄道経営史』日本経済評論社（1986年）144～149頁参照。

77) Smiles S., *Life of John Rennie*, pp. 313-318.
78) Baughan P. E., *The Chester & Holyhead Railway, vol. 1 The Main Line up to 1880*, David & Charles, (1972), pp. 18-19.
79) *Ibid.*, p. 317. なおスマイルズの著書にはレニーによって建設されたホーリーヘッド港の地図が掲載されている。またジョン・レニーに関してはスマイルズの著書のほかにも Boucher C. T. G., *John Rennie 1761-1821: The Life and Work of A Great Engineer*, Manchester University Press, (1963) があるが，残念ながらホーリーヘッド港の建設についてはほとんど触れられていない。
80) Gilligan H. A., *A History of The Port of Dublin*, Gill & Macmillan, (1988), pp. 109-119.
81) *Fifth Report from Select Committee on Road from London to Holyhead*, July (1819), p. 42.
82) *Ibid.*, p. 85.
83) *Ibid.*, p. 42.
84) Gilligan., *op. cit.*, p. 119.
85) Bagwell P., 'The Post Office Steam Packets, 1821-36, and the Development of Shipping on the Irish Sea', *Maritime History*, vol. 1, (1972).
86) 時にはアイリッシュ海の横断に51時間もかかることもあったという。*Ibid.*, p. 5.
87) Gilligan *op. cit.*, pp. 105-106.
88) *Ibid.*, p. 106.
89) 詳しくは北政巳『近代スコットランド鉄道・海運業史』御茶の水書房（1999年）第4章参照。
90) *Fifth Report of the Select Committee on the Road from London to Holyhead*, June 1822, pp. 119-122.
91) Bagwell, *op. cit.*, p. 5.
92) *Ibid.*, p. 8.
93) *Ibid.*, p. 9.
94) *Ibid.*, p. 10.
95) Gilligan, *op. cit.*, p. 109.

96) その場合，リヴァプールからの郵便船はますますキングズタウンを基地として使用するようになった。ハウスもしばらく使用され続けていたが，船舶の大型化に対応できず，1833年には使用停止となった。Gilligan, *op. cit.*, p. 120.
97) もっとも本章では，主として史料不足により，残念ながらそれらの諸効果の数量史的検討を行うことはできなかった。この点については今後の課題としておく。
98) Dodd A. H., *The Industrial Revolution in North Wales*, University of Wales Press Cardiff, (1951), p. 100.
99) Trinder B., 'The Holyhead Road' in Penfold A. (ed.), *Thomas Telford: Engineer*, (1980).
100) ただ，ここでの問題は，同じ時期にホーリーヘッド経由の郵便や旅客輸送に強力なライバルが現れたことである。とりわけ重要なのがリヴァプール=ダブリン間の蒸気船サービスの拡大である。すでに触れたように，これによって1820年代初期からリヴァプール経由でアイルランドへの輸送が便利になった。ホーリーヘッド道路やこのルートからの郵便蒸気船にとってさらに大きな打撃となったのが，ロンドン&バーミンガム鉄道（1837年），およびグランド・ジャンクション鉄道（1838年）の開通であった。これによって，ホーリーヘッド道路による郵便馬車は衰退し，今やアイルライドへの郵便は鉄道によって行われることになったのである。
101) Dodd, *op. cit.*, p. 99.
102) *Ibid.*, p. 96.

第3章　海事産業とスレート輸送

1．はじめに

　イギリス海運業は19世紀から第一次世界大戦にかけて全盛時代を迎えた。その花形はキュナードやホワイトスター・ライン，P&O[1]などの定期船であったが，同時に石炭や穀物などの嵩高貨物輸送に従事する不定期船の重要性も増加した。カーディフ海運業が全盛時代を迎えるのもこの時期であった[2]。この時期は海運エネルギー革命の時期であり，イギリス海運業の中心は木造帆船から鉄鋼蒸気船に移っていった。図3-1に示されているように，イギリス海運業において帆船登録トン数がピークに達するのは1863～67年（年平均487万純トン，全体の約86％）でそれ以後漸次低下していった。これに対して同時期にイギリス商船全体の14％足らずであった蒸気船の登録トン数はその後急増し，1883～87年には年平均394万純トンで全体の約54％に達し，帆船を上回ったのである。こうしたエネルギー革命につれてイギリス海運業はますますロンドン，リヴァプール，北東イングランド諸港，そして南ウェールズのカーディフといった大港に集中していき，主として帆船に依存する小港の海事産業は衰退を余儀なくされたのである。しかし図3-1からも明らかなように，海事エネルギー革命は決して革命というほど急激に進行したわけではなかった点に注意すべきである。その活動範囲は徐々に狭められていったとはいえ，帆船はなおさほど迅速性を必要とせず，何よりも経済性が要求される一部の嵩高貨物輸送の分野でなお活躍の機会を見出していた。中でも北ウェールズのスレート輸送はその重要な一例であった。

　スレート（slate；粘板岩）という言葉は split（裂ける）を意味するフランス語の esclater と関係し，中世英語の slat ないし sclate，ウェールズ語では ysgla-

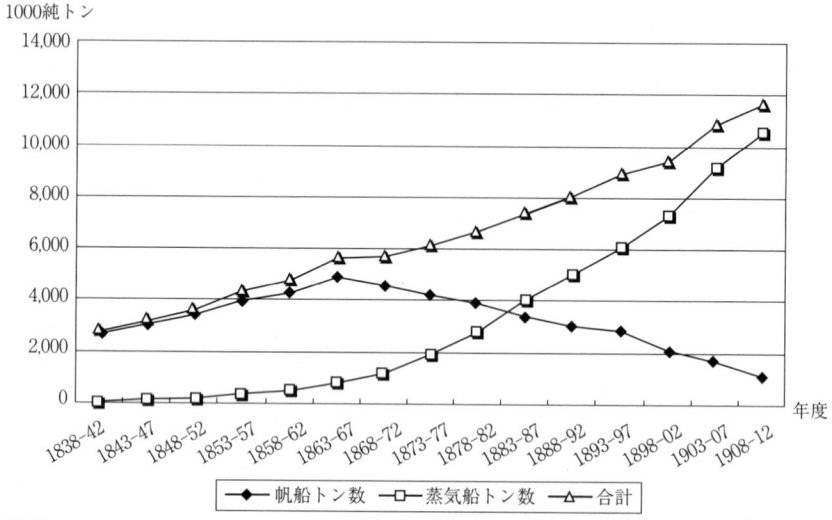

図3-1　イギリス商船登録トン数

（出所）Mitchell B. R. *British Historical Statistics*, Cambridge University Press, (1988), pp. 535-537 より作成。

tus, ysglats, あるいは sglatys と言った[3]。それは泥岩が何億年もの造山活動の影響で変化した変成岩で，硬くて黒っぽい色をし，剥がれやすいのが大きな特色である。イギリスでは南西部ウェールズ[4]，レイクディストリクト，コーンウォール地方，そしてスコットランドでもスレートが産出されたが，中でも北ウェールズが最大の産地であった。北ウェールズのスレートは地質年代的には古生代のもので，北部のベセスダ，ナントル地域のものは約5億年前のカンブリア時代に由来し，紫色を帯びたものが多いのに対し，メリオネスシャーのフェスティニョク地方のスレートは約4億年前のオルドヴィス時代に由来し，青みがかった灰色のものが多いのが特色である[5]。

　スレートは古くは古代ローマ時代から主として屋根用の建築材料として使用されてきたが，それが大量に使用されるようになるのは工業化の開始以後であった。工業化に伴う人口の都市集中に伴い，労働者の住宅などさまざまな建物の屋根や床，マントル・ピースなどの材料としてスレートに対する需要が増加した。また，鉄道の普及に伴って駅舎の屋根用の材料としてもスレート需要が増加した。こうした建築用材料としてのスレート需要の増加が北ウェールズにおけるスレート産

第3章 海事産業とスレート輸送　81

図3-2　ウェールズのスレート生産量

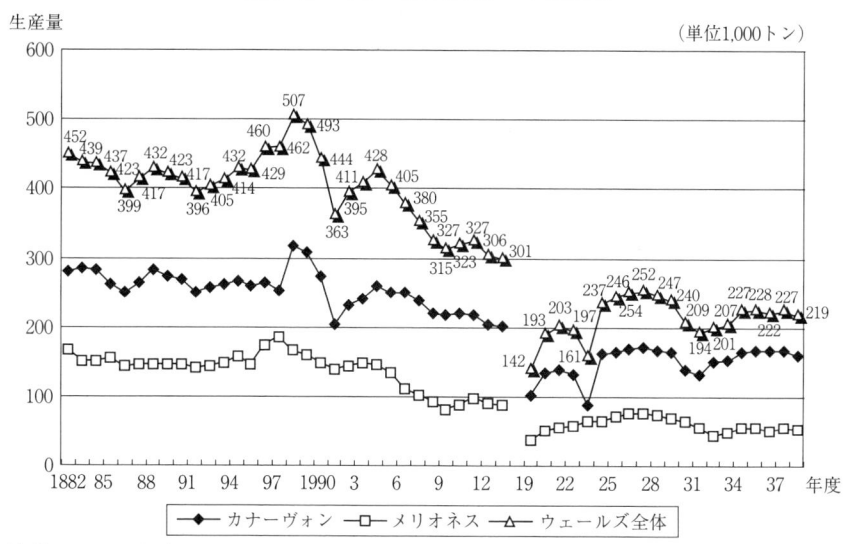

(出所) Williams J. (ed.), *Digest of Walsh Historical Statistics*, vol. 2. Univ. College of Wales, Aberystwyth, (1985) p. 13 より作成。

業発展の原動力であった。

　北ウェールズの中心産業であるスレート産業は18世紀末から19世紀末にかけて発展し、その後低迷したが、第一次世界大戦前の時代にはなお北ウェールズ経済において大きな重要性をもっていた。最も大規模な発展が見られたのはカナーヴォンシャー、スノードニア地方とメリオネスシャーのブラナイ・フェスティニョク地方であり、前者ではとりわけベセスダ (Bethesda)、スランベリス (Llanberis)、ナントル (Nantle) の3つの地域が中心であり、それぞれペンリン港、ディノーヴィック港、そしてカナーヴォン港がその積み出し港であった。他方、ブラナイ・フェスティニョク地方で採掘されたスレートはポースマドック港から搬出された。地図3-1は北ウェールズのスレート鉱山とその主要搬出港を示しており、また図3-2は北ウェールズのスレート搬出量の推移を示している。

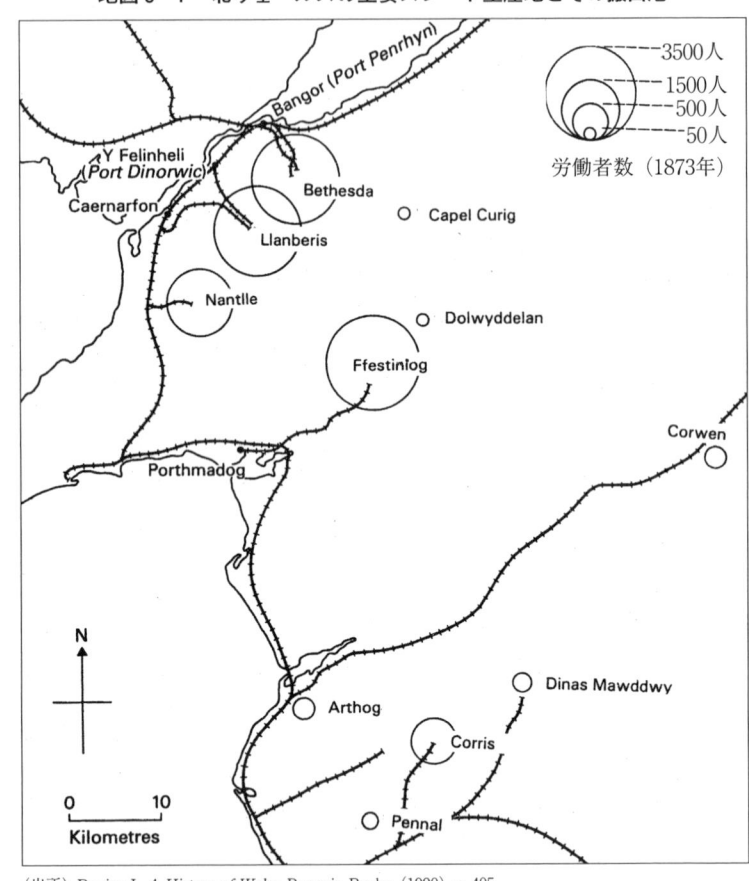

地図3-1　北ウェールズの主要スレート生産地とその搬出港

(出所) Davies J., *A History of Wales*, Penguin Books, (1990), p. 405.

2．発展の基盤，交通インフラの形成

　北ウェールズ・スレート産業の中でも最も早く大規模な発展を開始したのがバンゴールの後背地域であり，その発展の主導者となったのがリヴァプール商人，リチャード・ペナント（Richard Pennant, 1737-1808）で，その契機となったのが彼のペンリン・エステート相続であった。彼の父親のジョン・ペナントはジャマイカの砂糖プランテーションの経営によって大きな所得を得ていたが，その息

子のリチャードもリヴァプールの大商人かつ大船主であったばかりでなく，リヴァプール選出の代議士として政治家としても活躍し，その関係でリヴァプールの多くの有力商人と人的ネットワークを持っていた。彼は1781年にペンリン・エステートの地主ウォーバートン家（The Warburtons）の娘スザンナ（Susannah）と結婚することによりペンリン所領を相続すると，北ウェールズにおけるスレート鉱山の開発に積極的に乗り出していくとともにそのマーケティングにとって不可欠な港湾施設，道路，そしてトラムウェイの建設を積極的に推進した。ここでは交通インフラの形成を中心に簡単に述べておこう。

スレート鉱山と港とを結合する道路やトラムウェイおよび港湾の建設はペナント（ペンリン卿）の総代理人に指名されたベンジャミン・ワイアット（Benjamin Wyatt）を中心に実行された。ワイアットはまず駄馬ではなく馬車の通行が可能なようにベセスダの採石所から港へ通じる道路を整備し，1800年には鉄製トラムウェイの建設に着手し，5,000ポンドの費用を費やして翌1801年に完成した。なお最初はそのルートにおいて運河の建設が企てられ，運河技師のトマス・ダッドフォードが測量を行ったが，わずか6マイルの距離に550フィートもの急勾配であったため運河には不適当と判断され，代わりにトラムウェイが建設されることになった。トラムウェイの建設による輸送改善効果は大きく，それが完成する前にはスレートを港まで運ぶのに140人の労働者と400頭の馬が使用されていたが，今や12人の労働者と16頭の馬により以前より多くのスレートを輸送できたという。そのトラムウェイにおいて2〜3頭の馬が24台のワゴンを牽引し，各ワゴン毎に1トンのスレートが輸送されていた。それにより港までのトン当たりの輸送費は1シリング（5p）に削減されたばかりか，以前は馬や荷車を借りていた独立した農民からのむら気からも解放されたという[6]。

次に港湾建設であるが，リチャード・ペナントとその代理人のワイアットはバンゴールを流れるケギン川（R. Cegin）河口の土地を地主から借り受けた後，1790年にその河口に波止場の建設を開始し，同時にスレートを貯蔵するための倉庫や事務所，文具用スレート加工工場を建設した。波止場はその後1803年，1829年にも拡張され，100隻もの船が停泊できるようになった[7]。ペンリン港やスレート鉱山と連絡するトラムウェイの建設が他の地域に先立って行われたことによ

り，ペンリン卿は19世紀初期のスレート産業において競争相手より有利に立つことができたのである。

　メナイ海峡の中間に位置するディノーヴィック港とその後背地のスレート鉱山の開発で主導的な役割を演じたのがトマス・アシェトン（Thomas Assheton）であった。彼は1764年にフェノール（Faenol）地域の所領を相続し，改名してトマス・アシェトン・スミスとなった。彼もペンリン卿と同様に借地人から土地を買い戻したが，当初自らはスレートの開発に乗り出さず，エリス（Ellis），ライト（Wright），そしてブリジェス（Bridges）の3人が経営するDinorwig Slate Companyに21年契約でリースしていた。その後，1809年にエリスが死亡し，ブリジェスが引退するとアシェトン・スミス自身が銀行家のヒュー・ジョーンズ（Hugh Jones）とともに経営に関与するようになり，さらに精力的な企業家，ウィリアム・ターナー（William Turner）もパートナーシップに加わった。ペンリン地域と同様，ディノーヴィック地域のスレート産業の発展もインフラの整備によるところが大きい。最初に行われたのが道路の改善（1788年）であった。それにより以前は駄馬でしか輸送できなかったのが，馬車による輸送が可能になり，輸送費も大きく低下した。同時にペンリン卿にならってディノーヴィック港の整備も行われ，それにより以前はカナーヴォン港へ輸送されていたスレートは鉱山から近いディノーヴィック港へ輸送されるようになった[8]。その後ナポレオン戦争後にはディノーヴィック・トラムウェイが建設され，1824年に開通した。鉱山から港への輸送には，かなりの急勾配の箇所を通過したため，そのトラムウェイでは3つのインクラインが使用されていた。それは決して満足のいくものではなく，路床は不十分で枕木もよく破損したといわれるが，それでも以前の交通機関に比べると遥かに安価な輸送を可能にし，地域産業の発展に貢献したのである。1826年にディノーヴィックの労働者の数はその6年前の4倍に増加し[9]，スレートの販売量も大きく増加したのである。

　他方，カナーヴォンの後背地にあたるナントル地域のスレート鉱山の開発は18世紀末以後行われた。この地域での開発に見られる大きな特徴は小規模鉱山が数多く開発されたことであり，それと関連して交通インフラの建設も特定個人ではなく，多くの人の共同で行われたことである。ここでも当初は悪路を駄馬で運ば

れていたが，1811年に道路の改善が行われ，それについでトラムウェイが建設された。1828年に事業を開始したNantle Railway Companyがそれである。同社は馬が牽引する公共鉄道であり，単にスレート輸送だけではなく旅客も一般貨物も輸送した。ディノーヴィック地域と異なり，ナントル地域ではさほど急勾配の箇所がなかったことにより，インクラインは不要で，しかも地域のトラムウェイが60センチそこそこの狭軌ゲージであったのと比較して3フィート6インチの幅のゲージが採用されたため，スレート輸送用としては大型（2トン積み）のワゴンが使用できたのである。カナーヴォンがその終点であり，セイオント川（the Seiont）に橋がかけられた。その鉄道はナントル地域のすべてのスレート鉱山と連絡されていた[10]。

また，北ウェールズにおける他のスレート港の建設が主としてスレート鉱山を所有する個人によって行われたのに対してカナーヴォンの場合にはその建設は公益企業によっていた。すなわち，その建設主体となったのが1793年に形成されたカナーヴォン・ハーバー・トラストであった。その初期の仕事は港湾の浚渫やブイ，防波堤の設置であった。その後，1830年頃にヴィクトリア桟橋と呼ばれる石の桟橋を設置した[11]。北ウェールズの他の港と同様，カナーヴォンにおいても築港工事は桟橋の設置が中心であり，多くの大港で行われたようなウェット・ドックの建設は遅れた。そして潮の干満の影響を受ける桟橋での荷役方法では特に干潮時に船底が海底に当たり船底が損傷し，船主にとって頻繁な船舶修理を必要としたため，潮の干満の影響を受けないウェット・ドックの建設が要望されるようになった。カナーヴォンにおいてもそうした要求はすでに1830年代から行われていたが，主として経費の問題により，なかなか実行されなかった。実際，この港でウェット・ドックの建設が決定されるのはようやく1865年になってであり，しかも実際に建設が始まるのはその3年後，完成するのはようやく1875年のことであった。しかしそのころにはすでに港の衰退が始まっていたのである[12]。

以上はいずれもカナーヴォンシャーのスレート鉱山地域における交通インフラについてであったが，これらよりも幾分遅れて発展したのがメリオネスシャー，ブラナイ・フェスティニョク地方であった。この地方の経済発展にとって特に大きな意義を持っていたのが採掘されたスレートの搬出港であるポースマドックで

表3-1　北ウェールズの主要スレート鉱山地域における交通インフラ形成

港湾名	改善の主導者	スレート鉱山と港への道路	トラムウェイ（鉄道）	港湾
バンゴール（ペンリン港）	ペンリン卿（R. ペナント）代理人, B. ワイアット	ベセスダのスレート鉱山から港に通ずる道路の建設（18世紀末）	同ルートにトラムウェイ建設（1801年）	ケガン河口に波止場建設（1790）, 倉庫, 工場建設, 波止場拡張（1803, 1829年）
ディノーヴィック	トマス・アシェトン・スミス	スランベレス地域のスレート鉱山からディノーヴィック港までの道路建設（1788年）	ディノーヴィック・トラムウェイ建設（1824年）, 蒸気力によるパダーン鉄道（1841年）	ディノーヴィック港の建設（1793年）
カナーヴォン	ナントル地域のスレート鉱山所有者。港湾建設はハーバー・トラスト	ナントルからカナーヴォンへの馬車が通行できる道路改善（1811年）	馬力によるNantle Railway CO.（1828年事業開始, 旅客輸送も行う）	カナーヴォン・ハーバー・トラスト形成（1793年）, 港湾の浚渫など。ヴィクトリア桟橋（1830年）, ドック（1875年）
ポースマドック	W. A. マドックス（築港工事）, S. ホランド等スレート鉱山所有者	Festiniog 鉄道建設以前はフェスティニョク地域のスレートは地方道路を通り, 馬車で輸送	S. Hollandを中心に馬力によるFestiniog 鉄道建設。1864年に蒸気力導入	マドックス氏を中心に港湾建設（1824年）

(出所) Ellis-Williams M., *Bangor Port of Beaumaris*; Lindsay J., *A History of the North Wales Slate Industry*, David & Charles, (1974); Richards A. J., *Slate Quarrying in Wales*, Gwasg Carreg Gwalch, (1995); Boyd J. T. C., *The Festiniog Railway*, Oakwood Press, vol. 1, (1956) より作成。

あり，とりわけこの地域の発展に際して，1824年におけるW. A. マドックス氏による築港工事と港湾建設はこの港の発展に極めて重要であった。またフェスティニョクにおけるスレート産業，そしてその搬出港としてのポースマドックの発展にとってさらに重要であったのが，1831年におけるスレートの沿岸輸送税の撤廃，さらには1836年における狭軌鉄道であるフェスティニョク鉄道の完成であった。それによりその鉄道建設の主導者であり，スレート業者であったSamuel Hollandが港に波止場を建設し，やがて他の業者も波止場を建設した。ここで重要なことはペンリン港やディノーヴィック港などの他の北ウェールズのスレート搬出港と異なり，ポースマドックの港の建設は確かにマドックスという個人によって行われたが，その港が個人によって独占されなかったことである。いずれにせよ，港の建設，沿岸輸送税の廃止，そしてフェスティニョク鉄道の建設がこの

地域のスレート産業とポースマドック港の発展に根本的重要性をもっていたことである。このような施設の建設などにより，ポースマドックの人口は急速に増加した。ポースマドック，トレマドック，Borth-y-gest など近隣教区を含めた Ynyscynhaiarn の人口は1851年には2,347人であったのが，1871年には4,367人，そして1881年には5,506人に増加した。

3．スレート市場の拡大

　19世紀において北ウェールズの鉱山で採掘されたスレートのほとんどが馬や荷車，後にはトラムウェイによって港に運ばれ，港から帆船で搬出されていた。その場合，スレートの搬出先にはどのような特徴が見られたであろうか。また，それぞれのスレートの搬出港にはどのような特徴が見られたであろうか。

　まずスレートの搬出先についてみると，一般的に同じ港からの搬出先をみても19世紀が経過するにつれてますます遠方市場へと拡大する傾向がみられたように思われる。すなわち，19世紀初期にはスレートの搬出量も少なく，その搬出先も比較的近隣地域に限られていた。例えば，地図3-2は1808年におけるバンゴールから搬出されたスレートがどこに向けられたかを示している。この時期はちょうどナポレオン戦争の時代にあたっており，ヨーロッパとの貿易が中断されていたという事情を考慮する必要があるが，この時期にバンゴール（ペンリン港）からのスレートの大半がリヴァプールやアイルランドなど比較的近隣の市場に向けられていたことが明らかである。しかし，ナポレオン戦争後の貿易自由化の進展，あるいはイギリスからアメリカへの移民の増大につれて，スレート市場もますます遠方へ拡大していった。すなわち，1808年にペンリン港を出港した船舶の数は140隻であったが，1828年には216隻に増加し，そのスレート搬出先もイギリス国内だけでなく，大陸ヨーロッパやアメリカにも広がっていった[13]。残念ながらこの216隻が具体的にどこの港へ向かったかは不明であるが，エリス・ウィリアムズが示したこの港の船舶の航海記録からアントワープやハンブルグ，さらにはアメリカへのスレート輸出が行われていたことが明らかになる[14]。

　また同じ北ウェールズ産のスレートでも産地や搬出港によってその市場にかな

地図 3-2　バンゴールからのスレート搬出先（1808年）

（出所）Ellis-Williams M., *Bangor Port of Beaumaris, The Nineteenth Century Shipbuilders & Shipowners of Bangor*, Gwynedd Archives, (1988), pp. 35-36 より作成。

り大きな特徴が見られたことも確かである。とりわけ，バンゴールやカナーヴォンなどカナーヴォンシャーのスレートが主として国内市場へ搬出されていたのと比較して，後から発展し，主としてポースマドックから搬出されたメリオネスシャー，ブラナイ・フェスティニョク地方のスレートのかなり多くが海外市場向けであったことが指摘される。例えば，表 3-2 はポースマドックの貿易に使用された船舶の建造年度とそれらの船舶の航海地域を示している。この表より次の点が明らかになろう。まず第 1 に，一般に沿岸航海に従事した船舶は50～100トンの小型船であったのに対してヨーロッパ航路に従事した船舶は平均して125トン，

第3章 海事産業とスレート輸送 89

表3-2 ポースマドックの貿易に関与した船舶の建造年度と航海地域

	沿岸航路			ヨーロッパ航路			北米航路			南米その他			合 計	
	隻数	トン数	平均	隻数	トン数	平均	隻数	トン数	平均	隻数	トン数	平均	隻数	トン数
1830年以前	21	1,001	48	5	544	109	1	81	81	0	0		27	1,636
1831-50年	53	3,215	61	7	911	130	0	0		5	1,293	259	65	5,419
1851-70年	75	6,547	87	43	5,083	118	13	2,280	175	19	4,118	217	150	18,028
1871年以降	22	1,711	78	21	3,013	143	51	7,738	152	24	5,251	219	118	17,713
不明	4	241	60	1	95	95	3	383	128	0	0		8	719
合 計	175	12,715	73	77	9,656	125	68	10,482	154	48	10,662	222	368	43,515

(出所) Hughes E. & Eames A., *Porthmadog Ships*, Gwynedd Archives Service, (1975) より作成。

北米航路の船は154トン, 南米航路の船は222トンと, 遠洋航路になるほど大型船になっていった。第2に, 1850年以前に建造された船舶の大半は沿岸航路に従事しており, この時期に建造された船舶でヨーロッパやより遠方の貿易に従事したものは非常に少なかったが, その後船舶の活動範囲が遠方に拡大していったことが明白になる。例えばヨーロッパとの貿易に従事した船舶の約60%近くが1851年から1870年に建造されたし, 北米や南米など遠方との貿易に従事した船舶の大半が19世紀後半に建造されたものであり, 特に北米との貿易に使用された船舶の大半が1871年以降に建造されたのである。この表から, ポースマドックの貿易に関係した船舶は確かに全体として沿岸航路に従事するものが多かったとは言うものの, 特に19世紀後半になるとますますヨーロッパやアメリカなど遠洋貿易に進出していったことが明らかになるであろう。

それではこれらの船舶はどこで建造されたのであろうか。このことを示しているのが表3-3である。

この表によりポースマドックの貿易に使用された船舶の大半がポースマドックないしはその近辺の港で建造されたことがわかる。中でも重要な造船センターはプルヘリやネフィンであった。しかし中にはイングランドやカナダで建造された船も見られた。ポースマドックの貿易に使用された船舶のうちカナダ建造船は全体の中に占める割合はさほど多くはなかったものの, それでも無視しがたい重要性をもっていたことは両地域の貿易関係の重要性を暗示している。

いずれにせよ表3-2, 表3-3は多くの論者が指摘している点, すなわち他の北ウェールズのスレート搬出港と比較した場合のポースマドックからのスレート

表3-3 ポースマドック船の造船地域と航海地域

	沿岸航路		ヨーロッパ航路		北米航路		南米その他		合　計	
	隻数	トン数	隻数	トン数	隻数	トン数	隻数	トン数	隻数	トン数
ポースマドック	59	3,726	30	3,440	38	5,713	24	5,167	151	18,046
他のウェールズ	94	7,018	37	4,535	12	1,791	16	3,257	159	16,601
ウェールズ全体	153	10,744	67	7,975	50	7,504	40	8,457	310	34,647
イングランド	18	1,730	7	1,224	13	1,980	7	2,045	45	6,979
カナダ	4	241	3	457	4	904	1	193	12	1,795
その他	0	0	0	0	1	94	0	0	1	94
合　計	175	12,715	77	9,656	68	10,482	48	10,662	368	43,515

(資料) Hughes E. & Eames A., *Porthmadog Ships*, Gwynedd Archives Service, (1975) より作成。

がイギリス国内からますます海外貿易にウエイトが置かれるようになったことの重要な証拠と言えよう。そのさいヨーロッパ市場への進出にあたって，ロンドン万博やパリ万博でフェスティニョクのスレートが賞を得たことは「ポースマドックの商人が広範な市場を目指していたことを示している」[15]。また，オーストラリア・ゴールド・ラッシュによる移民ブームに関連して，ポースマドックからメルボルンへ大量のスレートが輸出されたし，また南北戦争後の移民ブームにのってアメリカ合衆国への輸出も拡大した。しかし，最大の市場はヨーロッパであった。とりわけ1842年におけるハンブルクの大火からの復興にさいして，従来使用されていたペンリンからのスレートにかわってポースマドックからのスレートへの転換のために Rhiwbryfdir 採石所の所有者マシューズ（Mr. Mathews）がハンブルクに渡り，その転換のために活躍したことが重要である。また，1848年の革命の時代にはヨーロッパへの輸出は一時低下したが，その後1860年におけるコブデン条約によりスレート関税が自由化されることによってヨーロッパへのスレート輸出が大きく増加したのである。

4. スレート輸送と海事産業の発展

　北ウェールズは他の地域との陸上交通の便が悪く，このため古くから船舶が生活物資の輸送で不可欠の役割を担ってきたが，18世紀末から発展したスレート輸送はこの地域の海運業や造船業，あるいは海上保険などさまざまな海事産業に活

気を与えたのである。そこで以下では，北ウェールズの主要スレート搬出港における海事産業，とりわけ船舶所有，造船業，および海上保険を中心にみていこう。

(1) 帆船所有とその特徴

ルイス・ロイドによると，北ウェールズの船舶登録の記録は1786年以降存在するが，当時ビューマリスがこの地域で唯一の登録港であり，カナーヴォンやバンゴールなどのその他の港はその支港（creek，あるいは sub-port と呼ばれた）であったという。その後1840年にはカナーヴォンが登録港として独立し，ディノーヴィック，ネフィン・ポートダンスラン，そしてバーマスがその支港となり，1851年以降はプルヘリがそれに加わった。他方，ペンリン港（バンゴール）に属する船はビューマリス登録として継続したという[16]。しかし，ロイドが別の著書で述べているように，実際にどれくらいの船がある港に所属していたかは必ずしも明白ではない。というのはある港町の船主が必ずしもその港で船舶を登録したわけではなく，時にはロンドンやリヴァプールといった大港でも登録していたからである[17]。

古くからイギリスでは船舶所有形態として，持分を64等分に分け，出資額に応じて持分を所有するというのが一般的であった（六十四持分制）。北ウェールズのスレート港の帆船は，ほとんど例外なくこの方法で所有されていた。その場合，単に海運関係者ばかりでなく，多くの職業の人々が船舶所有に関係していた。例えば M. Ellis-Williams によると，1840〜50年の10年間にバンゴールの船舶所有に関与した者の職業として21人の船乗りのほかに4人の造船業者，4人の呉服商人（drapers），それぞれ3人の農民と未亡人，それぞれ2人の薬剤師，店主，石工，小麦粉ディーラー，スレート商人，大工，石炭商人，さらにはパン屋，旅籠の亭主，鉄道コントラクター，船大工，雑貨商，郵便局長，そして労働者を挙げている[18]。カナーヴォンの船舶もほとんどの場合幾人かの人々によって分割所有されていた。それらの人々は血縁，結婚，宗教，あるいは単に隣人ということで関係していた。そして船舶所有の目的はたいてい利潤の獲得にあり，株主に対する利潤の支払いは操業費用やその他の費用を引いたのちの純利潤から行われたという。そして，これらの株主の中には商人，船長，造船業者，船大工，農民，牛追い，

表3-4 ポースマドック建造船の所有者（64持分制に占める割合）

	船員	造船	船主	雑貨商	商人	砕石所	農民	職人	仲介人	女性	薬剤師	その他	人数
No.1	48					16							3
No.2	26			8		10		8	4	2	6		14
No.3	48		16										3
No.4	48					6				6	4		7
No.5	20		40									4	3
No.6	28	12		4		4	4			8		4	10
No.7	16		20	12						16			7
No.8	32	2	6		2			2	2	10		8	15
No.9	32											32	4
No.10	40		16									8	5
No.11	16	4	8	4	16				8	4		4	9
No.12	24				32					8			3
No.13			48	4						12			5
No.14	58									6			2
No.15	24		8		8					24			7
No.16	24		20		8			4			4		8
No.17	28		16		16					4			4
No.18	48									4	4	4	6
No.19	20	12			10	2	8	4	4			4	14
No.20	48						16						2
No.21	64												1
No.22		8			8	16				4	12	16	15
No.23	32				8		4		4	16			7
No.24	28								36				2
No.25	48	8			4					4			6
No.26	16	20		8		4				4	8	4	7
No.27	16	16			8	8				4	8	4	8
No.28			64										1
No.29	25	4			8		16	6				5	13
No.30	44				8			8				4	10
No.31		56								8			4
No.32	26	14	4		4	2	8					6	9
No.33	64												3
No.34	28	12			4		4	14		2			10
No.35	64												1
No.36	32			8		8				16			6
No.37	32			12		16	4						4
No.38	22		34							8			4
No.39	16		16							28		4	5
No.40	40	8					4			4		8	7
No.41	28	16			16					4			5
No.42	36			8					4			16	6
No.43	28		28							4		4	5
No.44	16	24		4	8						4	8	7
No.45	44					12	8						9
No.46	64												1

（出所）Hughes E. & Eames A., *Porthmadog Ships*, Gwynedd Archves Service, (1975) より作成。

医者，神父などの聖職者などが含まれていた。また19世紀後半の時期になると石切り工も船舶に投資するようになった。労働者や家事手伝いの者もみられたが稀であったという。同様に貴族やジェントリー階級はめったに地方の海運業には投資しなかった。また地方の投資家に加えて，出資者の中にはリヴァプールやロンドンのようなイギリスの主要港やダブリンやコーク，ウォーターフォードのようなアイルランドの港に居住する者も含まれていた。多くのものはウェールズ人であり，その外に船舶ブローカーなども含まれていたという[19]。

また表3-4は19世紀にポースマドックで建造された船舶の所有者を職業別に分類したものであるが，この表からも他の北ウェールズ・スレート港での船舶所有と同様の事情が明らかになる。この表により，ポースマドックの船舶持分所有者の多くは船長を中心とする船員や引退した船員，造船業者や商人，種々の職人，スレート鉱山関係者，農民，医師や薬剤師，そして船員の妻や未亡人などであり，船舶所有は地域社会全体に広がっていたことがわかる。個人が一隻の船の持分全体を所有するケースも稀に見られたが，危険分散のために数人で持分を所有するのが通常であった。その場合，持分所有者のほとんどが家族や親類，あるいは事業仲間であった。これらの持分所有者は階級的にみるとほとんどが中産階級の人々であり，貴族やジェントリー階級はめったに地方の海運業には投資しなかったし，労働者階級からの出資も稀であった。また，ポースマドック船の船舶所有者の中にはリヴァプールやロンドンのようなイギリスの主要港に居住する者も含まれていたが，その多くはウェールズからの移住者ないしはその事業関係者であった。ポースマドック船の最大の所有者は船長を中心とする船員や引退した船乗りであったが，彼らの多くは管理船主（managing owner）でもあった。一般に，船長や造船業者，あるいは精力的なビジネスマンが船舶所有の核となり，農民や採石業者など海事産業と直接関係しない人々は主に配当を目的として船舶投資に関係していたのである。中には多くの船舶に出資し，多面的な事業活動に従事する企業家もみられた。

(2) 革新的企業家の出現

このように北ウェールズのスレート港では船舶持分所有がほとんどの職業の

人々を巻き込んで拡大していたのであるが，その場合一つの特徴として伝統的な船舶所有共同体の中での革新的企業家の出現である。つまり北ウェールズのほとんどのスレート港において，こうした伝統的な船舶所有者の中で精力的な企業家が出現した。それらの企業家は船長の場合もあるし，造船業者，あるいはその他の事業家の場合もあった。こうした企業家は単に海運企業家であったばかりでなく，多面的な企業家活動の展開により海事コミュニティの発展に大きく貢献したのである。

例えばロイドによると，伝統的な船舶所有者と革新的所有者の違いとして，新しいタイプの企業家による海運業への投資が遥かに大規模であったこと，そして彼らの中心的活動は船舶所有よりもむしろ他の分野にあったということであったことをあげ，新しいタイプの船舶所有者は共同体的価値観にほとんど関心を示さない大資本家であり，彼らは一般的に投機家で，確信をもった企業家であったという。そうした人々の出現によって従来みられた共同体的で小規模な商業資本主義は，より個人主義的でより攻撃的で，自己主張のつよい家族主義的な資本主義に移っていったと述べている[20]。

これらの企業家の中で顕著な事例としてハンフリー・オウエン（Humphrey Owen）とその息子たち，とりわけジョン・オウエン（John Owen）の家族企業があげられる。彼らのファミリー・ビジネス Humphrey Owen & Sons は海運業のほかにも，木材や鉄の貿易，鉄や真鍮の製造，スレート鉱山の経営など広範囲におよんでいた。その海運業の中心はカナーヴォンよりもむしろリヴァプールであり，彼らの大型船はリヴァプールで登録された。ロイドが引用しているジョン・オウエンの死亡記事によると，彼らの船はリヴァプール＝アメリカ間の旅客輸送，とわりけ移民輸送に従事し，アメリカへのスレート輸送とアメリカからの木材輸入に関与していたという。彼らの船の多くはリヴァプールで登録されたとはいえ，ウェールズとの関わりは強く，彼らの船の船長はカナーヴォンや他のウェールズ人であったという。もちろんリヴァプールばかりでなく，カナーヴォン登録の船も所有していたが，それらの船はカナーヴォンでは大型船であった[21]。カナーヴォンの船舶所有に関与したその他の企業家としてはウィリアム・ターナー（William Turner）とジョン・ロバーツ（John Roberts）をあげることができ

る。このうち前者はブラナイ・フェスティニョク地方のスレート鉱山のパイオニアであり，後者は海運業ばかりでなくアメリカ，特にニューヨークへのスレート輸出と木材輸入で活躍した商人船主であった。

　また，ポースマドックではプリチャード（Richard Prichard）とその息子，カッソン（Casson）兄弟，さらにはスレート業者のホランド（S. Holland）のような精力的な企業家が海事産業の発展に大きく貢献した。

(3) 造船業

　18～19世紀に北ウェールズのどの港町でも造船業が発展していたが，それらの港町は大きく2種類に分類できる。すなわち，一方は海運業を主とし，造船業を従とする港町であり，他方は造船業がその町の中心産業で，海運業はどちらかというと従属的な地位にある港町である。前者の事例としてはカナーヴォン，バンゴール，そしてポースマドックなど，北ウェールズの主要スレート搬出港をあげることができる。他方，後者の事例としてはプルヘリ，バーマス，ネフィン，アムルク，コンウィ，ホーリーヘッドなどをあげることができる。後者の港町に共通して言えることは，後背地に大規模なスレート鉱山が存在せず，港の海運活動に限界があったことであり，他方これらの港町では造船業の発展に不可欠な用地に対する圧迫が小さかったのである。これに対して前者のスレート搬出港でも造船業は発展したが，造船業に適する用地には限界があった。もっとも以上は相対的に見た議論であり，カナーヴォンやバンゴール，そしてポースマドックでもとりわけスレート輸送の全盛時代にはかなり大規模な造船業が発展していたのである。

　また北ウェールズ造船業のピーク期は町によってかなりの相違があったことに注意すべきである。筆者の利用できた資料を見るかぎり，バーマスの造船業が発展していたのは19世紀前半までであり，その後急速に衰退していったし，カナーヴォンでも1870年以後には急速に衰退していった。最も遅くまで造船活動がみられたのはポースマドックであり，20世紀になっても細々と造船活動が行われていたのである（表3-5）。しかし一般的趨勢としては，イギリスの他の多くの港町で見られたように，19世紀後半の大型鉄鋼蒸気船の時代になると，木造帆船の建

表3-5 北ウェールズ主要港の造船活動

	ポースマドック		バンゴール		バーマス		カナーヴォン
	隻数	トン数	隻数	トン数	隻数	トン数	隻 数
1781-85			1	43	47	2,761	} 9
1786-90					42	3,214	
1791-95					16	1,114	} 20
1796-00					27	2,157	
1801-05					34	3,658	} 49
1806-10			2	156	18	1,634	
1811-15			1	14	15	1,808	} 25
1816-20			2	193	14	1,768	
1821-25			4	172	2	112	} 12
1826-30	11	539	6	301	9	734	
1831-35	11	405	2	144	8	501	} 7
1836-40	22	1,708	5	282	16	1,034	
1841-45	20	1,563	10	606	10	465	} 24
1846-50	22	2,152	3	157	4	400	
1851-55	22	1,776	3	274	9	760	} 18
1856-60	36	3,557	11	1,059	7	641	
1861-65	18	2,574	4	265			} 19
1866-70	21	3,289	4	179			
1871-75	15	2,674	1	72			} 3
1876-80	25	4,013	2	79			
1881-85							} 2
1886-90	1	99					
1891-95	14	1,806					} 1
1896-00	6	737					
1901-05	9	1,165					
1906-10	5	487					
1911-13	1	98					

(出所) Hughes E. & Eames A., *Porthmadog Ships*, Gwynedd Archives Service, (1975); Elis-Williams M., *Bangor: Port of Beaumaris, The Nineteenth Century Shipbuilders & Shipowners of Bangor*, Gwynedd Archives, (1988); Lloyd L., *Wherever Freights May Offer: The Maritime Community of Abermaw/Barmouth 1565 to 1920*, Gwasg Pantycelyn, Caernarfon, (1993); Lloyd L., *The Port of Caernarfon 1793-1900*, Gwasg Pantycelyn, Caernarfon, (1989) より作成。

造は斜陽産業となり，イギリス造船業の中心はますます北東イングランドのニューカッスルやサンダーランド，あるいはスコットランドのクライド・サイドに移っていったのである。以上の一般論を背景に，北ウェールズの主な港町の造船活動を垣間見ておこう。

表3-5で示されているように，北ウェールズの小港，バーマスでは18世紀に

はかなり大規模な造船業が発展しており，ロイドによると，バーマスでは1770～90年までのわずか20年の間に147隻もの船が建造されていたという。これらの船のほとんどが12～95トンのスループ型帆船であり，その大半が沿岸海運用に使用されたが，一部の大型船はヨーロッパや大西洋の貿易にも使用されたという[22]。この港町の造船業は対仏戦争時代にも中断されることなく続けられ，1791～1823年の時期にバーマスでは119隻の船が建造され，そのうちスループ型が45隻，スノー／ブリッグ型が71隻であった。ロイドはバーマスの造船業とそのライバルであるプルヘリとの造船活動の特徴を比較している。それによると1791年から1823年にかけて，バーマスでは121隻，プルヘリでは203隻の船が進水し，隻数でみるとプルヘリのほうがバーマスよりも多くの船を建造しているが，プルヘリと比較してバーバスの方が大型船を多く建造したため，トン数をみると両者の立場は逆転し，1759～90年にバーマス建造船の平均が約60トンであったのに対してプルヘリ建造船の平均は34トンであった[23]。言うまでもなく18世紀後半以降におけるスレート輸送の発展は，バーマスやプルヘリといった近隣の港町の造船業に大きな刺激を与え，これらの港町で建造された船はポースマドックをはじめとする他の北ウェールズのスレート輸送に使用されたのである。実際，1826年にポースマドックで登録された最初の船，Lady Vaughan号はバーマスで建造されたのであり，そのほかにもポースマドックで活躍した初期のスレート輸送船のかなり多くがバーマスで建造されたのである[24]。このほかにも船舶所有，海上保険，港湾労働などさまざまな職業を通じて，北ウェールズ海港都市間には密接な人脈が形成されていたのである。実際，ポースマドックのスレート輸送の発展はバーマス，プルヘリ，クリケスなど近隣の多くの小港の若者に雇用の機会を提供していたのである。さて表3-5からも明らかなように，バーマスの造船業のピークは19世紀前半までであり，その後急速に衰退している。その理由は今のところ明らかではないが，1865年を最後に造船は行われなくなっている。

　次にカナーヴォンについて見ると，ロイドによるとカナーヴォンでは1758年から1898年までに200隻以上の帆船が建造された。このうち1786年以後に建造された船舶を艤装別に示したのが表3-6である。

　この表により，カナーヴォンの造船業は時期により変動はあるが，18世紀末か

表3-6 カナーヴォン建造船の艤装変化

年 度	Sp	Bg	Bgn	Cr	Sn	Sr	Wh	Sm	Bq	K	Totals
1786-1790	7	1	1								9
1791-1800	12	2		2	3	1					20
1801-1810	37			2	8	1	1				49
1811-1820	11	1	1	1	9	1	1				25
1821-1830	5	1			2	3		1			12
1831-1840	2					4		1			7
1841-1850		1		1		14		8			24
1851-1860						13		4	1		18
1861-1870	1			1		13		4			19
1871-1880								2		1	3
1881-1890						1				1	2
1891-1898								1			1
合 計	75	6	2	7	22	51	2	21	1	2	189

(注) Sp (sloop), Bg (brig), Bgn (brigantine), Cr (cutter), Sn (snow), Sr (schooner), Wh (wherry), Sm (smack), Bq (barque), K (ketch) を表す。
(出所) Lloyd L., *The Port of Caernarfon 1793-1900*, Gwasg Pantycelyn Caernarfon, (1989), p. 94.

ら1870年ごろまでが全盛時代であり、それ以後急速に衰退していったことがわかる。また、初期の艤装の中心は四角帆のスループが中心であったが、1840年代以後はスクーナーやスマックが中心となったこと、そして大きくみて19世紀初期の戦争時代が一つのピーク期であり、この時期の船はスループが中心であった。第2のピーク期間は1840年代から60年代までであり、この時期にはスクーナーの建造が中心であった。

表3-5からも明らかなように、最も大規模に、しかも最も遅くまで造船活動が見られたのはポースマドックであった。この港での造船活動のピークは19世紀半ばから第3四半期にかけてであり、とりわけ1856~60年には36隻（3,557トン）、そして1876~80年には25隻（4,013トン）の船を建造していたのである。その後は衰退したものの、20世紀になってもこの港では細々と造船活動が続けられていたのである。しかし、一般的趨勢としては、イギリスの他の港町で見られたように、19世紀後半の大型鉄鋼蒸気船の時代になると、木造帆船の建造は斜陽産業となり、イギリス造船業の中心は北東イングランドのニューカッスルやサンダーランド、あるいはスコットランドのクライドサイドに移っていったのである。

(4) 海上保険

　船舶所有の拡大は海上保険の発展をもたらした。北ウェールズの地方海上保険のパイオニアとなったのは1841年にポースマドックに設立された the Porthmadoc Mutual Ship Insurance Society であった。その主導者はサミュエル・ホランドやグリーブズ（J. W. Greaves）といったスレート業者，プリチャード（Captain Richard Prichard），そして地方の銀行業者，造船業者，そして海運業者であった。ここで重要なことは地方の海上保険協会は海港社会の中で極めて重要な地位を占めていたことである。というのはそれらの協会の中心人物は地方海港社会の重鎮であり，単に海上保険業務を行っただけでなく，船舶の調査を行ったり，場合によっては船長の任命や港の事業の重要事業にも関与していたのである[25]。

　こうした海上保険クラブは，その後1852年にはバンゴールにも the Bangor Mutual Ship Insurance Society が，そして1858年にはネフィンにも the Pwllheri and Nevin Mutual Marine Insurance Society が設置された[26]。これら地方海上保険クラブの最大の目的はロンドンの大海上保険会社よりも安価に保険サービスを提供することであった。例えばバンゴール相互海上保険組合の場合，入会費は保険金額100ポンド当たり2ポンド10シリング，年会費は同様に100ポンド当たり1ポンドであった。この金額が高いか低いかは，主要港の大保険会社との比較が明らかでないので何とも言えないが，船主にとってのもう一つのメリットは金銭面だけではなかった点に注目すべきである。とりわけウェールズ海港都市の人々の仲間意識は強く，ウェールズ語を話し，地方の事情に精通している保険クラブの職員のほうが顔の見えない官僚主義的な大港の大会社の職員と交渉するよりもはるかに大きなメリットがあったのである[27]。

　なおポースマドックでは上記の保険協会だけでなく，その後1866年には第2の組合である The North Wales Mutual Ship Collision Insurance Society, さらには1875年には The Gomerian Freight and Outfit Mutual Ship Insurance Society が形成され，1884年には120隻が後者で保険をかけていたのである[28]。

5. 蒸気船の役割

　北ウェールズにおいても19世紀後半には蒸気船海運業が発展した。蒸気船はこの地方では鉄道時代以前の陸上交通の発展が不十分であったことや鉄道の敷設が遅れたこともあり，北中部ウェールズの人々の生活に不可欠の輸送手段であり，かつ重要な情報伝達手段となった。その場合，初期の蒸気船はリヴァプールを中心するイングランドの大港の海運業者が派遣した船が多かった。すなわちフェントンによると，すでにナポレオン戦争後の時期にディー川の横断やリヴァプールからディー河口の小港への航海に蒸気船が使用されていた。ウェールズにおける最も初期の蒸気船サービスの記録は1817年におけるパークゲイト（Patkgate）からバギルト（Bagillt）までのディー川横断に見出される[29]。すなわちすでに1819年にはホーリーヘッド＝ダブリン間の蒸気船サービスが始まっていたし，1821年には蒸気船 Cambria 号がリヴァプール＝メナイ海峡間のサービスを開始した。さらに1828年には St. George Steam Packest Co. がリヴァプールからメナイ海峡への定期サービスを行っていた[30]。その後1820年代末になると St. George Steam Packet Co. の蒸気船がメナイ海峡を訪れるようになった。1830年代になると蒸気船のネットワークはさらに拡大し，例えば1836年に Mountaineer 号はリヴァプールからビューマリス，バンゴール，そしてミルフォードを経由してスウォンジーまでのサービスを行っていた。これらの初期の蒸気船は主に旅客や郵便輸送を目的とするものであり，その航行はたいてい夏季に限られていた。またカナーヴォンではすでに1830年代から著名な蒸気船会社 the City of Dublin Steam Packet Co. の蒸気船が夏期には毎日，そして冬期には週2回，リヴァプールとの間で蒸気船サービスを行っていた。この会社の船は貨物も輸送したが主に旅客輸送サービスが目的であった。またカナーヴォンには De Winton's Union Foundry という著名な機械工場があり，その生産物の中には船舶用エンジンやボイラーも含まれていた[31]。

　北中部ウェールズでは鉄道の到来が遅く，しかも陸上交通が不便であったため，古くから船舶は不可欠の輸送手段であったが，やがて19世紀後半になると，帆船

とともに蒸気船の使用も行われるようになる。そしてフェントンによると、北中部ウェールズで設立された最初の蒸気定期船会社は the Cambrian Screw Steamship Co. であった。この会社は1856年にアベリストゥイスで登録され、その目的はアベリストゥイスとリヴァプール、そしてブリストル間で蒸気船による貨物や旅客を輸送サービスを提供することであった。この会社は1カ月後に the Cambrian Steam Packet Co. に改名され、スウォンジーが寄港地に追加された。その設立趣意書において旅客よりも貨物輸送が優先されていた。もちろん同社の蒸気船は旅客も輸送したが、その中心は貨物輸送であり、主としてリヴァプールやブリストルといった大港から北西ウェールズの沿岸諸港に生活必需品を提供し、ウェールズの農産物に市場を見出していた。1860年代になると同社にライバルが現れた。すなわち1863年9月にアベリストゥイスにおいて設立された the Aberystwyth & Cardigan Bay Steam Packet Co. Ltd. がそれであり、その新会社の活動領域はより広範囲にわたり、しかも貨物だけでなく旅客輸送にも積極的に関与した。この会社は主としてアベリストゥイスとリヴァプールの間で操業し、第一次世界大戦まで存続した。

　1860年代にはまた中部ウェールズの小港、アバラロン（Aberaeron）でも蒸気船会社が設立された。1863年9月設立の the Aberyron Steam Navigation Co. Ltd. がそれである。同社の蒸気船はカーディガンを経由してブリストルと輸送サービスを提供することにより、中部ウェールズの小港に活気をもたらした。不幸にして同社は唯一の蒸気船が1876年9月に座礁したことによって破産したが、蒸気船サービスがアバラロンの町に与えたインパクトは大きく、1877年には the Aberyron Steam Packet Co. が当初は未登録の会社として設立された。この会社はこの地方の輸送サービスを独占し、高い運賃は地方の人々の大きな不満を呼び起こしたが、ようやく1894年に株式会社として登録された。この会社は1916年まで存続し、同社の蒸気船は2週間毎にアバラロンとブリストルの間を航海し、途中ニューキーやフィッシュガードなどに寄港した。表3-7は19世紀に北西ウェールズで設立された主な蒸気船会社とその船舶数、主要航路、主要輸送品などをまとめたものである。

　さて、以上で述べた蒸気船会社はいずれもアベリストゥイスやアバラロンなど

表3-7 19世紀に設立された北西ウェールズの主要蒸気船会社

海運会社名	創立年	解散年	船舶数	主要航路	備考
Aberayron Steam Navigation Co. Ltd.	1863	1878	1	ブリストル アバラロン	ブリストルからは一般貨物、アバラロンからは農産物を主として輸送
Aberayon Steam Packet Co. Ltd.	1877	1916	2	ブリストル アバラロン	当初は無登録の会社で、1894年に新会社として登録
Aberdovey & Barmouth Steam Co. Ltd.	1892	1917	2	リヴァプール アバーダヴィ	生活物資や旅客輸送。アイルランドからの馬鈴薯輸送
Aberystwyth & Cardigan Bay S. P. Co. Ltd.	1863	1916	3	リヴァプール アベリストゥイス	アベリストィイスからは鉛等の鉱物、リヴァプールからは生活物資を輸送
Aston Steamship Co. Ltd.	1867	1882	2	ディー河口 アイルランド	地方の鉛、レンガ、土器をアイルランドに輸送
Cambrian Steam Packet Co. Ltd.	1856	1876	2	アベリストゥイス リヴァプール	一般商品、旅客輸送
Cardigan Steam Navigation Co. Ltd.	1869	1888	1	カーディガン リヴァプール	カーディガンからの農産物の搬出、生活物資の搬入に貢献
Cardigan Commercial Steam Nav. Co. Ltd.	1876	1904	2	カーディガン リヴァプール	カーディガンのビジネスマンを中心に設立
Carnarvon & Liverpool Steam. Ship. Co. Ltd.	1893	1907	2	カナーヴォン リヴァプール	一般貨物や旅客の輸送
Carnarvonshire & Merionethshire Steamship Co. Ltd.	1866	1917	3	ポースマドック リヴァプール プルヘリ	リヴァプールからは生活物資、ポースマドックからはスレート、鉄製品、旅客輸送も行う
Coppack Brothers & Co.	1860	1971	23	コナーズキー	ディー河口で帆船業を営む老舗、1881年から蒸気船所有
Diorwic Slate Quarries	1892	1954	12	ディノーヴィック リヴァプール	1787年にT. Asheton-Smith が設立したスレート鉱山で、当初は帆船、1892年から蒸気船を所有
Jewis & Co.	1876	1906	7	モスティン アバーダヴィ	フリントシャーのモスティンとアバーダヴィを根拠に海運活動を展開
Thomas Lewis & Co.	1878	1909	3	バンゴール リヴァプール	バンゴールの製粉業者T. ルイスによる海運企業で主にリヴァプールから小麦粉を輸送
Liverpool, Carnarvon & Menai Straits S. S. Co. Ltd.	1873	1915	5	リヴァプール カナーヴォン	リヴァプールからは一般貨物、カーナヴォンからはスレートを輸送
Mostyn Coal & Iron Co.	19c 始期	1964	6	モスティン リヴァプール	モスティンの製鉄・炭鉱業者で、同社の蒸気船は石炭、鉄鉱石、旅客輸送も行う
Penrhyn Slate Quarries (Anglesea Shipping Co.)	18c 末期	1954	10	ペンリン リヴァプール	ペンリン鉱山会社の子会社で、スレート輸送のほかに独自の海運業も営む。1891年から蒸気船所有
Point of Ayr Collieries Ltd.	1885	1959	4	ポイントオヴエア アイルランド	炭鉱会社による自己運送。1916年から船舶所有。炭鉱国有化後も操業継続
John Summers & Sons	1860	1967	27	ショットン リヴァプール	北ウェールズ最大の鉄鋼会社で、1896年から船舶所有

(出所) Fenton R. S., *Cambrian Coasters: Steam and Motor Coaster Owners of North and West Wales*, World Ship Society, (1989) より作成。

中部ウェールズ諸港で設立され，その主たる目的は鉄道の開通が遅れたウエールズ沿岸の小港に生活必需品を提供し，同時にその後背地で作られた農産物に市場を提供することであり，スレート輸送とはほとんど何の関係ももっていなかった。だが1860年代には北ウェールズのスレート輸出港にも蒸気船時代がやってきた。ポースマドックの輸送に蒸気船が関与するのは1864年であり，その年にRebecca号と名づけられた蒸気船がその町の商店経営者や実業家，さらにはスレート鉱山の所有者でフェスティニョク鉄道の所有者であったサミュエル・ホランドを中心とするフェスティニョクの人々によって購入された。かれらはCarnarvonshire & Merionethshire Steamship Co. Ltdを形成することによってその船を操業し，また海運ブローカーのDavid W. Davies & Co.をリヴァプール代理人に指定した。その会社のリヴァプール＝ポースマドック間，プルヘリ（Pwllheri）経由のサービスは1916年まで維持された。同社の北行きの貨物にはスレートという保証された貨物があった。Rebecca号は1895年に取り替えられたが，その第2の船もRebecca号であった。

　その会社の主要な技師はデヴィッド・リチャーズであり，彼はリヴァプールの船主でブローカーであったRichards, Mills and Co.のパートナーであった。リチャーズはその新しい会社に相応しい蒸気船を見出し，その名前を嬉しくもKing Jaja号と名づけたが，その船は16年間にわたってカナーヴォン，ビューマリス，そしてリヴァプールの間で使用され，東行きにはスレートをそして西行きには一般貨物を輸送していた。その船は地方の人々に非常に親しまれていた証拠として，バンゴールの桟橋がJaja Jettyと名づけたことに現れている。1890年にKing Jaja号が引退すると，その後継者が導入され，Prince Jajaと命名された[32]。

　以上みてきたように，19世紀後半になると北ウェールズの沿岸でも蒸気船が頻繁に出現するようになり，その中にはスレート輸送に関与するものも現れるが，多くの論者が主張しているようにその割合は決して多くはなかった。例えばルイス・ロイドはカナーヴォン港について詳細に扱った書物の中で1章をこの港と蒸気船航海に割いてかなり詳しい記述を行っているが，彼によると少なくとも19世紀においてリヴァプールを中心とする蒸気船はこの港の海運において比較的小さな役割を演じたにすぎず，蒸気船によるスレート輸送はわずかであった。同様の

ことはポースマドックについても言えたのであり，そのことはこの港で建造された船の大半が木造帆船であったことからも明らかである。

またバンゴールでも19世紀末には蒸気船や鉄鋼の船体をもつ大型帆船を所有する海運会社が現れるが，すでにこの頃になるとこの港のスレート輸送は衰退期に入っていたのである。そのことを象徴的に示しているのが19世紀末に設立された The Anglesey Shipping Co. であった。この会社の船主はランカシャー出身のプレストン（W. H. Preston）とテイラー（S. Taylor）であったが，この会社の船を管理していたのはバンゴールの海運業者ジョーンズ（O. T. Jones）であった。ジョーンズが管理した船には A. S. 社の蒸気船，Bangor 号と Penrhyn 号，そして Anglesey 号のほかに鋼製スクーナー Mary B. Mitchell 号などがあった。エリス=ウィリアムズはこれらの船の航海，とりわけ Mary B. Mitchell 号の航海についてかなり詳しく論述しているが，それから明らかなように，この船はとりわけロンドンへのスレート輸送のほかに，イギリスのほとんどの港，そしてアムステルダム，ハンブルクをはじめ多くのヨーロッパの港に航海していることである。このことはこの会社の船舶が輸送した貨物の中でスレートの地位がますます低くなっていったことを意味している。

このように北ウェールズのスレート港において蒸気船が本格的に導入される時期にはすでにその主要貨物であるスレート輸送はその衰退期に入っていたのであり，このことがこの地域の海運業における帆船から蒸気船への移行を不徹底にした一因と考えられるが，もうひとつの要因として考えられるのは帆船の側での技術進歩であった。その一例として船体の材料としての木造から鋼鉄製への移行，そしてそれに伴う船舶の大型化と貨物積載能力の増加があげられる。そして20世紀初期になっても少なくともスレートのような嵩高貨物輸送において，必ずしも蒸気船のほうが帆船にまさっていたわけではなかった。この点に関連して一つの興味深い事例がエリス=ウィリアムズによる帆船と蒸気船のパフォーマンスの比較である。彼は1908年から1913年にスレート輸送で活躍したほぼ同等の貨物積載力（340～350トン）を有する2隻の蒸気船と帆船のパフォーマンスを比較している。そのうちの帆船はスクーナー型帆船 Mary B. Mitchell 号（195トン）で，他方の蒸気船は Bangor 号（119トン）であり，総トン数は帆船のほうが大きかっ

表3-8 スレート輸送における任意の帆船と
蒸気船の生産性の比較

	帆船（Mary B. Mitchell）			蒸気船（S. S. Bangor）		
	総収入	総利潤	利潤率	総収入	総利潤	利潤率
1908/9	1,414	526	37.2	4,560	430	9.4
1909/10	1,237	346	28	4,208	783	18.6
1910/11	1,054	169	16	4,695	1,198	25.5
1911/12	1,525	561	36.8	4,014	936	23.1
1912/13	1,260	383	30.4	4,197	956	27.8
5年間計	6,490	1,985	30.6	21,676	4,293	19.8

（出所）Ellis-Williams M., *Bangor Port of Beaumaris*, p. 184.

たが積載力はほぼ同等であったという。残念ながらそれらの両船の建造費は明らかでないが，蒸気船のほうが帆船よりも高価であったことは言うまでもない。これらの船はともにカナーヴォンやディノーヴィックなどの北ウェールズのスレート港からロンドンを中心とするイギリス沿岸航路や大陸ヨーロッパへの航海に利用され，5年間の航海回数はスピードで勝っていた蒸気船のほうが帆船よりも遥かに多く，Mary B. Mitchell 号が32回（年平均6.4回）であったのに対し，Bangor 号は（1910年の記録は喪失しているので）4年間に72回（年平均18回であった）。この数値をみると蒸気船のほうが格段に多かったのであるが，乗組員の人件費や燃料費用，修理費用などの諸費用はいずれも蒸気船よりも帆船のほうが安価であった。まず人件費についてみると，Mary B. Mitchell 号の乗組員数が船長，航海士，コック，その他の4人の船員を含めて全部で7人であったのに対して，Bangor 号は船長，航海士，技師2人，火夫2人，そして4人の船員を含めて10人であった。帆船乗組員と蒸気船乗組員の賃金やその支払い方法にはかなりの相違があったが，それらを考慮に入れると，上記の帆船の年間の総賃金と食費を併せて486ポンド15シリングであったのに対して，蒸気船の場合は865ポンド19シリングで，船員一人当たりの年間費用は帆船が69ポンド10シリングであったのに対して蒸気船は86ポンド12シリングであったという。また帆船の場合には燃料費はゼロであったが，蒸気船の場合には年間約1000ポンドの石炭を消費し，修理費用も帆船より蒸気船のほうが高価であったという。

　このように蒸気船の操業費用は帆船よりも高くついたが，他方その運賃収入は

3～4倍帆船よりも高かった。これらすべてを考慮すると，利潤率という点で帆船が蒸気船よりも高かったのである。表3-8はその結果を要約したものである。もちろんこの1例だけをみて，帆船の蒸気船に対する優位性を主張することはもってのほかであるが，少なくともスレート輸送において帆船が長らえていたとしてその経済性をあげる一つの証拠にはなるだろう。

6．おわりに

さて，スレートの海上輸送で重要なことはそれがほとんど帆船によって行われていたことである。それには幾つかの理由があげられる。すなわち，迅速な輸送を必要としなかったこと，貨物の性質上，荷役を慎重に行う必要があったこと，搬出量が小規模であったことにより大規模な港湾施設を必要とせず，ひいてはこのことが大型蒸気船の入港を困難にしたことなどがその主な理由である。もちろん蒸気船による輸送が行われなかったわけではないが，その程度は限られていた。本章ではスレート産業発展の基盤としての交通インフラの形成，スレート市場の拡大，海事産業の発展，そして蒸気船の役割を中心に検討した。北ウェールズにおけるスレート産業は19世紀末期にピークに達し，20世紀に入ると低迷し，そして第一次世界大戦を契機にして衰退していった。それと関連してスレートの海上輸送やその関連産業も衰退していった。

注
1) P&O 汽船会社の発展と郵便輸送の歴史については後藤伸『イギリス郵船企業P&Oの経営史1840-1914』勁草書房（2001）参照。
2) カーディフ海運業の盛衰については拙書『南ウェールズ交通史研究』日本経済評論社（2000）参照。
3) Lindsay J., *A History of the North Wales Slate Industry*, David & Charles, (1974), p. 14.
4) 南西部ウェールズのスレート産業については，Richards A. J., *The Slate Quarries of Pembrokeshire*, Gwasg Carreg Gwalch, (1998) 参照
5) Williams M., *The Slate Industry*, Shire Publications, (1991), pp. 3-4.
6) Richard A. J., *Slate Quarrying in Wales*, Gwasg Carreg Gwalch, (1995), p. 28.

7) Ellis-Williams M., *Bangor Port of Beaumaris, The Nineteenth Century Shipbuilders & Shipowners of Bangor*, Gwynedd Archives, (1988), pp. 16-19.
8) Richard A. J., *op. cit.*, p. 27.
9) *Ibid.*, pp. 30-31.
10) *Ibid.*, pp. 35-36.
11) Lloyd L., *The Port of Caernarfon 1793-1900*, Gwasg Pantycelyn, (1989), pp. 9-10. ロイドによるとこの石の桟橋は Victoria Pier と呼ばれたが, 船乗りたちの評判が悪く, ハーバートラストの最大の過ちであったと述べている。
12) *Ibid.*, pp. 11-15.
13) E. Ellis-Williams, *Bangor*, p. 48.
14) *Ibid.*, pp. 40-41, p. 53.
15) Hughes E. & Eames A., *Porthmadog Ships*, Gwynedd Archives Service, (1975), p. 31.
16) Lloyd L., *Caernarfon*, p. 113.
17) Lloyd L., *Wherever Freights May Offer*, p. 32.
18) M. Ellis-Williams, *Bangor*, p. 126.
19) Lloyd, *Caernarfon*, p. 114.
20) Lloyd l., *op. cit.*, p. 118.
21) *Ibid.*, pp. 119-124. なお, 彼らのファミリー・ビジネスについては Aled Eames, 'Slates, Emigrants, Timber and Gano', *Maritime Wales*, vol. 1, (1976) 参照。
22) Lloyd L., *Wherever Freights May Offer*, p. 18.
23) *Ibid.*, pp. 20-22.
24) *Ibid.*, pp. 62-63.
25) *Porthmadoc Ships*, p. 35.
26) Lloyd, L., *Port of Caernarfon*, pp. 126-127.
27) Ellis-Willams M., *Bangor*, p. 158.
28) *Porthmadoc Ships*, p. 38.
29) Fenton R. S., 'Steam Packet to Wales: A chronological survey of operators & service', *Maritime Wales*, No. 12, (1989).
30) Dodd A. H., *The Industrial Revolution in North Wales*, University of Wales Press, (1951), pp. 128-119.
31) Lloyd L., *The Port of Caernarfon*, pp. 216-217. この機械工場の経営者ウィントン (Jeffrey Parry de Winton) は, 1873年にリヴァプールで創設された the Liverpool, Caernarfon and Menai Steamship Co. Ltd. の出資者の一人であった。
32) Fenton R. S., 'Steam Packet to Wales: A chronological survey of operators & service', *Maritime Wales*, No. 12, (1989).

第4章　北ウェールズの運河と地域経済

1．はじめに

　イギリスの産業革命時代の内陸水上輸送で大きな役割を演じたのが運河であった。産業革命によって石炭，鉄，建材，石材，原綿，木材など嵩高貨物の取引が大きく増加したが，それらの多くは，概して速力はさほど速くなくても，安価でかつ大量に輸送できる交通機関による輸送が最適であった。鉄道の到来以前の主たる陸上交通の多くは馬力によっていたが，駄馬だとせいぜい100キロ程度，荷馬車による輸送量は1トン程度，馬車軌道ではその輸送力は相当増加したが，それでもせいぜい8トンが限界であった。これに対して水上輸送では馬の輸送力はそれより遥かに増加した。可航河川の堤防上を馬が船を牽引する場合には約20トン，運河の場合には1頭の馬で50トンもの貨物を運ぶことができたのである[1]。イギリスの運河時代は17世紀後半から18世紀半ばにかけての河川改修時代の後，1760年代から1830年にかけて訪れたが，その時代はちょうど産業革命の時代と合致していた。運河時代の嚆矢となったのがブリッジウォーター運河で，ブリッジウォーター侯爵のワースリー所領で産出された石炭をマンチェスターへ輸送するために建設され，1762年に開通した。それ以後イギリス中で運河が建設され，産業革命にとって不可欠の輸送手段を提供したばかりでなく，土木技術の発展，雇用の増加，資材産業の発展，株式会社の普及，金融市場の発展など，経済のさまざまな側面で貢献したのである。

　本章では，北ウェールズの運河[2]に焦点を合わせ，運河と地域経済の関係を考察する。産業革命時代の北ウェールズの主要産業（例えば，炭鉱業，製鉄業，スレート産業，毛織物工業など）の発展や衰退は運河や道路，鉄道などの交通イン

フラと密接に関連していた。エルズミア運河やその延長線のモンゴメリーシャー運河は，チェスター運河をはじめとするイングランド西部の運河や沿岸海運と連絡して，ランカシャーやミッドランド地方などの主要工業地域と連絡するために建設され，北ウェールズ経済に不可欠の役割を演じたのである。

2．運河の建設

(1) エルズミア運河

イギリスの運河は主として2回にわたるブーム期に建設された。すなわち，第一次ブーム期（1760年代）にはブリッジウォーター運河，トレント＆マージー運河，フォース＆クライド運河などの幹線運河が建設された。1790年代前半に生じた第二次ブーム期（運河熱時代）には，50以上の法案が通過した。この時期には，グラモーガンシャー運河やモンマスシャー運河をはじめとする南ウェールズの主要運河や，本章で取りあげるエルズミア運河やモンゴメリーシャー運河など，北ウェールズの運河も建設された。また，エルズミア運河の建設に先立って，すでに1775年にチェスター運河（チェスター＝ナントウィッチ間）が開通しており，その運河をランカシャーやミッドランド地方と連結するために，エルズミア運河の早急な建設が待望されていたのである。

エルズミア運河の建設を話し合う最初の会合は1791年6月末にフリントシャーのオーバートン村で行われ，地方地主で代議士のキナストン＝パウエル（John Kynaston-Powell）やオウエン（Mostyn Owen），聖職者のロイド（J. R. Lloyd）などが参加した[3]。技師としてターナー（Wm. Turner），ダンコム（John Duncombe）ジェソップ（Wm. Jessop），さらに後にテルフォード（T. Telford）も雇用された。当初，路線をめぐって主導者間で対立が見られたが，運河建設の主要目的はマージー川，ディー川，そしてセヴァン川を連絡し，地域産業の発展を促進することにあった。運河建設を認可する法律は1793年4月30日に制定された。それによって資本金は40万ポンド，さらに必要ならば10万ポンドを追加することが認められた[4]。当時のイギリスのほとんどの運河と同様，株式の額面金額

第4章 北ウェールズの運河と地域経済　111

グラフ4-1　1820年代初期の主要株主とその出身地

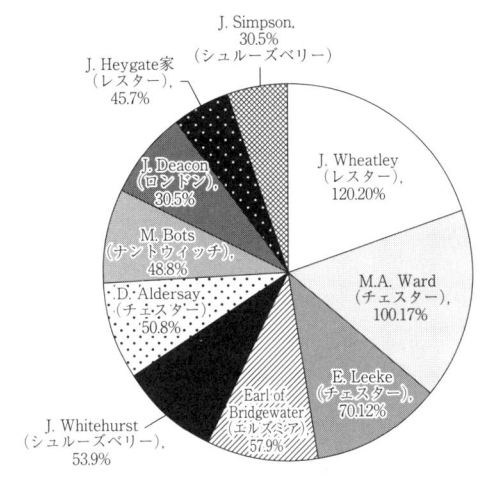

- J. Simpson, (シュルーズベリー), 30.5%
- J. Heygate家 (レスター), 45.7%
- J. Deacon (ロンドン), 30.5%
- M. Bots (ナントウィッチ), 48.8%
- D. Aldersay (チェスター), 50.8%
- J. Whitehurst (シュルーズベリー), 53.9%
- Earl of Bridgewater (エルズミア), 57.9%
- E. Leeke (チェスター), 70.12%
- M.A. Ward (チェスター), 100.17%
- J. Wheatley (レスター), 120.20%

グラフ4-2　エルズミア&チェスター運河株主の出身地

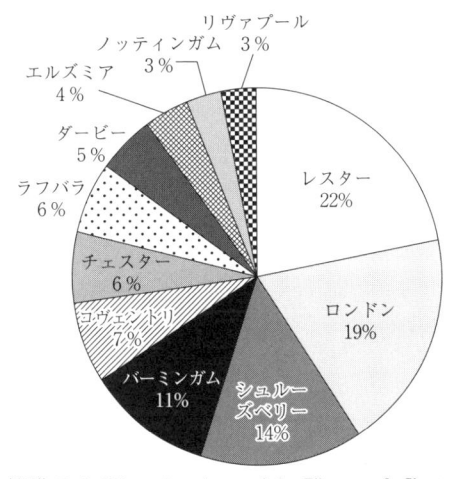

- リヴァプール　3%
- ノッティンガム　3%
- エルズミア　4%
- ダービー　5%
- ラフバラ　6%
- チェスター　6%
- コヴェントリ　7%
- バーミンガム　11%
- シュルーズベリー　14%
- ロンドン　19%
- レスター　22%

(出所) E. A. Wilson, 'Proprietors of the Ellesmere & Chester Canal Company, 1822', JTH, vol. 3, (1957).

は100ポンドで，これは当時としては相当な高額であった[5]。会社設立当初の株主の詳細は明らかではないが[6]，チェスター運河との合併後の資料によると，1822年の主要株主の多くは地方地主やビジネスマンで，テルフォードも25株所有

していた[7]。出資者を地域的に見れば、レスター、シュルーズベリー、バーミンガム、コヴェントリー、チェスター、エルズミアなど地元や周辺地域の出身者が株式全体の80％を所有していた。富裕地主や聖職者、製造業者が主要株主であったが、この運河の建設において、だれが主導的役割を演じたのかなど、運河の経営主体についての詳細は明らかではない。

　さて、エルズミア運河の路線で最初に開通したのは、ウィラル線（1795年）と呼ばれる約8.7マイルの路線であった。路線地図からも明らかなように、この路線はエルズミア運河の一部というより、むしろチェスター運河の延長線という性格を強く持っていた（地図4-1）。しかもエルズミア運河の他の路線は狭軌で、幅約7フィートのナローボートしか通行できなかったのに対し、ウィラル線はチェスター運河と同様、幅14フィートの船舶の通行が可能であった。また、この路線は開通当初から繁盛し、そこから得られた通行料収入が他の路線建設の資金源にもなった[8]。ウィラル線に次いで、1796年にモンゴメリーシャー運河へと通じるスラナマネフ線（Llanymynech Branch）が開通したが、その後、ナポレオン戦争に伴う資金難や労働力不足により建設作業は困難を極めた。ようやくチャーク水道橋（1802年）に続いて、1805年にポントカサルテ水道橋（Pontcysyllte Aqueduct）が完成し、1808年にエルズミア運河全線が開通した。しかしそのことは当初の計画であるマージー川、ディー川、セヴァン川を連絡するというグランド・プランが実現したことを意味しなかった。結局この運河はシュルーズベリーには到達せず、ブリンボやルアボン周辺の鉱工業地帯とはトラムロードで連絡されることとなった。因みに、この運河は1813年にチェスター運河会社と合併し、エルズミア＆チェスター運河会社となった。

　以上、この運河の建設開始から完成までの過程をごく簡単にみてきたが、実際の建設プロセスは決してそう簡単ではなかった。中でも最大の難関はポントカサルテ水道橋の建設であった。この水道橋の起工（1795年）から完成（1805年）まで11年もかかっていることからも、それがいかに難工事であったかが想像できるであろう。ディー川に架かるこの水道橋は全長が約1,007フィート（307メートル）、川底からの高さが127フィート（38.7メートル）にも達する鋳鉄橋であり、その橋は19本の石造橋脚で支えられていた[9]。運河船が通る水道橋本体の幅は11

フィート10インチ（約3.5メートル）で，片方に狭軌の運河船が通行する水路が設けられており，他の片側に引き舟道がつけられていた[10]。これは産業革命時代にイギリスで建設された水道橋の中でも特筆に値する技術的驚異であり，古今を問わず運河愛好家たちの憧れの的であった。実際，この運河の建設を扱った著書のほとんどがこの水道橋の建設に相当な紙数を当てている。そのさい，古くからこの橋はテルフォードの傑作の一つとみなされていた。実際，筆者が初めてこの水道橋を見物した時，その橋のトレヴァー側の端に立てられた標識にも「1795年から1805年にかけてテルフォードによって建設された」と書かれていた。しかしテルフォードの役割を重視する説に対しては多くの疑問が提出されている。

例えば，E. A. ウィルソンはこの水道橋の設計でテルフォードが中心的役割を演じたことに対して，次のような疑問を提出している。すなわちウィリアム・ジェソップが主任技師であり，テルフォードは彼の下で働いていたのだから，ジェソップが橋の設計の最終責任を負っていた。また，ジェソップ自身，製鉄所のパートナーであり，鉄橋の建設に習熟していた。また，たとえテルフォードがポントカサルテ水道橋を設計したとしても，それは彼独自のアイデアとは言い難い。というのは，その設計のモデルとなったロングドン橋の設計において，テルフォードは他の技師から多くの技術を学んだからである[11]。

同様の疑問は著名な運河史家，チャールズ・ハッドフィールドからも提出された。彼はスケンプトン（A. W. Skempton）との共著，*William Jessop, Engineer* (1979) の中で，自説を展開している。それによると，先述のウィルソン説と同様，運河会社に主任技師として雇用されたのはジェソップであり，テルフォードは彼の下で働いていた。この運河の建設の中心人物はジェソップであり，彼は当然水道橋の設計にも関与した。これに対してテルフォードはジェソップの部下にすぎず，しかも運河建設の経験という点から見ても，ジェソップがすでに多くの運河建設に関与していたのに対して，テルフォードはエルズミア運河の建設以前にはほとんどその経験がなかった[12]。またハッドフィールドは，その後に刊行された *Thomas Telford's Temptation* (1993) において，運河会社の内部文書を中心にその議論をさらに展開している[13]。

このように，近年の研究ではポントカサルテ水道橋の設計に関して，テルフォ

ードよりもジェソップの役割を重視する説が有力となっている[14]。資料調査が不十分なため，ここではなんら決定的なことは言えないのであるが，以上の議論から，少なくともテルフォード設計説を決定的に否定する根拠は見られないように思われる。むしろ水道橋の設計をテルフォードが行い，上司であるジェソップがそれを承認したと見るのが妥当なように思われる[15]。実際，ジェソップ自身が初期の橋の設計に関係したとしても（橋の設計は何度も変更された），彼が実際に建設された橋の設計者であるという説には若干の問題があるように思われる。第1の疑問はジェソップが橋の建設途中で水道橋ではなく馬車軌道に転換する案を提出しているのはなぜかという点である。確かに橋の建設途中で対仏戦争によるインフレが激化し，運河会社は資金調達に困難を極めていたという状況変化があったにせよ，もしジェソップがこの水道橋の真の設計者であったならば，そうした修正案を果たして提出しただろうかという疑問が残る。第2の疑問は水道橋の開通式にジェソップの姿がみられなかったのはなぜかという点である。確かにハッドフィールドが言うように，ジェソップはそうした儀式ばったことに無関心であった[16]というのがその答えであったにせよ，完成までに10年も要した当時の土木工学の粋を集めた前人未踏の傑作の完成式典に出席しなかったことには何か解せないものがある。いずれにせよ，たとえこの水道橋の設計の最終責任者がジェソップであったにせよ，知人で鉄筋部品を製造したヘイズルダインや仲間の技師，さらには多くの請負業者を雇用して実際に建設の指揮を取り，多くの苦難の末に完成させたのは紛れもなくテルフォードであったことになんら疑問の余地はない。

(2) モンゴメリーシャー運河

次にモンゴメリーシャー運河の建設について垣間見よう。この運河はエルズミア運河の南の終点にあたるスラナマネフからウェルシュプールを通過し，ニュータウンに達する全長23.5マイルの運河として計画された。運河の建設を許可する法律は1794年3月に通過し，ダニエルとトマス・ダッドフォード兄弟が技師に雇用された。当初建設作業は順調にすすみ，1797年8月にはニュータウンから7マイル東のガースマル（Garthmyl）が連絡された。この時期には本線から西のギルズフィールド（Guilsfield）にいたる2マイル1/4（3.6キロ）の支線も完成し

図4-1　ポントカサルテ水道橋の銘板（筆者撮影）[17]

た。しかし戦争に伴う資材価格の高騰と資金不足によって，それ以上西への建設は進まなかった[18]。

　結局，西部線（Western Branch）と呼ばれる新会社が設立され，1815年に運河建設を認める法律が制定された。ウィリアム・ジェソップの息子のジョサイアス・ジェソップ（Josias Jessup）が路線の測量を行い，ジョン・ウィリアムズ（John Williams）が技師として雇用された。西部線の距離は7.5マイルで，1819年（あるいは1821年）にニュータウンまでの全線が完成した[19]。これら東部線と西部線を合わせた全体の路線距離は38kmで，その間にセヴァン川の支流に架かる4つの橋と26の閘門（lock）があった。それぞれの閘門の長さは71フィート6インチで，幅は6フィート10インチ，典型的なナロー運河であった[20]。

　以上はモンゴメリーシャー運河の建設の概略であるが，今すこし詳しくみてみよう。まずその建設主体であるが，ウォードの運河金融に関する研究によれば，この運河の設立時において，その株式全体（一株100ポンド×711株＝7万1千百ポンド）のうちの43％に当たる306株をジェントリーが所有し，10％に当たる70

株を貴族が所有していた。地主・貴族階級が株式全体の53％を所有していた。製造業者の所有は皆無で、小規模商人（tradesman）が14％、金融業者が13％を所有していた。これらの株式のほとんどがモンゴメリー、ニュータウン、そしてウェルシュプールや近隣の村で所有され、地元以外での所有はわずか80株にすぎなかった[21]。このことからも、モンゴメリーシャー運河が主として沿線の農民の要求に応じて建設され、主として農産物や鉱物を輸送するために建設されたことが明らかとなる。実際、この運河の詳細な産業考古学的考察を行ったステファン・ヒューズは農民が肥料として使用する石灰、および木材輸送が運河建設の主要な動機であったと述べている[22]。モンゴメリーシャー運河の株式所有がその後どのように変化したかは明らかではないが、特に西部線の建設において、地方地主や貴族が相当大きな役割を演じている。とりわけウィリアム・ピュー（William Pugh）は蒸気機関を使用する毛織物工場の設置などで、ニュータウンの発展に貢献した人物であるが、彼は運河建設の重要性も認識しており、モンゴメリーシャー運河の西部線の建設に5万ポンドを出資している[23]。また西部線の社長として活躍したポウィス伯爵家は運河の主要株主としてその経営に大きな支配力を行使している[24]。

　モンゴメリーシャー運河には、隣接のエルズミア運河のポントカサルテ水道橋やチャーク水道橋のような際立った運河施設はなく、田園風景に溶け込むリボンのような水路として、水路自体が大きな魅力をなしていた。しかしそうだからと言って、水道橋やトンネル、水門といった運河独特の附属施設がなかったわけでもちろんない。例えば、その区間には4つの水道橋があった。この運河はセヴァン川やその支流に沿って通じていたため、運河の水道橋はそれらの川に架かって建設された。なかでも顕著なのがヴァニー川に架かる水道橋（Vyrnwy Aqueduct）であり、その工事は1794年に始まり、1796年に完成した。そのほかに、ベリュー（Berriew）、ブリスディア（Brithdir）、そしてスレディンブルック（Lledinbrook）の水道橋があった。しかし、ここで大きな問題は、どの水道橋も当初その出来栄えに問題があったことであり、時には部分的、場合によっては全面的に修理を必要としたことである。とりわけ最大の問題を抱えていたのがヴァニー水道橋であった[25]。この水道橋は完成後まもなく橋脚の一つが破損し、

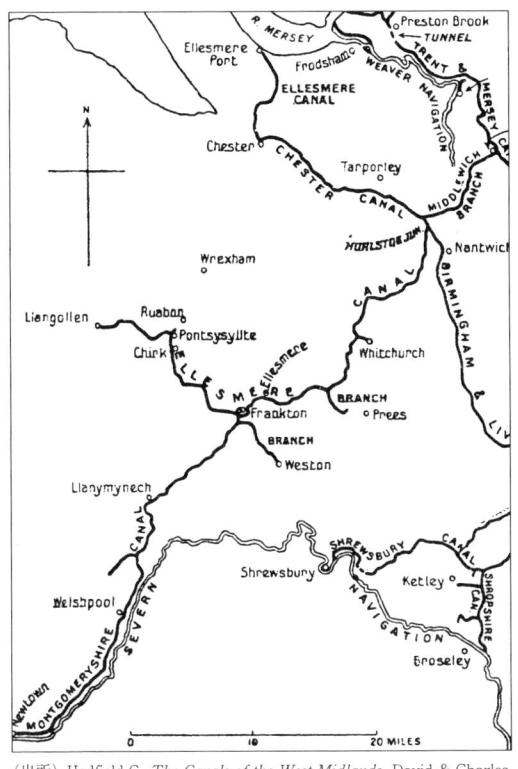

地図4-1　北ウェールズの運河

(出所) Hadfield C., *The Canals of the West Midlands*, David & Charles, (1966), p. 191より作成。

　技師のジョン・ダッドフォードは非難を恐れてかアメリカに逃亡した。兄のトマスが彼の代役を勤めたが，技師たちの力量に不信を持った運河会社はウィリアム・ジェソップの助言を要求した。その後この水道橋は1823年に全壊したため，1819年に技師に雇用されていたバック（G. W. Buck）の指揮下で鉄材による補強が行われた。バックは進取の気性に富んだ技師で，モンゴメリーシャー運河には1819年から33年まで，技師兼書記（clerk）として雇用されていた。彼は水道橋ばかりでなく，運河の上を通過する橋や閘門の扉などいたるところに鉄材を使用した[26]。

表4-1 北ウェールズの運河関連年表

年	事　項
1793	エルズミア運河法制定，運河建設開始
1794	モンゴメリーシャー運河法制定，同運河建設開始
1795	ウィラル線開通
1796	フランクトン＝スラナマネフ線，モンゴメリーシャー運河と連絡
1797	モンゴメリーシャー運河ガースマルまで開通
1802	チャーク水道橋完成
1805	ポントカサルテ水道橋完成
1808	エルズミア運河全線開通（ウォーターライン完成）
1813	チェスター運河と合併し，エルズミア＆チェスター運河会社形成
1815	モンゴメリーシャー運河の西部線建設開始
1819	同運河の西部線開通
1836	旅客用快速船（flyboat）就航
1845	エルズミア運河，バーミンガム＆リヴァプール運河会社により吸収
1846	エルズミア運河，シュロップシャー・ユニオン運河会社の一部となる
1846	SUC ロンドン＆ノース・ウェスタン鉄道（L＆NWR）に合併
1847	モンゴメリーシャー運河の東部線，SUC 社に併合
1850	同西部線，SUC 会社に併合
1922	第一次世界大戦後の鉄道グループ化により，北ウェールズの運河はロンドン・ミッドランド＆スコティッシュ鉄道の支配下に入る
1944	エルズミア運河のスラナマネフ支線はモンゴメリーシャー運河とともに破棄
1948	エルズミア＝スランティシロ区間のみ BTC の所有となる
1963	運河の一部は BWB の所有となる（スランゴスレン運河に名称変更）
1969	モンゴメリーシャー運河の再建開始

（出所）Wilson E. A., *The Ellesmere and Llangollen Canal*, (1975); Needham D., *Welsh Canals Then and Now*, Y Lolfa Cyf., (1998); Ranson P. J. G., *Waterways Restored*, Faber & Faber Ltd., (1974)

3．鉄道会社による買収

　その後鉄道時代になると，エルズミア運河（今やチェスター運河と合併し，エルズミア＆チェスター運河となっている）もモンゴメリーシャー運河も，独立を維持できなくなり，鉄道会社に合併されることとなった。モンゴメリーシャー運河会社の場合，1845年に鉄道への転換の可能性を調査したものの，時すでに遅く，1846年に Shropshire Union Canal Company（SUC）の取締役たちがこの新会社の購入をもちかけた。東部会社の委員会はこれを受け入れ，1847年1月1日（金曜日）に SUC に販売された。西部会社はその後も独立を維持し，好成績を維持した。しかし併合は不可避であり，ついに1850年2月5日に，SUC の一部とな

った。その後，SUC 自体がロンドン＆ノース・ウェスタン鉄道（L & NWR）にリースされると，この運河もこのイギリス最大の鉄道会社の支配下に置かれることとなった。なお，表4-1は完成後のエルズミア運河とモンゴメリーシャー運河の所有変化を表している。

4．運河沿線の産業発展と運河輸送

(1) エルズミア運河沿線の産業発展

次にエルズミア運河沿いの産業発展についてみていこう。

① エルズミアポート

運河の建設によって，新たな港が発展した。運河を中心に発展したことから，「運河港」（Canal Port）と呼ばれる。ポーテウス（J. Douglas Porteous）の著書 *Canal Port* に詳述されているように，運河港は主として他の運河や河川，入り江との連接点，あるいは運河沿いの戦略地点に発達した。著名な運河港として，ブリッジウォーター運河とマージー川の連接点に発達したランコーン，エア＆コールダー運河とウーズ川の連接点のグール，スタッフォード＆ウスター運河とセヴァン川の連接点のストゥアポート，そしてエルズミア運河の終点とマージー川の連接点に発達したエルズミアポートがあげられる[27]。因みに，エルズミア運河沿いに発達し，後に町として栄えた運河港として，この港のほかに，エルズミアやウェルシュ・フランクトンがあげられる。ここではエルズミアポートを取り上げよう。

エルズミア運河の建設によって，チェスター運河やマージー川を介して北ウェールズはランカシャーやミッドランド地方と連絡された。運河の開通によって，それまでは小村にすぎなかったエルズミアポートでさまざまな産業が発展した。陶器用粘土，製粉業，鉄鉱石や鉄の取引に伴うさまざまな倉庫や波止場，運河用の小型船を作る造船所，旅客輸送の発展に伴う宿屋や娯楽施設などがそれである[28]。また運河交通の繁栄は港の拡張を必要とした。とりわけ大きな拡張工事は1821年と1843年に行われた。1843年に長さ435フィート，幅139フィートの新ドッ

資料4-1　エルズミア港の新ドック開設

Opening the new dock at Ellesmere Port

（出所）*Illustrated London News*, Sept. 23, 1843, pp. 201-202.

クを建設するために10万ポンドが費やされた。この新ドックの開設式の模様は *Illustrated London News* でも大きく取り上げられた（資料4-1参照）。Earl Powis号という蒸気船が祝賀用に利用され、盛大なセレモニーが行われたが、計算ミスから、その船は数インチ広すぎてドックに入れず、招待された名士たちは、他の船（Bridget号）に乗り換え、無事入渠したという[29]。なお、エルズミアポートの人口や産業にさらに大きなインパクトを与えたのが、マンチェスター・シップ運河の開通（1894年）であった。それにより旧来の北桟橋（North Pier）の西に4,000トン級海洋船が接岸できる1,800フィートの波止場が建設された。新運河の堤防沿いにドライ・ドック、木材置き場、精銅工場、穀物倉庫などの施設が建設された。それに伴い、教会、学校、銀行、図書館などさまざまな公共施設が建設され、19世紀末から20世紀初期にかけてエルズミアポートの人口は急増した[30]。

② ポントカサルテ・チャーク水道橋周辺

エルズミア運河建設の最大の動機はポントカサルテやチャーク水道橋周辺地域に立地する鉱山や工場に市場への優れたアクセスを提供することであった。すでに運河が建設される前から北ウェールズ炭田沿いのバーシャム、ブリンボ、レクサム、ルアボン、チャークなどの地域で炭鉱、製鉄、石灰、スレート、レンガな

どさまざまな産業が発達していた。運河の建設によって、これらの産業施設は時には馬車軌道を介して市場と連絡されることになり、その生産に刺激が与えられた。ここではこの地域で繁栄した2〜3の企業の事例をあげるにとどめる。

〔事例1〕ウィリアム・ヘイズルダイン（William Hazeldine）のプラスキナストン製鉄所（Plaskynaston Iron Foundry）。ヘイズルダインはテルフォードが設計した多くの橋梁で使用される鉄材を製造したことで有名で、その製鉄所が開設されたのは1800年頃であった。ポントカサルテ水道橋の建設に必要な銑鉄は当初、ヘイズルダインのコールハム工場（シュルーズベリー）で製造されていたが、後にプラスキナストン製鉄所で作られた。その製鉄所で製造された鉄材はチャーク水道橋、カレドニア運河（スコットランド）のロックゲート、ベトゥイス・ア・コイドのウォータールー橋、さらにはコンウィやメナイ海峡のつり橋にも使用された[31]。技師のテルフォードと同様、ヘイズルダインもフリー・メイソンの一員であったことが、彼らの事業上の協力関係に少なからざる影響を与えたと思われる[32]。ヘイズルダインは1835年になってもその製鉄所を所有していたが、1853年になると、その製鉄所はモス＆ジュークスの所有となっていた。1856年にはウィリアム・ヒューズがオーナーとなり、19世紀を通じて営業を続けていた。その工場は1930年代まで営業していたが、1947年にはモンサント・ケミカル社によって廃棄された[33]。この化学工場はその発展につれて多くの敷地を必要とするようになったのである。

〔事例2〕ジョン・ウィルキンソンの製鉄所。「鉄狂い」のジョン・ウィルキンソンは、中繰り旋盤の発明で有名だが、さらに鉄船、鉄の説教壇、鉄橋を作り、死に臨んでは鉄棺に入れられ、鉄の墓碑を立てさせたという[34]。ウィルキンソン家は父の代から北ウェールズのバーシャム（レクサム近郊）で製鉄所を経営していたが、18世紀末にはブリンボにも溶鉱炉を建設し、さらにモルド近くに500エーカーの土地を所有し、製鉄所を建設し、炭鉱を開発した。ブリンボの製鉄所は後に大製鋼会社に発展していった。ウィルキンソンはエルズミア運河の建設主導者で、初期の株主の一人であった。そして当初のエルズミア運河の計画では、ポントカサルテ水道橋から山岳地域にある彼の製鉄所や炭鉱を通過し、チェスターへ伸ばす予定であったが、この計画は破棄され、代わりに馬車軌道が建設された。

計画変更の一因としてハッドフィールドはウィルキンソン家の内部分裂を指摘している[35]。

〔事例3〕プラスキナストン化学工場。その工場はドイツからの移民，R. グレッサー（Robert Graesser）とマンチェスター出身の法律家クロウザー（Timothy Crawther）が1867年にポントカサルテ水道橋の北側に設立した化学工場（Plaskynaston Chemical Works）に始まる。このパートナーシップは後にグレッサーの単独経営となった。当初は石炭を乾留してパラフィン油やワックスなどを生産していたが，その後，アメリカやロシアで石油産業が発達すると石炭化学工場は不振に陥った。しかし研究熱心なグレッサーはやがてクレゾール酸やフェノール酸などの生産を始め，1880年には高品質のフェノールの世界生産の半分以上を占めるようになった。当初，石炭乾留物は有害物質とみなされており，その生産物を道路や鉄道で輸送することは禁止されていたので，グレッサーの工場からの生産物は運河で輸送されていた。原料のコールタール酸はミッドランドからポントカサルテ地域へ，その生産物は逆ルートで輸送された。グレッサーの工場はその後も発展し，火薬や染料の生産も行われるようになり，ボーア戦争で使用された。グレッサーが1911年に死亡すると，事業は息子によって続けられ，第一次世界大戦中には重要な工場となった。その後，1920年にJ. F. クウィニーがグレッサーの会社の支配権を獲得し，グレッサー・モンサント化学工場と改名し，サッカリン，アスピリンなどの生産も加えられた。その後，グレッサー家は経営から離れ，1934年にはモンサント・ケミカル株式会社となった[36]。

以上は，運河沿いに栄えた事業のほんの数例にすぎない。エルズミア運河の沿線には，このほかに，スレート鉱山，石灰工場，レンガ工場，チーズ工場など，さまざまな産業が発展したのである。またこの運河の延長線とも言えるモンゴメリーシャー運河を経由して，多くの農産物や林産物が輸送された。ウェールズ中部の農村地帯を通過したため，主に農産物や木材，そして運河の沿線に散在する石灰焼き釜で燃料や原料として使用される石炭と石灰がモンゴメリーシャー運河の主要貨物であった。

③ 旅客輸送の発展

すでにチェスター運河の開通（1775年）以後，チェスター＝ビーストン間で旅

客輸送が行われており，その後ナントウィッチへの路線の拡大によって，チェスターからトレント＆マージー運河経由でリヴァプールへのサービスも行われるようになった。その後，エルズミア運河のウィラル線が開通すると，エルズミア運河会社は運河船と沿岸船を利用することによって，リヴァプールへの旅客輸送サービスを開始した[37]。ゴードン・エメリーの著書には，エルズミア港に停泊する旅客船のイラストが掲載されている。そのイラストの左側に停泊する細長い船はエルズミア運河ウィラル線で使用された旅客船であり，この船はチェスターの船大工ジャクソン（Peter Jackson）が1795年に建造したという。運河の定期旅客船は２頭の馬が牽引し，時速４マイル（6.4キロ／時）で運河を往復したという。その後，大型運河船が就航し，100人以上の旅客を乗せ，１日２回往復行ったという[38]。

　チェスターから運河船でエルズミア港に到着した乗客の多くは，さらに小型沿岸帆船に乗り換え，マージー川を渡り，リヴァプールへ向かった。その際，運河会社はリース契約で帆船の船長に輸送を委託していた。夏期にはリヴァプールからの多くの観光客が帆船でエルズミア港へ到着し，運河でチェスターへ向かう者も多かった。

　イギリスにおける河川蒸気船の就航は1812年におけるコメット号（スコットランドのクライド川）を嚆矢とするが，マージー川でもすでにコメット号就航の翌年からリヴァプール＝ランコーン間で，蒸気船による旅客輸送が開始された[39]。その後，1816年にエルズミア＆チェスター運河会社（1813年合併）による最初の河川蒸気船（全長90フィート，幅31フィート，32馬力の蒸気船）がエルズミア港＝リヴァプール間で就航し，１時間あまりで航海した。この船は'Countess of Bridgewater'号といい，クライムズ（Thomas Crimes）が運河会社からリースによって営業を開始した。しかし，当時の蒸気船の建造，維持，修理費は高価であったため，クライムズの事業は短命に終わっている[40]。その後相次いで蒸気船の営業を行うものが現れた。例えば，エルズミア港で旅館と浴場を経営していたヒクソン（Charles Hickson）がしばらくフェリー業務を営んでいたが1823年破産している。その後事業を引き継いだジョンソン（William Johnson）は運河会社と契約し，'Earl of Bridgewater'号でマージー河口のフェリーを運航したが，

船長や乗組員の資質に問題があり，ボイラー爆発事故（1824年）を起し，翌年に破産している。その後事業を引き継いだスミス（Samuel Smith）船長の事業は比較的成功し，1827年にスミス船長の死亡後も未亡人により継続された。この事業はその後 Messrs. Whaley & Smith と名を変え続けられたが，陸上馬車輸送との競争，さらには1840年に Chester & Birkenhead 鉄道が開通すると，鉄道のスピードに太刀打ちできず，衰退していった[41]。もっともその後も運河による旅客輸送はエクスカーション，サンデー・トリップとして間歇的に続行された。

　また，両運河の旅客輸送で興味深いのは，1836年にニュータウンからロンドンに達する快速船（flyboat）の就航である。快速船は他の船に対して絶対的な優先権をもっていたという。快速船がやってくると，他の船は水路をゆずらなければならなかった。もしそうしなければ，快速船の乗組員によって引き舟の綱を切断されたという。快速船は2人の船頭によって24時間操船され，一人は働き一人は休んだ。ルート沿いで新たな馬が補給された[42]。

(2) モンゴメリーシャー運河沿線の産業発展

　エルズミア運河沿いには製鉄業や炭鉱業が発達し，そのためその運河はかなり製造業や石炭鉱業の発展に貢献したが，その延長線上に建設されたモンゴメリーシャー運河が通過する北中部ウェールズは基本的には農業地域であり，とりわけセヴァン川流域はウェールズでも稀な穀物生産地域であった。したがってモンゴメリーシャー運河は肥料用に使用される石灰や石炭，木材，農産物がその主な輸送品であった。ここでは運河沿いの施設を中心に見ていこう。

① 運河沿いの諸施設と関連産業
〇ライムキルン（limekiln；石灰焼きカマド）

　モンゴメリーシャー運河と地域産業との関係で興味深い点は，運河沿いに数多くのライムキルンが設置されたことである。ウェールズの地勢状の特徴は丘陵地帯が多かったことであり，その関係で農業の中心は穀作よりも牧畜が中心であった。しかしセヴァン川流域の低地地方は例外で，中部ウェールズ屈指の穀作地帯であった。そのため，農業用の肥料として使用される消石灰をつくるために，運河沿いに数多くのライムキルンが建設された。ヒューズの著書にはモンゴメリー

シャー運河沿いに建設されたライムキルンの詳細が示されているが、それによると18世紀末から19世紀半ばにかけて運河沿いに26のライムキルンが建設されていることがわかる。その多くはニュータウンからマーディに至る西部線沿いに集中しており、とりわけガースマル（Garthmyl）、ベリュー（Berriew）、ベラン（Belan）、バッティントン（Buttington）、マーディ（Maerdy）近辺に数多く建設された[43]。3トンの消石灰を生産するのに6トンの石灰石と1トンの石炭が必要とされ、嵩張る石灰石を消費の中心地へ輸送してそこで消石灰を生産するよりも、むしろ原料が産出される丘陵地域で消石灰を作り、製品を消費地へ輸送したほうが安価なように思われるが、実際にはむしろ消費の中心地近くの運河沿いでライムキルンが設置されたのはなぜだろうか。その理由の一つは生産物である消石灰の品質が変質しやすく、とりわけ水分に触れると変質してしまうため、運河輸送に適さなかったことがあげられる[44]。

モンゴメリーシャー運河の建設以前にも石灰岩の採掘は行われていた。スラナマネフ（Llanymynech）、ポースアウェン（Porth-y-waen）、そしてクリックヒース（Crickheath）が石灰岩の主要生産地域であった。石灰石の陸上輸送は高価であったので、当時ライムキルンは原料が生産される丘陵地域に作られ、生産物が馬車や駄馬ではるばる消費地である農場へと運ばれていたのである。運河はライムキルンの立地を原料生産地から消費中心地へと変化させ、生産物の価格低下に貢献した。例えば、運河と道路の連接点ガースマルにおいて、運河が建設される以前にはブッシェル当たり18ペンスであった消石灰の価格は、運河建設後には13ペンスに低下したという。したがってモンゴメリーシャー運河の建設によって、農民は以前より安価に消石灰を買うことができるようになり、農業の発展に貢献したといえよう。系統だった統計は利用できないが、モンゴメリーシャー運河で運ばれた石灰石はナポレオン戦争中の好況期にあたる1814年には45,307トンであったが、戦後の不況期には減少し、1817年には23,839トンとなった。しかしその後再び増加に転じ、1840年には57,407トンとなった。この頃モンゴメリーシャー運河沿いのライムキルンの数は92に達し、そのうち34が西部線、58が東部線上に立地していた[45]。

ライムキルンの立地や石灰石輸送と関連して、多くの燃料用石炭が運河で運ば

れ，1814年には11,745トンの石炭がライムキルン用燃料として輸送された。しかし石炭はまた，家庭用燃料にも使用され，1844年には西部線の輸送量全体の5分の1が家庭用石炭であった[46]。モンゴメリーシャー運河沿いにはほとんど炭鉱がなかったため，これらの石炭はチャーク近郊の炭鉱からエルズミア運河を通って運ばれてきた。運河沿いには石炭の荷役専門の波止場が設置され，石炭の多くは石灰商人が副業として取り扱っていたのである[47]。

② 水車小屋

運河に欠かせないのが水の確保である。エルズミア運河の場合，スランゴスレンからさらにさかのぼったスランティシリオ（Llantisilio）でディー川から取水していた。他方モンゴメリーシャー運河の場合，セヴァン川やその支流から取水し，数多くの支線（feeder）が建設され運河の本線に水を補給したり，本線で余った水を放水路を通じて流すのに使用されていた。河川からの取水は多くの場合運河との落差を利用するものであったが，時には水車が利用されることもあった。ここで興味深いのは，モンゴメリーシャー運河のこうした支線や放水路を利用して数多くの水車小屋が建てられ，製材や製粉あるいは毛織物の縮絨作業に利用されていたことである。

モンゴメリーシャー運河が通過する中部ウェールズの丘陵地帯は豊富な森林資源に恵まれ，多くのオーク材がそこで切り出されていた。運河沿いには多くの製材所が建設され，運河の放水路やフィーダーあるいは運河の近くの川を流れる水を利用して水車小屋が設置され，製材業が営まれていた。その顕著な事例としてポウィス・キャッスル・エステート（Powis Castle Estate）の製材所があげられる。その製材所はウェルシュプールの南約1マイルの運河沿いに立地していた。製材に使われる水は通常は運河で余った放水路の水が使われたが，この製材所では運河の水が直接使用されていた。というのはこの所領の領主，クライヴ卿（Lord Clive）はモンゴメリーシャー運河の社長であったばかりでなく，隣接のエルズミア運河の大株主として，両運河の経営に大きな影響力を持っていたからである。運河沿いの製材所で加工された木材は，筏に組まれて運河や河川を通り，はるばる海軍造船所へと運ばれた。ウェールズ産オーク材は軍艦用に使用されたのである。

運河沿いに建設された水車小屋はまた製粉や縮絨作業に利用された。ヒューズによると，モンゴメリーシャー運河沿いには少なくとも5つの製粉所と一つの縮絨工場が建設されていた。このうち製粉所はベリュー（Berriew），ウェルシュプール（Welshpool），ドーメン（Domen），ワーン（Wern），そしてカレゴーヴァ（Carreghofa）に，そして縮絨工場はアバーベハン（Aberbechan）に建設された。これらの水車小屋の多くは，運河そのものに負担をあたえることがないように，支流や放水路の流れを動力源にしていたのである[48]。

③　倉庫

運河と不可欠なのが輸送される貨物を保存する倉庫や運河の修理に必要な備品を保存するための備品庫であった。1840～50年代に，モンゴメリーシャー運河沿いには30もの倉庫があった。これらの倉庫のあるものはもっぱら特定貨物を保存するためのものであり，あるものは一般貨物用であった。モンゴメリーシャー運河沿いの倉庫の多くはこぢんまりした石造倉庫で，石造りの頑丈なものが多く，中には現在なお他の目的で使用されているものもある。例えばガースマル（Garthmal）にある石造倉庫は現在は民家となっているし，ヴァーニー水道橋（Vyrnwy Aqueduct）近くにあるペントレヘイリン（Pentreheylin）の倉庫はおそらく1824年頃，ターナー（J.J.Turner）という地主によって建てられ，チェシャーから運ばれてきた塩の保存に使用されていたであろうという。モンゴメリーシャー運河沿いの倉庫にはたいていクレーンが設置されており，荷役用に使用されていた。それらのクレーンは当初はたいてい木造であったが，後に錬鉄や鋼鉄製に取り替えられた。

④　運河と毛織物工業

工業化前後のウェールズには至る所に毛織物工業が発達しており，とりわけ運河が通過するモンゴメリーシャーはその中心地であった。そしてモンゴメリーシャー運河が建設された18世紀末から19世紀半ばにかけての鉄道時代以前の時代は運河と並んでウェールズ毛織物工業の全盛期でもあった。すでに第1章で述べたように，中でもニュータウンはちょうどこの時期に「ウェールズのリーズ」として繁栄を謳歌していたのである。それでは運河は毛織物工業の発展にどの程度貢献したであろうか。

一般論を言えば，運河はそれが建設された産業発展の触媒の働きをした。運河の建設により，市場アクセスは改善され，原料はより安価に入手可能となった。しかし，その改善の程度は輸送される貨物の性質によって異なっていた。運河が毛織物工業の繁栄にどの程度貢献したかはそれほど明確ではない。というのも毛織物のような軽量貨物は必ずしも運河輸送に最適な貨物ではなかったからである。スラニドロエスで生産された毛織物は，運河輸送とは無関係で，鉄道時代になるまで大型馬車でウェルシュプールの市場まで運ばれていた。

もっとも毛織物工業のもう一つの中心都市，ニュータウンの発展はかなりの程度運河によっていたことも確かである。モンゴメリーシャー運河がニュータウンに達するのは1821年であるが，ちょうどこの頃にこの町はフランネルの中心市場としてウェルシュプールに取って代わった。運河が通じたことによって，ロンドン，マンチェスター，チェスター，シュルーズベリーなど，イギリス中からバイヤーがこの町にやってくるようになった。ニュータウン＝マンチェスター間の運河の定期サービスも開始された。その航行日数は6日間で，料金はハンドレッドウェイト当たり35ペンスと安価であった。ニュータウンの毛織物工業は繁栄し，1831年には81のフランネル製造業者が存在した。

しかし運河輸送とニュータウンのフランネル工業の発展はそれほど直結していなかったことも確かである。というのも，フランネルは運河でも馬車でも運ばれたからである。また，当時の毛織物工場の大半は小規模作業場であり，広く分散しており，その多くは運河から離れた河川流域に立地していた。モンゴメリーシャー運河沿いに立地したのはわずか2つの工場にすぎなかった。その一つはニュータウン，他はウェルシュプールにあった。

5．おわりに

運河の旅客輸送は鉄道輸送の発展と対照的に衰退していったが，貨物輸送についても同様のことが言えた。19世紀後半以降，運河沿いの産業衰退に伴う輸送衰退に加えて，炭田開発に伴う地盤沈下や度重なる堤防破損が運河の衰退に拍車をかけた。中にはブラスキナストン製鉄所やモンサント・ケミカル会社のように，

20世紀になっても営業を続けていた企業も見られたが，たいていの小規模製鉄会社や炭鉱は比較的短命であった。一時は繁栄を謳歌した北ウェールズのスレート産業も外国産スレートやタイルとの競争に敗れ，20世紀には斜陽産業となった[49]。かくしてエルズミア運河は第一次世界大戦後にはほとんど輸送機能を停止し，工場や都市に水を供給するオープン・パイプラインへとその役割を転化した。しかし，その後エルズミア運河は不死鳥のように蘇った。モンゴメリーシャー運河も第二次世界大戦後閉鎖されたが，後に熱心なボランティア達の努力によって復活した。この点については，次章で考察する。

　本章では北ウェールズの主要運河であるエルズミア運河（スランゴスレン運河）とモンゴメリーシャー運河に焦点を合わせることにより，これらの運河の建設と沿線の産業発展について若干の考察を加えてきた。これらの運河について調べているうちに従来の研究へのいくらかの疑問点が生じてきた。最大の疑問点はエルズミア運河の建設に関連して，どうして3つの河川（マージー川，セヴァン川，そしてディー川）を連絡するという当初の計画が達成されなかったかという点である。その際，この運河に関する従来の研究の多くはテルフォードの技術的偉業の一つであるポントカサルテ水道橋の建設をめぐる技術面の研究に多くの力点が置かれる反面，運河会社の経営面についての研究が等閑視されているのではないかと思われる。したがってこの問題を解明することが今後の最大の課題である。また，技師のテルフォードや彼の協力者ヘイズルダインがともにフリー・メイソンの一員であったといわれているが，このことがこの運河の命運にいかなる影響を与えたかはおそらく永久に不明であろう。

注
1) Bagwell P. S., *The Transport Revolution from 1770*, B. T. Batsford Ltd., (1974), p. 13.
2) ウェールズの運河は北ウェールズの運河と南ウェールズの運河に大別される。後者の主要運河としてはモンマスシャー運河とその延長線のブレックノック＆アバーガベニー運河，グラモーガンシャー運河とその支線のアバーディア運河，ニース運河，テナント運河，スウォンジー運河，そしてキドウェリー運河があった。これらの運河は内陸の鉱工業地帯の生産物を港に輸送するために建設された。前者の主要運河とし

てはエルズミア運河とその延長線のモンゴメリーシャー運河があった。このうちエルズミア運河は第二次世界大戦中閉鎖されていたが、後にスランゴスレン運河として再開され、モンゴメリーシャー運河は1969年以降再建された。

3) Rolt L. T. C., *Thomas Telford*, First Pub. By Longmans, (1958), Penguin Books, (1979), p. 53.
4) Hadfield C., *The Canals of the West Midlands*, David & Charles, (1966), p. 169.
5) Wilson E. A., *The Ellesmere and Llangollen Canal*, Phillimore, (1975), p. 2.
6) Sir Richard Hill のような富裕な地主のほかに、著名な製鉄業者 John Wilkinson も初期の重要株主であった。Pellow T. & Bowen P., *Canal to Llangollen*, The Landscape Press, (1988), p. 10.
7) Wilson E. A., 'The Proprietors of the Ellesmere and Chester Canal', *Journal of Transport History*, vol. 3, (1957).
8) Wilson E. A., *The Ellesmere and Llangollen Canal*, p. 35.
9) Breese G., *The Bridges of Wales*, Gwasg Carreg Gwalch, (2001), pp. 108-109.
10) なお、この水道橋に先立って建設されたチャーク水道橋は全長約600フィート (183メートル)、ケイリオグ川の河底からの高さが70フィート (21.5メートル) で、運河船が通る水路の幅は11フィート (3.3メートル) であった。Breese G., *op. cit.*, p. 108.
11) Wilson E. A., *op. cit.*, pp. 26-27.
12) Hadfield C. & Skempton A. W., *William Jessop, Engineer*, David & Charles, (1979), pp. 139-153.
13) Hadfield C., *Thomas Telford's Temptation*, M & Baldwin, (1993), pp. 46-114.
14) A. バートンもこの見解に与し「テルフォードは全 (建設) 計画の責任を負っていたが、その計画の最初の時期から初期の建設を通じてジェソップが重要な役割を演じた」と述べている。Burton A., *The Canal Builders*, First edition by Eryre Methuen Ltd., (1972), Second edition by David & Charles, (1981), p. 117.
15) この点についてロルトは、「テルフォードにとって幸運なことに——彼はウィリアム・ジェソップに彼の (ポントカサルテ水道橋) 計画が実行可能なことを説得するのに成功した。というのは、ジェソップの是認なしには計画を進めることはできなかったからである」と書いている。Rolt L. T. C., *Thomas Telford*, Penguin Books, (1958), p. 63.
16) Hadfield C., *Thomas Telford's Temptation*, p. 45.
17) この銘板には、上段はウェールズ語で、下段は英語で書かれている。英語の部分には次のように書かれている。Pontcysyllte Aqueduct built by Thomas telford 1795-1805. There are 18 piers made of local stone. The central one over the dee bring 126' high up to the ironwork. The canal runs through an iron trough 1007' long, 11' 10"

wide and 5' 3" deep. The largest in Britain. The iron was supplied by wm. Hazelldine from his foundries in shrewsbury. Total cost £47,000.
18) Dennis Needham, *Welsh Canals then and now*, pp. 117-118.
19) *Ibid.*, p. 119.
20) Arnold H., *The Montgomery Canal and Its Restoration*, Tempus Publishing Ltd., (2003), p. 7.
21) Ward J. R., *The Finance of Canal Building in Eighteenth Century England*, Oxford University Press, (1974), p. 53.
22) Hughes S., *The Archaeology of the Montgomeryshire Canal*, Cambrian News Ltd., (1988), p. 9.
23) Arnold H., *op. cit.*, p. 8.
24) Hughes S., *op. cit.*, pp. 44-45.
25) ヒューズはモンゴメリーシャー運河の水道橋，とりわけこの運河の中で最も際立っていたヴァニー水道橋の技術的問題点に関して，さまざまな角度から詳細に分析している。Hughes S., *op. cit.*, pp. 11-30.
26) バックが当時の最新技術にいかに大きな関心を持っていたかを示す証拠として，1828年にストックトン＆ダーリントン鉄道を視察し，翌年にはリヴァプール＆マンチェスター鉄道のレインヒル・トライアルを見学している。その後1833年に運河技師を辞任し，以後ロバート・スティーブンソンの助手としてロンドン＆バーミンガム鉄道の建設に従事している。彼の代わりにモンゴメリーシャー運河の技師にはスワード（J. A. S. Sword）が就任している。*Ibid.*, pp. 23-25.
27) ポーテウスはこれらの町のほかに運河の終点や運河と運河の連接点，運河沿いの中継地，河川と運河の連接点に発達した多くの町や村をあげている。詳しくは Porteous J. D., *Canal Ports: The Urban Achievement of the Canal Age*, Academic Press, (1977) 参照。
28) エルズミアポートの発展についてはポーテウスの著書のほかに Wilson E. A., *The Ellesmere and Llangollen Canal*, Phillimore, (1975); Pellow T. & Bowen P., *Canal to Llangollen*, the Landscape Press, (1988) 参照。
29) *Illustrated London News*, Sept. 23, 1843, pp. 201-202.
30) 運河が開通するまでここは人口まばらな小村にすぎずエルズミアポートの人口は1801年でさえ170人にすぎなかったが1851年には909人に増加し，さらにマンチェスター・シップ運河開通以後急増し，1911年には10,366人となった。Porteous J. D., *op. cit.*, App. III.
31) Wilson E. A., *The Ellesmere and Llangollen Canal*, pp. 42-43.
32) ロルトによると，テルフォードとヘイズルダインがサロピアン・ロッジ（Salopian Lodge）で初めて会ったのは1789年であったという。Rolt L. T. C., *Thomas Telford*,

Penguin Books, (1958), p. 66. またハッドフィールドも同様の指摘を行い、さらにコールブルックデイルの「アイアンブリッジ」の設計者プリチャード (Pritchard) の兄弟もメンバーの一人であったと述べている。Hadfield C., *Thomas Telford's Temptation*, pp. 18-19.

33) Wilson E. A., *The Ellesmere and Llangollen Canal*, pp. 43-44.
34) Chaloner W. H., *People and Industries*, (1963). 武居良明（訳）『産業革命期の人びと』未来社 (1967) 36-49ページ；荒井政治（編著）『産業革命を生きた人びと』有斐閣 (1981) 18-23ページ参照。
35) Hadfield C., *Thomas Telford's Temptation*, p. 37.
36) Wilson E. A., *The Ellesmere and Llangollen Canal*, pp. 43-46.
37) Emery G. (ed.), *The Old Chester Canal*, Chester Canal Heritage Trust, (2005), pp. 107-144.
38) *Ibid.*, pp. 144-145.
39) これらの初期の蒸気船の多くは観光客や郵便輸送に使用された。アームストロングとウィリアムズは鉄道に先駆けて蒸気船こそが観光旅行大衆化のパイオニアであったと主張している。Armstrong J. & Williams D. M., 'The steamboat and popular tourism', *Journal of Transport History*, vol. 26(1), (2005).
40) Emery G. (ed.), *The Old Chester Canal*, pp. 123-130.
41) *Ibid.*, pp. 131-132.
42) Dennis Needham, *Welsh Canals then and now*, pp. 119-120.
43) Hughes S., *The Archaeology of the Montgomeryshire Canal*, p. 62.
44) *Ibid.*, p. 55.
45) *Ibid.*, p. 57.
46) *Ibid.*, pp. 70-71.
47) *Ibid.*, p. 90.
48) *Ibid.*, pp. 41-43.
49) スレート産業の盛衰については Lindsay J., *A History of the North Wales Slate Industry*, David & Charles, (1974) をはじめ多くの研究がある。

第5章　戦後の運河再建運動

1．はじめに

　現在イギリスで目にする運河の多くは，今からおよそ180年から250年も前の産業革命時代に建設されたものである。1761年におけるブリッジウォーター運河（ワースリー=マンチェスター間）の開通に始まり，以後数度の建設ブームを経て，鉄道時代が始まる1830年頃には4,000マイル以上の運河網が形成された[1]。運河は石炭や鉱物をはじめ，主として嵩高貨物の輸送に利用され，産業革命に不可欠の交通手段を提供したのである。しかしその繁栄は長くは続かなかった。1830年にリヴァプール=マンチェスター鉄道が開通し，鉄道時代が始まると，多くの運河は困難に直面した。運河の中には鉄道会社に買収されたものもあれば，長らく独立を保ったものもあったが，その輸送の多くが鉄道に奪われたことに変わりはなかった。その後20世紀に入り，さらに手ごわい競争相手である自動車が現れると，運河輸送の衰退は決定的となった。鉄道や自動車との競争により，商業用輸送手段としての運河の役割は漸次縮小していき，経済発展に伴う国内輸送の発展と対照的に，運河輸送はますます低下した。すでに，1910年に，運河はイギリスの輸送トン・マイル数のわずか2％しか輸送していなかった[2]が，第二次世界大戦後には鉄道輸送の1％未満に低下した[3]。1953年に運河の最大の輸送貨物であった石炭でさえ，2億1千万トンの輸送全体のうち運河はそのわずか2％の400万トン余りを担当するにすぎなかった[4]。全盛期に4,000マイル以上もあったイギリスの水路網は第二次世界大戦後にはその半分あまりに削減されており[5]，このうち商業用輸送に役立っていたものはさらにその半分にすぎなかった。

　しかし，それにもかかわらず運河がなくならなかったのはなぜだろうか。その

理由は商業用輸送機能に代わって，今や新たな機能が生じてきたことによっている。第二次世界大戦後の人々の生活水準の向上と余暇時間の増加は，新たなレジャー活動の場として運河を必要とした。経済発展に伴う都市環境の悪化に伴い，人々はますます田園地帯の運河や，それが通過する緑豊かな環境に心の安らぎを見出すようになった。また貴重な産業遺産としての運河の価値も認識されるようになった。そこで本章では主として第二次世界大戦後から1970年代頃までのイギリス運河再建運動について考察する[6]。

2．ボランティアによる活動

　イギリスにおける運河再建運動は，著名な技術史家，ロルト（L. T. C. Rolt）による一冊の本の発行から始まった。ロルトは第二次世界大戦前，約2年間にわたるナローボート，「クレシー号」（'Cressy'）によるミッドランド地方の運河クルーズを通じて，狭い運河船の中で生活する船頭やその家族，運河船の建造に従事する船大工やロック・ゲートの製造者，運河で使用される調度品に装飾画を描く芸術家など，運河とともに長年にわたって培われてきた伝統技術や文化を守る人々の生き様に大きな感銘を受け，彼の代表作の一つとなる *Narrow Boat* を書き上げ，1944年に出版した。この本はかつて産業革命時代に繁栄を謳歌したものの，今や衰退過程にあった運河にノスタルジックな愛着を抱く多くの人々の心の琴線に触れた。1946年までに35,000部も売れ，ロルトの名前を一躍有名にすると同時に，運河の復活・保存運動の出発点になったのである[7]。

　この本の発行を契機に，ロルトはハッドフィールド（Charles Hadfield）[8]やエイクマン（Robert Aickman）と巡り合い，彼らとともに運河保存のための内陸水路協会（Inland Waterways Association；以下 IWA と略記）を結成した[9]。エイクマンが会長，ハッドフィールドが副会長，そしてロルトが名誉書記となり，運河の再建運動を開始するのである。IWA のメンバーたちは政府機関の代表に働きかけ，運河の保存を訴えるとともに，荒廃した運河の再建のためのキャンペーン活動を展開した。もっとも IWA は運河や内陸水路そのものを引き受けることによって再建を行うのではなく，それらを商業用，あるいは娯楽クルージング

写真5-1　クレシー号を操るトム・ロルト

(出所) Mackersey I., *Tom Rolt and the Cressy Years*, M. M. Baldwin, (1991), p. 59.

用に利用できるように再建し、良好な状態に維持することを「唱導する」ことにその活動を限定した[10]。初期のIWAによる活動の成果には、ヨークシャー・ウーズ川のリントン・ロック（Linton Lock, 1950年）やロウワー・エイヴォン・ナヴィゲーション（Lower Avon Navigation）の再建があった。この活動の過程でロウワー・エイヴォン・ナヴィゲーション・トラストが形成され、マーケット・ハーバラで運河船によるラリーが開催され、人々の再建活動への関心が喚起された[11]。

　もちろんIWAの活動には浮き沈みがあり、時には主導者間で熾烈な争いが生じることもあった。早くも1951年に協会の活動方針をめぐって対立が起こり、創設の主導者、ロルトとハッドフィールドがIWAから去っている[12]。それにもかかわらず協会は着実に発展し、1949年にIWAの会員数は800人あまりであったのが、1960年には約2,500人、1972年には1万人、そして1978年には14,500人に増加した[13]。1949年には北東部、ミッドランド、そしてフェンランドに支部が設立され、1951年にはさらに北西部や西部にも支部が設立されるなど、地域ごとに多くの支部が開設され、IWAの組織も強化されていった[14]。また会員の責任を

制限するために，1958年に有限会社となり，利潤の分配を行わない慈善団体として登録された。IWAの不断の努力や闘争によって運河の衰退は食い止められ，将来への展望が開かれたのである[15]。

　このようなIWAの活動に呼応して，人々の運河への関心が高まった。それぞれの運河ごとに再建団体が結成され，1980年頃までにケネット＆エイヴォン・カナール・トラスト（Kennet & Avon Canal Trust）[16]をはじめ，50あまりのクラブや協会が結成されていた[17]。ナショナル・トラスト[18]をはじめとする民間ボランティア団体も再建に貢献した[19]。ナショナル・トラストは，19世紀末にローンズリー（Hardwicke Rawnsley），ハンター（Robert Hunter），そしてヒル（Octavia Hill）を中心に設立された民間の環境や文化遺産の保護団体であるが，第二次世界大戦後は産業革命時代に建設された歴史的な橋梁や運河などの産業遺産の保護運動にも積極的に関与するようになった[20]。ナショナル・トラストが再建に関与した最も著名な運河がストラットフォード・アポン・エイヴォン運河（Stratford-upon-Avon Canal）の南部区間であった[21]。この運河はナショナル・トラスト，同運河協会，そしてIWAの協力によって1964年に再開された[22]。

　運河再建のために活躍したボランティアの動員という点で重要なのが，「ナヴィーズ・ノートブック」（"Navvies Notebook"）と呼ばれる情報誌の発行であった。そのきっかけは1960年代初めに結成されたIWAのロンドン＆ホーム・カウンティ支部（London and Home Counties Branch）の活動を通じて与えられた。この団体は当時ベイシングストーク運河（Basingstoke Canal）やストゥアブリッジ運河（Stourbridge Canal）などの再建に従事しており，そのボランティアの一人がパーマー（Graham Palmer）であった。パーマーたちは当時IWAのロンドン支部で1,000人以上のメンバーがいたにもかかわらず，実際の再建活動への参加者がわずか数名にすぎなかったことを反省し，メンバーへの情報伝達方法を改善する必要性を痛感した。その結果が「ナヴィーズ・ノートブック」と呼ばれる小冊子の発行であった。その第1号は1966年10月にIWAのロンドン＆ホーム・カウンティ支部のメンバーに無料配布された[23]。

　その効果はすぐに表れ，再建活動に動員されるボランティアの数は増加していった。彼らはロンドン・ワーキング・パーティ・グループ（London Working

Party Group Society) として知られるようになり，メンバーの名称と住所が「ナヴィーズ・ノートブック」に掲載されるようになった。彼らの活動は当初はロンドン近郊に限られていたが，後に地方運河の再建にも向けられた。その最も顕著な事例がマンチェスター近郊のピーク・フォレスト運河（Peak Forest Canal）やアシュトン運河（Ashton Canal）の再建であった。1967年8月にマープルにやってきた28人のロンドンからのボランティアがこの運河の再建団体（Peak Forest Canal Society）の20人のメンバーとともに再建活動に従事した。1968年はじめに「ナヴィーズ・ノートブック」のリストにあげられたボランティア数は400人以上に達し，「オペレーション・アシュトン」と名づけられた活動には，600人ものボランティアが再建や清掃活動に参加した[24]。1971年に雑誌の名称は「ナヴィーズ」（Navvies）に変更され，その発行数は1,500に達した[25]。翌年に「アシュタック」（Ashtac）と名づけられたアシュトン＆ロウワー・ピークフォレスト運河（Ashton & Lower Peak Forest Canal）再建・清掃活動が実施されると，1,000人ものボランティアが参加した[26]。

3．内陸水路政策の変遷

このような民間人のボランティア活動は政府政策に大きな影響を与えずにはおかなかった。そこで，次に戦後の政府による内陸水路政策の変遷を考察しよう。

労働党内閣による「1947年運輸法」によって，鉄道や運河，道路輸送など多くの交通機関は国有化された。運河の多くはイギリス運輸委員会（British Transport Commission；以下BTCと略記）の下部機関である「ドック・内陸水路管理局」（Docks and Inland Waterway Executive；以下DIWEと略記）の管轄下におかれることとなった。その後，保守党内閣に政権が移るとDIWEは廃止され，内陸水路は水路公社の管轄下に置かれることとなった。また，BTCは，内陸水路の将来像について，ラシュルム卿（Lord Rusholme）を委員長とする委員会に調査を依頼し，1955年4月にその調査報告書（Canals and Inland Waterways）が発表された[27]。それによると，BTCの管轄下に置かれた水路は2,272マイルであったが，その内訳を見ると，それまで独立を維持してきた水路

が1,138マイル，鉄道会社の支配下にあった水路が965マイル，政府所有の水路（スコットランドの運河）が69マイルとなっている[28]。

　この報告書で注目すべき第一点は，それによってイギリスの内陸水路は次の3つのグループに分類されたことである。グループⅠは発展させるべき水路（336マイル）で，当時商業用水路として使用されていた水路がこの範疇に分類された。セヴァン川やトレント川など主要河川のほかに，エア＆コールダー・ナヴィゲーション（Aire & Calder Navigation）やグランド・ユニオン運河（Grand union Canal）も含まれていた。グループⅡは現状を維持されるべき水路（994マイル）であった。この範疇の水路はさらに多くの輸送を行うように促進されたが，それが不可能ならばグループⅢに格下げされることとなった。そしてグループⅢは処分されるべき水路（771マイル）で，この範疇の中には維持するのに十分な交通が行われていない水路や，すでに廃棄された約250マイルの水路が含まれていた。これらの水路は，運輸委員会から他の適当な機関に管理を委託し，その存続についての決定を委ねることとされた[29]。なお，スランゴスレン運河（Llangollen Canal），モンゴメリーシャー運河（Montgomeryshire Canal），ブレコン運河（Brecon Canal）など，後に娯楽クルージング用に使用されることになる多くのウェールズの運河もこの範疇に含まれていた[30]。またこの報告書によると，スコットランドの水路はスコットランド国務省（Secretary of State for Scotland）に移管されることになった[31]。

　この報告書で注目すべき第二点は，当時の政府が，水路には商業輸送用以外にも用途があることを知っていたにもかかわらず，それ以外の存在意義を認めていなかったことである。すなわち報告書によると，内陸水路は商業輸送用のほかに給水や排水目的に使用されているが，「その他に可能な用途として，娯楽用ボートクルーズや釣魚があげられ，水路の中には貴重なアメニティをなすものもある。これらの副次的用途の存在が，過去において水路を物的に廃棄することへの障害となってきた。それにより何百マイルもの水路が，全く輸送と無関係の目的のために多額の費用をかけて今もBTCによって維持されているのである」[32]。報告書によるとそれは非常な無駄であり，こうした（グループⅢの）水路の維持のためにBTCはもはや巨額の費用を負担すべきではないというのがこの報告書の結

第5章　戦後の運河再建運動　139

論であった[33]。

　この報告書が発表されるとただちに大きな反響を呼び，運河再建団体はそれに猛烈に反対した。とりわけ IWA はマンチェスター，バンバリー，ランカスター，ニューバリーなどで抗議集会を開いた。とりわけランカスターでの集会は盛況で，同時にボートラリーも行われ，それをきっかけにしてランカスター運河ボートクラブ（Lancaster Canal Boat Club）が形成された[34]。この報告書が出された1955年はイギリス経済の大きな転換期であった。なによりも重要なことは，戦後の経済成長により人々の生活に余裕が出てきたことであった[35]。また IWA のメンバーによる度重なるボートラリーにより，商業用以外の運河の価値の多様性が認識されるようになってきた。さらに同年秋に The Amateur Historian 誌に発表されたリックス（Michael Rix）の論文は，産業革命時代の貴重な遺産が破壊されたり，無視されているのを嘆き，運河の閘門や路線などを含む産業革命時代の遺産を保存する必要性を訴えた[36]。この論文は産業考古学という新しい学問のさきがけになった。

　翌1956年に運輸省は内陸水路の将来を調査する委員会を設置し，バウズ（L. Bowes）を委員長に指名した。IWA はこの委員会に働きかけるとともに，危機状況にある運河の閉鎖反対キャンペーンを展開した。こうした中で，1958年にバウズ委員会報告書（The Report of the Committee of Inquiry into Inland Waterways〔Cmnd. 486〕）が発表された[37]。先の報告書では商業輸送以外の運河の価値は認められていなかったが，今や IWA メンバーの活動が功を奏し，さまざまな付随的価値が認められるようになった。それによると，「われわれの社会はますます都市化し，工業化している。余暇を楽しむ人々も資力も増加している。こうした傾向は快適な環境や水路を航行したり，そこでボート遊びをしたり，魚を釣ったり，散策したり，自然史を勉強したりする機会の価値を高める。他方でこうした活動を行うために利用できる場所は減少している。（中略）さらに運河の中には産業革命初期の工学上の成果の事例として重要な作品もある」[38]。このように今や運河は商品輸送に使用されるばかりでなく，工場や農場への給水，排水，釣魚，娯楽用クルージング，カントリーサイドのアメニティ[39]，さらには貴重な産業遺産としても大きな価値をもつことが認識されるようになった[40]。

さらにこの報告書に続いて1959年に「内陸水路調査委員会に続く政府の提案」(*Government Proposals following the Report of the Committee of Inquiry into Inland Waterways*) が刊行された。1954年ラシュルム委員会報告書では商業用としては無価値のグループⅢに属する運河は他の適当な機関に移管し，水路存続の可否をゆだねることとされていたが，今やこの報告書によって，新設の水路再開発諮問委員会 (Waterways Redevelopment Advisory Committee) に移管されることになった。委員会のメンバーの中にはロルトやムンクといった運河保存運動の主導者が含まれていたことは注目に値する。この諮問委員会は廃棄の危機に瀕した運河を再開発するために，政府に対して積極的な提言を行った。

1963年にBTCが廃止され，内陸水路は新設のイギリス水路公社 (British Waterways Board；以下BWBと略記) に引き継がれた。そして，1964年にBWBは，「水路の将来」(*The Future of the Waterways: Interim Report of the Board*) と題する報告書を発表した[41]。これは内陸水路を引き継いだBWBの基本方針を明らかにした点で極めて重要な意義をもっている。同報告書の第五章 (Future Policy: The Board's First General Views) において，将来の水路政策には3つの選択肢があると論じられている。その第1は閉鎖政策，第2は間引き政策，そして第3は結束維持政策である。このうち閉鎖政策は，イギリスにおいて内陸水上輸送はもはや歴史的アナクロニズムであり，赤字経営で維持する必要はないので，廃棄すべきだという主張である。第2の間引き政策は，商業的に見込みのある水路だけを残すべきであり，「社会的アメニティ」用の水路はBWBから他の組織に移管すべきだという主張である。これに対して，第3の選択肢は，水路を全体として開発すべきだという考え方であり，水路を単に輸送用としてばかりでなく，あらゆる有用な公共目的のために維持する政策である。これら3つの選択肢のうち，現在の社会的・経済的状況に鑑みて，第3のものが最も望ましいというのがBWBの主張であった[42]。また，同報告書は，貨物輸送用として有効な水路とそうでない水路を分離し，別々の機関で管理するのではなく，水路のもつさまざまな用途を総合的に考え，これを一元的に管理するのが適当であるという考えを明らかにしている[43]。この報告書によって，内陸水路を交通システムとしてのみ捉える見方は否定され，水資源供給，クルージング，その他レクリエ

ーションの場としての水路の意義が明白に認識されるようになった。またBWBは毎年，年次報告書（Annual Report and Accounts）を発行することによって，同公社が管理する資産の収支や輸送の変動，娯楽用ボートの航行状況などを報告した。

翌1965年には，「水路に関する諸事実」（Facts about the Waterways）という報告書が発行された[44]。そこでは水路をさまざまの形態で維持する場合や廃棄する場合の費用計算が行われ，個々の水路毎の具体的分析が行われた。それによると，非商業用の水路を維持するには少なくとも60万ポンドの費用が必要であり，さらに娯楽クルージング用に開いておくには，さらに34万ポンド（全体で約100万ポンド）の経費が必要であると推算された[45]。しかしもうひとつ重要な事実は，もし水路がもはや船舶の航行のために維持されず，ボートの航行を不可能にする廃棄作業が実施されれば，水路再建の費用は途方もなく大きくなるであろうということである[46]。したがって，この報告書は「水路の将来」で示された基本方針を数字によって確認するものであったといえよう。

さらに1967年に運輸省は，「イギリスの水路：レクリエーションとアメニティ」（British Waterways: Recreation and Amenity）を発行した。これはわずか八ページの小冊子であるが，その中で，とりわけ娯楽用に利用されるクルージング用水路の将来についての政策を提言している。それによると，「内陸水路や河川でのクルージングはもはや一部の富裕階級のみの娯楽ではなく，将来ますます多くの人が余暇を利用してこれらの水路を利用するであろうし，またその余裕が生まれてくるであろう。それゆえ，政府は既存の水路網をこの目的のために維持するのにやぶさかでない。BWBはこれらの水路網を動力付娯楽用ボートの航行可能な水準に維持するために新たな，そして積極的な義務をあたえられるであろう。したがって政府は国有化されている水路のこの娯楽用目的が法律によって認められるべきだと考える」と述べている[47]。この報告書は，BWBが管理・運営する水路のうちから，輸送を主たる機能とする商業用水路（commercial waterways）と，娯楽用ボートの利用を主たる機能とするクルージング用水路（cruising waterways）を指定し，公社はこれを一元的に管理するとともに，クルージング用水路の管理や財政問題に関する具体案を提唱している[48]。まず第一にこの報告

書は近年のボランティア団体による廃棄された運河の再建事業を高く評価し，「政府はそうしたアメニティ用水路網を開発しようとするボランティアの努力を支援するのに努力を惜しまない」と述べている。第二にこの報告書は，地方当局による娯楽用水路開発に支援を与える用意があることを明らかにしている[49]。

この報告書を受けて「1968年運輸法」が制定された[50]。この法律によって，BWBの水路は「商業用水路」，「クルージング用水路」，および「残余の水路」の3つのカテゴリーに分けられた[51]。このうち，商業用水路は約300マイルで，主に貨物輸送用に利用されている。クルージング用水路は約1,100マイルで，主にクルージングや釣魚，その他のレクリエーション用に利用されている。BWBはこれらの水路を適切な状態に維持する義務を負うことになった。また将来，商業用，ないしクルージング用に再建された水路についても，適切な状態に維持しなければならなかった。また運輸省には水路をあるカテゴリーから他のカテゴリーに移しかえる権限が与えられた。第三の範疇である「残余の水路」の距離は約600マイルに達し，そのうち，約350マイルは法的に閉鎖されたが，その他の250マイルの一部はなお航行可能であった。1968年運輸法では，BWBは残余の水路を維持・管理する場合でも，除去する場合でも，できるだけ経済的な方法でそれを行わなければならないとされた[52]。

またこの法律によって，地方自治体や地方水道局などの団体にもBWBが管理する「残余の水路」を維持・改善する権限が与えられることになった。さらにそれらの水路を地方自治体に移転したり，BWBを含む複数の団体が維持・改善費用を協同で負担することも可能となった[53]。こうした法改正が行われた背景には，内陸水路に対する地方自治体のスタンスの変化があったことを忘れてはならない。自動車が急速に普及し，モータリゼーションの全盛期となった1950年代には，地方自治体は不要になった運河を埋め立て，道路に転換することに血眼になっていた。その頃にはIWAなどの保存団体と地方政府との間には明らかな敵対関係がみられた。しかしその後，モータリゼーションに伴うさまざまな負の側面が明らかになるのと対照的に，荒廃した地方経済を再び活性化する手段として水路の価値が見直されるようになった。すると地方政府も態度を一変させた。その意味で，1968年法は地方政府による水路再建への関与という点で大きな意味を持っており，

それ以後，BWB，地方政府，そしてボランティア団体が協力して再建に乗り出すケースが増加するのである。また，1968年法によって，内陸水路アメニティ諮問評議会（Inland Waterways Amenity Advisory Council；IWAAC）が設置された。そのメンバーは議長と12人あまりの委員によって構成され，水路のアメニティやレクリエーション使用に関して，BWBや運輸大臣に提言を行った[54]。1971年のBWBの年次報告書（Annual Report）によれば，少なくとも240マイルの残余の水路は満足のいく財政計画によって再建され，120マイルは釣魚や散策用として開発され，60マイルは給水用に維持され，残りの180マイルは除去されるか地方のレクリエーション改善計画の中に組み込まれることになった[55]。

4．再建の事例・ウェールズの運河の場合

次に再建の事例をウェールズの運河を中心にみていこう。ウェールズの運河は大まかに北ウェールズと南ウェールズの運河に分けることができる。このうち，北ウェールズの運河としてはスランゴスレン運河（エルズミア運河）とモンゴメリーシャー運河をあげることができる。この2つの運河は，建設当初から，お互いに連絡され，後にはシュロップシャー・ユニオン運河に統合されることによって，イングランドのミッドランド地方へと連絡され，イギリスの広範な運河網の一環をなしていた。これに対して，南ウェールズの主要運河としては東からモンマスシャー運河，その延長線としてのブレコン・アバーガベニー運河，グラモーガンシャー運河，ニース運河，テナント運河，スウォンジー運河，そしてキドウェリー運河があげられる[56]。

これらの運河のほとんどが運河建設の第二次ブーム期，いわゆる運河熱時代（1790年代前半）に建設が開始された。その端緒を切ったのがグラモーガンシャー運河で，当時イギリスを代表する製鉄業者クローシェイ家を中心にマーサー・ティドヴィルで生産された鉄や石炭をカーディフ港に運ぶために建設された[57]。南ウェールズのその他の運河も内陸の鉄や石炭，銅やブリキ製品を沿岸の港まで運ぶために建設された。それぞれの運河は多くの場合，それらの沿線から延びる馬車軌道によって工場や炭鉱といった運河利用者と連絡されていた。例えば，ス

ランゴスレン運河の前身にあたるエルズミア運河は数多くの馬車軌道によってポントカサルテ水道橋やチャーク水道橋近郊の製鉄所や炭鉱と連絡されていた[58]。最大の馬車軌道網を有していたのがモンマスシャー運河で，運河の路線距離が約20マイルであったのに対して，運河から連絡される馬車軌道は130マイルにも達していた[59]。

これらの運河がすべて元どおりに再建されたわけではなく，グラモーガンシャー運河に見られるように，第二次世界大戦後，その路線のほとんどが埋め立てられることによって，道路に転換され，一部のみが保存されているだけのものも存在する[60]。その場合でも，水路や引き舟道といった運河の施設は沿線の市民にとって貴重な歴史遺産となっており[61]，散策や釣魚といったレクリエーションのために利用されている。以下，北ウェールズのスランゴスレン運河とモンゴメリーシャー運河，南ウェールズのブレコン＆アバーガベニー運河の再建を中心に考察しよう。

① スランゴスレン運河

第二次世界大戦中，スランゴスレン運河はほとんど休眠状態にあったが，その間運河の土手やフェンス，暗渠などの修理は行われていた。そして第二次世界大戦後になっても，この運河は幸運にも廃棄を免れた。周知のように，鉄道会社が所有する運河の多くは1944年に制定された法律によって廃棄された（その中にはモンゴメリーシャー運河も含まれていた）が，スランゴスレン運河は例外的に廃棄を免れたのである[62]。というのも，この運河はすでに戦時中，チェスターの機関車庫用の給水に使用されていたが，大戦後もディー川からの水をシュロップシャー・ユニオン運河の幹線へ補給するのに必要とされたからである。しかも沿線の経済発展につれてディー川からの水資源はますます重要になっていった。すでに戦時中，鉄道会社（LMS社）は運河から流れるかなりの量の水を沿線企業に販売していたが，顧客の中にはポントカサルテ近郊のモンサント・ケミカル社があった。会社の発展につれてますます多くの水が必要になっていたことはいうまでもない。因みに，ディー川の水利権をめぐって，ディー川管理委員（the Conservators of the River Dee）とLMS社との間で訴訟が起こり，最終的に一日625万ガロンの水がホースシュー（Horseshoe）の港から運河に取り入れられる

ことが許可された[63]。

　このように戦後，スランゴスレン運河は給水用水路としての価値のためにその廃棄は免れたが，このことはそれが商業用運河として復活したことを意味するものではなかった。第二次世界大戦後の道路交通の発達によって，運河としての使用は危機に直面した。道路交通を便利にするためには，運河に架かる多くの橋を低める必要があった。しかしもしこうした申し出が実行されたならば，運河船の通行は不可能になったであろう。しかしこの問題についての結論は先送りにされていた。そして運河にとって幸いなことに，地方水路協会の役員と道路当局との交渉により，橋を低くするという計画は棚上げにされた。他方，南チェシャーの産業発展によって，ますます多くの水をディー川から取水する必要が生じた。その水は運河を通って，ミドルウィッチやクルーへと流れていた。そして運河の維持のためには運河ルート沿いに作業用ボートの通行が必要とされた。そして1952年に，IWA，スランゴスレン町会，そして水路局などの代表が会合し，一つの協定が結ばれた。それによって，橋そのものを低くするのではなく，橋へのアプローチを改善することが取り決められた。これによって，運河船の通行可能性は維持された[64]。

　先に若干触れたロルトの「クレシー号」による運河クルージングの最終目的はポントカサルテ水道橋を通過し，スランゴスレンに到達することであった。当初，彼はこの目的を達成することができなかったが，その後運河の状態はかなり改善され，1949年に彼は念願のポントカサルテ水道橋の通過に成功した。1952年IWAの北ウェールズ支部が中心となって，スランゴスレンで25隻によるラリーが行われ，この運河を娯楽用運河として復活させる運動が開始された[65]。ボランティアたちは，運河メンテナンスの仕事に取り組み，浅瀬の浚渫や雑草の除去，ゲートの取替え，リフトの修理などの仕事に携わった。1956年にはチェスターにクルーズ船の傭船基地が設置され，スランゴスレン運河の最初のクルージング用ガイドブックが発行された。このように，スランゴスレン運河は給水用・娯楽クルージング用運河として成功し，1968年には従来の「残余の水路」から，「クルーズウェイ」に格上げされた[66]。

写真5-2　現代のポントカサルテ水道橋（筆者撮影）

② モンゴメリーシャー運河

　他方，モンゴメリーシャー運河の再建が開始されたのは1969年になってからであった。この運河は1944年の法律によって廃棄され，戦後の自動車交通の発展に伴う道路建設の進展とともに，運河路線を道路に転換しようという計画が持ち上がった。しかし他方では運河再建熱も高まり，IWAやシュロップシャー・ユニオン運河保存運動家の組織（Shropshire Union Canal Society）が道路建設に反対し，モンゴメリーシャー運河再建キャンペーンを開始した[67]。この活動に活力を与えたのがIWAACが1971年に提出した報告書（Remainder Waterways）であった。その報告書の作成にあたって評議会のメンバーたちは，モンゴメリーシャー運河も含める多くの運河を視察し，そのアメニティ上の価値を認識した。保存運動家たちの力も彼らを動かし，この運河の完全な再建が決定された。1973年には上院で「プリンス・オヴ・ウェールズ」委員会が立ち上げられ，モンゴメリーシャー運河の一部の再建が開始され，多くの団体がそれを支援することによって，翌年7マイルの区間が再開した。また，この運河で興味深いのは，障害者のためのクルーズを行うことによって，より一層の支援のために人々の関心を呼び起こす試みが行われたことである。この試みには「プリンス・オヴ・ウェールズ」委員会が支援した。そのために使用されたボートは「ヒュールウェン・サンシャイ

ン号」(Heulwen-Sunshine) という船で,それはバーケンヘッドの造船所で建造され,9人の障害者がヘルパーとともに乗れるように特別に設計されていた。そのイベントを組織したのはIWA会長の妻,ジョーン・ヒープ (Joan Heap) で,IWAの女性たちの支援もあって,ボート建造のため,5,482ポンドが調達された。このイベントは成功をおさめ,これに続いてイギリスの他の地方でも同様の試みが行われた[68]。

その後この運河の再建活動はモンゴメリーシャー水路再建トラスト (Montgomery Waterway Restoration Trust) の形成によって本格化した。そしてBWBとならんで,地方政府やボランティア団体が再建にかかわった。しかし完全な再建が行われるには乗り越えるべき多くの問題があった。中でも新たに生じた問題は,環境保護論者の反対であった。廃棄された運河は多種多様な動植物の生息地となっていた。環境保護論者たちはそれらの生息地に対するいかなる妨害にも反対した。彼らの運動により,モンゴメリーシャー運河の多くの区間が自然保護評議会 (Nature Conservancy Council) によって,特別科学重点地域 (Site of Special Scientific Interest) に指定された。一度その指定をうけると,保護地域内での活動は厳格に制限されることとなった。このようにして,ありのままに保存することを主張する環境保護論者と,水路を娯楽用クルージング,釣魚,散策用に利用することを求める人々の間で論争が生じた。しかし80年代末になると,ニュータウン郊外の1.5マイルを除いてほとんど全線にわたる航行が可能になった。モンゴメリーシャー運河計画について調査するために1988年に下院特別委員会が設置され,その結果,運河の再建が認められたのである[69]。

③ ブレコン&アバーガベニー運河

この運河は他のウェールズの運河と同様,18世紀末にモンマスシャー運河の延長線として建設された。そしてモンマスシャー運河を経て,港への鉄や石炭の輸送で極めて重要な役割を演じたにもかかわらず,鉄道時代になると衰退し,やがて両大戦間時代の不況期に商品輸送は停止された[70]。しかし完全に閉鎖されたわけではなく,給水用に維持されていた。第二次世界大戦後,この運河の大部分がブレコン・ビーコンズの雄大な景観の中を通過していたこともあって,自ずと娯楽クルージング用水路として再建しようという要求が高まった。再建にあたって

大きな意義をもっていたのが1949年に制定された国立公園および田園地域アクセス法（the National Parks & Access to the Countryside Act）であった。この法律によって地方政府は国立公園内の水路を娯楽用航行や釣魚用に改善することが可能となり、またその目的のために政府支援が認められた[71]。もちろん自動車の普及に伴い、運河を閉鎖し、暗渠化しようという動きも見られたが、1952年にIWAが中心になって、ブレコンで運河船ラリーが実施されると、再建への熱意が高まった[72]。さらにこの運河の大部分が1957年に創設されたブレコン・ビーコンズ国立公園の中に含まれていたことが再建に弾みをつけた。

再建が本格的に始まるのは前述の「1968年運輸法」制定以後であった。BWBと地方の州議会との間で再建について合意がなされ、それにより、地方の州議会が再建費用を負担し、政府が支援することになった。すべての閘門が更新され、運河の浚渫が行われた。ブレコン近郊のタリボンではボートの通行を妨げていた低い橋に代わって、金属製の跳ね橋がかけられ、さらに下流では四つの木橋が新設された。そして国立公園内の運河は1970年10月1日にウェールズ国務大臣によって正式に再開された[73]。

5．水路の娯楽・アメニティ利用

さて、本章で考察してきた運河再建活動の原動力は、運河の商業用輸送機能に代わる新たな機能、とりわけ娯楽クルージングやアメニティ利用の拡大と密接に関係していた。そこで以下ではそれらに関連する活動を若干みておこう。

定期船による旅客輸送は運河の歴史と同じくらい早くから行われていた。例えばすでに18世紀末からチェスター運河とスランゴスレン運河の前身であるエルズミア運河と共同で、沿岸船と連絡してリヴァプール＝チェスター間の定期船を就航させていた[74]。またモンゴメリーシャー運河では、1838年に他の運河と連携して、ニュータウン＝ロンドン間で旅客用快速船（"fliers"と呼ばれた）が導入された。これらの快速船がやってくると、他の船は水路をゆずらなければならなかった[75]。また、運河を利用したエクスカーションは古くから子供たちの楽しみの一つであった。運河船に粗末なベンチを備えつけ、工業都市の子供たちを田園地

域への遠足に招待するという光景は，ウェールズの日曜学校でよく行われた催しであった。イアン・ライト（Ian L. Wright）はモンマスシャー＆ブレコン運河で1908年に実施された日曜学校による遠足の写真を掲載しているが，こうした遠足は1946年まで毎夏行われたという[76]。

両大戦間時代になると，運河による商業輸送の衰退と対照的に，娯楽用クルージングが普及し，それと並行して貸しボート業が出現した。運河での貸しボート業の先駆は，1935年にウェイン（Wain）という人物によって創設された Inland Hire Cruiser 社で，この会社は1939年に13隻の貸しボートを所有していた。また，第二次世界大戦後になるとワイアット（R. H. Whyatt）による Canal Cruising 社（1948年）を皮切りに，1950年にはストゥアポートに Canal Pleasure Craft 社が創設された。その後1950年代になると，さらに多くの貸しボート業者があらわれた。その中には IWA の会長として活躍したムンク（Lionel Munk）による事業（1954年創業開始）や，ケア（Sir Reginald Kerr）によるチェスターでの事業開始があげられる。彼の事業は後の BWB の船隊の先駆者となった[77]。

1963年に411隻の貸しボートが BWB の水路網上にみられたが，その数は1981年には1,606隻に増加した。運河を利用した娯楽クルージングの発展はクルージング・ライセンスの発行数の増加によっても知ることができる。1951年に BTC はその水路上での娯楽用ボートについて，3,700の認可証（ライセンス）を発行した。1965年にはそのライセンス数は8,775に増加し，1972年には15,404に増加した。1964年に娯楽用ボートライセンスからの BWB の収入は81,585ポンドであったが，1982年には，その収入は217万5,000ポンドに増加した（表5-1参照）。

1967年以後，毎年 BWB はその水路網にある娯楽用ボートを数えてきた。その計算には多少の問題もあったが，それでも興味深いものであった。それによると，イングランドとウェールズに1,339マイルの運河と317マイルの河川があり，1967年に運河上に6,747隻のボートがあり，河川には4,183隻の船があった。1973年には，運河上のボートの数は13,453隻，河川上の船は5,565隻になっていた[78]。

水路博物館の建設や入場者の変遷も人々の内陸水路への関心の度合いを示す指標である。ストーク・ブルエルンに水路博物館が開設されたのは1963年で，その年の入場者が1万4千人であったのが，翌年には1万6,600人，1965年には1万

表5-1 娯楽用船舶ライセンス

年	動力付船舶ライセンス数	動力のない船舶	宿泊設備付船舶数	貸しボート数	船舶ライセンス料・ロック通過。係留料収入（£）
1963	4,382	2,753	334	411	
1964	5,400	3,409	316	468	81,585
1965	5,345	3,151	279	441	99,936
1969	8,003	3,317	288	618	155,000
1970	9,025	3,582	230	663	170,300
1971	10,976	2,972	200	728	198,617
1979	12,375	3,184	161	1,550	1,331,500
1980	13,385	2,727	154	1,526	1,601,400
1981	12,884	2,686	157	1,606	1,927,600
1982	13,054	2,206	144	1,406	2,175,000

（出所）British Waterways Board, *Annual Report and Accounts*, 1965, 1970, 1971, 1980, 1981, 1982 年度より作成。

8,570人に増加した[79]。同種の博物館はその後，エルズミア港やスランゴスレンなど，娯楽用水路の中心地で次々と開設され，運河の歴史や施設に関心をもつ多くの観光客をひきつけるようになった。

運河や付属の貯水池は釣り人たちの手ごろな楽しみの場所となっている。BWBの報告書によると，約2千マイルの水路のうち1,500マイルが釣魚に適している。釣魚権は愛好家のクラブなどにリースされ，BWBの収入源となっている。その収入は1964年に1万4千ポンドであったのが，翌年には2万2千ポンド，そして1980年には6万8千ポンドに増加した[80]。釣魚のほかにも，運河は散策やサイクリングのための絶好のコースを提供しているのである。

6．おわりに

本章では，ロルトの"Narrow Boat"の出版が内陸水路協会設立のきっかけとなり，民間のボランティア活動が政府の政策の変更をもたらしたことをみてきた。それにより，当初は商業用輸送としての意義しか認められていなかった内陸水路は，娯楽クルージングやアメニティなど多様な価値が認められるようになった。イギリスの水路再建運動に見られた大きな特徴は，まず政府が音頭をとって再建

活動が始まったのではなく，民間の運河愛好家達の地味ではあるが熱心で忍耐強い活動が原動力になっていたということである。もっともモンゴメリーシャー運河の事例に見られるように，娯楽クルージングがブームになると，環境保護論者との衝突という新たな問題も生まれきたことも忘れてはならない。

注

1) Ward J. R., *The Finance of Canal Building in Eighteenth Century England*, Oxford University Press, (1974), pp. 164-165.; Bagwell P. & Lyth P., *Transport in Britain; From Canal Lock to Gridlock*, Hambledon and London, (2002). 梶本元信（訳）『イギリスの交通』大学教育出版（2004）。
2) Armstrong J., 'The Role of Coastal Shipping in UK Transport', *Journal of Transport History*, Third Ser., vol. 8(2), (1987), p. 176.
3) バウズ委員会報告書によると，1956年に内陸水路輸送は鉄道輸送の0.8％あまりにすぎず，前者が1億8,400万トン・マイルであったのに対して，後者は214億7,200万トン・マイルに達した。B. P. P., *Report of the Committee of Inquiry into Inland Waterways*, H. M. S. O., Cmnd. 486, (1958), p. 26.
4) BTC, *Canals and Inland Waterways; Report of the Board of Survey*, (1955), p. 44.
5) 第二次世界大戦後BTCの管轄下に置かれた水路は2,272マイルであった。BTC, *Canals and Inland Waterways; Report of the Board of Survey*, (1955).
6) 第二次世界大戦後イギリスの内陸水路に関する政府政策を中心とする研究としては，青木栄一「イギリスの水路・その発達と現状」藤岡謙二郎（編）『世界地誌ゼミナールⅣ，ヨーロッパ』大明堂（1973）がある。
7) ロルトの産業遺産保存運動については Harvie C., 'Engineer's Holiday: L. T. C. Rolt, Industrial Heritage and Tourism', in Berghoff H. (etc. eds.), *The Making of Modern Tourism*, Palgrave, (2002), pp. 203-221 参照。なお，ロルトの *Narrow Boat* の初版は1944年に Eyre & Spottiswoode (London) からハードカバー（12シリング6ペンス）で出版され，その後1948年に第2版，1978年にはペーパーバック版が発行された。1984年には Methuen 社から改訂版，1991年には Mandarin 社からペーパーバック版が出版され，さらに1994年には Alan Sutton Publishing 社からペーパーバック版が出版された。Rolt L .T. C., *Narrow Boat*, Alan Sutton Publishing Ltd., (2006) による。なお彼の回想録については，Rolt L. T. C., *Landscape with Canals*, Alan Sutton Publishing Ltd., (1977) 参照。
8) ハッドフィールド（1909-1996）はイギリスの運河の保存運動や運河史の著作活動で無比の業績を残したが，1996年8月6日に死亡した。彼の業績の詳細については

The Times, Saturday August 17 (1996); Boughhey J., *Charles Hadfield*, Sutton Publishing Ltd., (1998) 参照。

9) 内陸水路協会によるイギリス運河再建運動の詳細については，Squires R. W., *Canals Revived: The Story of the Waterway Restoration Movement*, Moonraker Press, (1979); Do., *Britain's Restored Canals*, Landmark Publishing, (2007) 参照。また写真を中心とする紹介書としては，Blagrove D., *The Inland Waterways Association*, Tempus, (2006) がある。

10) Ransom P. J. G., *Waterways Restored*, Faber & Faber LTD., (1974), pp. 15-16.

11) Squires R. W., *The New Navvies*, Phillimore & Co. Ltd., (1983), p. 166.

12) ロルトはIWA脱退後，ウェールズのナローゲージ鉄道，タリスリン鉄道の再建に情熱を傾けていった。詳しくは拙稿「ウェールズのナローゲージ鉄道：タリスリン鉄道の盛衰と保存運動を中心として」『帝塚山経済・経営論集』第13号 (2003) 参照。

13) Squires R. W., *Canals Revived*, p. 35, p. 37, p. 114.

14) Squires R. W., *Canals Revived*, p. 35, p. 37, p. 43, p. 111, p. 114.

15) Ransom, *op. cit.*, p. 16.

16) ケネット&エイボン運河の再建運動については，Lindley-Jones P., *Restoring the Kennet & Avon Canal*, TEMPUS, (2002) 参照。

17) Squires R. W., *The New Navvies*, Phillimore & Co. Ltd., (1983), pp. 174-177.

18) National Trust for Places of Historic Interest or Natural Beauty というのがその正式名称である。ナショナル・トラストについては，Newby H., *The National Trust: The Next Hundred Years*, The National Trust, (1995); Murphy G., *Founders of the National Trust*, (1987). 四元忠博 (訳)『ナショナル・トラストの誕生』緑風出版 (1992) をはじめ多くの文献が存在する。

19) 例えばケネット&エイボン運河再建のために資金援助を行った民間の慈善団体としては，W. A. Cadbury Trust, Robinson Charitable Trust, Boots Charitable Trust, Manfield Trust, Englefield Trust, Frognall Trust, Pilgrim Trust, Harris Trust, Robin Hill Trust Paling Trust をあげることができる。Squires R., 'Waterway Restoration: Public Money, Private Muscle', in Baldwin M. & Burton A. (eds.), *Canals A New Look*, Phillimore, (1984), p. 112.

20) ナショナル・トラストは運河以外でもコンウィ城前に架かるテルフォードの吊橋やコーンウォールのエンジンハウスなど数多くの産業遺産を保存している。

21) このほかにも River Wey & Godalming Navigation や Royal Military Canal の再建にも関与している。Fedden R. & Joekes R. (eds.), *The National Trust Guide*, (1980), pp. 380-385.

22) Fedden R. & Joekes R. (eds), *The National Trust Guide*, (1977), pp. 382-383.; Squires R. W., *The New Navvies*, p. 166.

第5章　戦後の運河再建運動　153

23) Squires R. W., *The New Navvies*, pp. 10-11.
24) *Ibid.*, p. 12.
25) *Ibid.*, p. 12.
26) *Ibid.*, pp. 12-13.
27) その報告書は本文が九章，付録を含めて129ページからなっている。まず国有化に至るまでの運河政策の歴史が論じられ，次いで国有化によってBTCの管轄下に入った水路が具体的に示されている。BTC, *Canals and Inland Waterways; Report of the Board of Survey*, (1955).
28) BTC, *Canals and Inland Waterways: Report of the Board of Survey*, (1955), p. 14.
29) BTC, *Canals and Inland Waterways*, pp. 68-73.
30) *Ibid.*, p. 70.
31) *Ibid.*, p. 71.
32) *Ibid.*, p. 72.
33) この報告書は輸送用に使用されていない水路をそれぞれ最も適切な機関に移転すべきであると論じている。また放棄された運河を道路建設に使用すべきであるとも示唆している。*Ibid.*, pp. 72-73.
34) Squires R. W., *Canals Revived: the Story of the Waterways Restoration Movement*, Moonraker Press, (1979), pp. 51-52.; Squires R. W., *Britain's Restored Canals*, Landmark Publishing, (2007), p. 35.
35) 荒井政治『レジャーの社会経済史』東洋経済新報社（1989）第7章参照。
36) Hudson K., *Industrial Archaeology: An Introduction*, Readers Union John Baker Ltd., (1964), p. 11.; *Canals Revived*, p. 52.; *Britain's Restored Canals*, pp. 35-36.
37) この報告書は付録を含め120ページからなり，先述のラシュルム委員会報告書でのグループⅠ，グループⅡという分類はクラスA，クラスBという名称に代えられた。B. P. P., *Report of the Committee of Inquiry into Inland Waterways*, H. M. S. O., Cmnd. 486, (1958), p. 29.
38) *Ibid.*, p. 24.
39) アメニティ（amenity）とは「住み心地のよさ」，「生活を快適にする環境」のことであり，具体的には，家並みの美しさや歴史が生み出した快い親しみのある風景や美しい自然の景観など，生活環境が全体として快適な状態を意味している。産業革命時代に建設された運河，とりわけ田園風景に溶け込んだ田舎の運河はその適例といえる。小泉博一（他編）『イギリス文化を学ぶ人のために』世界思想社（2004）参照。
40) B. P. P., *Report of the Committee of Inquiry into Inland Waterways*, p. 24.
41) それは12章（52ページ）からなっている。British Waterways Board, *the Future of the Waterways*, H. M. S. O., (1964).
42) *Ibid.*, pp. 16-17.

43) *Ibid.*, p. 17.
44) それは本文7章（40頁）のほかに83ページからなる付録と地図からなる。付録の中には廃棄費用の詳細な計算や個別水路の費用計算が含まれている。BWB., *The Facts About the Waterway*, (1965).
45) *The Facts About the Waterway*, p. 32, p. 38.
46) *Ibid.*, p. 35. また同報告書の付録Ⅳで運河の廃棄に必要な費用を狭軌運河でマイル当たり6,000ポンド，広軌運河で9,000ポンドと見積もっている（p.47）。
47) Ministry of Transport, *British Waterways: Recreation and Amenity*, Cmnd. 3401 H. M. S. O., (1968), p. 7.
48) *Ibid.*, p. 2.
49) *Ibid.*, p. 5.
50) 1968年運輸法条文の詳細については，Powell-Smith, V., *The Transport Act 1968*, Butterworths, (1969), pp. 149-166 参照。
51) *Ibid.*, p. 149.
52) Ranson P. J. G., *Waterways Restored*, Faber & Faber Ltd., (1974), p. 24.
53) Powell-Smith, V., *The Transport Act 1968*, pp. 157-158.
54) *Ibid.*, p. 159.
55) BWB., *Annual Report and Accounts*, H. M. S. O., (1971), p. 17.
56) ウェールズの運河の詳細な歴史については，Hadfield C., *The Canals of South Wales and the Border*, David & Chareles, (1967); Do., *The Canals of the West Midlands*, David & Charles, (1966) などを参照。
57) 詳しくは Rowson S. & Wright I. L., *The Glamorganshire and Aberdare Canals*, Black Dwarf Publications, (2001); 拙稿「グラモーガンシャー運河の開設」『交通史研究』第40号（1997年）参照。
58) Wilson E., *The Ellesmere and Llangollen Canal*, Phillimore, (1975), Chap. 6-10; Pellow T, & Bowen, P., *Canals to Llangollen*, The Landscape Press, (1983), Chap. 3.
59) 詳しくは拙稿「19世紀前半南ウェールズの運河と鉄道――モンマスシャー運河会社の場合」『帝塚山大学経済学』第六巻（1997年）参照。
60) Russell R., *Lost Canals of England and Wales*, David & Charles, (1971), pp. 116-124 参照。
61) 例えば，かつてグラモーガンシャー運河で使用されていたメリングリフィスの水車は現地で再建され，検量機は貴重な産業遺産としてストーク・ブルエルンの水路博物館に保存されている。Wright I. L., *Canals in Wales*, (1977) 参照。
62) Wilson E., *The Ellesmere and Llangollen Canal*, p. 111.
63) Pellow T. & Bowen P., *Canal to Llangollen*, the Landscape Press, (1988).
64) 以上は *Canals to Llanggollen* by Thomas Pellow and Paul Bowen, Landscape

Press, (1988).
65) Squires R. W., *Canals Revived: the Story of the Waterways Restoration Movement*, Moonraker Press, (1979); Pellow T. & Bowen P., *Canal to Llangollen*, the Landscape Press, (1988).
66) Boughey J. & Hadfield C., *Hadfield's British Canals*, Phoenix House, (1998), p. 282.
67) 「ナヴィーズ・ノートブック」もこの運河の再建に一役買い,約180人のボランティアをウェールズに派遣した。Squires R. W., *The New Navvies*, p. 12.
68) Baldwin M. & Burton A., *Canals: A New Look, Studies in Honour of Charles Hadfield*, Phillimore, (1984), p. 118.
69) ニーダムによれば,サリーやハンプシャー州の Basingstoke Canal, およびヨークシャーの Pocklington Canal でも同様の問題が議論されているという。Needham D., *Welsh Canals Then and Now*, (1998), pp. 123-124 参照。
70) 1933年にこの運河の輸送は停止された。Needham D., *Welsh Canals Then and Now*, (1998), p. 71.
71) Ransom P. J. G., *Waterways Restored*, Faber & Faber LTD., (1974), p. 129.
72) Boughey J. & Hadfield C., *Hadfield's British Canals*, Phoenix House, (1998), p. 286.
73) Ransom P. J. G., *op. cit.*, p. 129.
74) Emery G., *The Old Chester Canal*, Chester Canal Heritage Trust, (2005), pp. 107-132.
75) Dennis Needham, *Welsh Canals Then and Now*, pp. 119-120.
76) Wright I. L., *Canals in Wales*, Bradford Barton Ltd., (1977), p. 72.
77) R. W. Squires, *The New Navvies*, chapter 4, pp. 154ff.
78) Ransom P. J. G., *op. cit.*, p. 19.
79) *Ibid.*, p. 42.
80) BWB, *The Facts about the Waterways*, p. 36.; Do., *Annual Report and Accounts*, (1965), p. 9, (1980), p. 10.

第6章　チェスター&ホーリーヘッド鉄道

1．はじめに

　アイルランド併合法（1800年）によって政治家や実業家によるロンドンとダブリンの往来の機会が増えるにしたがって，この間の交通，とりわけウェールズの悪路への不満が高まった。この状態を改善するためにアイルランド出身の政治家，ヘンリー・パーネルと当時の高名な技師，トマス・テルフォードの指導の下で，多額の公的資金を投じて建設されたのがホーリーヘッド道路であった。この道路とメナイ海峡の吊り橋の建設，さらにはアイリッシュ海の航海での蒸気船の導入によって，両首都間の郵便輸送時間は1784年から1836年にかけて約48時間から約27時間に短縮された[1]。さらには，リヴァプール&マンチェスター鉄道（1830年）を皮切りに，グランド・ジャンクション鉄道（1837年），ロンドン&バーミンガム鉄道（1838年）が開通すると，両首都間の郵便輸送は鉄道と蒸気船で行われるようになり，それとともにリヴァプールが郵便船の発着基地として台頭した。しかし，ダブリンまでの迂遠な航海のために，リヴァプールは決してその最適基地とは言えず，よりいっそう迅速で経済的な通信を可能にする鉄道路線と郵便船の優れた発着基地が求められていた。

　こうした情勢の下で建設されたのがチェスター&ホーリーヘッド鉄道（以下CHRと略記）であった。この鉄道はイギリスの鉄道の中ではかなり特異な地位を占めていた。すなわち他のほとんどの鉄道のように，純粋に経済的動機によって建設されたわけではなく，ロンドンとダブリン間の情報伝達の迅速化という役割をも担って建設されたのである。この鉄道の建設に先立つ路線と郵便船の最適発着基地の選定をめぐって，民間の鉄道プロモーターのみならず，政府や議会，

そして海軍本部の間で活発な議論が展開されたのは、こうした特殊な事情によっていたのである。CHR の建設を認める法律は1844年に制定され、翌年3月から建設が開始された。そして、メナイ海峡を横断するブリタニア鉄橋以外の区間は1848年に開通し、1850年に鉄橋の完成によって全線が開通した。当時はレッセ・フェール（自由放任）哲学の全盛時代であり、ホーリーヘッド道路の場合のように、公的資金が公然と路線の建設に投入されることはなかったが、政府は郵便輸送補助金の支給を通じて側面から鉄道会社を支援した。因みにこの鉄道の建設資金の半額はロンドン＆バーミンガム鉄道が負担した。同鉄道は1846年にグランド・ジャンクション鉄道などと合併することによって、ロンドン＆ノース・ウェスタン鉄道（以下 L＆NWR と略記）の一部となったが、CHR もやがてこの鉄道に合併される運命にあった[2]。

本章では、CHR が設立される前後の時期から、L＆NWR に合併される1850年代末までの時期に焦点をあわせ、この鉄道の建設から開通、そしてとりわけ支線の建設と輸送の発展を通信の改善と地域経済との関連で考察する。この鉄道と関連して興味深いのは、当時のイギリスを代表する著名な技師やコントラクターが何らかの形で関与していたことである。技師としてはスティーブンソン親子があげられる。父親のジョージ・スティーブンソンは路線の測量や委員会での証言、さらには政府への請願活動で重要な役割を演じた。また会社設立後、息子のロバート・スティーブンソンが主任技師に雇用され、鉄道建設全体の指揮をとり、コンウィ橋とメナイ海峡横断のブリタニア管状橋の建設でも中心的役割を演じた。また、トマス・ブラッシー、エドワード・ラッド・ベッツ、そしてサミュエル・モートン・ピートーといったイギリスを代表するコントラクターたちもこの鉄道の建設に関与した。とりわけピートーは義弟のベッツとともに、コントラクターとしてこの鉄道のモルド支線の建設に関与したばかりでなく、建設資金の提供、さらに路線開通後は取締役、後に社長として、支線の拡張や沿線の産業、住宅、および観光開発を通じて、鉄道会社のみならず、広く地域経済の発展に大きく貢献したのである。ピートーが同社の取締役、後に社長として活躍していた期間は、路線の開通間もない1850年から同社が L＆NWR に合併される1858年までの約9年間であったが、この間にピートーは、同社が抱える多くの難問を優れた経営手

腕によって解決しようと努力したのである。したがって，本章の後半部分は，ピートーがCHRの社長に就任して以後のこの鉄道会社の活動を，支線網の拡大や沿線開発など地域経済との関係で考察する。

2．イングランドとアイルランド両首都間の鉄道計画

　ヴィクトリア時代の始まりは，同時にロンドン＝リヴァプール＝ダブリン間の鉄道と蒸気船による連絡の始まりでもあった。リヴァプールからダブリンへの蒸気船による郵便輸送はすでに1820年代に確立しており，1837～38年にグランド・ジャンクション鉄道とロンドン＆バーミンガム鉄道が相次いで開通することによって，今まさにロンドンからダブリンに至る鉄道と蒸気船による郵便輸送が開始されようとしていたのである。しかし，地図6-1を見れば明らかなように，リヴァプールからダブリンへの通信ルートは決して両首都間の最短距離ではなく，よりいっそう短距離で迅速なルートの開発が求められていた。というのもインターネットはおろか，ラジオも電話もなかった当時にあって[3]，鉄道と蒸気船が最速とは言えないにしても，最も重要な通信手段のひとつであったからである。

　かくして，1830年代後半から40年代初期にかけて，イングランドとアイルランドの両首都間の通信をさらに改善するために，さまざまな計画が立てられた。その際に焦点となったのは，ロンドンとダブリンとを結ぶ鉄道の最適ルートと，ダブリン向け郵便船の最適発着基地をめぐる論議であった。郵便船の発着基地として有力な候補地とされたのは，スリン半島（Llyn Peninsula）北海岸中部のポートダンスラン，コンウィ北部のオームズヘッド，およびアングルシー島西端のホーリーヘッドの３港であった。

① 　ポートダンスラン計画

　さまざまな利害関係者がこの港を発着基地にする計画を立てた。例えば，ダブリン出身の企業家ヘンリー・アーチャー（Henry Archer）を中心とするアイルランドの鉄道関係者達は，技師ヴィグノールズ（Mr. Vignoles）に，シュルーズベリーからバラやドルゲライなどウェールズ内陸部を通り，バーマス，ポースマドックなど北ウェールズの海岸部を通過して，プールヘリからポートダンスラン

に至る路線の調査を依頼した[4]。またアーチャーたちは,スレート採石業者サミュエル・ホランド Jr. の協力を得て,ブラナイ・フェスティニョクで採掘されたスレートをポースマドックに輸送するために狭軌のフェスティニョク鉄道を建設していた[5]。したがってポースマドックを通過し,イングランドとアイルランドを結び付ける幹線鉄道の建設によって,彼らの投資利益を高めることが期待できたのである。

同様に,ロンドンからブリストル,さらにはエクセターへと路線を拡張していたグレート・ウェスタン鉄道は,レディング西方のダドコット(Dadcot)で本線から分岐してウェールズ中部の町ドレゲライ,ニュータウンを通ってポートダンスランに至る路線を幾つかの区間に分けて調査した[6]。その中心人物が同社の主任技師ブルネルであった。

② オームズヘッド計画

チェスター&バーケンヘッド鉄道がこの計画の主たる推進者であった[7]。チェスターから北ウェールズの海岸線に沿ってコンウィへ至る点では,次に述べるチェスター&ホーリーヘッド鉄道の計画と同じであるが,困難なメナイ海峡の架橋を回避し,コンウィ手前のオームズヘッドに港を築き,そこからダブリンへのフェリーを就航させようとする計画で,その路線の測量は土木技師,ジェンキンス(Mr. Jenkins)が担当した[8]。

③ ホーリーヘッド計画

チェスター市民やロンドンからこの都市へ連絡する鉄道会社はチェスターを経由してホーリーヘッドに達する鉄道計画を支援した。チェスター&クルー鉄道やチェスター&バーケンヘッド鉄道(ともに1840年開通)はいずれも,イギリス最初の幹線鉄道であるグランド・ジャンクション鉄道,およびそのロンドンへの延長線であるロンドン&バーミンガム鉄道によって支援されていた[9]。彼らがチェスターからさらに北ウェールズの海岸線を通過してホーリーヘッドに至る鉄道を計画するのはごく当然のなりゆきであった。その路線の測量を担当したのが,イギリスにおける鉄道の第一人者であったジョージ・スティーブンソンであった。

さて,以上の計画の中でも,最も影響力が大きかったのは,③ホーリーヘッド計画,すなわち,チェスターからメナイ海峡を横断してホーリーヘッドに至る鉄

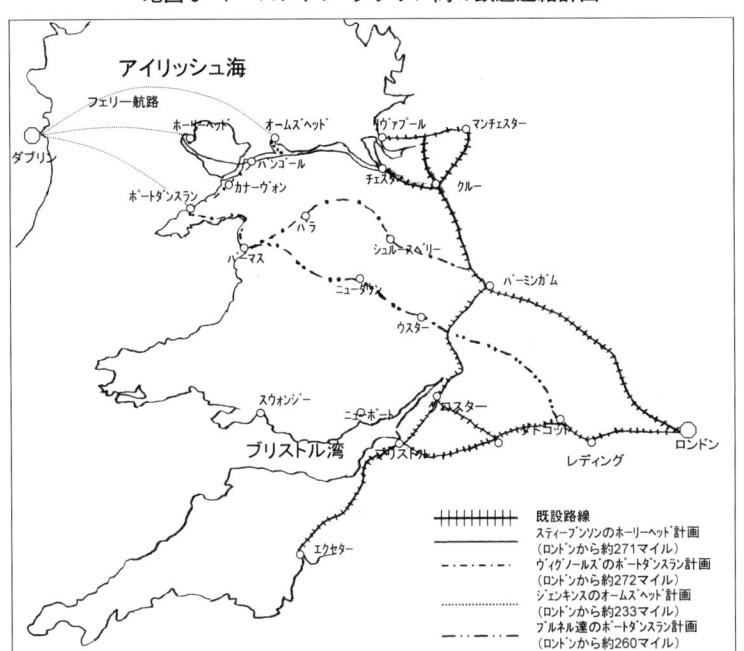

地図6-1 ロンドン=ダブリン間の鉄道連絡計画

(注) Report from Rear-Admiral Sir James A. Gordon and Captain Beechey to the Lords of Admiralty, relative to the best Means of communicating between London and Dublin, and Capabilities of the Ports of Holyhead, Ormes Bay and Porthdynllaen. (1840) より作成。なお，この地図の年代は1830年代末。

道を敷設し，ホーリーヘッドから蒸気船でアイリッシュ海を横断し，ダブリンと連絡する計画であった。この計画の立案者の中には，チェスター&クルー鉄道関係者だけでなく，多くのチェスター市関係者が含まれていた。*Parry's Railway Companion* によると，この計画実現のための集会がロンドン（the Thatched House Tavern）で開かれ，国会議員のスタンリー（W. O. Stanley）が議長に選ばれた。この会合には技師のスティーブンソンやチェスター市長をはじめ，多くのチェスター関係者が出席していたのである。そしてその会合において，「ロンドン=ダブリン間の可能な限り最短の通信線を確立することは国家にとって最重要課題」であり，「ホーリーヘッドへの路線がその目的のために建設されるべき最も実践的で肝要かつ最も低費用で実現可能な路線である」[10]ことが確認された。

同時にチェスター市長を団長とする代表団（スティーブンソンも同伴）を政府に派遣し，大蔵大臣に面会し，請願を行った。代表団の意図は，大蔵大臣に直接面会し，ホーリーヘッドへの鉄道を敷設することの利益を直接訴えることによって，政府借款の形で金融支援を求めることにあった[11]。その請願書によれば，チェスターとホーリーヘッドを連絡する鉄道を建設することによって，リヴァプール経由の路線に比べるとかなりの時間的節約が達成され，政府の経費も大きく節約されるであろうという。彼らの主張によると，現行のリヴァプール経由の鉄道路線では，最善の条件でも，郵便の輸送に22時間15分も要している。しかも，航海距離が長い（130マイル）ために，しばしば遅れが生じている[12]。これに対してホーリーヘッド経由ではダブリンへの航海距離はその半分であり，ロンドンとアイルランド間の通信は17時間44分で行うことができるようになり，現行のリヴァプール経由に比べて4時間以上の時間の短縮となるという。また，CHRのプロモーターたちの主張では，現在ではアイルランド向け郵便船の発着基地はリヴァプール，ミルフォード，そしてホーリーヘッドの3港に分散されているが，これをホーリーヘッドに集中すれば，77,953ポンドもの経費の節約となろう。また，アメリカ航路の定期船は，悪天候のためにしばしばホーリーヘッドに避難し，そこで郵便や旅客を陸揚げしているが，この港に郵船基地を集中すれば，交通も規則的になり，大きな時間的節約になろうという[13]。このように代表団は大蔵大臣に直接面会し，請願を行うことによって計画の実現を訴えるとともに政府に援助を求めている。

　このように，イングランドとアイルランドの両首都を結ぶ最適鉄道路線を求めてさまざまな利害関係者が計画を立て，調査を行っていたが，ここで忘れてはならないことは，両首都間の通信の改善はイギリス政府にとっても極めて大きな関心事であったということである。1800年のアイルランド併合法以来，ロンドンとダブリンの通信改善はイギリス政府にとっても常に変わることのない重要課題であった。すでに見たように，アイルランド併合に続く数十年間にイギリス政府は，当時の著名な土木技師，トマス・テルフォードを雇用することによってホーリーヘッド道路を建設し，さらにアイリッシュ海の蒸気船による通信と港湾の改善のために，多額の公的資金を投入してきた[14]。その背景として，両首都間の通信の

第6章 チェスター&ホーリーヘッド鉄道　163

改善によって，情報伝達の迅速化をはかるとともに，再度反乱が起こった時に，迅速に軍隊や軍事物資の輸送を行うという戦略的意図も含まれていたのである。

　政府による通信改善の意図は鉄道時代になってもそれほど変化しなかったが，政治経済的風潮はホーリーヘッド道路が建設されていたころよりもいっそう自由主義的になっていた。1830年代以後の鉄道時代は，まさしくレッセ・フェール（自由放任）哲学と古典派経済学の全盛時代であり，政府は民間の経済活動への直接的介入をできるだけ避けようとするようになった。今や政府は自ら交通インフラの建設に直接的公的資金を投入するのを躊躇するようになった。政府は，議会での審査や法律の制定によって，鉄道など公共性の高い事業の設立を認可した。また，国家的に重要な問題を解決にあたっては，議会委員会を開催し，その勧告に従って法律を強化することで満足するか，あるいはせいぜい補助金政策を通じて，間接的に民間の経済活動に介入することでよしとするようになったのである[15]。こうした政策の変化は本章の課題であるイギリス=アイルランド間の通信の改善にも明白に現れていたのである。政府は，民間人によって立案された計画の妥当性を調査し，それらの中で最適と思われる計画を認可し，場合によっては補助金を与えるという方向へと転化した。1830年代末から40年代初期にかけて，イギリス政府は民間人が立てた計画を調査するために，数回の議会委員会を開催し，報告書を提出させた。また，海軍本部や大蔵省といった関係省庁も独自の調査を実施したのである。結論を言えば，こうした調査報告書の多くは，他の港と比較してホーリーヘッドの優秀性を明らかにし，チェスターとホーリーヘッドの間の鉄道建設を推奨することとなったのである。

　例えば1839年に海軍本部の命で実施され，翌年1月に海軍本部に提出されたジェームズ・ゴードン（Rear-Admiral Sir James A. Gordon）とビーチェイ（Captain Beechey）の報告書は，ホーリーヘッド，ポートダンスラン，そしてオームズヘッドのダブリン（キングズタウン）からの距離や潮流・風向きの影響，海岸線の形状や土質・港湾インフラ施設などについて比較検討している。そして，ダブリンからの距離はいうに及ばず，郵船基地としての便利さ，港の改善に要する費用など，いずれをとってもホーリーヘッド港が最適であるという結論に達している。彼らの調査によると，オームズ湾もポートダンスランも港というより単

表6-1 ホーリーヘッドとポートダンスラン路線の距離と所要時間の比較

	ロンドン=ホーリーヘッド, ダブリン路線	ロンドン=ポートダンスラン, ダブリン路線
ロンドンからの陸路の距離	271マイル21チェーン	274マイル76チェーン
所要時間（時速25マイル）	10時間51分	11時間
海路の距離	63マイル	70マイル
所要時間	5時間38分	6時間16分
総所要時間	17時間44分	18時間16分

(出所) *Report from Lieutenant-Colonel Sir Frederic Smith of the Royal Engineers and Proffesor Barlow relative to the best means of communicating between London and Dublin, and the relative capabilities of the Ports of Holyhead, Ormes Bay and Porthdynllaen,* April (1840).

なる停泊地（roadsteads）にすぎず，すでに郵船基地として確立しているホーリーヘッドと比較すると，いずれの条件でも劣っているという。もっともこのことはホーリーヘッド港が何らの改善も必要としないことを意味するものではなく，現状では大型蒸気船の入港という点では，規模が小さく，水深も浅すぎると批判し，より一層の改善の必要性を訴えている[16]。

また大蔵大臣の命を受け，F. スミス（Sir F. Smith）とバーロー博士（Professor Barlow）が調査を実施し，下院に提出された報告書は，主としてロンドンからの鉄道路線を中心に言及している。その報告書は，ジョージ・スティーブンソンとガイルズによるチェスター=ホーリーヘッド鉄道計画，ジェンキンスによるチェスター=オームズ湾計画，さらにはヴィグノールズやグレート・ウェスタン鉄道による計画の可否を検討した結果，スティーブンソンによるチェスター＆ホーリーヘッド鉄道が最適であると結論している。彼らはゴードンとビーチェイの報告を受けて，オームズ湾はダブリンからの距離が遠すぎるなどの理由で問題外であるとして，ホーリーヘッドとポートダンスランへの路線を数字によって比較している（表6-1）。

この結果，スミスとバーローはダブリンへの郵船基地としてホーリーヘッドが最適であるとして，「われわれの見解では，ロンドン=ダブリン間の通信にとって最適の鉄道路線はジョージ・スティーブンソン氏によって提案されている案，すなわちチェスターからバンゴールを経由してホーリーヘッドに至る路線が最善の路線である」[17]と述べている。

さらに，土木技師ウォーカー（J. Walker）が海軍本部の要請に応じて実施した再調査においても，ホーリーヘッド案が推奨されている。ウォーカーは，ホーリーヘッドがダブリンへの最短距離に位置するというメリットに加えて他の港と比較して多くの利点を有しているという。ホーリーヘッド港は地勢的に優れた港であり，古くから郵船基地として確立し，荒天の際の避難港としても優れている。そのことは多くの船長の報告からも立証されているという（実際，ウォーカーは多くの証言を付属資料として提出している）。また，この港が古くから郵船基地であったことと関連して，町も発展しており，政府の造船所や修理用ドック，道路網など航海に必要なさまざまなインフラ施設を備えていることも大きな利点となっている。これに対してポートダンスランでは，現状ではそうした施設は全く存在せず，ここを郵船基地にするにはホーリーヘッド港に存在するすべての施設を作る必要がある。しかも，この港が地勢的にホーリーヘッドより優れているかというと決してそうではない。内陸から港へのアプローチは急傾斜となっているため，通常の鉄道では接近できず，インクラインを建設する必要がある。加えて風向きや土砂の堆積といった問題もある。こうした点を考慮に入れることによってウォーカーは「たといポートダンスランを郵船基地に改善しても，（改善された）ホーリーヘッド港よりも優れた基地になるという十分の根拠を見出すことはできない」[18]と述べている。もっとも，ウォーカーはメナイ海峡の横断に際して，既存のメナイ海峡吊り橋を利用するというスティーブンソンの提案には反対し「（鉄道）路線は中断することなく，直接的に海峡を横断すべきであり，鉄道用に建設された橋によって横断すべきである」[19]と主張している。

3．チェスター＆ホーリーヘッド鉄道の設立と本線の建設

(1) チェスター＆ホーリーヘッド鉄道会社の設立

今や政府や海軍関係者の賛意を得て，チェスター＆ホーリーヘッド鉄道会社設立への期が熟した。プロモーターたちはロバート・スティーブンソンを主任技師，ティモシー・ティレル（Timothy Tyrell）を事務弁護士として雇用することによ

って，1844年春に法案を議会に提出した。そして審議の結果，7月4日に勅許を獲得した。それによって，メナイ海峡の架橋とオグウェン川西岸＝スランヴェア（Llanfair）間を除く本線の建設が認可された[20]。ここではCHR法，およびこの会社の初期に議事録により，要目を簡単に紹介しておこう。

　まずCHR法の冒頭部分に会社設立意義が明らかにされている。それによると，チェスターからホーリーヘッドに至る鉄道の建設は，ロンドンと他の重要都市，およびアイルランドとの通信を促進し，便利にすることによって，大いに公共の利益になるとして，その設立意義を明らかにしている。次いで主要プロモーターの名前が列挙され，会社名や資本金が明記されている。資本金は210万ポンド（1株50ポンド，4万2千株）で，ロンドン＆バーミンガム鉄道がこのうち100万ポンドを出資していること，その出資に応じた権限（例えば配当の取得や重役の派遣，株主総会での投票権など）を有することが書かれている。株主総会は年2回（2月と8月）に開催され，20株以上を所有する者が1票の権限を有し，それ以上の所有者は5株毎に1票ずつ増加されると述べられている。当初の取締役数は18名で，そのうちロンドン＆バーミンガム鉄道会社から9名が指名されるという[21]。この点について，1844年8月の株主総会において，それぞれの取締役の出自が明らかにされている。それによると，ロンドン＆バーミンガム鉄道会社を代表する取締役として，James B. Boothby, E. Cropper, G. C. Glyn, R. D. Mangles, P. S. L. Grenfell, C. H. Jones, J. F. Ledsam, T. Smith C. R. Moorsom（駐在取締役として活躍）があげられ，チェスター＆バーケンヘッド鉄道会社の取締役として，Wm. Jackson, J. Laird, そしてWm. Potterが枚挙され，そしてCHRの当初からの企画に携わった取締役としてWm. R. Collet, A. Duff, Wm. E. Ferrers, J. J. Guest, W. H. Thomas, Wm. Thomsonが挙げられている[22]。なお，初代の社長にはWm. R. Colletが就任した[23]。

　会社設立後の重要課題の一つは，政府との郵便輸送契約の締結と路線建設のためのコントラクターの選定などであった。1844年8月の株主総会議事録をみると，会社は毎日上下2回郵便を輸送すること，そしてその見返りとして路線開通後5年間は年額3万ポンドの補助金を受け取り，その後7年間については原則同額であるが，情況の変化に応じて変更される可能性があることなどの協定が提案され

ていることが書かれている[24]。そして政府との郵便輸送契約は上記の条件で、9月17日に合意に達している[25]。

また、この段階では未だオグワン川西岸からメナイ海峡を渡ってアングルシー島のスランヴェアに至るルートは決定されていなかった。その際問題になっていたのは、バンゴール教会の近くを通過するルートについて教会が反対していたことであり、3つの可能なルートのうち、さほど難工事を伴わず、しかも教会の反対もない最も無難なルートが選択された。結局このメナイ海峡の架橋とその両端を含む路線の建設を認可する法律（Chester & Holyhead Railway Completion Act）は1845年5月に議会を通過し、6月30日に勅許を獲得した[26]。

(2) 本線の建設

① コントラクターとナヴィ

チェスター＆ホーリーヘッド鉄道の建設に際して、コンウィやメナイ海峡の橋の設計や製造といった技術的に困難な工事は、主任技師のロバート・スティーブンソンが直接指揮を執ることによって行われた。しかしそれ以外の路線の建設については、他の多くのイギリスの鉄道と同様、技師の立てた計画に従って路線を幾つかの区間に分割し、それぞれの区間について入札を募り、それらの中から最も適切なものを受け入れるという方法が採用された。それぞれの区間のコントラクターと請負金額は表6-2のとおりである。

表6-2からブラッシーやベッツといった世界的に有名なコントラクターがこの鉄道の建設に関与していたことがかわる。この表ではこの鉄道の本線の建設に関与したコントラクターのみが掲載されているが、このほかにもブラッシーと並ぶコントラクターで、後にCHRの社長として活躍したピートーがモルド支線の建設に関与していた。また、ウェールズを代表するコントラクター、デヴィッド・デイヴィス（David Davies）も、やがて支線の一つとなるヴェール・オブ・クルイド（Vale of Crwyd）鉄道の建設に関与していた[27]。なお、Baughanによれば、ブラッシーやハーディング、クロッパーなど、この鉄道の建設に携わったコントラクターの多くはジョージ・スティーブンソンの知人であったという[28]。

コントラクター、あるいはサブ・コントラクターの下で、実際に鉄道建設に従

表6-2　CHRの建設契約と主要コントラクター

No.	区間（マイル数）	コントラクター	請負金額
1	Chester=Shotton（8）	E. L. Betts	108,996
2	Shotton=Rhyl（22）	Wm. Mackenzie	202,000
3	Rhyl=Old Colwyn（9）	Wm. Mackenzie, T. Brassy, J. Stephenson	159,753
4	Old Colwyn = Llandudno Jct.（5.75）	Messrs. Gregson	45,937
5	Conway Bridge	J. Evans（橋脚工事）	26,500
6	Conwy 橋へのアプローチ（2）	J. Evans	36,721
7	Penmaenbach トンネルとアプローチ（1）	J. Harding, J. Cropper	59,611
8	Penmaenbach=Bangor（5.5）	Messrs. Warton & Warden	89,664
9	Aber=Menai（6.25）	T. Jackson	255,800
10	Britania Tubular Bridge	B. J. Nowell, J. Hemingway, C. Pearson（橋脚工事）	130,000
11-14	Anglesey Line	E. L. Betts	374,000

（出所）Baughan P. E., *The Chester & Holyhead Railway, volume 1: The Main Line up to 1880*, David & Charles: Newton Abbot, (1972), pp. 57-58, p. 98 より作成。なお、Conwy と Britania の橋梁の本体は主任技師、R. Stephenson の指揮の下で W. Fairburn, J. Laird, E. Hodgkinson などの技術協力によって製造された。

事したのが、ナヴィ（navvy）と呼ばれる建設労働者であった。CHRの建設工事が開始されるのは1845年からであるが、この頃はちょうどイギリスの鉄道建設の第2のブーム期で、鉄道建設の絶頂期であった。この翌年に刊行された下院委員会報告書によれば、当時少なくとも20万人の労働者がイギリスの鉄道建設に従事していた[29]。この報告書によれば、鉄道建設作業は労働者の雇用と高賃金をもたらしたが、他方で多くの問題も生み出した。事故の多発とそれに伴う労働者や家族の困窮、貧弱な住宅や衛生設備の不備に伴う疾病、建設労働者と地域社会との軋轢、暴動、賃金支払いに伴うトラブル、などはその例であるが、同委員会が最も注目したのは「トラック・システム」[30]の採用による労働者の搾取問題であった。

　この委員会では、鉄道会社の経営者、技師、コントラクター、労働者、あるいは社会改良家、地方の役人や地主など、さまざまな立場の人々が証言を行っている[31]。また CHR の関係者も数人証言を行っている。すなわち同社の駐在取締役、ムアサム（Captain C. R. Moorsom）、コントラクターのジャクソン（T. Jackson）、およびナヴィたちへの教戒師として活躍したブリーキー（William Breakey）がそれである。ムアサムは会社経営者の立場から証言しており、ジャクソンの証言も雇用者側の立場に立っており、その意味で幾分バイアスのかかったものと言え

ようが，それでもこの鉄道の建設に従事した労働者の状態について知る上で貴重な史料といえよう。

　まずジャクソンの証言を取り上げよう。表6-2からも明らかなように，彼はCHRのAberからMenai海峡間（6.25マイル）の建設に関与したが，委員会での証言によれば，彼はCHRのほかにBedford & Blatchley鉄道やLeighton & Dunstabl鉄道の建設にも関わっていたという[32]。また彼は鉄道建設に当たって，自ら労働者を雇用したばかりでなく，代理人を通して下請け業者も利用するかなり大規模なコントラクターであった[33]。彼の証言によれば，労働者はギャンガー（ganger）の下で約300人のナヴィが組織されていたという。CHRの他のコントラクターと同様，彼もトラック・システムを採用しておらず，労働者への支払いは1～2週間ごとに現金で行っていたという[34]。ジャクソンの証言をそのまま信じるならば，彼は労働者の福祉厚生を気遣う心優しい雇用者であった印象を受ける。例えば彼はバンゴール近郊の鉄道建設に際して，労働者のために木造家屋約70棟を提供している。1棟当たりの入居者は通常1家族6人で，家賃は1週間当たり1シリング6ペンスないし2シリングであったという[35]。また彼が多くの近隣地方のウェールズ人を雇用し，特にバンゴール近郊の難所での建設作業では下請業者に委託するのではなく，ジャクソン自らが建設に関与し，約2,000人の労働者を雇用し，完成に15カ月を要したという。その工事期間中2人の死者を含む幾人かの負傷者を出したが，難工事のわりに事故は少なかったという[36]。また負傷者の手当てを行うためにあらかじめ近隣の医者と契約しており，労働者に毎週1ペニーを負担させていたという。医者はまた労働者の病気の治療にも当たったが，労働者の家族の治療は別料金であったという[37]。

　他方，CHRの取締役，ムアサムの証言によれば，当時1万人以上の労働者がこの鉄道の工事に従事していたが，そのほとんどが地元のウェールズ人かイングランド人であった。両者は当初，5対3の割合であったが，徐々にイングランド人の割合が増加し，今やほぼ同率になっているという。彼はイングランド人とウェールズ人とが一緒に働くことによって，ウェールズ人が英語を習得し，異文化に接する良い機会になっているとして歓迎している。ムアサムの証言によれば，他の鉄道と同様，チェスター&ホーリーヘッド鉄道でも労働者はコントラクター

か，サブ・コントラクターによって雇用されているが，労働者の賃金支払いは現金で行われており，「トラック・システム」は採用されていないという。賃金の支払いは通常2週間毎に土曜日に行われるが，パブでの支払いは行われていないという。また，トラック・システムに関連して，コントラクターが経営する食糧品店（「トミー・ショップ」）も見られないという。ただ，アングルシー島での路線建設を請け負ったE. L. ベッツによれば，そこは全くの僻地で，近くに店がないため，労働者の日常生活品を販売する店の開店を促す必要があったが，ベッツ自身はそうした店を経営していないという。

　ムアサムの証言の中で最も注目すべき点として，会社はコントラクターの協力を得て，牧師を派遣する宗教団体（the Town Missionary and Scripture Reader's Society）に所属する6人の牧師が雇用されていることである。彼によれば，牧師1人当たりの年俸は60ポンドで，アングルシー島では2人の牧師がベッツによって雇用され，本土側では4人が会社自身によって雇用されているという。彼らの仕事は昼食時間帯に労働者に聖書を読んで説教をしたり，病人や疾病者のいる家庭を慰問したり，労働者やその子弟に学校教育を勧めたりすることであるという[38]。雇用者である鉄道会社やコントラクターは牧師に対して成果を報告する義務を課しており，ムアサムは委員会での証言の中で，労働者やその子弟の教会や学校への出席についての具体的な数字を挙げ，その成果を述べている。彼によると牧師たちは労働者によって温かく受け入れられており，コントラクターの意見では，労働者は真面目に働き，ほとんど騒動も見られないという。このムアサムの証言では，労働者に宗教心を目覚めさせることによって，仕事に専心させることができたという意味で，牧師の雇用は会社にとってもその俸給に見合う効果があったという。

　さてこのムアサムの証言はTown Missionary Societyによって派遣された牧師の1人，ブリーキー（William Breakey）の証言によって補足される。彼が受け持ったのはコンウィ周辺であり，その近辺の建設に従事したコントラクターはクロッパーとエヴィンス（Messrs Cropper & Evins）であった。そこでは800人以上の労働者が建設作業に従事していたという[39]。ムアサムの証言にみられるように，ブリーキーは主として労働者の教化活動に従事していたが，彼の証言による

と，彼の管轄地域ではイングランド人に対するウェールズ人の労働者の割合が高く（80％近くに達した），しかもウェールズ人の向学心は極めて旺盛で，識字率も高かったという。「鉄道労働者のうち，どれくらいの割合が読むことができるか」という質問に答えて，ブリーキーはコンウィでは労働者750人中，読むことができなかったのはわずか39人にすぎなかったという。彼の証言では，この割合は他の地域では幾分低下し，バンゴールでは1,043人中，読書能力がないものは118人，聖書を所有しない者は約600人であり，アバーゲールでは550人の労働者中で読書能力のない者は158人，聖書非所有者は300人であったという[40]。ブリーキーのような牧師は労働者や彼らの子弟に聖書を読み，教育することに加えて聖書の販売も行っていたのである。

② 建設工事の進展と本線の開通

　CHRの建設工事は1845年3月に開始された。そして，最初の法律で認可されたバンゴールからメナイ海峡架橋を除くチェスター＝バンゴール間，およびアングルシー島を通過し，ホーリーヘッドに至る区間の工事は1848年1月に完成した。そしてしばらくの間，バンゴールからメナイ海峡を横断し，スランヴェアに至る区間の輸送は，テルフォードの吊橋を利用することによって，馬車とフェリーで行われていた。その後，ロバート・スティーブンソンの最大の傑作，メナイ海峡の管状橋を含む区間の工事が1850年10月に（上下全線を含めて）開通したことによって，チェスターからホーリーヘッドまで直通の鉄道路線が完成した。この鉄道の路線は北ウェールズの切り立った海岸線を通過し，また多くの川や海峡を通過したため，トンネルや切通し，架橋を含む多くの難工事を伴っていた。中でも最大の難所はコンウィ川とメナイ海峡の架橋とペンマエンマウアの断崖でのトンネルと築堤工事であった。ここでは，いくらかの難工事および建設工事中に生じたディー川での列車事故を簡単に紹介するにとどめる。

　CHRの建設が行われていた時期はちょうどイギリス鉄道建設史上最大のピーク時に当たっていた。そして鉄道労働者に関する政府委員会の証言の中でムアサムが述べているように，1846年8月頃にはCHRだけで1万2千人もの労働者（ナヴィ）が雇用されていたのである。中でも最大の難所がペンマエンマウア（Penmaenmawr）の工事であった。そこでは聳え立つ断崖と海岸の幅が狭かっ

たため，鉄道を敷設する十分なスペースがなかった。このため，岩を砕いて張り出し段をつくり，築堤を施す必要があった。しかも工事中の荒天のために大きな損害を受け，一部はトンネルと鉄道橋に替えられた。労働者は常に落石の危険にさらされていたため，トンネルの両側では落石から保護するために覆いが作られた。この難工事は完成に3年の年月を要した[41]。

　この難工事と並行して，他の路線工事も着々と進行していたが，工事期間中の1847年5月24日に技師長，ロバート・スティーブンソンの名声を覆しかねないほどの大事故が発生した。チェスター近郊ディー川での橋梁崩落事故である[42]。Illustrated London News はこの事故の様子を2度にわたってイラスト入りで報じた。1847年6月12日号では次のように報じられている。「非常に恐ろしい事故がこの鉄道で起こり，数人が死亡し，多くの人々が重症を負った。チェスター駅を6時半に発車した列車がディー川の新鉄橋にさしかかった時，橋の3つのアーチのうちの最後の部分が大音響とともに崩落し，すでに渡り終えた機関車とテンダを除く列車全体が川に転落した。――列車は1等車が1台，2等車2台，そして手荷物用のバンから構成されていたが，乗客は24人だけであった。列車はいつものように2つのアーチを渡り終え，最後のアーチを渡っていたちょうどその時，あっという間に，すでに橋を渡り終えていた機関車とテンダを除いて，すべての客車が約30メートル下の川に転落した。――運転手，クレイトンの説明によると，3番目のアーチを渡り終えた時，下のレールが沈むのを感じた。彼は即座にスピードを増すと，客車が切り離されるのを感じた。――この切断の際に生じた反動と捻じれによってテンダは傾いて側壁に衝突・脱線し，機関車とテンダを連結していた鉄棒とフックが切断され，テンダは機関車から切り離され，横に投げ出された。アンダーソンという火夫はテンダから投げ出されて即死した」[43]。

　結局，この事故で5人の乗客と火夫が死亡し，8人が重軽傷を負った。ジェームズ・ウォーカーとキャプテン・シモンズによる事故報告書は1847年6月15日に提出された。それによれば，橋桁の強度はスティーブンソンの計算では180トンであったが，実際には106トンにすぎず，列車通行時の振動が橋に悪影響を与えた。また，最初の亀裂はスティーブンソンが主張するように側壁に生じたのではなく，橋桁の中央で起こったとして，事故原因を技師の設計ミスによるものと主

第6章 チェスター&ホーリーヘッド鉄道　173

図6-1　ディー川の列車事故

(出所) *The Illustrated London News*, June 12, 1847, p. 380.

張した[44]。しかし，CHR の取締役会は事故原因を設計ミスではないとするスティーブンソンの主張を支持した。その後，橋の修理が行われ，運転は再開された。

この事故によって鉄道会社が遺族や負傷者に行った補償金額は12,727ポンドに達し[45]，橋の付け替え費用も含めると，会社の経営に大きな悪影響を与えたと思われる。ただこの事故は技師自身の名声やその後の建設作業にさほど大きな影響を与えなかったようで，事故後も建設作業は着々と進行し，1847年11月にはコンウィ管状橋の建設準備が整えられた。その設置作業は大まかに2つの作業からなっていた。その一つは直方体の鉄管をポントゥーンに乗せて浮かべ，橋桁の下の定位置にまで移動させる作業であり，第2は巨大な直方体の鉄管をクレーンで吊り上げ，橋桁に設置する作業である。もちろんこれらの作業はいわば仕上げ段階で，それ以前に橋桁の建設や鉄管自体の製造の必要があったことはいうまでもない。コンウィ管状橋は，既存のテルフォード橋と並行し，しかも城の景観をでき

るだけ損なうことなく建設する必要があったため，当時の著名な建築家，フランシス・トムソン（Francis Thompson）によって，橋楼が中世の城と調和して，物見櫓のように見えるように設計されていた。また直方体の鉄管の設計に際しては造船業者ウィリアム・フェアバーン（Wm. Fairbairn）の協力を得ていたし，その設置作業にあたって，スティーブンソンのライバルで友人でもあったブルネル（I. K. Brunel）が造船技師クラックストン（Christopher Claxton）を同伴して視察し，アドバイスを行った。

　この鉄橋工事は1848年4月16日に完了し，4月18日には取締役や工事関係者を乗せた特別列車が橋を渡ってホーリーヘッドに向かった[46]。

　この鉄道の建設で最大の難工事はメナイ海峡を渡すブリタニア管状橋の建設であった。この橋の建設をめぐってはボーガンが詳細に論述している。したがって，ここではその完成を報じる *The Illustrated London News* の記事の紹介を中心にごく簡単に述べるにとどめる。

　「この巨大な構造物は，この前の火曜日に非の打ち所がないほど見事に開通した。午前6時半に3台の強力な機関車，the Cambria, the St. David, the Pegasus（各々40～60馬力）は，万国旗やユニオン・ジャックで飾られ，お互いに連結しあってバンゴール駅を出発した。その列車には技師のスティーブンソン氏とビッダー氏，L&NWRの機関車主任のトレヴィシック氏――が乗車していた。7時きっかりに時速7マイルの速さで，その驚嘆すべき構造物の中に入り，鉄の通路の中に消えていった。機関車自体の重量は90トンであった。列車はそれぞれの橋脚の中間点で停止し，全車軸の重量を鉄管の床にかけるという実験を行ったが，なんの歪みやたわみも発生しなかった。管状橋の往復に要した時間は10時間であった。――（中略）――2回目の実験では，ブリンボの石炭を満載した24台の貨車を牽引した列車が管状橋を通過した。それらの総重量は，機関車も含めて，平均300トンであった。列車は時速8～10マイルで慎重に走行した。そして鉄管の反対側から現れると大きな拍手喝采がおこり，一定間隔で祝砲の音が海峡にこだました」[47]。

　ブリタニア管状橋のうち，1850年3月5日にホーリーヘッドへ向かう下り線が最初に完成し，3月15日には，この橋が通じるバンゴール=スランヴェア間の路

図6-2　ブリタニア鉄橋の開通式の模様

（出所）*The Illustrated London News*, March 23, 1850, p. 193.

線が完成した。同日中に商務省の鉄道視察官，キャプテン・シモンズの視察を受け，その使用が認可された。そして早くもその3日後の18日にはチェスター=ホーリーヘッド全区間の直通旅客輸送が開始された[48]。その後，上り線用チューブの設置作業が同年8月に完了し，キャプテン・シモンズの視察を受けることによって，10月21日には上下全線が開通した[49]。

　1970年5月の火災で修復される以前のブリタニア橋は複線で，8本の方形錬鉄製チューブ，すなわち中央チューブ4本（各々460フィート）とサイド・チューブ4本（各々230フィート）から成っていた。各橋脚の接合部分を含めた全長は1,511フィート（約510メートル）に達した。これらのチューブを支える橋脚は5本で，中央のブリタニア・タワーは海峡中央部の岩の上に建てられ，その高さは221フィート3インチもあり，列車はチューブの中を通るように設計されていた。橋の入り口には，それぞれ2頭の巨大なライオンの彫刻が台座の上に鎮座し，あたかもピラミッドを守るスフィンクスのように，橋を守っていた。それらのライ

図6-3　王家のブリタニア橋訪問

HER MAJESTY'S VISIT TO THE BRITANNIA TUBULAR BRIDGE.—(SEE PAGE 331.)

（出所）*The Illustrated London News*, Oct. 23, 1852, p. 329.

オンの彫刻は，ジョン・トマス（John Thomas）の製作で，それぞれ全長が25フィート，高さ12フィート，重さ30トンで，石灰石でできていた[50]。

　この橋はCHRの主任技師，ロバート・スティーブンソンを中心に，ウィリアム・フェアバーンやジョン・レアード，ジョン・トマスなど，当時のイギリスを代表する技術者や彫刻家をはじめ，多くの職人・労働者たちが，全身全霊を捧げることによって完成させたヴィクトリア時代の技術の精華であった[51]。また，そのユニークな設計は，後にスティーブンソンがセントローレンス川（モントリオール）やナイル川で建設した大規模な橋のモデルにもなった。橋の完成後，スティーブンソンは政府からナイトの称号授与の申し出を受けたが，その申し出を拒否した。ブリタニア管状橋に関連して興味深い出来事として，北ウェールズを訪問していたヴィクトリア女王一家が1852年10月13日にこの橋に立ち寄ったことがあげられる。女王はしばらくチューブの中を歩いてまわり，2人の王子はスティ

ーブンソンに付き添われて,橋の上を歩いて渡った。その後,スティーブンソンはその巨大な構造物の全貌を見せるために,一家を橋の下の海岸まで案内した[52]。おそらくこの橋は,技師として数多くの輝かしい業績を積み上げてきたロバート・スティーブンソンにとって,最高の傑作の一つであったと思われる。しかし,その建設作業はあまりにも多くの困難を伴い,彼を心身ともに消耗させたことも確かであった。スティーブンソンは,ブルネルの死から1カ月後の1859年10月12日に亡くなった[53]。

さて,ブリタニア管状橋の建設に関連して忘れてならないことは,その建設費用がスティーブンソンの見積り額の3倍にも達し,67,4000ポンドも要したことである。巨額の負債は会社経営を圧迫し,会社はほとんど破産寸前にまで追い込まれたのである。実際,橋の建設期間中,会社は深刻な資金不足に見舞われ,多額の借金を余儀なくされた[54]。1849年6月26日の法律[55]で,325,000ポンドの増資が認められたが,同時に取締役の人数は当初の18人から12人に削減され,経営陣も刷新された。また,会社の設立以後長らく社長の地位にあったコレット (Collet) に代わり,L&NWRの取締役を兼任するムアサムが社長に就任することになった[56]。それとともに,CHRのL&NWRへの依存度もますます増加した。しかし新たな経営陣のもとでも会社経営の危機が解決されたわけでなく,とりわけCHRがホーリーヘッド=ダブリン間の海上郵便輸送をめぐる政府との交渉に失敗し,その契約をダブリンの海運企業家ウィリアム・ワトソン (William Watson) が経営する the City of Dublin Steam Packet Company が獲得すると[57],CHRは巨額の負債と相俟って,会社存亡の危機に見舞われることになった。これと関連して,CHRの経営陣内では,ムアサムを中心とするL&NWRの代表者と,ウィリアム・ジャクソン (William Jackson) を中心とし,独立派の株主を代表する取締役達との対立がますます激化することになった[58]。前者のグループはL&NWRへの併合を望んでいたのに対して,後者はあくまでも会社の独立を維持することを望んでいた。そして後者の取締役たちは,路線建設に参与したコントラクターたち,とりわけベッツ,ブラッシー,そしてピートーに支援を求めることによって,危機を切り抜けようとするようになった。このことはとりもなおさず,ピートーがCHRの取締役,後に社長に就任する動機であった。

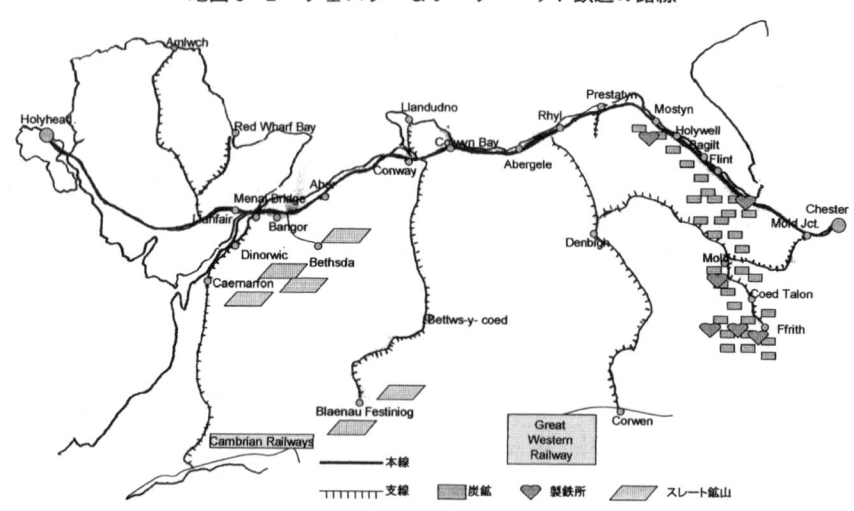

地図6-2　チェスター&ホーリーヘッド鉄道の路線

（注）Dunn J. M., *The Chester and Holyhead Railway*, Oakwood Press, (1968); Dodd A. H., *Industrial Revolution in North Wales*, University of Wales Press, (1951) を参照にして作成。

4. S. M. ピートーと沿線開発

すでに序文で述べたように，ピートーはパートナーのベッツとともにCHRの支線建設に関与したばかりでなく，路線の開通後CHRがL&NWRに併合されるまで約9年間にわたって，取締役，後に社長として，会社の発展に中心的役割を演じたのである。以下，ピートーとCHRとの関わりを，主として会社資料を基にして考察するが，彼の企業家活動全体の中でのCHRでの活動の位置づけを行うために，国際的企業家としてのピートーの略歴を簡単に紹介しておこう。

(1) 国際鉄道企業家：S. M. ピートー

いうまでもなくピートーは，鉄道コントラクターとして，あるいは場合によっては鉄道金融家・経営者としてイギリス国内ばかりでなく，広く世界をまたにかけて活躍した企業家であった。彼が建設に関与した鉄道は，イギリス本国で751マイル，海外では2,344マイルにおよび，その規模はライバルでありパートナー

第6章　チェスター&ホーリーヘッド鉄道　179

でもあったトマス・ブラッシーに次ぐものであった[59]。1809年8月4日にサリー州，サットンのウィットモア・ハウスで生まれたサミュエル・モートン・ピートーは，寄宿舎学校でラテン語，フランス語，そして数学などの基礎教育を受けた後，14歳でおじのヘンリー・ピートー（Henry Peto）の下で建築の修行に出，夜間は技術専門学校で建築や製図，設計の勉強に励んだ。おじの死後，その建築の事業を従兄弟のトマス・グリッセル（Thomas Grissell）とともに相続し，数多くの公共建築物の建設を請け負った。彼らが建てた建築物の中には，トラファルガー広場のネルソン記念塔，大英博物館の正面玄関，国会議事堂の建物などが含まれていた[60]。

すでに鉄道時代は始まっており，グリッセルが伝統的な公共建築物の建設を続けることを望んだのに対し，野心家のピートーは危険だが将来性豊かな鉄道建設にますますひかれていった。やがて1846年3月にグリッセルとのパートナーシップを解消し，代わってピートーの義兄弟のエドワード・ラッド・ベッツ（Edward Ladd Betts, 彼は1843年にピートーの妹のアンと結婚していた）と組んで鉄道建設に邁進することになる[61]。もっともピートーはすでにグリッセルとのパートナーシップ時代に鉄道建設に関与していた。すなわち当時の著名な技師，I. K. ブルネルが設計した広軌鉄道，Great Western 鉄道のパディントン=アイヴァー間（12マイル），ハンウェル=ラングレイ間，レディング=ゴーリング間，およびハンウェルの鉄道橋がそれである[62]。しかしピートーの鉄道建設が軌道に乗るのはベッツとパートナーシップを組んで以後のことであった。ピートーとベッツのパートナーシップは1872年におけるベッツの死まで続いた。またピートーはベッツとばかりでなく，トマス・ブラッシーやトマス・ジャクソン（Thomas Jackson）とも共同で鉄道建設を請け負った。彼らが建設した鉄道はイギリス国内のみならず，広く世界中におよんでいた。ヴィクトリア時代がある意味で「鉄道時代」であったとすれば，それはブラッシーやピートーに代表される「コントラクターの時代」でもあった。

　彼が最も熱心に建設に関与したイギリス国内の鉄道は Eastern Counties 鉄道であり，彼はこの地方の中心都市のヤーマス，ノリッチ，イリー，そしてピーターバラを首都ロンドンと鉄道で結合したばかりでなく，地方の小港ローストフト

(Lowestoft) を鉄道網で連絡することによって港の開発に乗り出した。とりわけ，彼はローズトフトの開発で大きな役割を演じた。例えば彼は港の南部に遊歩道 (Marine Parade) やホテルを建設し，また East Suffork Railway を建設することによって，この港を直接ロンドンと連絡した。さらに the North Europe Steam Navigation Company という海運会社を設立し，デンマークに Royal Danish Railway を建設することによって，ローズトフトとデンマークとの貿易を促進した[63]。

　実際，ブラッシーやベッツなど彼の仲間のコントラクターと同様，ピートーの企業活動はイギリス国内にとどまらなかった。彼が最初に関わった海外の鉄道はブラッシーの事業を引き継ぐものであった。すなわち，Paris, Lyon & Mediterranean 鉄道がそれであり，この鉄道はブラッシーが建設したフランス最初の鉄道であるパリ＝ルーアン間（82マイル，1841年），ルーアン＝ルアーブル間（58マイル，1843年）を延長するものであった。また，クリミア戦争中には，ブラッシー，ベッツとともに，Balaclava Railway を建設することによって，セバストポル要塞の陥落に貢献した。表6-3に示しているように，ピートーはフランス，ロシア，オーストリア，デンマーク，ドイツをはじめとするヨーロッパばかりでなく，カナダ，オーストラリア，アルゼンチンなど世界中の鉄道建設に関与した。ここでは，後に言及する CHR の経営との関係で特に重要と思われる，カナダの大幹線鉄道（the Grand Trunk Railway of Canada）の建設へのかかわりを簡単に取り上げておこう。この鉄道の建設を認可する法律は1853年に認可されたが，その建設に際してピートーとベッツを中心とするイギリスのコントラクターたちが路線建設の中心的役割を引き受けることとなった。彼らはヴィクトリア鉄橋を含む路線全体の半分以上の建設を請け負い，そのさい資本の約半額にあたる180万ポンドを引き受けることを余儀なくされた。しかもこの鉄道の建設は困難をきわめ，とりわけセントローレンス川を渡すヴィクトリア橋が完成したのは，他の路線開通から2年後の1860年のことであった。1857年恐慌やアメリカ南北戦争の影響で移民が減少したこともあって，輸送も伸び悩んだ。こうした状況において，ピートーの負債は1857年恐慌時には100万ポンドにも達したのである[64]。

　以上，鉄道コントラクターとしてのピートーの業績の一部をごく簡単に紹介し

表6-3　S. M. ピートーが関係した主要鉄道

イギリス国内の鉄道

No.	年度	鉄道会社名とピートーの主要建設区間	マイル数
1	1836	Great Western Railway。Paddington=Iver, Hanwell=Langley, Reading=Goring 間，Hanwell 鉄道橋の建設。	12
2	1836	South Eastern Railway。Hythe=Folkestone, Folkestone 鉄道橋の建設。	12
3	1840s	Eastern Counties Railway。London=Yarmouth 間（121.75マイル），London=Ely 間，Ely=Norwich 間，Ely=Peterborough 間，Chatteris=St. Ives 間，Reedham=Lowestoft（Norfolk railway）間，Lowestoft の港湾建設。	162
4	1846	London & South Western Railway。Southhampton=Dorchester 間。	59.5
5	1846	◆ Great Northern Railway。Peterborough=Doncaster 間。	99
6	1850s	◆ East Lincolnshire Railway。Boston=Louth 間。	47
7	1850-2	Great Western, Oxford & Birmingham Railway。Hurbury Cutting（イングランドで最大の切り通し）を含む。Brassey との共同作業。	35
8	1850-4	◆ Oxford & Worcester & Wolver Hampton Railway。	77
9	1851-58	◆ Chester & Holyhead Railway。本線は Brassey, Betts を中心に建設。Peto は Mold 支線建設に関与し，経営者として支線の拡張やリゾート開発などで活躍。	84（本線）
10	1851-60	★ East Suffolk Railway。Woodbridge で Eastern Union Ailway と連絡することにより Lowestoft とロンドンを連絡。Ipswich=Yarmouth, Beccles=Lowestoft, Beccles=Halesworth 等の路線建設	74
11	1852	★ London, Tilbury & Southend Railway。21年間にわたって Peto, Brassy & Betts により路線をリース。	50
12	1852	★ Hereford, Ross& Gloucester Railway。代理人は C. Watson, G. Cowdery。	23
13	1853	★ West End & Crystal Palace Railway。代理人は C. Watson, M. Curry。	9
14	1850s	◆ South London & Crystal Palace Railway。Nunhead=Greenwich 間。	9
15	1860	◆ London, Chatham & Dover Railway。	33

海外の鉄道

No.	年度	鉄道会社名とピートーの主要建設区間	マイル数
1	1852	★ Paris, Lyon & Mediterranean Railway（フランス）。Lyon=Avignon 間。代理人は G. Giles。Brassey が1841年にパリ=ルーアン間（82マイル），1843年にルーアン=ルアーブル間（58マイル）を建設。ロスチャイルドやベアリング兄弟が金融に関与。	67
2	1853	★ Royal Danish Railway（デンマーク）。技師は G. R. Stephenson, 代理人は Rowan。	75
3	1854-5	◆ Balaclava=Sebastopol Railway（ロシア）。クリミア戦争中，軍需物資の輸送を通じてセバストポル陥落に貢献。代理人は James Beatty, Beatty は完成後過労死	39
4	1857	★ Elizabeth & Linz Railway（オーストリア）。代理人は G. Giles。	40
5	1858-63	★ Queensland Railway（オーストラリア）。Great Dividing Range を横断する鉄道。代理人は Murton。Brassey の代理人は S. Willcox。	78
6	1860	★ Jutland Railway（デンマーク）。代理人は F. J. Rowan。	270
7	1860	※ Grand Trunk Railway of Canada（カナダ）。Victorian Tubular Bridge や Trois Pistoles Railway を含む。代理人は J. Hodges, G. Tate, F. J. Rowan。	539？
8	1860s	◆ Russia,Dunaburg & Vitepsk Railway（ロシア）。代理人は W. Hartland。	162

No.	年度	鉄道会社名とピートーの主要建設区間	マイル数
9	1860s	◆ Algiers & Blidah Railway（アルジェリア）。代理人は M. Curry。	32
10	1860s	★ Norwegian Grand Trunk Railway（ノルウェー）。Christiana=Eidsvold 間。代理人は Merrit と Earle、技師は Bidder。	56
11	1860s	★ Viena Railway（オーストリア）。代理人は G. Giles。	270
12	1863	★ North Schleswig Railway（デンマーク）。技師は F. J. Rowan。	70
13	1865	※ Atlantic & Great Western Railway（アメリカ合衆国）	
14		◆ Boulevard de la Republique Railway（アルジェリア）。代理人は M. Curry。	
15		◆ Frankfurt to Hamburg Railway（ドイツ）。代理人は R. Crawford。	
16		◆ Buenos Aires Great Southern Railway（アルゼンチン）。	71
17		※ Qubec & Richmond Railway（カナダ）。代理人は J. Reekie（ケベック）。	539
18		※ New Brunswick Railway（カナダ）。代理人は Francis Giles。	?
19		※ Nova Scotia Railway（カナダ）。代理人は W. H. Rose。	?
20		☆ Rustchuk & Varna Railway（ドイツ、バヴァリア）。	140

(注) ★は Brassey および Betts との共同事業、◆は Betts との共同事業、※は Brassey、Betts、および Jackson との共同事業、☆は Betts および T. R. Crampton との共同事業。なお調査不十分な点が多いが、とりわけイギリス国内の鉄道の2と12、海外の鉄道の13～20の鉄道については特に不十分となっている。
(出所) Brooks E. C., *Sir Samuel Morton Peto Bt. 1809-1889 Victorian Entrepreneur of East Anglia*, The Bury Clerical Society (1996); Helps A., *Life and Labours of Mr. Brassey 1805-1870*, Roberts Brothers, (1874); Walker C., *Thomas Brassey: Railway Builder*, Frederick Muller, (1969) より作成。

てきたが、ブルックスの著書に詳述されているように、彼の活動は、単に鉄道企業家としてばかりでなく、政治家、慈善家、そして宗教家として極めて多岐にわたっていた。彼は自ら徒弟時代に労働者として働いた経験もあって、ナヴィへの思いやりも篤く、また熱心なキリスト教徒でもあった。しかしパートナーのグリッセルやベッツ、あるいはライバルのブラッシーなどと比較すれば明らかなように、彼は相当な野心家で、楽観論者で、投機家的な一面も持っていた[65]。例えば、鉄道建設を請け負う際、ベッツが現金のみでの引き受けにこだわったのと比較して[66]、ピートーは社債や株式でも請け負ったことはその一面である。また、ライバルのブラッシーとピートーの雇用組織にはかなり大きな違いがあったようである。ブラッシーが概してサブ・コントラクト制度を活用することによって危険分散を図ったのに対して、ピートーは、信頼できる代理人を介することによる直接雇用に傾いていた。1846年の鉄道労働者に関する下院委員会でのピートー自身の証言によれば、彼は当時主としてイーストアングリア地方の鉄道に従事しており、Ely=Peterborough 間、Wymondham=Dereham 間、Reedham=Lowestoft 間、Southhampton=Dorchester 間、Lowestoft 港の建設を行っていた。そしてこのう

ち Ely=Peterborough 間だけで3,700人，全部で9,000人もの労働者を雇用していたという[67]。当然，多額の資本を必要としていたのである[68]。労働者たちはギャンガーを中心に20～50人単位で働いており，ピートーは代理人，副代理人を介してこれらの労働者を雇用していたのである。また彼は仕事の進行状況を調査し，ナヴィたちへの賃金支給に資するために，タイムキーパーを雇用していたことも注目すべきである[69]。確かにピートーの事業方法には投機的側面があったかもしれないが，労働者の共済クラブを金銭的に支援し，聖職者を雇用したり，教会を設立するなど，ナヴィの雇用者として温情主義的経営者の側面も持ち合わせていた[70]。

(2) ピートーと CHR ; モルド支線の建設

　CHR でのピートーの活動は決して彼の主要業績であったわけではない。また CHR での活動はピートーにとってさほど成功した事業であったわけでもなかった。しかしだからといって，彼にとってこの鉄道での活動は主要事業の幕間のほんの片手間の仕事程度のものではなかった。というのは，彼が建設に関与した海外の鉄道の中には，代理人にまかせっきりで，彼自身は一度も現地に足を運ばなかった鉄道も含まれていたのと対照的に，CHR の議事録を見る限り，彼はこの鉄道会社の経営者として，総会や取締役会に出席し，会社の最高意思決定で主導的役割を演じたし，会社のために苦闘していたからである[71]。

　確かに，当初から彼はコントラクターとして CHR の本線の建設に関与したわけではなかった。彼が CHR の建設に関与するのはパートナーであり義弟であるベッツとの親密な関係によっていた。すでに述べたように，ベッツはこの鉄道の本線の最大の建設者であり，とりわけアングルシー島の全線と，チェスター=ショットン間（8マイル）の建設を担当していた。これに対してピートーが建設に関与したのは CHR の支線であるモルド鉄道の建設を通じてであった。

　モルド鉄道の建設が決定されたのは CHR の設立からわずか1年後の1846年であり，その主要プロモーターは CHR 関係者とモルド近郊の製鉄や炭鉱業者たちであった。モルドやその近郊のブリンボ地域は北ウェールズでも屈指の炭鉱地帯であり，そこで生産される石炭を利用することによって，製鉄業も発展していた

のである。当然，そこへ鉄道を敷くことにとって，地域経済の活性化が大いに期待されていたのである[72]。なお，この鉄道の建設を担当したのはE. L. ベッツであった。ベッツは会社設立当初から重要な役割を演じており，1846年11月に開催された最初のモルド鉄道会社の議事録にコントラクターの一人であるベッツによるこの鉄道の建設の意義を示す手紙が掲載されているが，とりわけ沿線企業へのメリットが強調されている[73]。ベッツとモルド鉄道会社との正式契約は翌年2月に行われ，契約金は14万6,130ポンドで，1848年5月1日までに建設作業が終了することが定められていた[74]。

モルド鉄道会社の設立が議会で認可されたのは1847年7月9日で，その資本金は18万ポンドで，さらに6万ポンドの借り入れ権が認められていた[75]。この会社は形式的には独立の会社であり，取締役の中には地方の炭鉱業関係者も含まれていたが，実質的にはCHRの子会社であった。株式の多くをCHRが所有し，CHRの取締役が経営決定権をにぎっていた[76]。もちろん完成後はCHRがこの鉄道を運行することが規定されていた。しかし，この支線の設立後まもなく親会社自身が資金難に陥り，ベッツへの契約金の支払いが滞ったことにより，建設作業もストップしてしまった[77]。

そこで登場するのがベッツのパートナー，ピートーであった。こうしてベッツとの契約はピートー＆ベッツとの契約に変更されると同時に，契約内容も変更された。今や現金だけでなく，社債による支払いも認められることとなった。モルド鉄道会社やCHR議事録によると，この鉄道の建設に従事したピートーとベッツは建設代金として現金のほかに3年満期の社債を利率5％で支払うことを認めている[78]。このことはこの鉄道がいわゆる「コントラクターズ・ライン」であったことを意味している。実際，ピートーたちが建設した鉄道，とりわけ50年代以後建設した鉄道の多くは「コントラクターズ・ライン」であり，この鉄道もその一例であった。「コントラクターズ・ライン」とは，コントラクターが単に鉄道建設ばかりでなく，金融や経営にも関与する鉄道である。こうしたケースが増加するのは，特に1850～60年代の第3の鉄道建設ブーム期においてであった。この時期に建設された鉄道の多くは資金調達に苦しんだことがその主たる要因であった。この頃になると有利な路線はすでに建設されてしまっており，多くの新路線

は僻地に建設されたことが鉄道会社の資金調達を困難にした最大の要因であったが，この時期には鉄道建設の中心はイギリスから海外に移っており，投資家にとっても海外投資のほうが国内投資よりも魅力的であった[79]。このように，いわゆる「コントラクターズ・ライン」が顕著に現れるのは1850年代以降になってであるが，コリンズも指摘しているように，すでにそれ以前にもみられたのである。こうした一般的事情はCHRの場合にも適応されるが，それに加えてこの鉄道に固有の困難も存在した。ちょうどモルド鉄道が建設されていた時期に，本線ではメナイ海峡でのブリタニア管状橋が建設されており，その費用が当初の見積もりを大幅に超過したため，会社は資金の捻出に四苦八苦していたのである。

CHRの資金難がピートーのこの鉄道への関与を引き起こしたが，同時にモルド鉄道の支線建設の短縮となって現れた。当初の計画では，モルド鉄道はその本線のCHRとのジャンクションからモルドへの路線とともに，さらにフリスへの支線延長も行う予定であったが，資金不足により，延長計画はコイド・タロン（Coed Talon）までに短縮されることとなった[80]。もっともピートーの建設関与の開始とともに，建設作業は順調に進み，1849年8月14日に開通の運びとなった。この鉄道の輸送は開通後，貨物輸送を中心に順調に増加し，製鉄業や製鉄業を中心とする地方産業の発展に大きく貢献したのである。なおこの鉄道は実質的には当初からCHRの子会社であったが，1852年末にはロバート・スティーブンソンの裁定によってCHRへの売却が完了したことによって，正式にCHRの一部となった[81]。

(3) CHR経営者ピートー

① 社長就任

以上のように，モルド鉄道の建設を通じて，ピートーはCHRと関係を持つようになった。しかし彼が本格的にこの鉄道と関係するのは会社の経営への参画以後であった。ピートーがCHRの取締役に就任するのは1850年8月であり，翌年2月12日の取締役会でムアサムに代わって社長就任が決定されている[82]。以後，この鉄道がL&NWRに合併されるまでの約9年間，この地方鉄道の発展のために奮闘するのである。

ピートーはCHRの社長就任後,この鉄道の輸送を増大させ,収支を好転させるために積極的な経営政策を展開した。彼はそのために支線を拡張し,沿線産業の開発に乗り出していった。

② 支線拡張と沿線産業

CHRによるメナイ海峡周辺の支線のうちで最も重要なのは,バンゴールからカナーヴォンに至る支線であったが,当初は2つの町の中間点に位置するディノーヴィックに至る支線の計画が立てられた。この点についてCHR取締役会議事録によると,その支線建設のプロモーターからの要望に応じる形で,ブリタニア橋からディノーヴィック港への支線建設が決定されている[83]。この支線建設の目的は,後背地のディノーヴィク・スレート鉱山から狭軌鉄道で積み出され,従来は帆船で積み出されていたスレートを,支線を経由してCHR,およびそれに連結する鉄道で,イギリス各地に輸送することにあった。

この支線建設案は,ピートーの取締役就任後,ディノーヴィックを超えてさらにカナーヴォンへの路線へと拡張された[84]。1850年5月20日にthe Bangor & Caernarfon Railway Actが制定され,その法律によってCHRによる路線運営が認可された。McCormick & Holmeがコントラクターとして建設にあたったが,彼らは同時にバンゴール&カナーヴォン鉄道の主要な株主であった[85]。この路線拡張計画にピートーがどのように関わっていたかについては,必ずしも明らかではないが,ピートーの取締役就任後まもなく支線拡張計画が実行されているのを見ると,そこに何らかの意図が働いているとみても,決して不自然とはいえないであろう。CHR会社は,当初その支線をカナーヴォンの波止場まで伸ばす計画を立てていた[86]。その意図は言うまでもなく,ナントル地域からカナーヴォンへ狭軌鉄道で輸送されたスレートを標準軌鉄道でイングランド諸都市へ輸送することであったが,残念ながら,彼らの意図は地主の反対にあって実現せず,カナーヴォンの町の北端に終着駅が設けられた[87]。

もっとも,スレート輸送を目的とするディノーヴィック港への支線は建設され,1852年3月にL&NWRの機関車がディノーヴィック港に到着し,スレート輸送が開始された[88]。ディノーヴィック地方のスレート鉱山の最大の経営者はアシェトン=スミスであった。彼は,19世紀半ばにはベセスダのペンリン鉱山に次ぐ北

表6-4　CHRの主要支線

会社名	設立年	区間（距離）
Mold Railway	1847	CHR, Hawarden 近郊 Jct.=Mold 間
（備考）資本金18万ポンド，当初 Betts がコントラクター，後に Peto & Betts に変更，株式での支払いも認可。1849年9月開通。CHR が運営。1854年に CHR に合併。		
Bangor & Caernarfon Railway	1851	Bangor=Caernarfon 間（7.25マイル）
（備考）資本金14万ポンド。1854年に CHR にリース。		
St. Georges Harbor Railway	1853	CHR, Llandudno Jct.=Llandudno 間（3マイル）
（備考）1858年10月開通。1861年の L&NWR にリース，後に併合。		
Vale of Clwyd Railway	1856	CHR, Foryd Jct.=Denbigh 間
（備考）資本金6万ポンド。1858年10月開通，後に L&NWR に併合。		
Denbigh, Ruthin Corwen Railway	1860	Denbigh=Corwen 間
（備考）資本金15万ポンド。Denbigh=Ruthin 間は1862年3月，Corwen までは10月開通		
Mold & Denbigh Jct. Railway	1861	CHR, Mold Vale of Clwyd R.間（18マイル）
（備考）資本金16万6200ポンド。1869年開通，L&NWR により運営。		
Caernarfonshire Railway	1862	Caernarfon=Porthmadog 間
（備考）Caernarfon=Afonwen 間は1867年9月開通。		
Anglesey Central Railway	1862	Llannerchymedd=Gaerwen 間
（備考）資本金12万ポンド。1866年2月貨物輸送開始，翌年6月に旅客輸送開始。		
Caernarfon & Llanberis Railway	1864	Caernarfon=Llanberis 間
（備考）資本金11万ポンド。1869年開通，翌年 L & NWR に併合。		

（出所）R. Emrys Jones, *The Railways of Wales*, Welsh Library Association, (1979) より作成。

ウェールズ第2のスレート鉱山業者であった。B & CR の議事録にアシェトン=スミスがディノーヴィク波止場への鉄道支線延長に関する記述が見られる[89]が，スレート鉱山業者にとっても，鉄道支線の延長はスレート市場の開発に貢献したことはいうまでもない。

また，この支線はカナーヴォンという歴史都市を鉄道で連絡するものであったことと関連して，イングランドからの観光客を中心とする旅客輸送という点でも，重要な鉄道であった。バンゴール=カナーヴォン間の旅客輸送は1852年7月に開始され，1854年10月から郵便輸送も開始された。B & CR は形式的には独立の会社とはいえ，実質的には CHR の子会社であった。この会社はその後1854年に15万ポンドの資本金に対して年率4％の配当保証という条件で，CHR にリースさ

れた[90]。そして1867年にはLNWRに吸収された。鉄道の開通はカナーヴォンの町の発展に貢献し、町の人口は1861年〜71年の10年間に8,512人から11,000人に増加した。

　第2の支線がスランディドノウへの路線であった。CHRが建設される以前に、チェスターからオームズ湾まで鉄道を敷設し、同時にオームズ湾に港を建設することによって、ここをアイルランドへの郵便船の基地にしようとする計画が立てられたことはすでに述べたとおりである。不幸にしてこの計画は却下されたが、地域の人々の希望はそれから約10年後になってようやく叶うこととなった。すなわち the St. George's Harbour Act（1853年8月）によって、港の建設とともにCHRから支線が認可されたのである。ピートーは当初、この支線の建設よりも、アバーゲール（Abergele）でのリゾート開発を考えていたが、再考の結果、スランディドノウへの支線建設によってこの地域での観光開発を優先するに至った[91]。実際、ピートーはこの地域の観光開発の大きな可能性をよく認識しており、1856年のCHRの株主総会で、「過去4年間の間に、この地域で注目すべき変化が生じている。この地域は海水浴客が頻繁に訪れる地域となっている」[92]と述べている。ボーガンによると、当初の鉄道計画では、コンウィ駅からオームズ湾へ支線を建設する予定であったが、城壁とトンネルの間の敷地が狭く、駅舎の拡張が困難であったので、コンウィよりチェスター寄りに新たに連絡駅を建設し、そこからオームズ湾のスランディドノウへむけて支線が建設されることになった。3マイル（約4.8キロ）の支線は1858年10月1日に開通した[93]。

　ピートーの予告どおり、鉄道の開通後、スランディドノウの町は北ウェールズでも屈指の臨海リゾート地として発展した。スランディドノウへの鉄道が敷設されたのはCHRが独立性を保っていた時期であったが、その町が臨海リゾートとして大規模に発展するのはCHRがL＆NWRに合併されて以後のことであった。鉄道が通じる前は一寒村にすぎなかったスランディドノウは、その後一大臨海リゾート地として飛躍的に発展した。この町の人口は1851年には1,131人であったが、1881年には4,807人、そして1911年には10,469人に増加した[94]。因みに1862年にスランディドノウへの支線はL＆NWRにリースされ、1866年には中間駅のデガンウィが開設された。その後、スランディドノウ・ジャンクションから1873

年7月には支線自体も L&NWR に売却された。また，Conwy & Llanrwst Railway を経由して，ブライナイ・フェスティニョクに至る路線が建設され，さらにデガンウィがスレートの積み出し港として整備されると，この港はフェスティニョク地方のスレート積み出し港として，従来のポースマドックのライバルとして発展する[95]。

③ ロンドン万博と CHR のビジネス戦略

さて，ピートーが社長に就任した1851年は，ちょうどロンドン万博が開催された年でもあった。ピートー自身，この万博の実行委員であり，金融支援者であった。またクリスタル・パレスの設計で有名なジョーゼフ・パックストンとも関係があった。ロンドン万博が開催されたのは1851年5月1日から10月15日にかけてであったが，多くの企業家がこのビジネスチャンスを利用した。とりわけ世界最初のパッケージ・ツアーの組織者で禁酒運動家，トマス・クックは鉄道会社と結託して，万博見物ツアーを組織した[96]。

ピートーや CHR の取締役たちもこのまたとない機会を利用しようとした。多くのアイルランド人が海を渡ってロンドンへの最短距離の鉄道である CHR を利用することが期待された。そこで，彼らはまずホーリーヘッド港と CHR とのアクセスを改善した。1850年後期の CHR 取締役会議事録にはこれに関する事柄がかなり頻繁に見られるが，とりわけ12月の会議で当時社長であったムアサムと取締役のピートーたちはロンドン万博開催に先立ってアイルランドからの旅客に便宜をあたえるためにホーリーヘッドでの鉄道の終着駅から桟橋に至る支線の建設を委任されている[97]。因みにこの支線は広軌の馬車軌道という形で建設された。

これに関連して興味深いのはブリタニア・ホテルと公園の計画であった。ボーガンによると，この計画は CHR の取締役に就任したピートーとパックストンの出会いに始まるという。先述のように，両者はともに1851年のロンドン万博に関係していた。そのさい，ピートーはパックストンの設計の採用にも一役買っていたという。ピートーは鉄道だけでなく，ホテルの建設にも関与していたし，パックストンは建築家としてばかりでなく，バーケンヘッド・パークにみられるように，造園や住宅開発の点でも造詣が深かった。

メナイ海峡の吊橋とブリタニア管状橋の間の空き地に大規模なホテルを建設し，

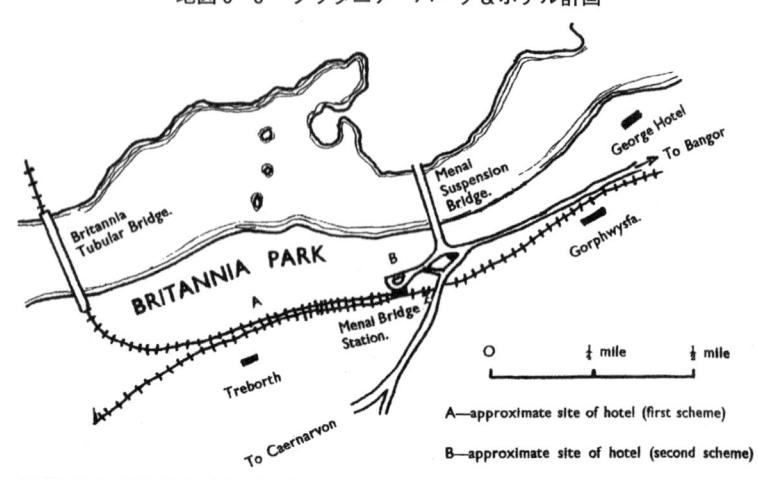

地図6-3　ブリタニア・パーク&ホテル計画

(出所) Clarke M. L., 'Britania Park', in *Transactions of the Caernafonshire Historical Society*, vol. 19, (1958).

　遊園地や緑地とともに住宅開発を行おうという計画が立てられたのは1849年からで，それが実行に移されるのは50年代になってからであった。ホテルの設計はリヴァプールの建築家，C. リード（Charles Reed）が，そしてパックストンは造園を担当した[98]。クラークの論文によれば，計画されたブリタニア・ホテルの規模は，イギリス最初の豪華ホテルとして有名なグレート・ウェスタン・ホテル（パディントン）を遥かに超えるものであったという。すなわち，後者のベッド数が150であったのに対して，計画されたブリタニア・ホテルのそれは500にも達したという。また，ホテルの玄関口に通じる並木道をクリスタル・パレスに倣ってガラス張りにするというユニークな計画も立てられた[99]。

　この計画は1851年から実行に移された。すなわち1851年の株主総会で株主の認可を得，5月にはホテルの基礎工事も始まった。またパックストンの設計にしたがって遊園地の建設も開始された。しかし，まもなく資金難によりすべての計画は頓挫し，早くも1851年9月の総会で「株主が優先株を引き受けないかぎり，支出の負担はできない」と述べられた。その後もホテルの規模を縮小し，その場所をバンゴール=カナーヴォン支線の駅舎の位置へ移動するなど，計画の練り直しが行われた。また鉄道会社自身による計画の実行が不可能とわかると，1852年8

月の総会で支援者の募集を行ったが，支援者は現れなかった。結局，1856年8月にはホテル建設予定地の売却が決定されることになった。

(4) 地域経済への貢献とL&NWR会社による合併

　ピートーがCHRの中心的経営者として活躍していた時期は，この会社にとって極めて困難な時期であった。会社は路線建設課程で多額の負債を負っていた。そして前述のように，ピートーがこの会社の経営者となったいきさつをみても，その経営をめぐるL&NWR代表者と独立派の対立が原因であった。ピートーは独立派の求めに応じて，その経営に参画したのであり，当然，反対派は経営巻き返しを狙っていたのである。ここでは，ピートーが経営者として活躍していた時代の沿線産業発展およびCHRの輸送の実態について考察し，最後にL&NWRに合併される事情をみることにしよう。

① 沿線の産業発展

　CHRは，その開通以後，沿線の産業発展にかなり大きく貢献した。その恩恵をこうむったのは沿線の重工業，とりわけ製鉄業や炭鉱業であった。南ウェールズほどではないにせよ，北ウェールズのCHR沿線ではかなり大規模な炭鉱業や製鉄業が発展しており，鉄道はそれらの大量輸送によって，地域の産業発展に貢献した。モルド鉄道をはじめとする支線建設の主たる目的が，沿線産業の開発であったことはすでに述べたとおりである。実際，この鉄道会社の議事録を見ると，沿線の炭鉱や石灰砕石所への側線建設を要請する記事が頻出する。例えば，1851年5月7日のCHR取締役会議事録に，Messrs. Lupton & Co. という会社が石灰輸送を行うための路線使用を要請しており，CHR取締役会はこの要請を是認している[100]。同様に，1853年1月13日の取締役会議事録に，Messrs. Irwell Paine & Layton という会社が，同社の炭鉱への側線の建設を依頼しているが，これに対してCHRは，自らその側線を建設することはできないが，炭鉱会社が自らの費用で建設するのは差し支えないと述べ，CHRの取締役たちはそのための土地を販売する用意があると述べている[101]。モスティン製鉄所もCHRの開通によって恩恵をこうむった会社の一つであった。

　モスティン近郊ではすでに16世紀頃から炭鉱業が発達しており，近くに鉄鉱石

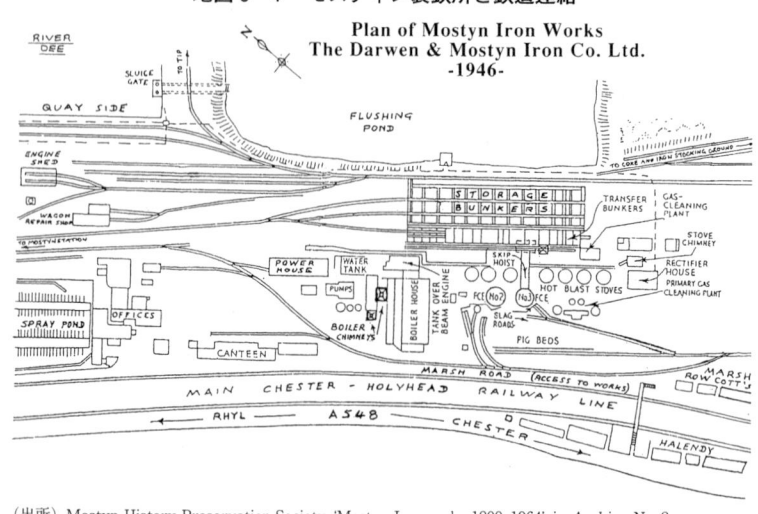

地図6-4　モスティン製鉄所と鉄道連絡

**Plan of Mostyn Iron Works
The Darwen & Mostyn Iron Co. Ltd.
-1946-**

(出所) Mostyn History Preservation Society, 'Mostyn Ironwarks 1800-1964', in *Archive*, No. 2.

や石灰が産出したため，19世紀初頭から製鉄業が発達した。また，モスティンは海に面していたため，製鉄業が開始される以前から港が建設され，小型船が北ウェールズ沿岸やリヴァプールとの貨物や旅客輸送に関与していた。これらの船舶は最初は帆船であったが，19世紀初期には蒸気船が使用されるようになった。さらに1848年におけるCHRの開通は，モスティン製鉄業の発展にさらなる原動力となった。本線から製鉄所やドック，炭鉱への側線が敷かれ，さらには炭鉱業を含む近隣の小規模産業に便宜を与えるために，支線が延長された[102]。もっともこうした鉄道連絡によって，モスティンの製鉄所がどのように発展したか，この製鉄所から鉄道輸送がどれくらい増加したか，具体的なことは明らかではない。しかし，鉄道の出現が，他方では，従来の海上輸送から鉄道輸送への転換をもたらし，やがて港の衰退をもたらしたという側面があったことも忘れるべきではない。

　CHRやその支線の開通によって，製鉄業や炭鉱業に勝るとも劣らないほど大きな影響を受けたのは，北ウェールズの主要産業であるスレート産業であった。例えば，1851年9月10日のCHR取締役会議事録で，Royal Bangor Slate

第6章 チェスター&ホーリーヘッド鉄道 193

表6-5 CHR沿線の主要観光地

	備考
Llandudno (4,807→10,469)	鉄道開通後, スランディドノウは北ウェールズでも屈指のファッショナブルな臨海リゾート地として発展。雨が少なく済んだ空気, ピクチャレスクな風景, 長大な遊歩道, 多様な植生や地質のオームズヘッドなど魅力豊かで, 避寒地としても人気。
Rhyl (6,029→9,005)	鉄道開通以前は小村。CHRの開通後, ヨークシャー, ランカシャー, ミッドランド地方からの臨海リゾート地として発達。全長3マイルのマリン・ドライブ (遊歩道), 観光桟橋の設置。マリンレイクではボート遊びを楽しめる。加えて, クルイド渓谷の景観も魅力の一つ。
Colwyn Bay (2,418→12,630)	ユーストンから急行で4時間26分 (約220マイル)。バーミンガムから約117マイル, リヴァプールから68マイル, マンチェスターから80マイル。この臨海リゾート地は19世紀後期に急速に成長。ホテルやヴィラが立ち並び, 避寒地としても有名となる。
Penmaenmawr (2,212→4,042)	聳える丘が狭い海岸に迫る臨海リゾート地で, 温和な気候のため, デヴォン州の著名な臨海リゾート地, トーキーに擬えられる。
Abergele (1,916→2,121)	古い教会や城 (Gwrych Castle), 海を見渡す木が生い茂る丘, Cefyn-or-Ogofとして知られる丘などで知られる臨海リゾート地。
Prestatyn (――→2,036)	ユーストンから約205マイルの臨海リゾート地。長い砂浜と背後にスノードン山系の切り立った山々が聳える。
Llanfairfechan (2,041→2,973)	清らかな水と優れた衛生設備で健康志向の臨海リゾート地。Dinas (1,050フィート), Carreg Fawr (1,150フィート) 登山や, Aber Lake, Llyn Nanhagonなど美しい湖も, 観光客に魅力となっている。
Bangor (9,005→11,236)	教会や大学 (North Wales University College), ペンリン卿のスレート積出港, スノードン山登山, 観光桟橋 (Promenade Pier) など, 多彩な観光と教育の町で, メナイ海峡に架かるテルフォードの吊橋も有名。
Caernarfon (9,449→9,119)	メナイ海峡の南海岸に位置し, エドワード1世によって建てられたカナーヴォン城が町のシンボル。18世紀後半以後, ナントル地方からのスレート搬出港, 造船, 海運の町としても栄え, CHRの支線開通により, イングランドから多くの観光客が訪れるようになる。
Conway (――→4,660)	カナーヴォン城とともに, エドワード1世によって建てられたコンウィ城, 町の取り囲む中世以来の城壁, Plas Mawr (エリザベス1世時代の建物) をはじめとする多くの歴史的建築物で有名。1821年に完成したテルフォードの吊橋の観光の目玉の一つ。

(出所) *The Official Guide to the London & North Western Railway*, Cassell & Company, (1912), pp. 209-228.; Walton J. K., *The English Seaside Resort; A Social History*, Leicester University Press, (1983), p. 60, p. 65.; Williams J. (ed.), *Digest of Welsh Historical Statistics vol. 1*, University College of Wales, (1985), pp. 62-65より作成。

Quarries 社長の Entwiste という人物が, その会社が発展し, 鉄道によるスレート輸送が必要になった場合, CHR 社と何らかの便宜が得られるかどうか問い合わせており, これに対して, 鉄道会社は肯定的回答を行っている[103]。残念なが

ら，このスレート鉱山からの輸送の実態は明らかではないが，CHR 沿線はイギリス屈指のスレート産業地帯であり，鉄道の開通はこの産業に少なからざる影響を与えたのである。とりわけ CHR の本線が通過するバンゴールの後背地，ベセスダには北ウェールズ最大のペンリン鉱山があり，また支線のバンゴール＝カナーヴォン鉄道のちょうど中間に位置するディノーヴィック港は，後背地のスランベリスにあるアシェトン＝スミスが経営する鉱山からのスレートの一大積み出し港であった。すでに CHR が開通する前から，北ウェールズ産のスレートは狭軌の馬車軌道と帆船によって，イギリス本国だけでなく広く海外に輸送され，主として屋根用の建材として使用されていた。その意味で，CHR の開通は，迅速かつ安価な輸送を提供することによって，その産業の発展に大きな刺激を与えるとともに，既存の輸送手段，特に海運業に対しては多かれ少なかれマイナスのインパクトを与えたのである。

　このように CHR の開設は沿線の多様な産業に影響を与えたが，現代の北ウェールズ産業との関係で最も影響力が大きかったのは観光産業であった。実際，観光産業はピートーがこの鉄道の経営に参加して以来，彼が最も重点をおいた産業であり，前述の2つの支線の建設も観光産業の育成がそれらの主たる目的であった。実際，北ウェールズにおける観光の大衆化は鉄道，とりわけ CHR とその支線の開通によって本格的に始まったといえるであろう。表6-5は CHR 沿線の主要観光地をまとめたものである。

② CHR の輸送と収入

　さて，こうした沿線の産業発展は CHR の輸送の発展をもたらした。1850年代の CHR 総会議事録により，具体的数値が明らかとなる。次頁のグラフ6-1,2はそれらの資料から作成したものである。

　グラフ6-1により，CHR の開通当初の1850～53年の4年間に旅客輸送数が約1.7倍の約36万人から約60万人に増加したのに対し，貨物輸送量は13万トン余りから約27万トンと，約2倍に増加したことがわかる。他方，収入のほうは輸送量ほど大きくは増加しなかったが，それでもグラフ6-2から明らかなように，総収入は約7万7千ポンドから12万ポンド近くに，すなわち約1.6倍に増加している。中でも最も著しく増加したのは貨物収入であり，1万5千ポンドから3万2

第6章 チェスター&ホーリーヘッド鉄道 195

グラフ6-1 CHRの旅客と貨物輸送

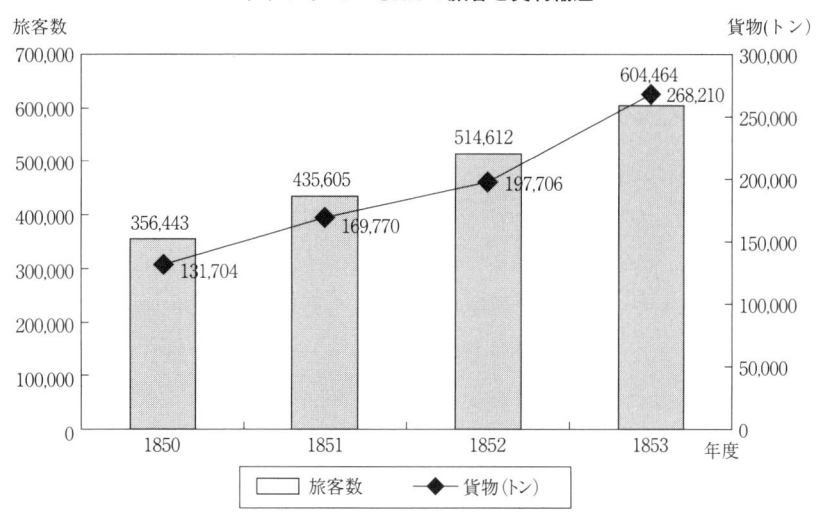

年度	旅客数	貨物(トン)
1850	356,443	131,704
1851	435,605	169,770
1852	514,612	197,706
1853	604,464	268,210

(出所) CHR, *General Meeting Minutes* 各年度より作成。

グラフ6-2 CHRの収入変化

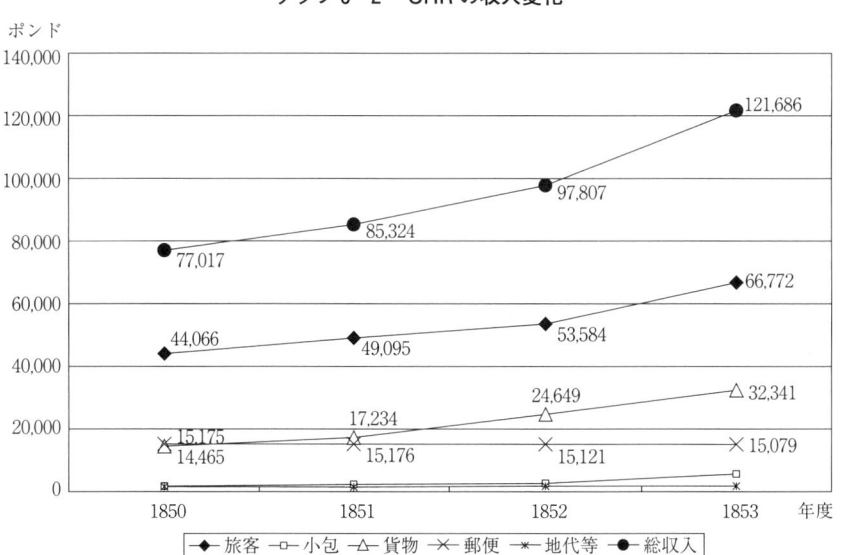

年度	旅客	小包	貨物	郵便	地代等	総収入
1850	44,066		15,175	14,465		77,017
1851	49,095		17,234	15,176		85,324
1852	53,584		24,649	15,121		97,807
1853	66,772		32,341	15,079		121,686

(出所) CHR, *General Meeting Minutes* 各年度より作成。

千ポンド，2倍以上に増加している。

また，旅客収入は約4万4千ポンドから約6万7千ポンドに増加している。その他の収入（郵便や地代など）は一定に保たれている。ただ，ここで利用できた史料にはかなり大きな限界があることを断っておく必要がある。まず第1に，利用できたデータは1850〜53年までのもので，それ以後のことは明らかでないし，費用の変化も明らかではないため，どれくらいの利潤を上げていたかも明らかではない。しかしながら，以上の不十分な分析からも，ピートーがCHRの取締役，社長として活躍していた1850年代前半期には，この鉄道会社が地域産業の発展にかなり貢献し，また後の産業発展の基盤を築くとともに，会社自身の輸送もかなり増加していたことが明らかになる。そして，1854年12月には，少額ながら優先株に対して配当を支払うこともできたのである[104]。

③ L&NWRによる併合

さて，こうした輸送の発展にもかかわらず，その後まもなく，CHRはL&NWRに合併されることとなった。前者の後者への売却を認める法律は1858年6月に議会を通過し，翌年1月に施行された[105]。このことは，当初から定められていた運命であったかもしれない。そもそも会社の設立を認めるCHR法（1844年）を見れば明らかなように，創業資本金210万ポンドのうちの半額近くをL&NWRの前身であるL&BRに依存していたし，機関車や車両ばかりか，その輸送業務も後者に依存していたことに鑑みれば，こうなることはすでにCHRの設立当初から定められた運命であったといえよう。それに加えて，50年代半ば頃からCHRの経営に対するピートーの熱意も徐々に冷めていき，それとともに彼の影響力も低下していったように思われる。すでに述べたように，ピートーは，イギリス国内だけでなく，広く海外の鉄道建設にも関与する国際的企業家であった。そして50年代半ばに彼は仲間のベッツやブラッシーらとともに，カナダのGrand Trunk Railwayの建設に携わっていた。だがこの鉄道の建設は困難を極め，ピートーと彼のパートナーたちは100万ポンド近い損失をこうむっていたのである[106]。またピートーはクリミア戦争中，前線にBalaclava Railwayを建設し，戦勝に貢献したことを認められ準男爵（Baronet）の称号を授与されたが，これを機会に政治家でもあったピートーに対する反対派からの風当たりが強まった。こうした

さまざまな事情がこの鉄道の経営におけるピートーの影響力低下をもたらしたであろうと思われる。

5．おわりに

　最後に，本章の論点を要約しておこう。本章の議論は大きく分けて前半と後半に分けることができる。前半は CHR の設立から開通に至るプロセスを論じた。その際，まず問題にしたのは，この鉄道の建設動機であった。この鉄道は，イギリスの大部分の鉄道に見られたように，純粋に経済的動機によって建設されたのではなく，イングランドとアイルランドとの間の通信の改善という，アイルランド併合（1800年）以来続いてきた政治的・軍事的動機が働いていた。しかしそれにもかかわらず，この鉄道で政府が果たした役割は極めて限られていたことを明らかにした。次いで，会社の設立と路線建設について論じた。路線建設は主任技師，ロバート・スティーブンソンを中心に進められた。彼は特に困難な橋梁部分を除いて，路線の10数か所に区分し，それぞれの区間をコントラクターに請負わせることによって建設した。この鉄道はメナイ海峡のブリタニア鉄橋を含めて全線開通したのは1850年であった。そして，とりわけコンウィとメナイ海峡の橋は，スティーブンソンの記念碑的傑作となった。しかし反面，その建設に伴う出費は，巨大な隣人，L＆NWR への依存をますます高めることとなったのである。他方，この鉄道は一種のコントラクターズ・ラインであるという側面ももっており，路線建設，とりわけ支線のモルド鉄道の建設にあたって，ブラッシーに匹敵する大コントラクター，ピートーへの金融的依存を招くこととなったのである。

　本章の後半部分は，CHR の経営者となったピートーを中心とする企業活動に重点をおいて論述した。鉄道コントラクター，ピートーはライバルで，パートナーでもあったブラッシーと対比されることが多いが，その活動について十分研究が行われているとは思えない。しかも彼についての評価の多くはかなり辛らつである。おそらくその理由の一つはコントラクターとしての彼の投機的側面にあり，とりわけオヴァレンド・ガーニィ商会の破産とそれに起因する金融恐慌と無関係でなかったと思われる。確かにピートーの鉄道建設には投機的側面がなかったわ

けではなかろう。しかしその反面，彼は数千人ものナヴィを抱えており，彼らに仕事を提供しなければならないという使命感のようなものがあったのではなかろうか。少なくとも，彼の議会での証言をみれば，温情主義的経営者の側面も持ち合わせていたことは確かなようである。本章では，鉄道経営者としてのピートーの仕事を特に CHR に焦点を合わせて考察した。少なくとも筆者の見るところ，この面についての研究はほとんど存在しないのである。確かに，ローズトフトの開発についてのブルックスの研究はこの側面の研究に大きく貢献したと思われるが，彼の研究においても，ピートーの CHR での活動についてはほとんど論じられていない。本研究ではこの欠落部分を埋めることによって，ピートーの活動の一側面に光をあてようとすることにあった。

もちろんこのことは，ピートーの CHR での活動が大成功であったということを意味するものではない。ピートー体制が成功であったか，失敗であったかは，必ずしも明白というわけではない。ある面では成功したが，ブリタニア・パーク計画のように，失敗もあった。ただ，ピートーが経営者になったことによって，CHR の独立性はしばらく維持されたことは確かである。また，経営の独立性を保つための支線拡張政策やさまざまな産業開発計画が，地域経済に多かれ少なかれ貢献したことも疑いないであろう。

注
1) 詳しくは本書第2章，あるいは拙稿「19世紀初期北ウェールズにおける交通改善のひとこま——ホーリーヘッド道路と海上ルートの近代化——」『帝塚山経済・経営論集』第15巻（2005年）参照。
2) L & NWR の歴史については，例えば Nock O. S., *The London & North Western Railway*, Jen Allan Ltd. 参照。
3) モースが電信機を発明するのは1837年であり，イギリスでも30年代末からロンドン＝バーミンガム鉄道やグレート・ウェスタン鉄道の一部の路線で電信の実験が行われていたが，電信が鉄道の通信に一般に使用されるのは1840年代になってからであった。またベルが電話を発明するのは1876年のことであった。Bagwell P. S. & Lyth P., *Transport in Britain*, Hambledon and London, (2002). 梶本（訳）『イギリスの交通』大学教育出版（2004）102ページ参照。
4) *Report from Lieutenant-Colonel Sir Frederic Smith of the Royal Engineer and*

Professor Barlow, August (1839), pp. 3-4.
5) フェスティニョク鉄道については本書第10章, および拙稿「ヴィクトリア時代における北ウェールズのナローゲージ鉄道——フェスティニョク鉄道の盛衰を中心にして——」『帝塚山経済・経営論集』第16巻 (2006) 参照。
6) すなわち, ダルコット=ウスター間を, I. K. ブルネルの指揮下でヘネット (Mr. Hennet) が測量に当たり, ウスター=ニュータウン間の測量をヴァーデン (Varden) が, ニュータウン=ドルゲライ間をニューナム (Mr. Newham) が, そしてドルゲライ=ポートダンスラン間をヴィグノールが担当した。*Report from Lieutenant-Colonel Sir Frederic Smith of the Royal Engineer and Professor Barlow*, August (1839), pp. 14-20.
7) Chester & Crewe 鉄道および Chester & Birkenhead 鉄道はチェスターからマージー川を挟んだリヴァプールの対岸バークンヘッドを連絡した。
8) *Report from Lieutenant-Colonel Sir Frederic Smith of the Royal Engineer and Professor Barlow*, p. 3.
9) *Ibid.*, pp. 3-4.
10) Parry E., *Parry's Railway Companion from Chester to Holyhead*, Arthur Hall and Company, (1848), p. 12.
11) *The Memorial of the Promotors of the Chester and Holyhead Railway to the Treasury*, 23rd May (1840), p. 1.
12) *Ibid.*, pp. 1-2.
13) *Ibid.*, p. 3.
14) 拙稿「19世紀初期北ウェールズにおける交通改善のひとこま——ホーリーヘッド道路と海上ルートの近代化——」『帝塚山経済・経営論集』第15巻 (2005年) 参照。
15) こうした政策変化の一つの現れが, 重商主義体制の象徴ともいうべき航海条例体制から萌芽期にある遠洋航路の蒸気船会社に郵便補助金を与える一種の自由貿易帝国主義体制への変化であった。
16) *Report from Rear-Admiral Sir James A. Gordon and Captain Beechey to the Lords of the Admiralty, relative to the best Means of communications between London and Dublin, and relative capabilities of the Ports of Holyhead, Ormes Bay and Porthdynllaen*, April (1840).
17) *Report from Lieutenant-Colonel Sir Frederic Smith of the Royal Engineers and Proffesor Barlow*, p. 22.
18) *Report on Holyhead and Portdynllaen Harbors by James Walker, Civil Engineer*, October (1843), p. 9.
19) *Ibid.*, p. 11.
20) Baughan, *op. cit.*, p. 46.
21) *An Act for making a Railway from Chester to Holyhead*, 4th July (1844).

22) CHR., *General Meeting Minutes*, Friday 30th August (1844); Boughan, *op. cit.*, p. 46.
23) これらの取締役中, G. C. Glyn は銀行家で, ブラッシーと密接な取引関係を持っていた。また J. Laird はバーケンヘッドの造船業者で, J. J. Guest はダウラス製鉄所（南ウェールズ）の経営者であった。
24) CHR, *General Meeting Minutes*, August (1844).
25) Baughan P. E., *op. cit.*, p. 52.
26) *Ibid.*, p. 96.
27) Vale of Clwyd Railway は Rhyl から Denbigh に至る全長12マイルの鉄道で, 1856年に設立され, 1858年10月に開通した。この鉄道は後に建設された Denbigh, Ruthin and Corwen Railway と同様, 開通当初から L & NWR によって営業されていたが, 1867年には後者に併合された。ウェールズのコントラクター, デイヴィッド・デイヴィスがこの鉄道の建設を請負い, 1年で完成させた。なお, この鉄道の建設にあたって, デイヴィスは現金ばかりでなく, 株式での支払いを認可し, 開通後しばらくの間この鉄道の経営に関与していた。Jones E. E., *The Rialways of Wales, Welsh Library Association*, (1979), p. 101.; Thomas I., *Top Sawyer — A Biography of David Davies —*, Longmans Green & Co., (1938), pp. 39-40 参照。
28) Baughan P. E., *op. cit.*, p. 58.
29) *Report from the Select Committee on Railway Labourers*, (1846), p. 3.
30) 労働者への賃金の支払いを現金の代わりにチケットや特殊なコインで支払い,「トミーショップ」と呼ばれ, コントラクターやサブコントラクターが経営する現場の店で, 労働者の日常生活品を販売する方法であった。そこで発行されるチケットやコインは特定の店でしか通用せず, 販売される物品も町の店に比べて概して割高で品質も悪かった。1831年の法律でトラック・システムが禁止されたが, その法律の適用は繊維産業部門などに限られており, 鉄道建設ではその後も引き続き現物給制度が続けられていた。なおこの問題については, 湯沢威『イギリス鉄道経営史』日本経済評論社 (1987) 144-148ページ参照。
31) この委員会の設立を主導したのは社会改良家, Edwin Chadwick であり, 彼は自ら委員会で証言した。またその他の証人として, 技師の I. K. Brunel, そしてコントラクターの S. M. Peto や T. Jackson がいた。
32) *Report from the Select Committee on Railway Labourers*, Q. 1892.
33) 後に見るように, ジャクソンはカナダの Grand Trunk Railway をはじめ, ピートーたちと共同で多くの海外での鉄道建設を行っている（表6-3参照）。
34) *Ibid.*, QQ., 1893-1904.
35) *Ibid.*, QQ., 1929-1949.
36) *Ibid.*, QQ., 1976-1981.
37) *Ibid.*, QQ., 1984-1993.

38) *Ibid.*, QQ., 1767-1768.
39) *Report from the Select Committee on Railway Labourers*, (1846), QQ. 2572-2574, 2589.
40) *Ibid.*, QQ. 2577-2582.
41) Williams H., *Railways in Wales*, p. 28.
42) この時期に CHR の路線の一部が完成しており，Shrewsbury & Chester Railway によって利用されていた。Baughan, *op. cit.*, p. 104.
43) *Illustrated London News*, 24th May (1847).
44) Baughan, *op. cit.*, p. 108.
45) *Ibid.*, p. 109.
46) *Ibid.*, p. 117.
47) *Illustrated London News*, 9 March (1850).
48) Baughan, *op. cit.*, p. 135.
49) *Ibid.*, p. 139.
50) Baughan, *op. cit.*, pp. 123-124. なお，1813年にグロスター州，チェルフォードに生まれたトマス（John Thomas）はウェールズ人を祖先に持つ彫刻家で，この作品のほかにグラスゴーのナショナルバンクやウィンザーの謁見室の装飾などがある。Dunn J. M., *The Chester & Holyhead Railway*, Oakwood Press, (1968), p. 24.
51) ロバート・スティーブンソンのライバルで，友人でもあった I. K. ブルネルもこの橋やコンウィ橋の建設作業に立会い，有益なアドバイスを行った。なお，橋の設計の意匠権をめぐって，ウィリアム・フェアバーンとその息子のジョンがスティーブンソンと会社を相手取って訴訟を起こすという一幕もあった。Baughan, *op. cit.*, pp. 135-142.
52) 女王一家のブリタニア橋訪問は当時のイギリスでも一大ニュースであり，特に *Illustrated London News* で詳しく報じられた。同誌ではロバート・スティーブンソンが女王一族を橋の下に案内している大写しのイラストを一面に出し，一家がライオンの彫刻の前に立ち，横で楽隊が演奏している様子や，スティーブンソンが2人の王子をチューブの上に案内している様子を表す3枚のイラストを掲載し，さらに，一家の北ウェールズ旅行の行程を詳しく説明している。*The Illustrated London News*, 23 Oct. (1852), pp. 330-332.
53) この橋の建設作業中，スティーブンソンは心労のために何週間にもわたってほとんど眠れず，最初のチューブが無事揚げられた時，友人に10年は年老いたと指摘されたという。Baughan, *op. cit.*, pp. 140-142. なお，この橋の建設をめぐるスティーブンソンの心労については，Smiles S., *Lives of Engineers* 参照
54) CHR は政府に援助を申し出たが受け入れられず，このためすでに多額の負債を負っている L & NWR に優先株の引き受けを依頼した。また，ブリタニア橋を建設して

いるコントラクターたちに，現金での支払いの代わりに社債の引き受けに同意させた。Baughan, *op. cit.*, p. 121.
55) The Chester & Holyhead (Increase of Capital) Act (12-13 Vic cap xli).
56) Baughan, *op. cit.*, p. 122.
57) この海上郵便輸送をめぐり，当時の管轄官庁であった海軍本部が公共入札を募ると，CHR 社を代表するウィリアム・ジャクソンはコントラクターのベッツに入札を依頼した。しかし，最終的に海軍本部は the City of Dublin Steam Packet Company からの入札を受け入れた。これによってこの海運会社がホーリーヘッド=ダブリン間の郵便の海上輸送を独占することになった。詳しくは Baughan, *op. cit.*, chap. 7 参照。なお，the City of Dublin Steam Packet Company，およびその経営者，ワトソンの企業活動については，Harcourt F., 'Charles Wye Williams and Irish Steam Shipping, 1820-50', *Journal of Transport History*, 3rd Series vol. 13, no. 2, (1992) 参照。
58) 詳しくは Baughan, *op. cit.*, chapter 7 参照。
59) ブラッシーは内外あわせて6,500マイルの鉄道を建設したと言われている。*The Oxford Companion to British Railway History*, p. 43. なお，ブラッシーの伝記としては Helps A., *Life and Labours of Mr. Brassey*, Boston, (1874); Waker C., *Thomas Brassey: Railway Builder*, London, (1969)；角山栄『産業革命の群像』清水書院 (1971) などがある。
60) ピートーとグリッセルが建てた建築物には，このほかに，グレートウェスタン鉄道の路線の一部や，パディントン，レディングの駅舎，ハンガーフォード市場やクラーケンウェル刑務所，ホワイトライオン刑務所などがあった。詳しくは，Revd. Dr. E. C. Brooks, *Sir Samuel Morton Peto Bt. Eminent Victorian, Railway Entrepreneur*, Bury Clerical Society, (1996), chap. 2 参照。
61) Revd. Dr. E. C. Brooks, *op. cit.*, p. 183.
62) *Ibid.*, pp. 28-29.
63) Cottrell P. L., 'Sir Samuel Morton Peto', in *Dictionary of Business Biography*, pp. 644-645. ピートーのローズトフト開発についての詳細は，Revd. Dr. E. C. Brooks, *Sir Samuel Morton Peto Bt. Eminent Victorian, Railway Entrepreneur*, Bury Clerical Society, (1996), chap. 4 参照。
64) *Ibid.*, pp. 547-548; Brooks, *op. cit.*, pp. 203-211.
65) 湯沢氏はこうしたピートーの経営政策を批判して，次のように述べておられる。「ピートーの一攫千金的な活動はハドソンのそれと一脈通じるものがあった。すなわち，厳密な計算にもとづいた経営政策を行うのではなく，一方では売名行為とも取れる派手な事業外の活動をして，多額の出資をし，他方ではそれを埋め合わせるために，建設業者というよりも金融の策略家としての性格を強めていくのである。したがって，彼の組織形態の中にも彼の放漫な経営思想が反映していたと見ることができる」。湯

沢，前掲書，141ページ。
66) Revd. Dr. E. C. Brooks, *op. cit.*, pp. 183-184.
67) *Report from the Select Committee on Railway Labourors*, (1846), QQ., 1227-1231.
68) *Ibid.*, QQ., 1337-1339.
69) *Ibid.*, QQ., 1251-1255.
70) *Ibid.*, QQ., 1348-1361.
71) 例えば，ピートーがオーストラリアに行ったという記録はないようである。Revd. E. C. Brooks, *Sir Samuel Morton Peto*, p. 234.
72) 北ウェールズの製鉄業や炭鉱業の発展に貢献した人物として，ジョン・ウィルキンソンがあげられる。「鉄狂い」の彼は，中繰り旋盤の発明で有名だが，さらに鉄船，鉄の説教壇，鉄橋を作り，死に臨んでは鉄棺に入れられ，鉄の墓碑を立てさせたという。ウィルソン家は父の代から北ウェールズのバーシャム（レクサム近郊）で製鉄所を経営していたが，18世紀末にはブリンボにも溶鉱炉を建設し，さらにモルド近くに500エーカーの土地を所有し，製鉄所を建設し，炭鉱を開発した。ブリンボの製鉄所は後に大製鋼会社に発展していった。Chaloner W. H., *People and Industries*. 武井良明（訳）『産業革命期の人びと』未来社（1969）；荒井政治（他編）『産業革命を生きた人びと』有斐閣（1981）；Dodd A. H., *the Industrial Revolution in North Wales*, University of Wales Press, (1951); Rees D. M., *the Industrial Archaeology of Wales*, David & Charles, (1975), pp. 60-61 参照。
73) Mold Railway Company, *Minutes*, 11th Nov. 1846.
74) Mold Railway Company, *Minutes*, 11th Feb. 1847.
75) Jones E. Emrys, *The Railways of Wales*, Welsh Library Association, (1979), p. 96.
76) すなわち，CHR の社長 W. R. Collett と副社長の W. H. Thomas が同時に Mold Railway 社の社長，副社長を兼ねていた。Mold Railway Company, *Minutes*, 21st July. 1847.
77) Mold Railway Company, *Minutes*, 15th March, 1848.
78) Mold Railway Company, *Minutes*, 20th July, 1848; CHR *Directors Minutes*, 12th Jan. 1848.
79) Pollins H., 'Railway Contractors and the Finance of Railway', in Read M. C. (ed.), *Railways in Victorian Economy*, David & Charles, (1969).
80) この点に関して，地方企業家でモルド鉄道の取締役の一人でもあったオーケリー氏（Mr. Orkeley）はフリス支線をモルド鉄道の本線と同時に開通させることを要請している。Mold Railway Company, *Minutes*, 8th Nov. 1848.
81) Mold Railway Company, *Minutes*, 17th July 1852.
82) CHR *Directors Meeting Minutes*, Wed. 12th Feb. 1851.
83) CHR *Directors Meeting Minutes*, Wed. 12th Oct. 1849.

84) CHR *Directors Minutes*, Wed. 11th Dec. 1850.
85) Baugan, *Regional History Railway* を見よ。
86) CHR *Directors Minutes*, Wed. 12th Nov. 1851.
87) Baugan, *Regional History Railway* を見よ。
88) *Ibid.*, pp. 94-95.
89) B&C. R. Co. *Minutes*, 7th May 1856.
90) *Ibid.*, 6th Oct 1853 and 8th June 1854; CHR *Directors Minutes*, Wed. 10th March 1853 and Wed. 6th April 1853.
91) Cottorell, 'Sir Samuel Morton Peto', p. 645.
92) Baughan P. E., *A Regional History of the Railways of Breat Britain, vol. 11 North and Mid Wales*, David St John Thomas Publisher, (1991), p. 27.
93) *Ibid*, pp. 27-29.
94) Walton J. K., *The English Seaside Resort: A Social History 1750-1914*, Leicester University Press, (1983), p. 53, p. 60, p. 65. なお、臨海リゾート地としてのスランディドノウの発展についての詳細は、Jones I. W., *Llandudno: Queen of Welsh Resorts*, Landmark Publishing, (2002) 参照。
95) この点については、拙稿「ヴィクトリア時代における北ウェールズのナローゲージ鉄道——フェスティニョク鉄道の盛衰を中心にして——」『帝塚山経済・経営論集』第16巻（2006年）参照。
96) トマス・クックは万博開催期間中に16万5000人の観光客をロンドンに送り込み、旅行業者としてテイク・オフへの好機をつかんだ。詳しくは荒井政治『レジャーの社会経済史』、東洋経済新報社（1989）第3章；本城靖久『トマス・クックの旅』講談社現代新書（1996年）参照。
97) CHR *Directors Minutes*, Wed. 11th Dec. 1850.
98) Baughan, P. E., *C. H. R.*, pp. 255-259.
99) Clarke M. L, 'Britania Park', *Transactions for the Caernarfonshire Historical Society*, vol. 19, (1958).
100) CHR, *Directors Minutes*, May 7th 1851.
101) CHR, *Directors Minutes*, Jan 13th 1853.
102) モスティンの製鉄業の発展については、The Mostyn History Preservation Society, 'Mostyn Ironworks, 1800-1964', *Archive*, No. 2 参照。
103) CHR, *Directors Minutes*, 10th Sept. 1851.
104) Baughan, *op. cit.*, pp. 171-172.
105) *Ibid.*, p. 177.
106) *Ibid.*, p. 171.

第7章 カンブリアン鉄道の形成と発展

1. はじめに

　ウェールズにおける本格的な鉄道時代は，1840年代になってイングランドの中心部とウェールズとを結ぶ幹線鉄道，チェスター&ホーリーヘッド鉄道とグレート・ウェスタン鉄道の南ウェールズへの延長線であるサウス・ウェールズ鉄道の建設によって始まった[1]。しかし1840年代のイギリス鉄道地図を見る限り，ウェールズの大部分，とりわけ北中部ウェールズはほとんど空白に近く，この地方の鉄道の多くはようやく1850年代末から1860年代にかけて建設されている。この時期はイギリスの鉄道建設の第3のブーム期に当たっていた。北中部ウェールズの鉄道建設には次のような特徴が見られた。その第1点は地方の小鉄道として少しずつ徐々に建設が進められ，やがてほとんどの鉄道がカンブリアン鉄道として統合されたことである。第2の特徴は建設にあたって資金調達に困難を極め，無事開通した後も主として輸送需要の不足のために，常に資金不足に悩まされていたことがあげられる。カンブリアン鉄道に統合される前の地方鉄道の多くは，決してスムーズに建設されたわけではなかったし，統合後も輸送需要や資金不足が常に付きまとっていた。これは北中部ウェールズという過疎地域に建設された鉄道の宿命であったともいえよう。

　もっともこの点で北中部ウェールズは決して例外ではなかった。実際，1850～60年代になると，すでにイギリスの幹線鉄道網は完成しており，投資家の目は海外に向けられていたし，この頃に建設された鉄道の多くは，イングランド西部，イースト・アングリア，スコットランド，アイルランドなどの僻地に偏在し，資本蓄積の不十分さのために，地方的に鉄道建設資金を調達するのは困難な

場合が多かった。したがって，この時期に建設された鉄道は，いわゆる「コントラクターズ・ライン」(contractors' line) になることが多かった。ここでいう「コントラクターズ・ライン」とは，コントラクターの活動が単なる路線の建設だけにとどまらず，金融や経営にまでおよぶ鉄道のことである[2]。イギリスの鉄道建設においてコントラクターの役割が増加するのは1840年代の鉄道熱時代が終わって以後のことであり，とりわけ50〜60年代にはコントラクターは注目の的となった。鉄道会社はコントラクターと連携して資金を調達することが多くなり，その支払い方法として現金の代わりに会社の有価証券（株式や社債）が利用された。時にはコントラクターは鉄道建設の計画や発起にも関与するのである[3]。以下，まず北中部ウェールズの地方鉄道の建設プロセスとそれらの鉄道の特徴を概観し，カンブリアン鉄道として統合された後，この鉄道が直面したさまざまな困難についてみていこう。

2．カンブリアン鉄道前史

　カンブリアン鉄道は主として中部ウェールズを中心に建設された地方鉄道が統合されることによって形成された。それらの地方鉄道とはスラニドロエス＆ニュータウン鉄道 (Llanidloes & Newtown Railway)，オズウェストリー＆ニュータウン鉄道 (Oswestry & Newtown Railway)，ニュータウン＆マカンスレス鉄道 (Newtown & Machynlleth Railway)，そしてオズウェストリー，エルズミア＆ウィッチャーチ鉄道 (The Oswestry, Ellesmere & Whitchurch Railway) であった。カンブリアン鉄道はこれらの4つの鉄道が1864年に合併することによって形成され，さらにその翌年に，当時建設中であったアベリストゥイス＆ウェルシュ・コースト鉄道 (The Aberystwyth & Welsh Coast Railway) が吸収合併された。したがって，まずそれらの地方小鉄道の設立過程からみていこう。

　後にカンブリアン鉄道として統合される北中部ウェールズの地方鉄道のうち，最初に建設認可の法律を獲得したのが，スラニドロエス＆ニュータウン鉄道 (Llanidloes & Newtown Railway；以下 L & NR と略記) であった。この鉄道の発起人は地方の名士，ジョージ・ハモンド・ホアリー (George Hammond

Whalley) とウィリアム・ピューであった。ホアリーはこの鉄道のほかにもオズウェストリー＆ニュータウン鉄道 (Oswestry & Newtown R.) をはじめとする多くの鉄道の発起人となった[4]。他方，ピューはニュータウンやスラニドロエスの毛織物工業の機械化に挑戦した人物であり，すでにみたようにモンゴメリーシャー運河の建設にも関与していた。彼らの意図はウェールズのど真ん中であるスラニドロエスからニュータウン間に鉄道を敷くことにより，大鉄道会社（GWR と L＆NWR）の計画する路線と連絡をはかることであった[5]。しかし，大会社の計画が議会を通過しなかったのに対して，彼の計画は首尾よく認可された（1853年8月）。

イラスト7-1　ジョージ・ハモンド・ホアリー

(出所) *Illustrated London News*, 1859.

　しかし，この鉄道の建設は，当初の過大な期待にもかかわらず，資金不足のため決して順調には進まず，実際に建設が開始されるのはようやく1855年のことであった。当初，主要株主の一人，アン・オウエン夫人の鍬入れという手はずで起工式典が予定されていたが，彼女が会社からの招待状を承諾するよりも前に地方新聞による報道が行われたため，式典への出席を拒否した[6]。このような手違いにもかかわらず，式典は予定どおり，土砂降りの雨の中，社長のホアリーが自ら鍬入れ式を行うことによって，挙行された。この鉄道の建設を請け負ったのがデヴィッド・デイヴィスで，最初の区間は単独で，その後はトマス・サヴィンと共同で建設を請け負った。因みにデイヴィスとサヴィンはこの鉄道だけでなく，多くの鉄道建設に従事したウェールズの代表的コントラクターであった[7]。コントラクターの下で汗だくになって働いていた土木労働者のことをナヴィ (navvy) という。L＆NRの建設では約600人のナヴィが雇用され，ピッケルやスコップ，

イラスト7-2　トマス・サヴィン

(出典) Thomas L, *Top Sawyer*, p. 41.

手押し車を使って困難な建設作業に従事していた[8]。因みにナヴィという言葉はナヴィゲーター（navigator）という言葉からきており，その起源は運河時代にさかのぼる。テリー・コールマンによれば，鉄道建設の最盛期の1845年には20万人ものナヴィが働いていたという[9]。

さて，L & NR は建設開始から2年後の1857年末には路線全体のほぼ3/4が完成していたが，ここで資金が尽きてしまい，工事もストップしてしまった。救いの手はコントラクターたちから出された。デイヴィスとサヴィンは未発行株のすべてと社債を引き受けることを条件に作業の完成を約束した。その条件は現金での支払いがなされた場合に比べて25%も高かったため，社長のホアリーは強く反対したが，背に腹は代えられず，株主たちの委員会は彼らの条件を受け入れた[10]。この鉄道の技師は当初，R. ホプキンスであったが，彼の死去によりベンジャミン・ピアシー（Benjamin Piercy）が代わりに雇用された[11]。以後，ピアシーがコントラクターのデイヴィスやサヴィンとともに，この地方の鉄道建設の中心的役割を担うこととなった。もっとも当初この鉄道は北中部ウェールズの小都市間を結ぶ孤立無援の路線にすぎず，機関車や車両はそれらを運搬するための特別の大型馬車によってはるばるイングランドの工場から輸送される必要があった。この鉄道は建設開始から5年後の1859年にようやく完成し，4月末には貨物輸送，そして8月末には旅客輸送を開始した。この鉄道は時には「頭も尻尾もない」（no head and tail）[12]鉄道などと嘲笑されたが，少なくとも鉄道沿線の人々にとって，鉄道の開設は新時代の幕開けを画する画期的な出来事であった。というのも，この鉄道はしばらく孤立無援であったが，それも時間の問題にすぎなかったからである。

L&NRに続いて発起されたのがオズウェストリー&ニュータウン鉄道 (Oswestry & Newtown Railway; O & NR) であった。この鉄道の建設を認可する法律は1854年に制定され，創業資本金は25万ポンドであった。しかしこの鉄道の建設も決して順調には進まなかった。当初のコントラクター，ソーントン&マコーミック (Thornton & McCormick) は無能で仕事を始めることさえできず，次に雇用されたデヴィッドソン&アウターソン (Davidson & Outhterson) も全線30マイル中11マイル建設しただけで破産した[13]。しかも会社は多額の借金を負い，危機的状況にあった。ここでもこの危機を救ったのがコントラクターのデイヴィスとサヴィンであった。そのさいの条件はコントラクターたちが未発行の優先株や社債の引き受けに加えて1861年1月1日までの利潤を支払うことを条件に建設を完成させるというものであった。2人の取締役 (Powis卿とRichard Mytton) がこの契約に反対して辞任したものの，会社とコントラクターたちとの契約は締結され，コントラクターたちは1859年10月末に仕事を開始した[14]。建設作業はしばらくは順調に進み，1860年5月にはオズウェストリーからプールキー (Pool Quay) への16マイルの路線が，同年8月にはさらにウェルシュプールまでの路線とニュータウンからアバーミュール間の路線が完成した。しかしその後別の鉄道（アベリストゥス&ウェルシュ・コースト鉄道）の建設をめぐってデイヴィスとサヴィンの対立が生じたことによって，この鉄道の建設は一時中断され，両者のパートナーシップは解消された。結局この鉄道はサヴィンが単独で建設を続行し，1861年6月にアバーミュール=ウェルシュプール間（9マイル）の完成によって，全線が開通した。この鉄道の完成，さらに翌年1月にシュルーズベリーからウェルシュプールへの路線 (L&NWRにより操業) が完成したことにより，中部ウェールズの町や村はイングランド各地と連絡されることとなった[15]。

　さらにO&NR会社は本線の建設と並行して支線建設も積極的に推し進めた。主たる支線としてはポースウォウン (Porthywaen) 支線，ケリー (Kerry) 支線，そしてスランヴェリン (Llanfyllin) 支線があげられる。このうちポースウォウン支線の全長は1.75マイルで，この地域に砕石所や炭鉱を所有するサヴィン兄弟によって建設され，1873年3月に貨物用として開通した[16]。ケリー支線の全長は4マイルで，これもサヴィンによって建設された。最長の支線はスランヴェ

リン支線 (9.25マイル) で, 地方弁護士ジョン・ピュー (John Pugh) が主導者で, サヴィン兄弟とその義兄弟ジョン・ウォード (John Word) によって建設された。その目的は沿線の鉛鉱山の開発であった[17]。

前述の2つの鉄道は中部ウェールズの孤立性を打破し, イングランドの都市と連絡する上で大きな意義を有していた。それらに続く第3の鉄道, ニュータウン&マカンスレス鉄道 (The Newtown & Machanlleth Railway; N & MR) はこの連絡をマカンスレスまで拡張し, これにより鉄道は中部ウェールズ, カーディガン湾近くまで延長されることとなった。この鉄道の建設を認可する法律は1857年7月27日に議会を通過した。その主導者はデヴィド・ハウエル (David Howell) で, 創業資本金は15万ポンド, ハウエルが書記, ピアシー兄弟が技師, コントラクターとしてデイヴィスが建設に従事することとなった。この鉄道も地方地主や貴族が取締役の重要なメンバーであった。同社の社長はヴェーン伯爵 (Earl Vane) で, 取締役の中には地方地主のサー・ワトキン・ウィリアム・ウィン卿 (Sir Watkin William Wynn) も含まれていた[18]。ウィン卿の家族は先祖代々ウェールズ経済, とりわけ農業の近代化に貢献した開明的大地主であった。なおヴェーン伯爵はカンブリアン鉄道の創設後も長期にわたって, 同鉄道の社長の職にあった。

1858年11月にマカンスレスから作業が開始されたものの, この鉄道の建設もすんなりとはいかなかった。その理由の一つは技術的なもので, 他は建設途中でのデイヴィスとサヴィンのパートナーシップ解消と関係していた。このうち前者に関して, 最大の難関はタラーディッグと呼ばれる急峻な山岳地帯の通過であった。この難所を当初はトンネルを通すことによって通過する計画であったが, 渓谷に橋を建設するには多量の石材が必要なことがわかると, 石材確保のため切通しの開削に計画が変更された。このほかにも沼地の通過も容易な仕事ではなかった[19]。もうひとつの困難は建設途中でのデイヴィスとサヴィンのパートナーシップの解消であった。今やサヴィンはこの鉄道の建設から手を引き, アベリストゥイス&ウェルシュ・コースト鉄道の建設に向かっていった。それに伴い, デイヴィスの負担が大きく増加したのである。しかし, こうしたさまざまな困難にもかかわらず, 1861年夏にはO&NRとの連絡点からタラーディッグまでの路線が完成し,

1863年1月には全線が開通した[20]。

後にカンブリアン鉄道に統合されることになる4つの地方鉄道のうち最後のものがオズウェストリー・エルズミア＆ウィッチャーチ鉄道（The Oswestry, Ellesmere & Whitchurch Railway; OE & WR）である。この鉄道の建設が決定される背景としてL＆NWRによるクルー＝ウィッチャーチ間の路線開通（1858年9月）があった。それによりウィッチャーチからエルズミアを経由してオズウェストリーで中部ウェールズの鉄道に連絡しようという計画が持ち上がるのは自然の成り行きで，そのための準備がホアリーを中心に進められた。OE & WRの建設を認可する法律は1861年8月（エルズミア＝ウィッチャーチ間）と翌年9月（エルズミア＝オズウェストリー間）に通過した。資本金は15万ポンドで，ピアシー兄弟が技師，サヴィン兄弟と義兄弟のウォードがコントラクターに雇用された[21]。L＆NWR社はOE & WR社に3万ポンド出資する代わりに，完成後後者の操業権や駅員配置権を獲得した[22]。路線の建設に当たって最大の難関はウィクサル・モス（Whixall Moss）と呼ばれる約3マイルの沼地の通過であったが，建設作業は比較的順調に進み，エルズミア＝ウィッチャーチ間は建設開始から6カ月間でほとんど完成し，残りのエルズミア＝オズウェストリー間の建設も1864年7月に完成した。それはこの鉄道がカンブリアン鉄道に統合される2日前のことであった[23]。

カンブリアン鉄道の形成時には間に合わなかったが，翌年にこの鉄道に統合されたのがアベリストウイス＆ウェルシュ・コースト鉄道（The Aberystwyth & Welsh Coast Railway; A & WCR）である。この鉄道建設の動機は，中部ウェールズ沿岸の臨海リゾート開発であった。そしてその可否をめぐる論争がデイヴィスとサヴィンのパートナーシップ解消の原因となったのである[24]。A & WCRの建設を認める法案が議会を通過したのは1861年7月で，ホアリーが社長に就任し，ピアシーが技師，W. ロバーツが書記，そしてサヴィン兄弟がコントラクターとして建設を請け負った。資本金は40万ポンドでローン権は13万ポンドであった。デイヴィスが建設に関与するN & MRはこの鉄道の建設に反対したが，サヴィンが大きな利権を持つO & NRは7万5,000ポンド，L & NRは2万5,000ポンド出資することによって建設を支援した[25]。

表7-1 カンブリアン鉄道に統合された地方鉄道

鉄道会社名 (設立年と開通年)	主導者	技師	コントラクター
Llanidloes & Newtown Railway (1853→1859)	William Pugh G. H. Whally	Rice Hopkins Benjamin Piercy	David Davies Thomas Savin
Oswestry & Newtown Railway (1855→1860)	G. H. Whally	Joseph Cubitt	Thornton & McCormick, John R Davidson, Davies & Savin
Newtown & Machanlleth Railway (1857→1863)	David Howell Watkin Williams- Wynn, Earl Vane	Benjamin & Robert Piercy	Davies & Savin
Oswestry, Ellesmere & Whitchurch Railway (1863)	G. H. Whally	Benjamin & Robert Piercy	T & J Savin and Ward
Aberystwyth & Welsh Coast Railway (1863→69)	G. H. Whally	Benjamin Piercy Henry Conybeare George Owen	T & J Savin

(注) なお Mid Wales Railway (1859年開通), および Potteries, Shrewsbury & North Wales Railway が, 1881年以後, カンブリアン鉄道によって操業されている。その結果, 1888年当時, カンブリアン鉄道が所有する路線は180マイル, 操業路線は52マイル, 全体で233マイルに達した。因みに Mid Wales Railway は1904年に, Vale of Rheidol Railway は1913年に, Tanat Valley Light Railway は1921年にカンブリアン鉄道に併合された。
(出所) Jones R. E., *The Railways of Wales*, Welsh Library Association, (1979); Popplewell L., *A Gazetteer of the Railway Contractors and Engineers of Wales and the Borders 1830-1914*, (1984); Christiansen R. & Miller R. W., *the Cambrian Railways* 2vols., (1967, 68).

　この鉄道は, アベリストゥイスからボースを経由してダヴィ川沿いに北東部のマカンスレスに向かう路線と, ダヴィ・ジャンクションを経由してアバーダヴィ, ターウィン, バーマス, さらにはポースマドックを経由してプルヘリに達する路線とからなっていた。建設作業はマカンスレスからアベリストゥイスへ向かう区間から開始された。マカンスレスから沿岸へ至る区間の建設は比較的順調に進んだが, 1862年秋の暴風雨により, ボース近郊の工事は難航した。それに加えてナヴィたちの騒乱が起こり, それを鎮圧するために警官の助けを借りねばならなかった[26]。他方, ドベイ川の北側での工事は1862年4月にターウィンから開始されたが, 会社は資金調達で行き詰まり, コントラクターであるサヴィンへの依存度を増していき, その反面で取締役たちによる不満も高まっていった。そして1863年11月, サヴィンが完成した仕事の代金23万9,000ポンドを株式で受け取ることが認められると, 取締役, とりわけ社長のホアリーの怒りは爆発し, 彼を含め3人の取締役が辞任した。ホアリーを支持した技師のピアシーもこの鉄道から手を

引き，代わりにヘンリー・コニーベア（Henry Coneybeare）が技師に就任した[27]。このように悪天候，資金難，さらには鉄道会社とコントラクターとの軋轢などによって建設工事は遅々として進まず，マカンスレスからボースまでの区間は1863年6月，さらにアベリストゥイスまでの区間はようやく1864年に完成した。他方，アバーダヴィからターウィンを経由してスルイングリル（LLwyngwril）への路線が開通したのは1863年10月であり，これによりターウィンからアバーダヴィへの鉄道によるスレート輸送が可能になった[28]。そしてこの鉄道の全線がプルヘリに達し，全線開通するのはカンブリアン鉄道への統合後1868年のことであった。

表7-1はカンブリアン鉄道に統合される前のそれらの地方鉄道，および統合の後にカンブリアン鉄道に併合された主要鉄道の概略を示している。

3．カンブリアン鉄道の形成

(1) 合併による形成と破産

カンブリアン鉄道を形成する法律は1864年3月に議会に提出され，GWRなど多くの隣接鉄道の反対にもかかわらず，同年7月25日の法律によって設立が認可された。これによって，スラニドロエス&ニュータウン，オズウェストリー&ニュータウン，ニュータウン&マカンスレス，オズウェストリー，エルズミア&ウィッチャーチの4つの鉄道が合併することが認められたが，なお建設中にあったアベリストゥイス&ウェルシュコースト鉄道は当初合併から除外され，翌年併合された。合併後の最初の取締役会は1864年8月にウェストミンスター，ブリッジストリートの会社の事務所で開かれ，ヴェーン伯爵が社長に，そしてキャプテン・ジョーンズ（J. W. Johns）が副社長に選ばれた。オウエン（G. Owen）が技師，ルイス（G. Lewis）が書記に指名された[29]。

合併時の資本金は127万5千ポンド（1株10ポンド）であったが，ここで興味深いのは資本金のうち，半分以上が5％の配当を保証した優先株であったことで，しかも株式の多くをコントラクターのサヴィンが所有していたことである。実際，

1865年2月の株主名簿をみると、サヴィンの持ち株数は3万株近く（29,750株）に達していることがわかる[30]。このことはサヴィンが合併前の多くの地方鉄道の建設を、現金の代わりに未発行の株式や社債を受け取ることによって引き受けていたから当然ともいえる。サヴィンはカンブリアン鉄道に統合後も会社の株式を所有しており、その関係で彼はこの鉄道の取締役会にもたびたび出席することによって、会社の経営に関与していたのである。

しかしこの会社は形成後いきなり危機に立たされる。1866年2月5日にサヴィンが支払い停止に陥り、それと同じ月に、トマス・ブラッシーと並ぶ国際的鉄道建設業者のS. M. ピートーが破産、そしてやがて5月には彼らに多額の貸付を行っていたオヴァレンド・ガーニィ商会が破産するとイギリスは一気に金融恐慌に陥った[31]。世にいうオヴァレンド・ガーニィ恐慌である。

ここで興味深い点はサヴィンの破産がオヴァレンド・ガーニィ商会の破産、ひいては金融恐慌の引き金になったことである。すなわち、コトレル（Cottrell）は鉄道金融とオヴァレンド・ガーニィ恐慌の関係を考察した論文の中で、サヴィンの破産がひいてはその恐慌を招いたと指摘している。すなわち1866年1月にロンドンの金融業者 Watson & Overend が150万ポンドあまりの負債を抱えて破産すると、同社に融資していたサヴィンが2月5日に破産した。するとそれらに融資していた London Financial Association, International Financial Society などが連鎖的に破産し、取り付けを引き起こし、著名な鉄道コントラクターのピートーとベッツ（Peto & Betts）、さらにはオヴァレンド・ガーニィ商会の破産を引き起こしたという[32]。

この恐慌により、イギリス経済は不況に陥ったが、生まれたばかりのカンブリアン鉄道に対して致命的ともいえる打撃を与えた。サヴィンはこの鉄道の構成要素となった地方鉄道の金融に関係しており、したがってその破産、そして続いて起こったオヴァレント・ガーニィ恐慌はさらに大きな負担となった。サヴィンはカンブリアン鉄道に対して彼が同社の構成会社に対して有していた利権総額10万ポンド以上の支払いを要求したからである。このことが主たる原因となって、カンブリアン鉄道は1868年2月に経営破綻に陥った。この時にプライス（R. D. Pryce）が管財人に任命され、沿岸線と内陸線の会計が分離され、新たな取締役

会の下で経営合理化計画が立てられた。このときにデイヴィスは取締役となり，取締役達の利害調整に当たっている。

(2) 株主の分析（1870年の株主名簿から）

さて表7-2～表7-4はカンブリアン鉄道の最初の経営破綻後1870年6月当時のこの会社の株主について分析したものである。その史料は National Archive に保存されているカンブリアン鉄道会社の株式名簿を基にして作成したもので，恐慌後の経営破綻からの再建期の名簿である点，注意する必要がある[33]。また，株主の中にはその居住地や職業・身分を記載していないものが多かった点を考慮に入れた上で表7-2～表7-4を見る必要があるが，これらの表によってこの会社の株主についていくらかの特徴が明らかになると思われる。

まず株主の職業・身分と株主の数，株数を示したのが表7-2である。1870年6月における株主総数は269人で，株数は67,057株であった。まず人数についてみると，株主の中で職業・身分を記していないものが全体で37名（5,292株）いた。これらを除外し，何らかの職業や身分を記していた者の中で最も多かったのは農民で合計72人，次いで貴族を含む大地主と商人・店主で各41人，専門職（26人），未亡人・未婚女性（20人），職人（14人）がそれに続いている。他方，株数についてみると，大地主・貴族が最大で，3万株あまり，次いで製造業者，未亡人・未婚女性，金融業者，商人・店主，農民の順になっている。平均株数では，製造業者が最大で，ついで金融業者，貴族・大地主が目だって多くなっている。この表からこの鉄道の株式所有を職業・身分の面からみて，主として次のような特徴が指摘される。第1の特徴は最大の株式所有者は地主・貴族で，不明を除く株数全体の50％近くの株式を保有していた。他方，株主の数では最大を占めていた農民の多くは小規模株主が多かったものの，彼らを含む農業関係者が人数からみても，また株数全体の中でも大多数を占めていたことがわかる。カンブリアン鉄道が農民の鉄道であったことは株主の分析からも明白である。農業関係者に続いて多いのが商人や店主であった。商人の多くは具体的な取扱商品が不明で，ただ商人（merchant）と記した者が12人，服地商（draper）と記しているものの数は9人で比較的多く，ほかに鉄商人（ironmonger），店主（shopkeeper），食

表7-2 カンブリアン鉄道の株主の職業・身分

職業・身分	人 数	株 数	平均株数
農民	72	2,576	36
貴族・大地主	41	30,810	752
商人・店主	41	3,323	81
専門職	26	1,600	62
未亡人・未婚女性	20	5,050	253
職人	14	1,373	98
鉱山労働者	6	143	24
製造業者	5	12,110	2,422
聖職者	5	630	126
金融業者	2	4,150	2,075
不明	37	5,292	143
合 計	269	67,057	249

(出所) Cambrian Railway Company, Register of stock holders, June (1870) より作成。

糧雑貨商（grocer）が多かった。服地商人が多かったのはこの鉄道が通過した北中部ウェールズのニュータウンやスラニドロエスが毛織物工業の中心地であったことによっている。しかしそれでは毛織物業者の出資が多かったかというと必ずしもそうは言えないようである。というのも製造業者の出資者はわずか5人でしかもその職業をみると、機械業者や製鉄業者となっており、毛織物業者は皆無であったからである。おそらくすでにウェールズの毛織物工業は衰退過程にあり、毛織物業者のほとんどが、鉄道に投資する余裕はなかったものと思われる。未亡人や未婚女性が相当な数を占めているが、おそらく彼女らのほとんどは夫から株式を相続したり、親族から株式を譲渡されたものであり、その多くは農業関係者であったと思われる。

次に表7-3はこの鉄道の株主の居住地を示している。名簿に記載されている株主の地名を見る限り、カンブリアン鉄道の株式はかなり沿線住民の間で広がっていたことがわかる。最も多くの株主が見られた町はマカンスレスで、次いでニュータウン、エルズミア、アベリストゥイス、スラニドロエス、モンゴメリー、オズウェストリー、ターウィンなどとなっており、ロンドン、マンチェスター、リヴァプールなどこの鉄道から離れたイングランドの大都市でもこの鉄道の株式所有が見られたことがわかる。もっとも株主の数が多いことは必ずしも株数が多

表7-3 カンブリアン鉄道の株主の居住地

地　名	総計	株数	平均	地　名	総計	株数	平均
マカンスレス	69	4,502	65	ニュータウン	27	3,460	128
エルズミア	26	1,639	63	アベリストゥイス	17	504	30
スラニドロエス	12	1,890	158	モンゴメリー	12	520	43
ロンドン	10	7,690	769	オズウェストリー	9	738	82
ターウィン	9	1,722	191	マンチェスター	8	6,250	781
リヴァプール	8	3,010	376	ウェルシュプール	7	425	61
ケイリー	6	23,460	3,910	スランヴェリン	6	138	23
ペナル	6	190	32	シュルーズベリー	5	1,130	226
ドルゲロイ	5	6,210	1,242	カルノ	3	590	197
ストックポート	2	1,500	750	スラヴェニ	2	60	30
スランゲリク	2	80	40	アバードベイ	2	20	10
アバディーン	1	4,100	4,100	ルアボン	1	1,000	1,000
レクサム	1	450	450	バーマス	1	300	300
フランクトン	1	250	250	スランディドノウ	1	100	100
アンドーヴァー	1	50	50	その他	35	3,665	105

(出所) Cambrian Railway Company, Register of stock holders, June 1870 より作成。

いことを意味せず，ウェールズとイングランドとを比べると，概してイングランドの都市では大口株主が多く，これに対し，ウェールズの町や村では小株主が多いことがわかる。最大の株数を所有していたのはケイリーというこの鉄道とは遠く離れたヨークシャーの町の6人の住民 (23,460株) で，ロンドン (7,690株)，マンチェスター (6,250) がそれに次いで多くなっている。ウェールズで最も多くの株式所有が行われた町はドルゲロイの6,210株となっている。平均株数の最高はアバディーンで，4,100株となっているが，これは表7-4に示しているように，Aberdeen Town and County Bank という銀行による所有である。もっともどうしてこの銀行がカンブリアン鉄道の株式をそれほど多く所有しているのかは不明である。平均株数の第2位はケイリーで3,910株，次いでドルゲロイ，ルアボン，マンチェスター，ロンドン，ストックポートなどとなっている。

次いで表7-4をみると，最大の株主はケイリーに住むスミスという2人の人物であったが，大株主の多くはロンドンやマンチェスターといったイングランドの住民であることが確認される。これらの株主の多くがエスクワイアと記載しているが，そのことから彼らが地主階級であったと即断することはできない。というのも最大の株主であった Smith P. の職業は機械工業となっており，会社に車両

表7-4 カンブリアン鉄道の主要株主

氏　名	居住地	職業・身分	株数
Smith P.	Keighley	機械工業	11,000
Smith W.	Keighley	エスクワイア	10,000
Griffith W.	Dolgelley	エスクワイア	5,000
Aberdeen Town and County Bank	Aberdeen	銀行	4,100
Stewart Charlotte	London	独身女性	3,500
Jones Richard	Newtown	エスクワイア	2,000
Beddow Jane etc	Towyn	未亡人	1,610
Graham G.	London	エスクワイア	1,500
Shelmerdine S.	Manchester	エスクワイア	1,500
Fulden t & fulden J.	Manchester	エスクワイア	1,300
Fynney T. A.	Manchester	エスクワイア	1,000
Ruck Laurence	Machanlleth	エスクワイア	1,000
Rawson Kerry	Manchester	エスクワイア	1,000
Smith G. etc.	Keighley	機械業者	1,000
Scott G. J.	Shrewsbury	エスクワイア	1,000
Whillakis E. T. etc.	London	エスクワイア	1,000
Wolfe R. etc.	Manchester	ジェントリー	1,000
Wyn sir Watkin	Ruabon	准男爵	1,000
Wyn C. Watkin Wm.	London	エスクワイア	1,000
Wipne W. W. E.	Merioneth	エスクワイア	1,000

（出所）Cambrian Railway Company, Register of stock holders, June 1870 より作成。

や機械類を提供する企業の関係者とも考えられる。株主の中には職業や身分を記載していないものが相当多いが，それらを記載しているものをみると，地元株主では農民と記載しているものが圧倒的に多く，その他にもさまざまな職業の者が関与していたことがわかる。

(3) 経営上の諸問題

さて，図7-1は *Shareholders' Guide and Manuals: Bradshaw's* を基に作成したもので，この鉄道の収入と支出，利潤の変動を示している。

このグラフからも明らかなように，カンブリアン鉄道の初期の業績はあまり芳しくなく，1870年代から末から80年代にかけて，総収入は伸びるどころかむしろ減少し，1880年代末になって増加傾向になっていることがわかる。以下ではまず80年代末まで業績が低迷していた要因を，次いで80年代末以後の成長要因を，主としてカンブリアン鉄道の経営資料を手がかりにしながら，探ってみよう。

第7章 カンブリアン鉄道の形成と発展　219

図7-1　カンブリアン鉄道の収支変動

ポンド

[グラフ：1875年から1900年までのカンブリアン鉄道の収支変動を示す折れ線グラフ]

主な数値：
- 総収入：321,121
- 312,904
- 301,949
- 291,205
- 280,170
- 263,503
- 259,091
- 253,781
- 244,019
- 238,612
- 237,087
- 230,610
- 217,286
- 209,814, 206,789
- 205,239, 191,522
- 198,325
- 189,399, 191,522, 187,763, 187,994, 183,906
- 181,600, 180,809, 180,170
- 支出
- 旅客収入：167,619
- 貨物収入：144,466
- 純益：114,893
- 利子など：9,038

年：1875, 1876, 1877, 1878, 1879, 1880, 1881, 1882, 1883, 1884, 1885, 1886, 1887, 1888, 1889, 1890, 1891, 1892, 1893, 1894, 1895, 1896, 1897, 1898, 1899, 1900

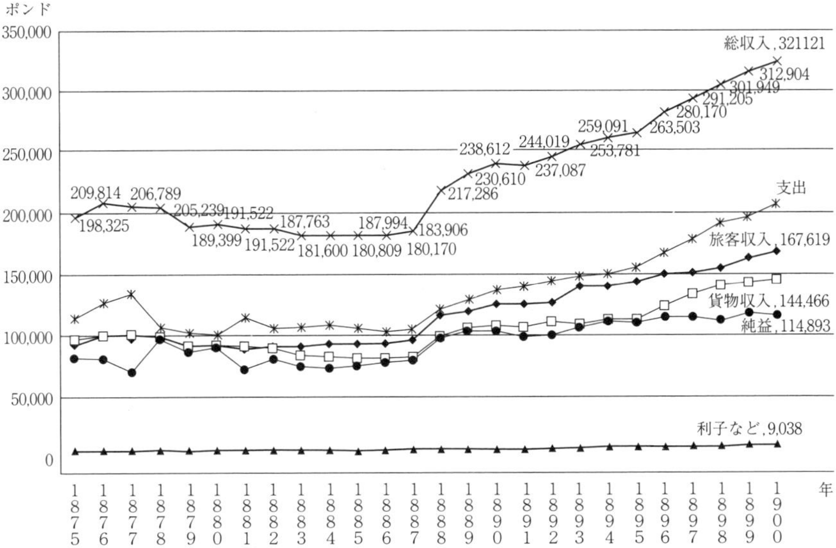

（出所）*Shareholders' Guide and Manuals; Bradshaw's 1871-1901* より作成。

① 1880年代末までの業績不振要因

　前述のように，この会社は合併によって成立した会社であり，しかも創立まもなく最大の支援者であったサヴィンの破産，それに続くオヴァレンド・ガーニィ恐慌のあおりを受けて支払不能に陥り，破産清算人の下で経営再建を行わねばならなかった。プライス（R. D. Pryce）が管財人に任命され，新たな取締役会の下で経営合理化計画が立てられた。今や内陸線と沿岸線の会計が分離され，すべての収入から操業費を控除した後，利潤が沿岸線については最初の3年間は35％，その後4年間は37％を割り当てられ，内陸線にはその残りの割合が割り当てられることとなった。また取締役会のメンバーは従来の6人から10人に増員され，そのうち内陸部から4人，沿岸部から4人が選ばれ，それに加えて Lord Vane と Lord Powis が調整役を務めることとなった[34]。ここで興味深いのは，サヴィンと並ぶコントラクターとしてこの鉄道の建設にあたったデヴィッド・デイヴィスが沿岸部を代表する取締役としてカンブリアン鉄道会社の経営に参画することになった点である。

しかしこの新体制の下でもカンブリアン鉄道の経営状態は改善されるどころかむしろ悪化した。その第1の理由はとりわけ沿岸部（the Coast Section）の経営状態が改善されなかったことである。例えば，1873年6月13日の株主総会議事録には，沿岸部の支出増加への対策を取締役会に委任することが決定されている[35]。さらに1874年8月28日の取締役会議事録を見ると，沿岸部の純収入勘定の貸方に総額4,908ポンド余りの金額を移転するという決議が採択されている[36]が，これは沿岸部の赤字への内部補助と考えられる。このほかにも，この時期の沿岸部の経営状態が芳しくなかったことの一つの間接的証拠として臨海リゾート地として開発されていたアバードベイのホテルの閉鎖についても報告されている[37]。アバードベイだけでなく，サヴィンが最も精力的に開発を進めようとしていたアベリストゥイスのホテルも閉鎖されたのである。

カンブリアン鉄道会社の経営状態が改善されなかった第2の理由として，取締役会内部および株主と取締役との対立が見られたことも無視できない。実際，この会社の議事録をみる限り，当時沿岸部と内陸部の取締役の間の対立が極めて深刻であったことは明らかである。例えば，1875年2月26日の年次総会議事録には，「取締役会へのなんらの通知や合意もなしに，沿岸部の取締役の一部の者が，ある法案を議会に提出した。しかもその法案は衡平法裁判所の命令に反するものである。」[38]と述べ，沿岸部を代表する取締役の行動に大きな反感を示している。取締役会内部だけでなく，株主の取締役への不満もみられた。例えば，1874年3月末の取締役会議事録には，大株主の一人フィネイ氏が，会社の支払い停止に伴い，衡平法裁判所での手続きを行う際，事務弁護士としてモリス氏を雇用していることに抗議している。その理由としてフィネイ氏は，モリス氏はサヴィンの管財人であり，しかも沿岸部の取締役によって雇用されたため，内陸部に不利になる仲裁を行うからであると述べている[39]。

経営不振の第3の理由として，長期的経営を重視する経営よりも，むしろ株主の利益を優先する政策が採られたことがあげられる。カンブリアン鉄道に統合される以前の地方小鉄道時代から資金調達は困難を極め，その結果として建設に従事したコントラクターが未発行の株式や社債を有利な条件で引き受けることによって，会社の金融に関与するケースが多かったことはすでに述べたとおりである

が，その関係で統合後も，配当保証付きの優先株や社債が多く残り，株主の利益が優先された。その結果，収入が減少しているにもかかわらず，優先株や社債への配当や利子を支払わねばならず，その結果会社にはほとんど内部留保が残らず，長期的な視点に立つ経営改善を行う余力が少なかったと思われる。

そしてこの新体制下での矛盾は1879年にデヴィッド・デイヴィスが取締役や株主に配布した *Cambrian Railways Workshops* と題するパンフレットの中で明らかにされた。その中で彼が特に問題にしたのは会社の組織や取締役会の政策，修理費の過度の節約によるレールや機関車の劣化であった。彼は仲間の取締役に対して，古くなったレールは快速列車の走行に適さなくなっているため，新しいものに取り替える必要があると訴えた。また彼は長らく社長として活躍したヴェーン伯爵（後のロンドンデリー侯爵）に対して，現在の経営陣の構成がサヴィン派で占められており，このままでは悲惨なことになるだろうと訴えた[40]。デイヴィスが会社の内部批判を行った背景には，彼自身この頃にはすでに南ウェールズでの炭田開発で成功をおさめており[41]，かなり客観的な視野に立って，この会社を見ることができる立場にあったことや，すでにこの鉄道にはほとんど利害関係をもっておらず，取締役を辞任する腹を決めていたものと思われる[42]。

このようなデイヴィスの内部批判に対してこの鉄道の総支配人や技師が取締役会に提出した資料は興味深い。彼らの意図は，カンブリアン鉄道の路線維持費や車両維持費を数値で示し，他社との比較を行い，それらの経費の支出という点に関して決して他社に劣っていないことを示すことによって，デイヴィスの批判に反証を加えることにあったと思われる。表7-5～表7-9はカンブリアン鉄道会社の取締役会に提出されたそれらの資料の一部を示している。

表7-5はカンブリアン鉄道の路線維持費，および路線・機関車・車両維持費とそれらの費用の総収入に占める割合の推移を示している。路線維持費は1870年代初期に4万ポンドを上回り，その後若干低下しているが，増加した年もあり，目立った低下傾向はみられない。他方路線維持費の総収入に占める割合は当初27％あまりを占めていたのが，その後変動はあるものの，概して低下している。他方，機関車・車両維持費は概して増加傾向にあり，総収入に占める割合は期間当初には10％を割っていたのに比べてその後は11％前後で推移している。

表7-5 カンブリアン鉄道の路線・機関車・車両維持費，およびそれら費用の総収入に占めるの割合

年	路線維持費(£)	総収入に対する割合（％）	機関車・車両維持費（£）	総収入に対する割合（％）
1869	36,304	27.50	13,020	9.85
1870	40,629	27.70	14,279	9.73
1871	41,641	26.69	17,233	11.03
1872	40,470	25.06	19,219	11.89
1873	32,846	19.51	17,582	10.43
1874	35,506	20.49	20,420	11.78
1875	35,726	19.86	19,544	10.86
1876	38,616	20.39	22,471	11.86
1877	46,219	24.46	23,343	12.35
1878	29,367	15.59	18,655	9.90
	計£377,324	平均22.72％	計£185,766	平均10.97％

(出所) Cambrian Railway Company Minutes of Directors Board Meeting 29th March 1879.

表7-6 ライバル鉄道会社のレール・機関車・車両維持費の総収入に占める割合とカンブリアン鉄道との比較

社名	レール費用の割合（％）		他社に対するC社超過額		機関車・車両維持費の割合(％)
	各社の割合	C社の超過分	年当たりの超過額	10年間の超過額	
L & Yorkshire	6.50	16.22	£6,120	£61,202	15.30
Great Eastern	8.33	14.39	5,429	54,296	10.87
North Eastern	9.60	13.12	4,950	49,504	14.16
Midland	10.00	12.72	4,799	47,995	12.52
L & N. Western	11.00	11.72	4,422	44,222	10.80
G N of Scotland	12.00	10.72	4,044	40,445	10.04
Great Western	13.00	9.72	3,667	36,676	12.28
Highland	15.31	7.41	2,796	27,959	8.75
Cambrian	22.72	0	0	0	10.97

(出所) Cambrian Railway Company Minutes of Directors Board Meeting 29th March 1879.

　レール・機関車・車両維持費を主要鉄道会社と比較したのが表7-6である。まずレール費用に関して，この表に見られる大きな特徴は，他の主要鉄道会社と比較すると，カンブリアン鉄道の場合，これらの費用が総収入の中で際立って高い割合を占めており，またレール維持に費やされた金額はどの会社と比べてもカンブリアン鉄道の金額のほうが高くなっていることは明白である。総収入に占める機関車・車両の維持費の割合をみると，この割合が最も高いのはランカシャー

&ヨークシャー鉄道の15.3％で，ハイランド鉄道が8.75％で最も低くなっている。カンブリアン鉄道の割合は高くも低くもなく，中位である。いずれにせよ，これらの表により，会社の取締役たちは，路線や機関車・車両維持費が他社と比べて決して過度に節約されていないことを示そうとしていると思われる。

また，以上の議論を補足するのが表7-7，表7-8である。表7-7により，期間当初は新レールとしてすべて鉄製レールが使用されていたが，そのトン数は漸次低下し，1875年以後は鋼製レールが使用されるようになっていることがわかる。とりわけ大きな転換期は1877～78年で，この時期になると新レールの大半が鋼製レールとなっている。こうした新レールの購入の増加は新レールによる旧レールに対する取替えを意味するが，そのことと関連して，レールの使用年数を示したのが表7-8である。この表はカンブリアン鉄道の路線を単線区間と複線区間に，さらに単線区間を沿岸部と内陸部に分けるなど，いくらかの区間の細分を行いつつ，この鉄道のレールの使用年数を示したものである。路線全体についてみると，10年以上使用されている古いレールの区間が123マイルあまりであったのに対して，9年以下の区間は64マイルにすぎないことがわかる。最後に表7-9は1869～78年の旅客輸送数と事故保障費の推移を示している。特に旅客輸送数は，この10年間のカンブリアン鉄道の旅客輸送人数が順調な伸びを示している点で興味深い。他方，同時期の事故保障費には特に目立った趨勢は見られない。

さて，これらの表は1870年代のカンブリアン鉄道の操業状況を知る上で極めて興味深いが，その半面で疑問点も多く見られる。例えば，表7-6を見れば，カンブリアン鉄道の路線維持費が他社に比べて異常に多くなっているが，それはどうしてであろうか。また表7-7において，レールのトン数で示され価格で示されていないので，どれくらい費用がかかったかは不明である。さらに表7-8を見る限り，この鉄道では10年以上に達する古いレールが2/3にも達しており，むしろデイヴィスが批判するように，老朽化が進んでいる証拠ではないかとみることもできる。また表7-9に示されている旅客輸送数や鉄道事故への保障費用を見れば，1870年代後半に事業が幾分改善されてきている印象を受けるものの，事故補償費との相関関係は見られない。いずれにせよ，デイヴィスによる内部批判に対する経営陣や技師たちの反論が当を得たものであったかどうかは，これらの

表7-7　カンブリアン鉄道会社による新レール費用

年	敷設されたレールの重量（単位トン）			相当する路線マイル数
	鉄製レール	鋼製レール	総トン数	
1869	1,165	—	1,165	10.5
1870	1,004	—	1,004	9
1871	1,044	—	1,044	9.5
1872	553	—	553	5
1873	373	—	373	3.5
1874	305	—	305	2.75
1875	721	58	779	7
1876	1,166	161	1,327	12
1877	127	1,536	1,673	15
1878	8	1,153	1,161	10.5
総計	6,456	2,908	9,364	84.5

(出所) Cambrian Railway Company Minutes of Directors Board Meeting 29th March 1879.

表7-8　カンブリアン鉄道におけるレールの使用年数(1878年12月現在)

	幹線				支線	全体
	単線区間			複線区間		
レール年数	内陸部	沿岸部	全体			
17年					0.5	0.5
16						
15	13.5	16.25	29.75	6.25	12.5	48.5
14	3.75	6.75	10.5			10.5
13		3.75	3.75		5.5	9.25
12				4.5		4.5
11	1.5	38	39.5	1.75	1	42.25
10	6		6		1.75	7.75
9	9.75		9.75		1.75	11.5
8	6.75		6.75		2.5	9.25
7	4.5		4.5	5.25	2	11.75
6	1		1		0.75	1.75
5						
4	0.75		0.75		0.24	1
3	1	0.25	1.25		0.5	1.75
2	2.5	4	6.5		0.5	7
1	10.5	1.5	12			12
1年未満	5	3	8			8
全体	66.5	74.5	140	17.75	29.5	187.25

(出所) Cambrian Railway Company Minutes of Directors Board Meeting 29th March 1879.

表7-9 カンブリアン鉄道の旅客輸送数と事故保障費

年	旅客輸送数	事故保障費
1869	1,031,529	690
1870	1,079,662	253
1871	1,150,154	7
1872	1,203,564	371
1873	1,245,896	78
1874	1,300,232	39
1875	1,342,000	85
1876	1,451,696	24
1877	1,436,630	
1878	1,467,853	120
総計	12,709,217	1,667

(出所) Cambrian Railway Company Minutes of Directors Board Meeting 29th March 1879.

表から判断するのは困難である。ただ，この一件そのものが，設立当初からこの鉄道に付きまとっていた問題は経営陣の内部対立，さらには株主と経営陣の対立にみられる組織上の問題であったことに違いはなかった。

それに加えて1870年代末期から1880年代初期にかけて，ウェールズ経済そのものが低迷していた。例えば，1879年末の総支配人報告は，当時の旅客輸送業績悪化の要因を天候悪化に求めている。また貨物輸送の低下の要因を建築不況に伴う建材需要の低下に求め，ひいてはスレート産業やその他の建材の輸送低下を引き起こしていると述べている[43]。1870年代の実態は明らかではないが，ウェールズのスレート生産量が1880年代に低下していたことは図7-2からも明らかである。

こうした経営上の混乱やスレート産業，毛織物工業の不振により，カンブリアン鉄道は1884年7月に再度支払い不能に陥り，以前カンブリアン鉄道の秘書として勤めていたコナチャー（John Conacher）が管財人に任命され，再び新たな取締役会の下で，合理化と近代化（鋼製レールへの取替えなど）が実行されることとなった[44]。コナチャーは1890年には秘書兼総支配人に昇進したが，翌年カンブリアン鉄道を辞職し，ノース・ブリティッシュ鉄道に入社した[45]。

② 1880年代の終わり頃からの収入増加要因

先に見た図7-1を見る限り，カンブリアン鉄道の収入は1880年代半ばを転換

点にして、その後は改善していった。それには次のような理由が考えられる。

第1にあげられるのは再度の支払い停止後、コナチャーを中心とする新経営陣の下で経営再建が行われたことである。コナチャーは会計士で、経営再建のために新取締役会の下で、「1885年計画」と呼ばれる合理化と近代化計画を実施した。まず新経営陣に若手が投入された。すなわち、1885年には新社長バックリー（J. F. Buckley）を中心にして多くの若手取締役が就任した。すなわち、A. C. Humphreys-Owen, Lord Herbert Vane Tempest, J. W. McClure, William Bailey-Hawkins があげられる。こうした若手経営陣の下で、鋼製レールへの取替え、新型機関車の導入など近代化計画を実行した。例えば、オズウェストリーの機関車工場の合理化により、工場での人員は137人から75人に削減された。また、機関車の数は1888年には58台であったのが、1898年には85台となり、しかも多くの強力な新型機関車が新たに導入された[46]。

収入好転の理由として第2にあげられるのは、1888年におけるミッド・ウェールズ鉄道との協定である。今や、これまで独立性を維持してきたミッド・ウェールズ鉄道はカンブリアン鉄道により操業されることとなり、この鉄道、およびブレコン&マーサー鉄道を通じて南ウェールズ地域との連絡が強化されたのである。

そして第3点として無視できないのは、ウェールズ経済が全般的好調に転じたことである。図7-2に見られるように、1890年代に入ると一転してスレート産業も好調となり、北ウェールズのスレート生産量は1891年に40万トンを割っていたのが、1898年には50万トンを超過し、ピークに達した。また臨海リゾート客の増加により、旅客輸送も好調に向かい、輸送の拡大、収入増加に貢献に貢献した。

収入が好転した理由の第4点として、支線網や他社との連絡網の拡大があげられる。カンブリアン鉄道として統合される以前の地方鉄道から多くの支線が建設されていたことはすでに述べたとおりである。中でも最も多くの支線が建設されたのがオズウェストリー&ニュータウン鉄道であり、その主要支線はスランヴェリン支線（1.75マイル）、ケリー支線（4マイル）、ポースウォウン支線（9.25マイル）であった。これらの支線は石灰砕石所、炭鉱、鉛鉱山の開発や家畜輸送を通じて、すでに統合以前から地方経済の閉鎖性を打破し、その発展に貢献していたのである。

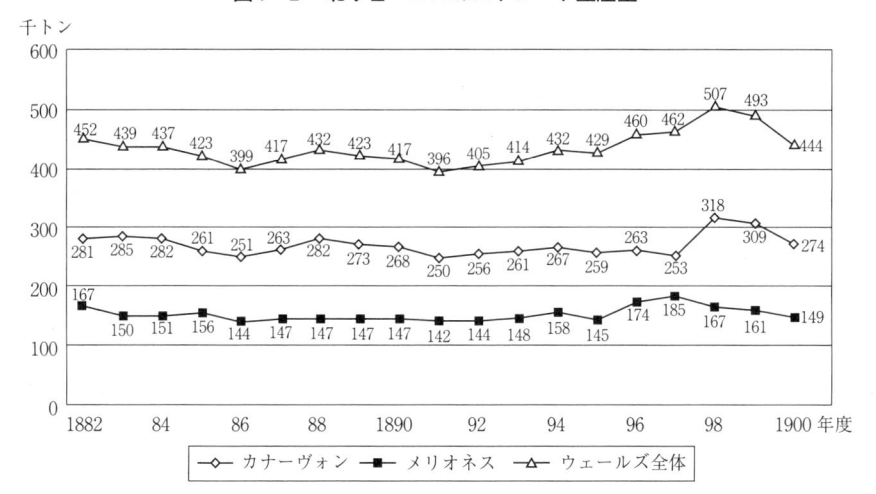

図7-2 北ウェールズのストレート生産量

千トン。横軸1882〜1900年度。

ウェールズ全体（△）: 452, 439, 437, 423, 399, 417, 432, 423, 417, 396, 405, 414, 432, 429, 460, 462, 507, 493, 444

カナーヴォン（◇）: 281, 285, 282, 261, 251, 263, 282, 273, 268, 250, 256, 261, 267, 259, 263, 253, 318, 309, 274

メリオネス（■）: 167, 150, 151, 156, 144, 147, 147, 147, 147, 142, 144, 148, 158, 145, 174, 185, 167, 161, 149

　さらにカンブリアン鉄道形成後，本線の拡張ばかりでなく多くの支線が建設された。中でも重要なのがモーズウィ（Mawddwy）鉄道とヴァン（Van）鉄道であった。このうちモーズウィ鉄道（6.75マイル）は，アッパードベイ渓谷のスレート輸送（1865年）を目的として建設された。他方，ヴァン鉄道（6.5マイル）は，ヴェーン伯爵とD. デイヴィス主導で，鉛鉱山開発を目的として建設された（1871年開通）。

　北中部ウェールズはイギリス屈指のスレート産地であり，スレート鉱山開発と関連して多くの狭軌鉄道が建設された。それらのあるものはカンブリアン鉄道よりも早く建設されており，あるものはカンブリアン鉄道の拡張が刺激となった建設された。コリス（Corris）鉄道やフェスティニョク（Festiniog）鉄道は，当初は狭軌の馬車軌道として，カンブリアン鉄道よりもはるか以前から，スレート鉱山の開発と輸送に貢献していた。他方，タリスリン（Talyllyn）鉄道はほぼ同時期に建設され，この狭軌鉄道で内陸の鉱山から輸送されたスレートは，カンブリアン鉄道に積み替えられて，イギリスの主要都市へと輸送されたのである。

　北中部ウェールズのすべての狭軌鉄道がスレート輸送のために建設されたわけではなかった。中にはヴェール・オヴ・ライドル（Vale of Rheidol）鉄道のよう

に，他の鉱物や観光客を含む旅客輸送を目的として建設された鉄道もあった。ウェルシュプール＆スランヴェア（Welshpool & Llanfair）鉄道の場合は軽便鉄道法，および軽便鉄道補助法による財政支援によって建設され，地方の農産物輸送を目的として建設されたものもあった。これらの狭軌鉄道で輸送された貨物は幹線鉄道であるカンブリアン鉄道と連絡することによって地方経済の閉鎖性を打破するとともに，カンブリアン鉄道の収入増加に貢献したのである。

4．おわりに

　以上，ここではカンブリアン鉄道の形成前に建設され，後にこの鉄道を構成することとなった5つの地方鉄道の建設事情について述べた後，カンブリアン鉄道形成後この鉄道が直面した諸困難，さらには *Shareholders' Guide and Manuals* やカンブリアン鉄道会社の経営資料によりながら，主として19世紀最後の四半期におけるこの鉄道の経営事情について考察してきた。この鉄道が北中部ウェールズ経済に極めて大きな影響を与えたことはすでに周知の通りである。ただここでは鉄道建設以前に栄えていた沿岸海運への影響，およびこの鉄道の沿岸線（カンブリアン鉄道への合併以前のA＆WCRの建設の可否をめぐって大きな問題となった観光産業との関係についてごく簡単に述べるにとどめる。

　カンブリアン鉄道の建設がスレートの海上輸送の衰退をもたらしたことは周知のとおりであるが，この鉄道の開通はウェールズ西部海岸の海運業にも大きな影響を与えずにはおかなかった。この地方の道路交通が未発達であったため，鉄道が建設される以前，ウェールズ西海岸の町では日常品の輸送は主に海上輸送によって行われていた。バンゴール，カナーヴォン，ポースマドック，バーマス，アベリストゥスなどの港町は海事産業の町として栄えていた。一般的にみて鉄道網の拡張は沿岸海運に悪影響を与えたことは疑いないが，そのことが直ちに沿岸海運の衰退をもたらしたわけではないことはジョン・アームストロングの一連の研究によって明らかにされている[47]。それでは鉄道網の拡張はウェールズ西海岸の海運業にどのような影響を与えたであろうか。例えば鉄道の開通以前にアベリストゥイスでは海運業や造船業が栄えていた。しかしアベリストゥイスへの鉄道の

地図7-1　カンブリアン鉄道の路線（1890年頃）

（出所）Christiansen R. & Miller R. W., *The Cambrian Railways, vol. 1. 1851-1888*, David & Charles, (1967-68), p. 13.

開通によって，従来は帆船で運ばれていたイングランドからの日常雑貨品の輸送は鉄道に取って代わったことは確かであろう。しかし石炭やレンガ，スレート，木材などの嵩高貨物の輸送は相変わらず帆船で運ばれていたし，鉄道時代にもカーディガン湾諸港で20社近くの蒸気船会社が設立された。その一つが Aberystwyth & Cardigan Bay Steam Packet Company であり，この会社の蒸気船はアベリストゥイスや他のカーディガン湾の港とリヴァプールとの連絡で活躍した。同社の社名は後に Aberystwyth & Aberdovey Steam Packet Co. に変更され，1916年まで営業していた[48]。こうしてみるとカンブリアン鉄道の拡大の影響には限界があったことがわかる。実際，鉄道はウェールズ西海岸全体に広がらず，

アベリストゥイスより南の港町（例えばアベラロンやニューキー，カーディガンなど）は鉄道とは無縁であった。

最後に観光産業との関係であるが，カンブリアン鉄道建設の主導者，とりわけサヴィンはアベリストゥスをはじめ多くの沿岸の港町にホテルを建設し，そこへ鉄道を敷設することによって臨海リゾートの開発を目論んでいたことはすでに述べたとおりである。彼の試みは自らの破産とともに夢と消えるが，その夢は後に他の人々によって現実のものとなった。実際，カンブリアン鉄道にとって，他の鉄道会社との連絡により，イングランドからの観光客を誘致することはその経営状態改善のために不可欠であった。この点について例えば1875年における同社の取締役会議事録には，L＆NW 鉄道会社と連携してロンドンやミッドランド地方からウェールズ西海岸へのサマーエクスプレス・サービスの実施しようとする試みについて書かれている。それによれば，その提携に従ってすでにカンブリアン鉄道会社はウェルシュプール＝西海岸間のサマーエクスプレス便を増便しているという。しかし遺憾なことにL＆NW 社の列車の到着が遅れ，カンブリアン社に損害を与えているので，L＆NW 社に迅速に対応するように促している[49]。カンブリアン鉄道ばかりでなく，L＆NWR にとっても，観光用旅客輸送は大きな収入源であったことは多言を要さない。実際，鉄道会社がガイドブックを発行する意図は沿線の観光地を紹介することにより，観光客に便宜を与えることにあった。そして，L＆NWR のオフィシャルガイドブック（1911年度版）によると，すでに20世紀初期には，ユーストンからシュルーズベリーを経由し，さらにはカンブリアン鉄道の路線であるウェルシュプールからアベリストゥイスやバーマスへのサマー・エクスプレス・サービスが行われていたことがわかる。因みにユーストンからアベリストゥイスまでの所要時間は6時間45分で，平日のリターンチケット料金は1等で67シリング，2等で43シリング，3等が34シリング，週末は割引料金で，1等が49シリング，2等32シリング，3等24シリングであった[50]。

注

1) これら2つの鉄道の建設動機はいずれも首都ロンドンとアイルランドとの迅速な連絡にあり，ウェールズは単なる通過点とみなされていた点で共通しており，いずれ

も1850年に開通した。
2) 湯沢威氏はイギリス鉄道建設ブームの第3期（1860年代）にコントラクターたちが「コントラクターズ・ライン」の建設を積極的に推進し，鉄道ブームの主役を果たした時期と見ておられる。湯沢威『イギリス鉄道経営史』日本経済評論社（1988）133-134頁参照。
3) コントラクターによる鉄道金融への関与に関する研究としては Pollins H., 'Railway Contractors and the Finance of Railway Development in Britain', in Reed M. C. (ed.), *Railways in the Victorian Economy*, David & Charles, (1969); Cottrell P. L., 'Railway Finance and the Crisis of 1866: contractors bills of exchange and the finance companies' in *Journal of Transport History*, 2nd series, Vol. 3, no. 4, (1960) 参照。
4) *Illustrated London News* によると，ホアリーの先祖は教徒革命の主導者，オリヴァー・クロムウェルの血を引くといわれる。ホアリーはピーターバラ選出の国会議員であるとともに，ウェールズの3つの州の治安判事で，押しが強く，激しやすい人物であった。*Illustrated London News*, 10 Sept. 1859; Christiansen & Miller., *the Cambrian Railways, Vol. 1: 1852-1888*, David & Charles, (1967), pp. 106-107.
5) この鉄道の建設意図はマンチェスターからミルフォードに通じる路線の一環をなすことによって，ランカシャーとアメリカとを連絡することにあった。Williams H., *Davies the Ocean*, University of Wales Press, (1991), p. 25.
6) ここで注意すべき点は，オウエン夫人（Ann Warburton Owen）が決して鉄道建設の賛成者ではなかったことである。というのも，彼女がこの鉄道の株式を所有したのは自身の領地に鉄道を通すのに反対するためだったからである。彼女はまたOswestry & Newtown Railway. の路線建設に反対するためにも，その鉄道に1万ポンドを出資した。Williams H., *op. cit.*, pp. 26-27, p. 56.; Christiansen & Miller., *op. cit., Vol. 1: 1852-1888*, p. 22.
7) デイヴィスとサヴィンの生まれや性格に関しては Thomas I., *Top Sawyer*, Longmans, Green and Co. Ltd., (1938) 参照。
8) Christiansen & Miller, *op. cit., Vol. 1: 1852-1888*, p. 23.
9) Coleman T., *The Railway Navvies*, Penguin Books, (1965), pp. 21-26 参照。
10) Thomas I., *Top Sawyer*, Longmans, Green and Co. Ltd., (1938), pp. 42-43.
11) ピアシーは中部ウェールズの鉄道ばかりでなく，Rhyl & Corwen 鉄道や Wrexham Mold & Connh's Quay 鉄道など北ウェールズの鉄道の建設でも技師として重要な役割を演じた。そればかりでなく，彼はサルディニア，フランス，インドのアッサム地方など，海外の鉄道建設にも関わった。*Oxford Companion to British Railway History* 参照。
12) Gasquoine C. P., *The Story of the Cambrian*, Wooddall, Minshall, Thomas & Co. Ltd., (1922), p. 23.

13) Christiansen & Miller, *op. cit.*, *Vol. 1: 1852-1888*, pp. 28-30.
14) *Ibid.*, *Vol. 1: 1852-1888*, p. 31.
15) *Ibid.*, *Vol. 1: 1852-1888*, pp. 34-35.
16) *Ibid.*, *Vol. 1: 1852-1888*, p. 35.
17) *Ibid.*, *Vol. 1: 1852-1888*, pp. 35-40.
18) ワトキン・ウィリアム・ウィン卿は Newtown & Machanlleth R. の建設で主導的な役割を演じ，会社設立後，その副社長になった。この会社の社長にはヴェーン卿が就任した。Christiansen & Miller., *op. cit.*, *Vol. 1: 1852-1888*, pp. 43-44.
19) この区間の建設はカンブリアン鉄道の建設で最大の難工事であったことは，この鉄道の建設を扱ったほとんどの論者が，その工事の実態を論じていることからも明らかである。とりわけこの工事を請け負ったデイヴィスにとって，この難所での工事の実践はナヴィたちの尊敬を大いに勝ち取った点でも大きな成果であった。詳しくは Thomas I., *Top Sawyer, A Biography of David Davies*, Longmans, Green & Co., (1938), pp. 62-64.; Christiansen & Miller., *op. cit.*, *Vol. 1: 1852-1888*, pp. 47-48.
20) Christiansen & Miller., *op. cit.*, *Vol. 1: 1852-1888*, p. 48.
21) *Ibid.*, *Vol. 1: 1852-1888*, pp. 49-50.
22) *Ibid.*, *Vol. 1: 1852-1888*, pp. 52-53.
23) *Ibid.*, p. 54.
24) サヴィンを中心とする A & WCR 建設の主導者の主たる意図はカーディガン湾に散在する町や村を結ぶ鉄道を建設するとともに，観光客用ホテルやさまざまなリゾート施設を建設することによって，イングランドからの観光客を呼び寄せようとするものであった。これに対して，デイヴィスは「向こう見ずで，必ずや不幸な結果をまねくであろう」として，サヴィンたちの計画に強く反対した。その結果，両者のパートナーシップは解消された。Thomas I., *op. cit.*, pp. 57-60.
25) Christiansen & Miller., *op. cit.*, *Vol. 1: 1852-1888*, pp. 57-58.
26) *Ibid.*, p. 61.
27) *Ibid.*, p. 62.
28) Kidner, *op. cit.*, pp. 25-28.
29) ヴェーン伯爵は合併前，Newtown & Machanlleth の社長，キャプテン・ジョーンズは同社の副社長であり，ルイスは Newtown & Machanlleth 鉄道を除く3つの鉄道の書記であり，オウエンも上記ほとんどの鉄道会社の技師を勤めていた。Christiansen & Miller, *op. cit.*, pp. 71-72.
30) しかし，同年におけるデヴィッド・デイヴィスの持ち株はわずか545株にすぎない。デイヴィスもサヴィンと同様，この鉄道の前身となった鉄道の建設代金として，現金の代わりに多くの株式を受け取っていたにもかかわらず，合併後これほどわずかな株式しか所有していなかったのはなぜだろうか。おそらく，彼が株式を取得した後，速

やかにそれらを販売することにより換金していたか,あるいはデイヴィスがカンブリアン鉄道への統合時に,この鉄道の将来性に疑問をもち,取引銀行を通じて密かに株式を売却していたと考えられる。このことはデイヴィスがこの時期にこの鉄道の経営にほとんど関与していなかったことと関係しているように思われる。なおデイヴィスがカンブリアン鉄道の経営に関与するのはサヴィンの破産後である。Cambrian Railway Company, *Register of stock holders*, Feb. 1865.

31) オヴァレンド・ガーニィ商会の歴史とその経営破綻に伴う金融恐慌の詳細については,鈴木俊夫『金融恐慌とイギリス銀行業;ガーニィ商会の経営破綻』日本経済評論社(1998)参照。
32) Cottrell P. L., 'Railway Finance and the Crisis of 1866: contractors bills of exchange and the finance companies' in *Journal of Transport History*, 2nd series, Vol. 3, no. 4, (1960) 参照。
33) National Archive には1865年2月と1870年6月と12月の株式名簿が保管されているが,残念ながら筆者が十分利用できたのは1870年6月のものだけであった。
34) Christiansen & Miller, *Vol. 1: 1852-1888*, pp. 81-82.
35) Cambrian Railway Company, *Half Yearly Ordinary Meeting*, 13th June 1873.
36) *Ibid.*, 28th August 1874.
37) Cambrian Railway Company, *Board Meeting*, 20th Sept. 1872.
38) Cambrian Railway Company, *Half Yearly Ordinary Meeting*, 26th February 1875.
39) Cambrian Railway Company, *Board Meeting*, 31th March. 1874.
40) Thomas I., *Top Sawyer*, pp. 96-97.
41) デイヴィスの南ウェールズ,ロンザ渓谷での炭鉱開発はカンブリアン鉄道会社が形成されたのと同じ年の1864年から始まり,すでに Park(1865-66),Maendy(1865-66),Dare(1868-70),Eastern(1877)の炭坑を開発し,大成功を収めていた。詳しくは Thomas I., *Top Sawyer, A Biography of David Davies*, Longmans, Green & Co., (1938) 参照。
42) 1870年の株主名簿にもデヴィッド・デイヴィスと同名の人物が多数見られるが,いずれも小口株主で,デイヴィスと同一人物と思われる者は見られない。
43) Cambrian Railways Company, *General Managers Minute*, 25th Jan. 1879.
44) Christiansen & Miller, *op. cit., Vol. 1: 1852-1888*, pp. 81-92.
45) コナチャーの辞職後,カンブリアン鉄道は再度経営難に陥ったが,その後デヴィッド・デイヴィスの孫,同名のデヴィッド・デイヴィスが取締役になり,後に副社長,次いで社長として経営再建に尽力した。孫のデイヴィスは,同社が鉄道グループ化により1922年に GWR に吸収されるまで社長を務めた。Thomas I., *Top Sawyer*, p. 98.
46) Christiansen & Miller, *op. cit., Vol. 2: 1889-1968*, pp. 11-12.
47) Armstrong J., 'The role of coastal shipping in UK transport: an estimate of

comparative traffic movement in 1910', J. T. H., 3rd ser., Vol. 8, (1987) をはじめとする Armstrong の一連の研究参照。なお彼の論文集が次のタイトルで発行された。
Armstrong J., *The Vital Spark: The British Coastal Trade, 1700-1930*, International Maritime Economic History Association, (2009).

48) Troughton W., *Aberystwyth Harbour*, National Library of Wales, (1997).
49) Cambrian Railways Company, *Minutes of Board Meeting*, 25th June 1875.
50) *The Official Guide to the London & North Western Railway*, (1912), pp. 240ff.

第8章 ウェールズのナローゲージ鉄道(1)——概論——

1. はじめに

　本章では北中部ウェールズを中心とするナローゲージ鉄道について考察する。ウェールズ，とりわけ北中部ウェールズは軌間がわずか60～80センチ程度のナローゲージ鉄道の宝庫であり，現代でも風光明媚な渓谷地帯を縫うようにして走るナローゲージ鉄道は，その優れた景観とともに，観光の目玉になっている[1]。それはイギリス国内ばかりでなく，海外からの観光客にとっても大きな魅力となっている。本章では，まず類型化を行うことによって，概論的に考察し，次いで第9章と第10章で個別的事例としてタリスリン鉄道とフェスティニョク鉄道を取り上げる。これら2つの事例を取り上げる理由は明白である。というのも，これら2つの鉄道はともに最も成功した保存鉄道の事例であるばかりでなく，とりわけタリスリン鉄道は，イギリスにおける保存鉄道のパイオニアとなり，産業遺産保存運動の端緒となったからである。両鉄道とも，当初は主に産業用，とりわけスレート輸送を目的として建設され，一時繁栄を謳歌したものの，スレート産業の衰退と運命を共にした。しかし両者とも，第二次世界大戦後，熱心なボランティアたちの努力によって蘇り，現在ではウェールズの代表的保存鉄道として，活躍しているのである。

　まず本節では，ウェールズのナローゲージ鉄道を，その設立目的（産業目的と観光目的）を軸にして，いくらかのタイプに類型化し，その特徴を述べる。そのさい，ここでは北ウェールズのナローゲージ鉄道をその用途の変化に応じて，主に次の4つのタイプに分類する[2]。次いで，それぞれのタイプに属する鉄道を概説する。

ここでタイプ1に分類する鉄道とは，当初主として産業用として建設されたが，その後中心産業の衰退とともに輸送需要が減少し，やがて廃線となった鉄道である。ペンリン鉄道（Penrhyn Railway）とナントル鉄道（Nantle Railway）がこのタイプに属する。このタイプの鉄道はすでに廃線になってしまっている関係上，貴重な産業遺産として産業考古学の重要な研究対象となっている。

タイプ2の鉄道は，主として産業用鉄道として建設され，その後中心産業の衰退により一時廃線に追い込まれたが，その後一部ないし全線観光用に再建・復活した鉄道である。現在，保存鉄道として活躍している鉄道の多くはこのタイプの鉄道である。フェスティニョク鉄道（Festiniog R.），タリスリン鉄道（Talyllyn R.），ウェルシュプール＆スランヴェア鉄道（Welshpool & Llanfair R.），ディノーヴィック鉄道とパダーン鉄道（Dinorwig R., Padarn R.），コリス鉄道（Corris R.）はこの範疇に分類される。

タイプ3に分類される鉄道は，当初主として産業用（副次的に観光用）鉄道として建設され，その後中心産業の衰退とともに性格を変え，徐々に観光用に移行していった鉄道である。ヴェール・オヴ・ライドル鉄道（Vale of Rheidol R.）やノース・ウェールズ・ナローゲージ鉄道（North Wales Narrow Gauge R.）がこの範疇に含まれる。なお，タイプ2とタイプ3の分類は必ずしもさほど厳密でない点に注意する必要がある。

最後にタイプ4に分類される鉄道は，最初から主に観光用鉄道として建設された鉄道であり，スノードン登山鉄道（Snowdon MT R.）やグレートオーム鉄道（Great Orme TW.），あるいはアベリストゥイス・クリフ鉄道（Aberystwyth Cliff R.）がそれに当てはまる。

なおここで産業用という場合，その多くは鉱山業，とりわけスレート産業用であった。上記の鉄道のうち，タイプ1に分類した鉄道のすべて，およびタイプ2に分類した鉄道のうち，ウェルシュプール＆スランヴェア鉄道を除くほとんどの鉄道はスレート輸送を目的にして建設された。鉄道が建設されるまで，スレート鉱山の所有者はその生産物を駄馬や荷馬車，あるいはソリで河岸まで運び，川船で港まで輸送し，さらには河口で大型の航洋船に積み替えて，イギリス各地や遠く海外へと搬出していた。しかしこうした輸送方法には大きな限界があったため，

第8章 ウェールズのナローゲージ鉄道(1) 237

表8-1 北中部ウェールズのナローゲージ鉄道（19世紀初期〜20世紀初期に開通）

鉄道名 （タイプ）	開設年	区 間	全長 （ゲージ）	備 考
Penrhyn R.（type 1）	1801 (1879)	Bethesda= Penrhyn Port	6 1/4 miles (1 ft. 11.5 inches)	ペンリン卿により建設。後に蒸気機関車牽引のPenrhyn Railwayとして新設。スレート産業の衰退で廃線。
Nantle R（type 1）	1828	Nabtle=Caernarvon	9 miles (3 ft. 6 inches)	北ウェールズ最初の公共鉄道。スレート産業の衰退で廃線。
Festiniog R.（type 2）	1836 (1864)	Braenau Festiniog= Porthmadog	21.7 miles (1 ft. 11.5 inches)	S. Holland, H. Archerを中心に建設。第二次大戦後ボランティアを中心に観光用に再建。
Dinorwig R. Padarn R.（type 2）	1824 1840 (1848)	Dinorwig Q.= Port Dinorwig	7 miles (1 ft. 11.5 inches 後 4 ft)	Assheton Smithを中心に建設。後にPadarn R. として新設。現在はLlanberis Lake R. という名称で一部観光用鉄道として復活。
Corris R.（type 2）	1850s	Aberllefeni= Machanlleth	2 ft. 3 inches	コリス地域のスレート輸送を目的。19世紀末より他の鉄道と協力して観光利用。現在は一部路線のみ運行。
Talyllyn R.（type 2）	1866 (1866)	Abergynolwyn= Towyn	6 miles (2 ft. 3 inches)	マンチェスターの綿業企業家を中心にスレート輸送用に建設。第二次大戦後、ロルトを中心に観光用に再建。
North Wales Narrow Gauge R. （type 3）	1879 (1879)	Dinas=Rhyd-ddu	1.3 miles 1 ft. 11.5inches	地方地主がスノードン山周回鉄道を計画。一部路線開通。第一次大戦後Welsh Highland R. として復活
Fairbourne & Barmouth R. （type 2）	1890	Fairbourne= Penhryn Point	2 miles 2 ft. 後15inches のミニチュア鉄道	当初Fairbourneの村に建材輸送。1916年にNarrow Gauge Railway Limitedの経営の下で観光用に利用。
Snowdon MT R. （type 4）	1896 (1896)	Llanberis= Mt. Snowdon	4 miles (2ft. 7.5 inches)	アプト式の登山鉄道。開通直後の事故で閉鎖。翌年再開。観光用。
Great Orme TW. （type 4）	1902	Victoria St.= Orme Summit	1 miles (3ft. 6 inches)	北ウェールズの臨海リゾート地Llandudnoの観光用ケーブルカー。
Vale of Rheidol R. （type 3）	1902 (1902)	DevilsBridge= Aberystwyth	11 3/4 miles (1 ft. 11.75 inches)	鉱物輸送や観光客目当てに建設。1913年にCambrian R. が引き取り、後GWRに吸収。戦後主に観光用に利用。
Welshpool & Llanfair R.（type 2）	1903 (1903)	Welshpool=Llanfair	9 miles (2 ft. 6 inches)	農民の鉄道として知られ、Cambrian R. が操業。1931年に営業停止。1960年に保存会社により観光用に再開。

（注）開設年の（　）内は蒸気機関車の採用年度を示す。なおウェールズにはこのほかにもBala Lake Railway（1972），Breckon Mountain Railway（1972）などがあるが，ここでは省略している。

（出所）Turner W., *Railways of North Wales*, John Jones Publishing Ltd., (1998); Richard A. J., *The Slate Railways of Wales*, Gwasg Curreg Gwalch, (2001); Williams H., *Railways in Wales*, Christopher Davies, (1981); Emrys-Jones R., *The Railways of Wales*, Wilsh Library Association, (1979); Jones J. R., *The Great Little Steam Railways of Wales*, Aston Publication Limited, (1991); Boyd J. I. C., *Narrow Gauge Railways in North Caernarfonshire, vol. 2, the Penrhyn Quarry Railways*, the Oakwood Press, (1985); Boyd J. I. C., *Narrow Gauge Railways in North Caernarfonshire, vol. 3, Dinorwic Quarry and Railways, the Great Orme Tramway and Other Rail Systems*, the Oakwood Press, (1985)より作成。

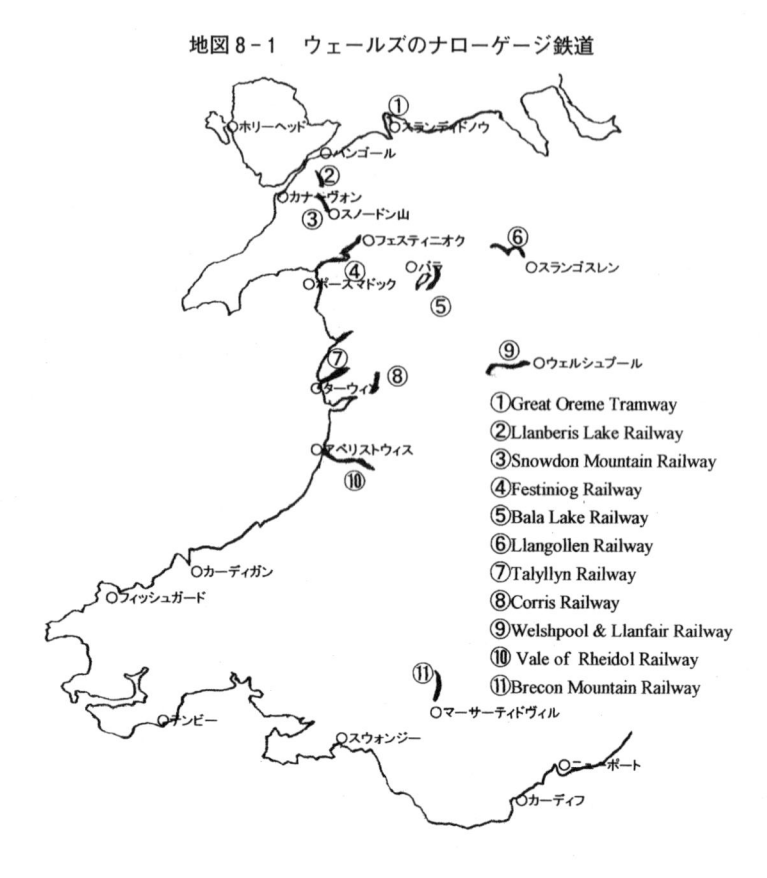

地図 8-1　ウェールズのナローゲージ鉄道

①Great Oreme Tramway
②Llanberis Lake Railway
③Snowdon Mountain Railway
④Festiniog Railway
⑤Bala Lake Railway
⑥Llangollen Railway
⑦Talyllyn Railway
⑧Corris Railway
⑨Welshpool & Llanfair Railway
⑩Vale of Rheidol Railway
⑪Brecon Mountain Railway

資力のある企業家たちは鉄道に注目するようになった。鉄道の建設によって、よりいっそう安価で大量の輸送が期待できたからである。しかもスレート鉱山の開発はイギリスの工業化と密接に関係しており、工業化に伴う新興工業都市の成長と、労働者住宅や公共建築物の増加は屋根用スレートの需要を大きく増加させた。こうしたスレート需要に対処するため、数多くの企業家が北ウェールズのスレート鉱山開発に乗り出していった[3]。またウェールズのスレート鉄道の大半が60〜80センチメートルのナローゲージを採用したが、この程度のゲージが山岳地域に立地するスレートの輸送にとって最適であったからである。カーブの多い山岳地帯の稜線を縫ってすすみ、場合によっては狭い鉱山内に入っていくのは標準軌鉄道では不可能であった。

しかしスレート産業の繁栄は長くは続かなかった。20世紀になると，安価な外国産スレート輸入の増加，スレートに代わるタイルの使用，さらにはペンリン・ストライキに代表される生産の中断などにより北ウェールズのスレート産業は衰退した[4]。それに伴いスレート輸送に依存していた鉄道も徐々に利用されなくなり，場合によってはタイプ1のように廃線になるか，あるいはタイプ2のようにいったん廃線に追い込まれた後，熱心なボランティアたちによって装いを新たに蘇えるか，あるいはタイプ3のように徐々に観光用にシフトしていった。またタイプ4の典型であるスノードン登山鉄道のように最初から観光用として建設された鉄道もよく見ると，既存の産業であるスレート産業の衰退が創設の背景をなしていたことがわかる。

　もっともこの地方の狭軌鉄道建設の目的はスレート産業だけではなかった。とりわけ19世紀末から20世紀初頭にかけて建設されたヴェール・オヴ・ライドル鉄道やウェルシュプール＆スランヴェア鉄道など，中部ウェールズの狭軌鉄道の共通点は軽便鉄道法（Light Railway Act）の適用を受けて建設された点にあった。イギリスにおける軽便鉄道法は1896年に制定された。その主たる目的は，1873年に始まる大不況期に外国産農産物との競争に直面して苦境にあった地方農民を救済することであった。この法律の適用を受けることによって，鉄道会社は一般の鉄道のように議会立法を獲得するのに必要な煩わしい手続きと費用を免れることができ，しかも地方自治体や大蔵省からの資金援助を受けることも期待できたのである[5]。ヴェール・オヴ・ライドル鉄道建設の主目的はライドル渓谷からアベリストウイスへの鉱物や農産物および木材の輸送であり，ウェルシュプール＆スランヴェア鉄道の場合は主として地方の農産物輸送や地方市場への旅客輸送がその主たる目的であった。しかしこれらの鉄道も既存の産業の衰退や過疎化の進行によって衰退を余儀なくされ，やがて観光用として生まれ変わるのである。以下，表8-1にあげた鉄道の一部についてタイプ別に従って簡単にふれておこう。なお，タリスリン鉄道とフェスティニョク鉄道については，第9章，第10章でより詳しく考察する。

2. タイプ1に属する鉄道

① ペンリン鉄道（Penrhyn Railroad と Penrhyn Railway）

　北ウェールズのスレート鉱山を最初に，そして最も大規模に開発したのがペンリン卿であり，その鉱山の発展に鉄道が基軸的な役割を演じた。リヴァプールの大商人で代議士，しかもジャマイカの奴隷制砂糖プランテーションの所有者でもあったリチャード・ペナント（Richard Pennant）は，結婚を通じて北ウェールズのペンリン・エステートを相続した。それによって彼はスレート鉱山開発の基礎を築いていった[6]。彼が特に力を入れたのは輸送の改善であり，道路や港湾，そしてとりわけ鉄道建設による輸送費の削減がスレート市場拡大に不可欠であることを認識していた。彼は友人のトマス・ダッドフォードにスレート鉱山から港までの運河，ないしは鉄道の調査を依頼した。その結果，運河よりも鉄道のほうが適していることが明らかになった。そこでダッドフォードの案に従い，ペンリン卿の事業経営者，ワイアット（Benjamin Wyatt）を中心に建設されたのがPenrhyn Railroad であった。この鉄道の建設は1800年9月に開始され，翌年7月25日に開通した。ベセスダのペンリン鉱山からペンリン港までの全長は約6.25マイルで，そのゲージは25.5インチ（約61cm）という狭軌の馬車鉄道であった。この鉄道の建設によって従来の道路での馬車輸送で400頭以上と同量の仕事がわずか16頭の馬で達成できたという[7]。この鉄道の開通による輸送の改善により，今やペンリン卿のスレート鉱山は繁栄を謳歌し，1830年代に2,000人もの労働者を雇用するイギリス最大のスレート鉱山となった[8]。そこで切り出され，加工されたスレートはイギリスの都市ばかりでなく，海外へも輸出されるようになったのである。しかしスレート生産の増大は多くの問題を生み出した。その一つが馬力による輸送の限界であった。

　19世紀半ばに北ウェールズを通過してイングランドとアイルランドを結合する幹線鉄道であるチェスター＆ホーリーヘッド鉄道が開通した。さらに1852年にはこの鉄道がペンリン港への支線を建設すると，今や幹線鉄道網を通じてイングランド各都市へのスレート輸送が可能になった[9]。さらに各地でスレート鉱山から

港への蒸気機関車の導入が始まっていた。その端緒は隣接のディノーヴィック鉱山であり，すでに1848年に蒸気機関車による輸送を開始していた。これより遅れて開発されたブラナイ・フェスティニョク（メリオネスシャー）でも1860年代半ばにはフェスティニョク鉄道の支配人のスプーナーを中心に蒸気機関車を導入していた。ペンリン卿に蒸気機関車の導入を提案したのは，とりもなおさずフェスティニョク鉄道の技師，チャールズ・スプーナーであった[10]。彼は路線調査の結果，旧線とは若干異なったコースをたどる新線の建設を提案し，それを公共鉄道にするよう勧めた。ペンリン卿（第2代）は概ねスプーナーの提案を受け入れたが，あくまで私的鉄道にこだわった[11]。路線の建設は1877年3月に開始され，1879年10月に開通した[12]。新線の Penrhyn Railway はフェスティニョク鉄道と同様のゲージで，同鉄道で使用されていたのと同様のフェアリー型ダブル・ボギー蒸気機関車が走行することによって輸送力は大幅に増強された。またこれによって，旧線は閉鎖された。しかし新鉄道も主にスレート輸送を目的として建設されたのであり，スレート鉱山の衰退とともに1962には廃止となった。

② ナントル鉄道（Nantle R.）

カナーヴォンの後背地であるナントル地域のスレート鉱山は隣接のディノーヴィクやペンリン鉱山とは異なり，多数の地主によって所有され，多くの小規模鉱山業者が操業していた。そしてこの地域のスレート輸送用の鉄道は4社の鉱山（Cilgwyn, Pen Bryn, Taly Sarn, Havod Las）の共同で建設された。Nantle 鉄道のゲージは3フィート6インチ，全長約9マイルの馬車鉄道であり，1828年に開通した。この鉄道は「レール・ターンパイク」として上下分離方式で運営され，鉄道会社は有料道路や運河と同じように通行料を徴収し，ユーザーであるスレート鉱山業者が自己の所有する馬と貨車によって輸送に従事していた。当初その通行料はトン・マイル当たり6ペンスであったという。鉄道貨車は帰り荷として鉱山動力用の石炭を輸送していた[13]。

この鉄道は1856年頃にプレストン（Edward Preston）という人物にリースされたが，彼は時刻表に基づき旅客輸送を開始した。動力には相変わらず馬が使用され，カナーヴォンからナントルのタリサーン（Taly Sarn）まで1時間半を要していた[14]。しかしこの鉄道はその後標準軌の鉄道，Caernarfon Afon-Wen

Branch が開通し，その後ナントルまで拡張され，またカナーヴォン港のスレート波止場も標準軌に敷きかえられると，次第に貨物を奪われていった[15]。

3．タイプ2に属する鉄道

① ディノーヴィック鉄道（Dinorwig Railway）とパダーン鉄道（Padarn Railway）

ディノーヴィックのスレート鉱山の開発，港や道路，そして鉄道の建設は地域の大地主で企業家，トマス・アシェトン=スミス（Thomas Assheton-Smith）親子によって遂行された。鉄道が建設されるまでスランベリス近郊のディノーヴィックで採掘され，加工されたスレートはパダーン湖上を小舟で運ばれ，次いで荷車とソリを利用してディノーヴィック港まで運ばれ，そこから沿岸船でイギリス各地や海外へ積み出されていた。ボイドによると，湖上輸送を利用することによって戦時中の馬税を免除されていたという[16]。またアシェトン=スミスは専ら自己のスレートを運ぶために1812年にスレート道（slate road）を建設していた。このようにディノーヴィックのスレートはかなり遅くまで荷馬車や小舟で運ばれていたが，1821年にアシェトン=スミスが近隣の鉱山を独占すると，従来の非効率な輸送方法に代わるより効率的な輸送方法として鉄道建設に取りかかった。こうして建設されたのがディヌーヴィック鉄道で，1824年に開通した。この鉄道のゲージは24.5インチ（約61cm），全長約7マイルで，ダブル・フランジの鋳鉄製レールが使用されていた[17]。しかしこの鉄道は開設まもなく欠陥鉄道であることが明らかになった。何よりも大きな問題はその位置取りにあったようで，採掘されたスレートを鉄道貨車まで引き上げねばならなかったという。スレート鉱山の発展につれてますますこの鉄道の非効率性が顕著になり，新たな鉄道建設が不可欠となった。

この要求に応じて建設されたのがパダーン鉄道であり，1841年に建設が開始され，1843年3月に開通した[18]。この鉄道は，もともと Padarn Rail Road と呼ばれていたが，次いで Padarn Railway，そして1880年頃から Dinorwig Quarry Railway と呼ばれるようになったという[19]。この鉄道のユニークな点は，スレートを積んだトロッコをそのまま貨車に積んで輸送した点にあり，貨車1台にトロ

ッコ4台を積むことができた。この鉄道は当初馬車鉄道であったが、その後1848年に2台の蒸気機関車が導入された。Fire Queen 号と Jenny Lind 号と名づけられた2台の機関車がロンドンの Alfred Horlock & Co. によって製作され、グレーヴゼンドからカナーヴォンへ海上輸送された[20]。

この鉄道は1947年まで労働者用客車を運行し、1961年までスレート用貨車を走行させていたが、同年10月に廃線になった。パダーン鉄道の閉鎖後もスレート鉱山はしばらく操業を続け、その生産物をトラックで運んでいたが、それも1967年には廃鉱になった[21]。

このようにパダーン鉄道とスレート鉱山は100年以上にわたる歴史を閉じたが、1970年代になると路線の一部を観光用に利用しようという計画が持ち上がった。それを実行したのはサウスエンド出身のポーター（A. L. Porter）という企業家で、彼は旧パダーン鉄道沿いに 1 ft.11 1/2 in.（約60cm）のゲージの観光用鉄道を建設し、1971年5月から営業を開始した。そのために使用された機関車は4台でいずれも以前ディノーヴィック鉱山で使用されていたものであった[22]。この装いを新たに開業された鉄道はスランベリス・レイク鉄道（Llanberis Lake Railway）と名づけられた。

② ウェルシュプール&スランヴェア鉄道（Welshpool & Llanfair Railway）

ウェールズ中部の農村地帯に建設されたのがウェルシュプール&スランヴェア鉄道（以下 W&LR と略記）であった。この鉄道は1896年の the Light Railway Act（軽便鉄道法）の適用を受けて建設された鉄道でもある。その法律の目的は公的助成によって経済的に遅れた地域の発展を促進することにあった。その法律の適用を受けることによって、助成金や貸出の形で大蔵省からの資金援助を得ることができ、また株式所有という形で、地方政府からの援助が期待できた。また一般の鉄道のように多額の出費を要する議会立法を獲得する必要はなく、それによって会社の設立に関わる費用が節約できた。ただしこの法律の適用を受けるためには Light Railway Order（軽便鉄道指令）の認可が必要であり、それによって平面交差に際してのゲート建設やスピード制限などさまざまな規制を受けなければならなかった[23]。

さて、W&LRの発起人の多くは地方貴族や農民であり、1899年に建設認可を

表 8-2　W & LR の初期営業成績

	1905年	1911年
旅客収入	1,365	1,226
石炭・鉱物	631	520
一般商品	735	1,016
小　包	177	182
家　畜	10	94
総収入	2,918	3,046
運転費用	1,859	1,835
純収入	1,062	1,211

(出所) Cartwright R. & Russell R. T., *The Welshpool & Llanfair Light Railway*, David & Charles, (1972, 1989), p. 68.

得た。ウェルシュプールからスランヴェアまでの全長は約9マイルで，ゲージは2フィート6インチ（約750ミリ），その建設を担当したコントラクターはカーディフのジョン・ストラハン（John Strachan）であった。その契約金は24,290ポンドであったが，コントラクターは支払いの一部を会社の株式で受け取ることに同意した[24]。建設作業は1901年3月末から始まったが，わずか9マイル余りの鉄道にもかかわらず，作業は困難を極めた。またこの間カンブリアン鉄道とW & LR 会社との間で交渉が行われ，完成後，前者が後者を運営することになった。路線が完成し，貨物輸送が開始されるのは1903年3月9日，また商務省視察官の認可を得て，旅客輸送が開始されるのは1903年4月4日であった[25]。

この鉄道はウェールズの他の多くの鉄道と同様，当初期待されたほど輸送は伸びず，芳しい営業実績を上げることはできなかった。すなわち，総収入は営業開始時には3,200ポンドを超過しているが，その後，低下し，1908年には2,900ポンドを割っている。その後，徐々に回復しているが，1912年においても開業時の数値には達していない。他方，その運転費用は1,650～1,900ポンドの水準で変動しているが，固定資本（信号機や列車など）が増加したため，総費用が総収入を超過し，赤字続きで配当が支払えなかったのである[26]。

なお，1905年と1911年の収入の詳細を示した表によると，旅客収入がかなり高い割合を占めており，その多くは地方住民であった。特にウェルシュプールで市が開かれる月曜日には，列車はぎゅうぎゅう詰めであったという。また旅客輸送

で注目すべき点として，この中には観光客も含まれていたことである。というのは，スランヴェアには硫黄質の温泉が湧き，また景観も優れていたので，イングランドの都会から観光客も期待できたのである[27]。もっとも，どの程度の旅客が観光客であったかは不明であるが。他方，貨物収入のうち石炭・鉱物がかなりの金額に達していた。家畜収入はほんのわずかにすぎないが，これは鉄道の開通にもかかわらず，高運賃により，未だ道路輸送が中心であったことによっていた。

さて，W＆LRは第一次大戦後の鉄道グループ化によって，親会社のカンブリアン鉄道とともに，GWRの傘下に入った。しかしそれによって明るい未来が待っていたわけではなかった。両大戦間時代はこの鉄道だけでなく，イギリスの鉄道全般にとって困難な時期であったが，W＆LRにとってはその困難はかなり濃縮されて現れた。そしてその旅客輸送は1931年2月に停止され，GWRの代替バスが運行されることになった。後にバス会社間の競争が増し，GWRのバスはクロスヴィル・モーターズ（Crosvill Motors）のバスにとって代わられるのである。貨物輸送の分野でも地方のトラック運送業者との競争が激化した。1930年代にウェルシュプールとスランヴェアにおいて，少なくとも10社のトラック業者が営業していた[28]。トラック業者がフレキシブルな運賃体系でドア・ツー・ドアのサーヴィスを提供すると，従来は鉄道で運ばれていた貨物の多く，とりわけ高価な貨物は，ますますトラック輸送に取って代わられることとなった。

第二次世界大戦中の燃料不足，とりわけ石油不足や政府による農業奨励策によって鉄道は一時勢いを盛り返したが，戦後の鉄道国有化によっても荷主の鉄道離れを食い止めることはできなかった。そしてW＆LRはついに1956年11月に閉鎖されることになった。モータリゼーションの進行に加えて過疎化がW＆LRの経営悪化に拍車をかけた。中部ウェールズは典型的な過疎地域であった。詳しい数値は明らかではないが，スランヴェアの人口は19世紀半ば以後減少に転じ，20世紀半ばには半減した。この地域の人口の半分以上が農業従事者であったが，農業の機械化や交通革命に伴う外国産農産物の輸入増加によって，若者はますます都会の刺激に満ちた生活にあこがれて故郷を去っていったのである。

W＆LRの再建計画はすでにこの鉄道が完全に廃止されるまえから存在した。すなわちタリスリン鉄道の再建に影響を受けたthe Gauge Railway Society創設

者でエリック G. コープ（Eric G. Cope）という人物がこの鉄道の買収と保存を訴えたのである。彼はウェルシュプール町議会に支援を求めたが，町議会側の反応は冷たく，実現には至らなかった。しかしタリスリン鉄道やそれに続くフェスティニョク鉄道の再建と成功が大きな励みとなって，多くの人々がこの鉄道の再建のために立ち上がった。その一人がロンドンの印刷業者，ウィリアム・モリス（William Morris）であった。1956年9月にウェルシュプールで開かれた会合でモリスの立てた保存計画に多くの人々が賛同した[29]。その結果，同年12月にロンドンで the Welshpool and Llanfair Preservation Society が設立された。しかし，これはイギリス国鉄の所有する鉄道での最初の再建計画であったこと，当初は思ったほどメンバーが集まらなかったこと，さらには専門知識を持った人々が不足していたことなどいろいろな問題があって，この保存協会は解散され，それに代わって1960年1月に the Welshpool and Llanfair Light Railway Preservation Company Ltd. が設立された[30]。この会社の設立によって，従来からの保存協会の資産は新会社に引き継がれることとなった。新会社の活動は熱心なボランティアによって支えられていた。彼らは鉄道の運転再開に向けて，イギリス国鉄からの路線リース，路線整備，機関車の修理，車両の購入など，さまざまな困難に立ち向かっていった。そしてついに1963年4月6日にスランヴェアからカーレイニオン城（Castle Caereinion）までの路線が新たな装いのもとに再開されることとなった。この開通式に使用された機関車は Earl 号と Countess 号というオリジナルな機関車であった。この鉄道は運転再開後も資金難や洪水による橋の損壊といった困難に悩まされ続けたが，その折々にボランティアを中心に危機を切り抜け，ついに1981年7月にはウェルシュプールまでの全線開通という念願を達成したのである[31]。

4．タイプ3に属する鉄道

① ヴェール・オヴ・ライドル鉄道（Vale of Rheidol R.）

　この鉄道は，アベリストウイスとデヴィルズ・ブリッジ間（11.75マイル，約19キロ）の鉄道で，そのゲージは 1 ft 11 3/4 inches（約60cm）の狭軌鉄道で，当

初から産業用と同時に観光を目的として建設された。すなわちライドル渓谷には鉛や亜鉛などの鉱山が存在しており、鉄道が開通する前から鉱物は駄馬でアベリストゥイスへ運ばれ、港から船で積み出されていた。鉱物だけでなく、近隣の農民が生産した農産物や日常生活品の輸送という点でも鉄道の必要性が高まっていた。またアベリストゥイスは19世紀半ば以降臨海リゾート地として発展しており、デヴィルズ・ブリッジやライドル渓谷の景観とあわせて鉄道そのものが観光用として期待できた。この鉄道の計画はすでに1861年と72年に持ち上がっていたが実現には至らなかった。実際に建設されるのは19世紀末になってであり、デヴィルズ・ブリッジ近辺の鉱山所有者で、アベリストゥイスで精錬所を営むグリーン（Green）という企業家を中心に企業の発起が行われ、the Vale of Rheidol Light Railwayは1896年に成立した軽便鉄道法の適用を受けることによって1897年8月に設立された[32]。会社の支配人はジェームズ・リーズ（James Rees）で、技師にはツルンパー兄弟（JamesとWilliam Szlumper）が、そしてコントラクターにはペティック兄弟（Pethick Bros.）が雇用された。ウェールズの多くの鉄道と同様、この鉄道も資金調達に苦労し、このためコントラクターは機関車や車両の購入に便宜を図ったばかりでなく、路線建設に際して会社の株式を所有するなど会社の金融にも深く関わっていたのである[33]。

建設作業は1902年に完成し、貨物輸送は同年8月から開始された。9月には商務省役人の視察を受けたが、すぐには認可されず、指摘された箇所を改善した後、再度の視察を受けることによって、ようやく12月22日に旅客輸送が開始された。開業当初のアベリストゥイスの終点は現在とは異なった場所（スミスフィールド・ロードの西側）にあり、また鉱物や農産物を船舶に積み込むために約800mの支線が港の埠頭へと通じていた。鉱物は船舶でスウォンジーや遠くアントワープまで運ばれていた。会社は地方の景観のイラスト入りの絵葉書を発行するなど、観光客の誘引にも力を入れた[34]。鉄道ができるまで観光客は馬でデヴィルズ・ブリッジを訪れていたが、この鉄道の開通によって観光客は増加し、例えば1903年のイースター休暇時には1,000人以上がこの鉄道を利用したという[35]。創業時には終着駅のほかにわずか2つ（すなわちCapel BangorとNantyronen）しか中間駅はなかったが、その後多くの駅が追加されている。また、この時刻表に日曜

日にも1往復ではあるが列車が運行されているが，日曜日での列車運行はウェールズの地方鉄道には例外的であり，このことはこの鉄道が当初から観光に力を入れていたことをうかがわせる。

　この鉄道はしばらく独立して営業していたが，1913年にカンブリアン鉄道に引き取られた。さらに第一次大戦後のグループ化によって，カンブリアン鉄道とともにグレート・ウェスタン鉄道によって吸収された。このころになると鉱物輸送は減少し，そのため港への支線は1924年に閉鎖された。その後，世界恐慌後の不況により1931年には冬季の旅客輸送は停止された。しかし夏期のサーヴィスは盛況であったので，1938年にはグレート・ウェスタン鉄道はより景色がよく見えるように客車の新しいものに取り替えられたという。このように両大戦間時代にこの鉄道は徐々に本来の輸送機能から観光客用の遊覧鉄道へと脱皮していった。第二次世界大戦中にはすべてのサーヴィスは停止されていたが，1945年5月8日のヨーロッパ戦勝記念日以後，6月23日にサーヴィスは再開された。その後1948年にイギリス国鉄の西部部門に編入され，その後1963年にロンドン・ミッドランド管区の管轄となった。この鉄道はイギリス国鉄で最も遅くまで蒸気機関車を走らせる鉄道として繁栄した。その旅客数の推移は以下の通りである。

年	乗客数	年	乗客数
1962	26,849	1963	34,237
1967	48,532	1968	87,703
1970	100,000人を突破	1975	179,527

(出所) Williams H., *Railways in Wales*, Christopher Davies, (1981), p. 178.

1989年に民営化され，今日ではBrecon Mountain Railwayを運営する会社によって営業されている[36]。

5．タイプ4に属する鉄道

① スノードン登山鉄道（Snowdon MT R.）

　最初から観光目的で建設された鉄道で最も有名なのがスノードン登山鉄道である。この鉄道は現在でも北ウェールズ観光の大きな目玉の一つであり，毎年シー

ズンにはイギリス国内はもとより，海外からも多くの観光客が利用している[37]）。

　北ウェールズのスノードン山はスノードニア山岳地帯の最高峰で標高1,085m，スコットランドのベン・ネヴィス山（1,343m）に次ぐイギリス第2の高峰である。記録によると，この山に最初に登頂したのは植物学者のトマス・ジョンソン（Thomas Johnson）という人物であり1639年のことであった[38]）。18世紀末から19世紀にかけての道路建設によりアクセスが改善されるものの，スノードン登山がより身近かになるのは，この地方の鉄道建設以後のことであった。

　すなわちイングランドから北ウェールズを通過してホーリーヘッドに至るチェスター＆ホーリーヘッド鉄道に続いて，1852年にはバンゴール＆カナーヴォン鉄道が開通した。さらに1869年7月にはカナーヴォンからスノードン登山の起点であるスランベリスまで鉄道が敷かれるのである。この町からスノードン山頂までの距離は約5マイルであったため，以後スランベリスの町は登山客で賑わうことになる[39]）。

　しかもこの町の繁栄はもう一つの理由があった。スレート産業の発展である。この町の近くにはディノーヴィック・スレート鉱山があり，この鉱山の所有者，アシェトン＝スミスが鉱山開発に不可欠な交通インフラである港やトラムロードを整備すると，この鉱山はペンリン鉱山に次ぎ，北ウェールズでも屈指のスレート産地として繁栄することになる。それにつれてスランベリスの町の人口も1871年には2,500人あまりであったが，その10年後には3,000人を突破するのである。

　さて，スノードン登山鉄道が建設されるのは19世紀末であるが，実際に建設に至る前にも2回にわたって建設計画が立てられている。その最初の計画は1872年に[40]），そして第2の計画は70年代末に立てられたが実現に至らなかった。とりわけ第2の計画は近隣のフェスティニョク鉄道に関係するスプーナー（C. E. Spooner）とヒューズ（J. S. Hughes）を中心にして立てられた。その計画によると，スランベリスからスノードン山頂を越えて，反対方向の麓の町（Rhyd-ddu）に達し，そこで当時計画中であったNorth Wales Narrow Gauge R.（NWNGR）と連絡しようとするものであった[41]）。しかし，これらの計画はいずれも，スランベリスのスレート鉱山業者で地方地主でもあったアシェトン＝スミスの反対によって挫かれたのである。

結局，スノードン登山鉄道の建設はアシェトン=スミスの代理人であるスチュアート（Captain N. P. Stewart）を中心にして実行されるのである。それには次のような動機が存在した。まず，何よりも重要な要因としてスレート産業の衰退があげられる。多くの鉱山開発に伴う過剰生産に加えて，1880年代の建築業の不振，安価な外国産スレートの輸入増加，さらにはスレートに代わる新たな建材としてのタイルによる代替などの要因により，19世紀末には北ウェールズのスレート産業は衰退期を迎えることとなった。それに加えて，フェスティニョク鉄道の支援を得た North Wales Narrow Gauge Railway が1881年にはディナスからリャド=ヅー（Rhyd-ddu）に達し，しかも顧客の増加を図るためにその耳慣れない駅名をより馴染み深いスノードン（Snowdon）に変更したことにより，その鉄道はスランベリスのライバルとしてスノードン登山客に人気を集めるようになった[42]。こうした危機的状況がスランベリスにホテルを持つ地方の名士，アシェトン=スミスが登山鉄道建設に踏み切る動機となった。

スノードン登山鉄道の建設主体となった the Snowdon Mountain Tramroad and Hotel Co. Ltd. は1894年11月に資本金7万ポンドで設立された。その会長にはリヴァプールの会計士バナー（J. S. Harmood Banner）が就任し，エイチソン（G. C. Aitchson）が書記，技師，そして総支配人を兼ねることとなった。主要コントラクターには A. H. Holme & C. W. King が雇用され，1894年12月15日にアシェトン=スミス夫妻の起工式によって建設が開始された[43]。この鉄道の軌間（ゲージ）は約80cmで，山麓の町，スランベリス（海抜353フィート）からスノードン山頂（3,493フィート）までの高度差約3,000フィートのアプト式鉄道が建設された。因みにアプト式鉄道はスイス人のローマン・アプト（1850〜1933）が開発し，軌道の中央に歯を刻んだラック・レールを設置し，動力車に取り付けた歯車をかみ合わせて進む鉄道であった。この方式の鉄道は1880年代にアルプスの登山鉄道を中心に普及していった[44]。

建設工事はスランベリス側から開始され，1896年1月には全線の工事が完成した。その後走行テストが行われ，同年3月には商務省役人による非公式の視察が行われ，イースター翌日の月曜に営業運転が開始された[45]。しかし不幸なことに，その始発列車で悲惨な事故が発生するのである。すなわち，列車が山頂から下る

写真8-1　スランベリスの駅で発車を待つスノードン登山鉄道の列車（筆者撮影）

途中で脱線事故を起こし，列車から外へ飛び降りた2人の乗客のうち，エリス・ロバーツという人物が列車の下敷きになり，足を複雑骨折し，病院へ運ばれたものの，死亡するのである。調査の結果，事故原因は前日の降雪と結氷により山頂付近の地盤が沈下し，その影響で，走行中の列車が傾き，このため機関車の歯車がラックからはずれて暴走したためとわかった。いずれにせよ，この事故によりその後予定されていた列車の運転は中止となったのである[46]。その後，事故再発防止のため，ラックの両側にガードレールを敷くなどの措置が取られ，ようやく翌年の4月19日に運転再開となった。

② グレート・オーム鉄道（The Great Orme Tramway）

スランディドノウ（Llandudno）は19世紀後半に北ウェールズの臨海リゾート地として，また富裕者の保養地として発達した。それにつれて持ち上がったのがグレート・オルムの山頂（海抜約224m）の丘を登る観光用ケーブルカーの建設計画であった[47]。この計画の主要推進者はリヴァプールの技師ウッドとファウラー（Messrs. Wood and Fowler）およびコントラクターのオウエン（John Owen）

であり，地方の名士たちが計画を支援していた。The Great Orme Tramway Act は地方地主の支援を得ることによって1898年5月に無事議会を通過した（創業資本金は2万5千ポンド）。

この登山用ケーブル鉄道は山麓の駅（Victoria駅）から山頂までの全長がわずか1マイル余りの小規模な鉄道であり，そのゲージは3フィート6インチで，鋼索ケーブルによって山上の蒸気機関の巻き上げ機によって駆動するものであった。1901年4月に建設作業は始まり，翌年6月にようやく下半分が完成，商務省役人の認可を得て同年7月31日から営業が開始され，1903年7月に全線が開通した。1902年には沿線住民の便宜をはかり，冬期にも営業は続けられたが，その後冬期の営業は中止になった。1年目の旅客数は約7万5千人で，その後順調に業績を伸ばしていき，営業開始から30年間の総乗客数は377万9千人（年平均1万2千人以上）に達した。

注

1) 交通経済学では交通に対する需要を交通そのものに対する需要である本源的需要と他の経済活動に伴って生じる需要である派生的需要に区分している。ほとんどの交通需要は派生的需要とみなされるが，ウェールズのナローゲージ鉄道のように，観光を目的とする鉄道旅行に対する需要は本源的需要の典型的な事例と言えよう。

2) なお青木栄一氏は，イギリスの保存鉄道を次の4つのタイプに分類されている。すなわち，①軽便鉄道を復活したもの，②専用鉄道（鉱山，工場）を復活したもの，③国鉄廃止路線を借り受けたもの，④新設したもの，がそれである。「イギリスの保存鉄道の実態」『鉄道ピクトリアル』第249号（1971）。

3) 北ウェールズスレート産業の歴史については Lindsay J., *A History of the North Wales Slate Industry*, David & Charles, (1974); Richards A. J., *Slate Quarrying in Wales*, Gwasg Carreg Gwalch, (1995) など多くの研究が存在する。

4) ペンリン争議については Lindsay J., *The Great Strike, A History of the Penrhyn Quarry Dispute of 1900-1903*, David & Charles, (1987); Jones R. M., *The North Wales Quarrymen, 1874-1922*, Univ. of Wales Press, (1982)；久木尚志「世紀転換期におけるウェールズのペンリン争議とイングランド社会」『歴史学研究』No.693（1997）；久木尚志『ウェールズ労働史研究；ペンリン争議における階級・共同体・エスニシティー』彩流社（2006）を参照。

5) イギリスの軽便鉄道の詳細については Bosley P., *Light Railways in England and Wales*, Manchester U. P., (1990) 参照。

第8章　ウェールズのナローゲージ鉄道(1)　253

6)　すなわちペナントはペンリン・エステートの Hugh Warburton の一人娘 Sarah Anna Susannah と結婚し，その後の遺産相続によってペンリン卿となった。Boyd J. I. C., *Narrow Gauge Railways in North Caernarfonshire, vol. 2, the Penrhyn Quarry Railways*, the Oakwood Press, (1985), pp. 3-4.
7)　*Ibid.*, p. 19.
8)　*Ibid.*, p. 23.
9)　*Ibid.*, p. 27.
10)　*Ibid.*, pp. 28-32.
11)　*Ibid.*, p. 33.
12)　*Ibid.*, p. 41.
13)　Richards A. J., *The Slate Railways of Wales*, Gwasg Carreg Gwalch, (2001), pp. 34-37.
14)　*Ibid.*, p. 87.
15)　*Ibid.*, pp. 87-92.
16)　Boyd J. I. C., *Narrow Gauge Railways in North Caernarfonshire, vol. 3, Dinorwig Quarry and Railways, the Great Orme Tramway and Other Rail Systems*, the Oakwood Press, (1985), p. 8.
17)　*Ibid.*, p. 12.
18)　*Ibid.*, p. 16.
19)　*Ibid.*, p. 17.
20)　*Ibid.*, p. 51.
21)　*Ibid.*, p. 22.
22)　*Ibid.*, pp. 219-220.
23)　イギリスでの軽便鉄道法は主に海外での同種の鉄道に関する調査報告書（1894年）を受けて制定された。1898年から1919年の間に687件（約5,000マイル）の応募が出されたが，実際に認可され建設されたのは900マイルにすぎず，そのうち350マイルが路面電車であった。そして残りの550マイル中の3／5が幹線鉄道会社によって建設され，そのうち助成金を受けたのは80マイル，ローンを受けたのはわずか22マイルにすぎなかったという。*The Oxford Companion to British Railway History*, Oxford U. P., (1997), pp. 263-265.
24)　Cartwright R. & Russell R. T., *The Welshpool & Llanfair Light Railway*, David & Charles, (1972, 1989), p. 43. なお，コントラクター（請負業者）が単に鉄道建設だけでなく，金融や営業にも関与した鉄道は「コントラクターズ・ライン」と呼ばれる。1850年代末から60年代にかけてウェールズの農村地帯に設立された鉄道会社の多くは資金難に陥ることが多く，トマス・サヴィン（Thomas Savin）やデヴィッド・デイヴィス（David Davies）といったコントラクターへの依存度が増加した。なおこの点に

ついては拙稿「イギリス鉄道企業家と地域経済——デヴィッド・デイヴィスとヴィクトリア時代ウェールズの鉄道——」Faculty of Economics, Tezukayama University Discussion Paper Series, J-143, (2004) 参照。

25) Boyd J. I. G., *Narrow Gauge Railways in Mid-Wales*, The Oakwood Press, (1970), p. 235.
26) Cartwright R. & Russell R. T., *op. cit.*, p. 68.
27) Cartwright R. & Russell R. T., *op. cit.*, p. 64.
28) Cartwright R. & Russell R. T., *op. cit.*, p. 95.
29) *Ibid.*, p. 104.
30) Boyd, *op. cit.*, p. 241.
31) Cartwright R. & Russell R. T., *op. cit.*, p. 136.
32) Boyd J. T. C., *Narrow Gauge Railways in Mid-Wales*, The Oakwood Press, (1970), p. 195.
33) *Ibid.*, p. 196.
34) *Ibid.*, p. 196.
35) Baughan P. E., *A Regional History of the Railways of Great Britain, Vol. 11 North and Mid Wales*, David & Charles, (1980), p. 236.
36) なお、この鉄道は、その風光明媚な景観とともに、辻川一徳『ロンドンぬきの英国旅行』サイマル出版会 (1983) にも紹介されている。
37) ここでの論述は主としてKeith Turner, *The Snowdon Mountain Railway*, David & CHarles, (1973) によっている。
38) *Ibid.*, p. 10.
39) *Ibid.*, p. 14.
40) *Ibid.*, pp. 26-33.
41) *Ibid.*, p. 37.
42) *Ibid.*, pp. 38-39.
43) *Ibid.*, pp. 44-48.
44) 最初のアプト式登山鉄道はドイツのハルツ鉄道 (1886年開通) で、その後この方式の鉄道はヨーロッパやアメリカの山岳地帯で中心に普及した。*Ibid.*, pp. 41-42.
45) *Ibid.*, pp. 62-63.
46) *Ibid.*, pp. 63-74.
47) この鉄道についての記述は主としてAnderson R. C., *Great Orme Tramway: the first 75 years*, Light Railway Transport League によっている。

第9章　ウェールズのナローゲージ鉄道(2)
　　　──タリスリン鉄道──

1．はじめに

　イギリスでは産業革命時代に活躍した橋梁や，運河，工場跡など数多くの産業遺産が保存され[1]，観光用に利用されている。イングランドではブラック・カントリーのアイアン・ブリッジやコーンウォールのコーニッシュ・エンジンが有名であるが，ウェールズではメナイ海峡吊橋やコンウィ・ブリッジ，さらにはスランゴスレン運河（Llangollen Canal）の目玉であるポントカシルテ水道橋（Pontcysyllte Aqueduct）は19世紀初期に活躍した著名な土木技師，トマス・テルフォードによって設計された記念すべき産業遺産である。またメナイとコンウィのそれぞれの橋に平行して架かるブリタニアとコンウィの鉄道橋はロバート・スティーブンソンの輝かしい記念碑である。すでに操業を停止した工場跡や鉱山もその一部は現代でも観光用に利用されている。南ウェールズのロンザ・ヘリテージ・パークやブラナヴォン製鉄所とビッグ・ピット炭鉱一帯，北ウェールズのグロズヴァ・ガノール（Gloddfa Ganol）やスレフウェズ（Llechwedd）スレート鉱山はその代表的事例である[2]。これらの中にはユネスコの世界遺産に登録されているものもあるし[3]，このほかにも保存されている産業遺産には枚挙に遑がない。多くの産業遺産が保存・活用されている背後には，世界最初の工業国家としてのイギリス人のプライドの高さや，過去の歴史への思い入れの強さとともに，市民一人一人による草の根ボランティア活動があることを忘れてはならない。そうした活動の中で最も有名なものとして，19世紀末に設立されたナショナル・トラスト（正式には the National Trust for Places of Historic Interest or Natural Beauty という）[4]をあげることができるが，その他にも鉄道や運河などの数多く

の熱心なファンによる保存活動が存在する[5]。そうした保存鉄道の代表的事例として本章で取り上げる北ウェールズのタリスリン鉄道（Talyllyn Railway）[6]があげられる。ウェールズのナローゲージ鉄道の中でもタリスリン鉄道は特に注目すべき鉄道である。というのはイギリスにおける同種の鉄道や産業遺産の再生・保存運動はまさにこの鉄道から始まったからである[7]。

　北ウェールズにおけるスレート採石業の発展は輸送の改善と不可分の関係にあった[8]。鉄道が建設されるまで，スレート鉱山の所有者はその生産物を駄馬や荷馬車，あるいはソリで河岸まで運び，川船で港まで輸送し，さらには河口で航洋船に積み替えて，イギリス各地や遠く海外へと搬出していた。しかしこうした輸送方法には大きな限界があったため，資力のある企業家たちは鉄道に注目するようになった。鉄道の建設によって，よりいっそう安価で大量の輸送が期待できたからである。しかも北ウェールズのスレート鉱山で鉄道が建設される時期はそれが大量に需要される時期と重なっていた。スレート鉱山の開発はイギリスの工業化と密接に関係しており，マンチェスターやリヴァプール，あるいはバーミンガムといった工業都市の成長と，それに伴う労働者住宅や公共建築物の増加は屋根用スレート需要を大きく増加させた。こうしたスレート需要に対処するため，リチャード・ペナント（ペンリン鉱山），トマス・アシェトン＝スミス（ディノーヴィック鉱山），リチャード・ホラント（ブラナイ・フェスティニョク）をはじめとする数多くの企業家が北ウェールズのスレート鉱山開発に乗り出していった。本章で焦点をあわすタリスリン鉄道の建設もこうしたスレート鉱山の一つである南メリオネスシャーのブリンエグリスの（Bryneglwys）鉱山開発と不可分の関係にあったのである。

　タリスリン鉄道は現代でも観光客に大変人気が高い保存鉄道であり，決して歴史的遺物というわけではないが，この鉄道の設立から現代に至るまでの歴史は，ナローゲージ鉄道によるスレート輸送の一例としても，またボランティアによる保存運動のパイオニアとしても極めて興味深いものがある。この鉄道の約150年間の歴史は大雑把にみて次の2つの時期から成り立っていた。すなわちスレート産業の発展と密接に関連して建設され，衰退する時代，1864年から第二次世界大戦終了後までの約85年間がその第1期であり，ここではこの時期を便宜上「スレ

ート産業」時代とする。これに次いでトム・ロルトを中心とするボランティアたちによって主に観光を目的として再建される時期が第2期であり，それをここでは便宜上「ツーリズム」時代と称する。そして本章では前半の「スレート産業」時代については，主としてタリスリン鉄道の建設とそれに伴うスレート産業と地域経済の発展，さらにはその産業と鉄道の衰退に焦点を合わせる。次いで，「ツーリズム」時代については，第二次世界大戦後のボランティアたちによる鉄道再建運動，とりわけその運動の中心となったトム・ロルトとボランティアによる再建活動を中心に考察する。

2．「スレート産業」時代

(1) 建設の背景

　南メリオネスシャーにおいてスレートはすでにテューダー朝時代からコリス(Corris) 近辺のアバースレヴェニ (Aberllefenni) において採掘されていたが，19世紀の第3四半期になってコリス地域のスレート生産は大きく拡大した。鉄道以前の時代において，山岳部における採石所の発展は近くの搬出港までの高輸送費によって妨げられていた。スレートはたいてい荷車やソリで輸送されていたが，時には駄馬で険しく狭い道を運ばれることもあった。しかしこの地域の採石所にとっての輸送上の問題は The Corris, Machynlleth and Averdovey Tramroad が開通したことによって解決された[9]。後に Corris Railway と呼ばれるようになるこのトラムロードは1859年に営業を開始した。これによりコリス地域のスレートやスラブ（厚板）は以前よりも安価にダーウェンラス (Derwenlus) の河川港まで運ばれ，そこから小型沿岸帆船で輸送できるようになった[10]。

　これに対してブリンエグリス (Bryneglwys あるいは Bryn Eglwys；英語で"The church on the hill"という意味[11]) はアバースレヴェニと同じスレート鉱床にあったが，劣悪な輸送事情によって開発が遅れていた。この地域の採石所は1,400フィートもの高さの険しい山地によってコリス地域から隔離されており，ダヴィ川沿いの河川港と鉄道で結合することが阻まれていた。この地域のスレー

トはようやく1844年頃になってアバーダヴィ（Aberdovey）のジョン・ピュー（John Pughe）という人物によって開発が始められたが，タリスリン鉄道が開通する前には，スレートの一部は駄馬やソリを利用して山の背の道を通り，ダヴィ川沿いのペナル（Pennal）まで運ばれ，そこから川舟でアバーダヴィ[12]まで輸送されるか，あるいはターンパイク道路を利用して荷車でターウィンを経由してアバーダヴィまで運ばれていた[13]。ダヴィ川での輸送には小型帆船が使用され，アバーダヴィで沿岸船に積み替えられ，イギリス各地に輸送されていたのである[14]。ジョン・ピューが1848年に死亡した後，鉱山は未亡人の所有となったが，実質的には代理人に経営が任されていた。因みにこの鉱山は19世紀半ばには24人の労働者を雇用していた。その後スレート鉱山はピュー未亡人の手を離れ，しばらくの間ジョン・ロイド・ジョーンズ（John Lloyd Jones）という人物の所有となった[15]。しかし，このころのブリンエグリスのスレート生産は細々と間歇的に行われていたにすぎなかったのである。

　ブリンエグリス・スレート鉱山の本格的開発が始まるのは1860年代になってからであったが，その時期は多くの面で注目に値する。まず第1に，その時期にウェールズ鉱山開発のブームがみられた。会社法の改正により，多額の資金が株式会社形態で調達され，スレート鉱山ばかりでなく，鉛，銀，銅などの鉱物資源の開発に投資された。ちょうどこのブーム期の1864年1月に設立されたのがThe Aberdovey Slate Company Limitedであった。ブリンエグリスの採石所を大規模に開発し，また本章の主題であるタリスリン鉄道設立の母体となったのがこの会社であった。第2に，同社が設立された1864年という年はちょうどアメリカ南北戦争の真最中であったことにも注目すべきである。実際，鉄道史家ピーター・ボーガンが「もしアメリカ南北戦争がなかったならば，タリスリン鉄道は存在しなかったであろう」[16]と述べているように，タリスリン鉄道とその母体であるスレート鉱山会社の創設は南北戦争と不可分の関係にあった。というのはThe Aberdovey Slate Company Limitedの出資者の大半がマンチェスター出身の企業家であり，その中心人物となったのがマンチェスター北部に位置する大紡績会社，Messrs. McConnel & Kennedy社の経営者であったからである。同社は18世紀末に設立され[17]，1833年にはイギリス最大の綿紡績所で，アメリカ綿花の最大の輸

入業者となっていた[18]。その社長は当初ジェームズ・マッコーネルであったが，彼が1831年に死亡すると，3人の息子，ヘンリー，ジェームズ，そしてウィリアムがパートナーとなった。前者2人はそれぞれ1860年と1861年に引退し，ウィリアムが唯一の所有者になった。しかし不幸にも折から勃発した南北戦争により綿花の供給が絶たれ（いわゆる「綿花飢饉」[19]），ランカシャー地方の綿工業は深刻な経営危機に見舞われた。マッコーネルの工場は何とか閉鎖を免れたものの，綿花不足により紡績所は半ば操業停止状態に陥った。こうした危機に直面したマッコーネル家はその経営多角化の一環としてウェールズのスレート鉱山に目を付けたのである[20]。だがすでにこの頃にはウェールズの主要地域におけるスレート鉱山は開発し尽くされており，マッコーネル達は比較的開発が遅れていた南メリオネスシャーの鉱山開発に乗り出していった。その事業は入念な計画によっていたというよりも幾分投機的試み[21]であった。

　The Aberdovey Slate Company の創業資本金は75,000ポンドで，翌1865年には112,500ポンドに増資された。そのうちの15,000ポンドがタリスリン鉄道の建設に向けられた。同年に McConnel & Kennedy 社は有限責任会社となり，また南北戦争の終結によって綿花輸入が再開された。ウィリアム・マッコーネルは1878年に引退するまで経営を続けたが，経営の実権は1860年に専務取締役となった息子のジョン・ウィリアムに移っていった。しかし，ウェールズのスレート鉱山，およびタリスリン鉄道の経営に関与したのは彼ではなく，当初は兄弟のトマス・ホールスワース・マッコーネル（Thomas Houldsworth McConnel）であり[22]，マンチェスターの木綿工場とウェールズの事業は別々に進められていったのである。

　さて1860年代前半は北中部ウェールズの沿岸における本格的な鉄道時代の開始期でもあった。タリスリン鉄道でターウィン（Towyn ないし Tywyn）まで輸送されたスレートはそこからアバーダヴィまで標準軌の鉄道で輸送され，そこから帆船でイギリス各地に運ばれるようになるが，ターウィンからアバーダヴィまでの輸送を担当することになるのが標準軌鉄道のアベリストゥイス&ウェルシュ・コースト鉄道（A & WCR.）であった[23]。同鉄道の建設が認可されたのは1861年7月であり，それはアベリストゥイスからボースを経由してダヴィ川沿いに北東

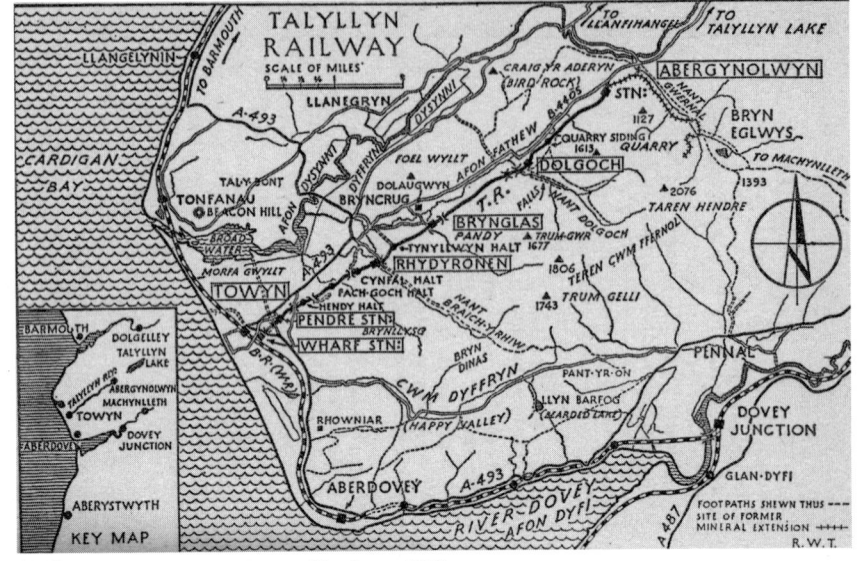

地図9-1　タリスリン鉄道の路線

(出所) Rolt L. T. C., *Railway Adventure*, Allan Sutton, (1953).

部のマカンスレスに向かう路線と，ダヴィ・ジャンクションを経由してアバーダヴィ，ターウィン，バーマス，さらにはポースマドックを経由してプルヘリに達する路線とからなっていた。このうちアバーダヴィからターウィンを経由してスルイングリル（Llwyngwril）への路線が開通したのは1863年10月であり，これによりターウィンからアバーダヴィへの鉄道によるスレート輸送が可能になった[24]。因みにA. & W. C. R. は1865年6月の法律によってカンブリアン鉄道に併合され，後者の一部として発展することになる[25]。また，The Aberdovey Slate 会社は1867年に the Abergynolwyn Slate Co. Ltd. に改名され，その設立後数年間に採石所の規模を急速に拡大したばかりでなく，本章の主題であるタリスリン鉄道や採石労働者とその家族の村，アバーガノルウィン（Abergynolwyn）も作りだしたのである。

(2)　タリスリン鉄道の建設

タリスリン鉄道はターウィン=アバーガノルウィン間，全長約6.5マイル，ブリ

ンエグリス・スレート鉱山が立地するナントグァノール（Nant Gwernol）までは7マイル1/4程度，軌道の幅がわずか2フィート3インチ（687ミリメートル）のナローゲージ鉄道[26]であり，ナントグァノールのブリンエグリス鉱山で採掘されたスレートをターウインまで輸送することを主たる目的として建設された。しかしフェスティニョク鉄道をはじめとする北ウェールズのほとんどのナローゲージ鉄道とは異なり，この鉄道建設の主導者たちは，単に内陸で切り出されたスレートを運ぶだけでなく，最初から蒸気機関車による旅客輸送も考慮に入れていたのである。だが，鉄道会社が旅客輸送を目的とする公共鉄道を建設するためには，議会立法を獲得し，さらに商務省役人の視察を受け，旅客輸送の認可を得る必要があった。

① タリスリン鉄道法（The Tal-y-llyn Railway Act, 28 and 29 Vict., cap. cccxv）

タリスリン鉄道法が議会に提出されたのは1864年から65年にかけてであり，たいして大きな反対もなく65年7月5日に設立許可が与えられた[27]。この鉄道法[28]の序文で同鉄道の建設が公共の利益になる旨のことが簡単に触れられたのち，その路線が当時すでに建設中であった標準軌の鉄道A & WCR.のターウィン駅近くからケヴンコッホ（Cefncoch）と呼ばれる地域までであると書かれている。その近辺にブリンエグリスのスレート鉱山が立地していたのである。

この鉄道にタリスリン鉄道という名称がつけられた理由は必ずしも明白ではない。この鉄道の終着点から約3マイル東方にタリスリン湖があるが，65年の法律ではその湖まで路線を拡張する権限が与えられていなかった。しかしこの鉄道が通過する地域一帯がその名称で呼ばれていたようである[29]。また建設計画者たちはおぼろげながら将来この鉄道の路線をタリスリン湖まで延長する予定であったことも十分考えられる。例えば1864年4月付けの *The Caernarfon & Denbigh Helald* 紙の記事には，この鉄道の路線はブリンエグリス（スレート鉱山）を越えて，タリスリン湖，さらに遠方のコリス鉄道まで拡張される計画であると書かれている。もっともボイドはこの記事をコメントして，確かに建設当事者たちが湖やその近隣の山岳地帯への観光客の増加を念頭に置いて延長計画を立てていたかもしれないが，その可能性については決して楽観視されていたわけではないし，コリス鉄道への連絡の可能性についても，そこまで延長する可能性は，途中の急

勾配を考慮に入れると実際には極めて困難であったと述べている[30]。

　この鉄道会社のプロモーターはT.Hマッコーネル（Thomas H. McConnel），マレー（James Murray），スウォンウィック（Thomas Swanwick），グラッドストン（M. Gladstone），J. マッコーネル（James McConnel），そしてノリス（Samuel H. Norris）の6人であった。このうち2人がマッコーネル家の人であり，他の4人はいずれもマンチェスター近辺の企業家であり，マッコーネル家の事業仲間であった。この6人はいずれも会社設立当時の取締役として名を連ねていたが，大半は名目的であり，実際に企業経営の中心となったのはこのうちT.Hマッコーネルであった。会社の創業資本金は15,000ポンドで，一株の額面金額は20ポンド（750株）であった。この金額で不十分ならば，さらに5,000ポンドまでの借入れを行う権限が与えられていたが，ただしそれには条件があり，上記の資本金全額が発行され，かつそのうちの半額が実際に払い込まれた後にのみ，この権利が行使できた。

　また法律の規定によると，この鉄道のゲージは標準軌である4フィート8インチ1/2以下，2フィート3インチ以上に定めるように規定されていた。そしてタリスリン鉄道は2フィート3インチ（687ミリメートル）のゲージを採用した。というのはすでにこの鉄道が建設される前から採石所内でのトラムロードが2フィート3インチ・ゲージを使用しており，タリスリン鉄道のゲージもそれにあわせることによって鉄道貨車を採石所内に乗り入れることができたのである[31]。また，同幅のゲージはコリス鉄道をはじめとする周辺の鉄道やトラムウェイでも採用されており，後にそれらの軌道との連絡が行われた際に便利であろうという配慮もあった[32]。

　この鉄道会社には路線No.1と称された本線と並んで，路線No.2と名づけられたA＆WCR.への連絡線を建設し，維持する権限が与えられていた。しかしこの連絡線は実際にはタリスリン鉄道とA＆WCR.の協定によって建設された。というのは，タリスリン鉄道法の中には，同鉄道とA＆WCR.が相互の貨物の移転や乗り入れ，料金などの点で適宜協定を行うように規定されていたからである。この鉄道のターウィンでの終点はターウィン・ワーフ（Towyn Wharf）駅であったが，その駅はA＆WCR.とほぼ直角に交わっていた。そこでタリスリ

ン鉄道から標準軌鉄道へ向かって側線と転車台が建設された。タリスリン鉄道のプラットホームの方が幾分高くなっており，それによりこの鉄道の貨車からA & WCR.の標準軌貨車へのスレートの積み替えが容易に行われるようになっていた[33]。

② 鉄道建設

　この鉄道の技師として雇用されたのはジェームズ・スウィントン・スプーナー（James Swinton Spooner）であった。彼の父親，ジェームズ・スプーナーはフェスティニョク鉄道の技師として活躍し，また弟のチャールズは父親の後を継ぎ，1863年に同鉄道で蒸気機関車を導入したが，これはナローゲージ鉄道では世界初の快挙であった[34]。ジェームズ・スウィントンがタリスリン鉄道の技師に雇用された背景には，彼自身もおそらく彼の兄弟に劣らず優れた鉄道技師であったことにもよるが，それと同時にナローゲージ鉄道の路線の建設や機関車の導入において，彼の家族がフェスティニョク鉄道で示した経験をこの鉄道にも活かすことができた点にあったと思われる。実際，この鉄道では長さ21メートル，1ヤード当たり44ポンドの錬鉄製レールが使用された[35]が，こうしたレールや機関車など鉄道施設の建設・製造において，技師のジェームズ・スウィントンはフェスティニョク鉄道での兄弟の経験を参考にすることができたことは言うまでもないことである。というのは，フェスティニョク鉄道はタリスリン鉄道が建設される以前の1863年にすでに蒸気機関車を採用していたからである[36]。

　さて前述のように，タリスリン鉄道法で調達が認められた資本金は15,000ポンドであったが，これは技師スプーナーの見積もりに基づくものであり，マイル当たりに換算すると2,143ポンドとなる。これは同種の他の鉄道と比較してかなり割安であった。というのはフェスティニョク鉄道（1836年）の場合にはマイル当たり10,727ポンド，グリン・バレー鉄道の場合にはマイル当たり7,311ポンド，そして北ウェールズ・ナローゲージ鉄道（1877年）の場合にはマイル当たり10,434ポンドもかかったからである。こうした安価な建設が可能であったのは，主にこの鉄道の路線がフェスティニョク鉄道ほど困難な土木工事を必要としなかったことによっている[37]。もっとも実際の鉄道建設がスプーナーの見積もり通りに行われたどうかは不明であるが，それほど見積もりとかけ離れてはいなかった

であろう。というのも会社はもし法律で認められた費用が資本金を超過した場合，さらに5,000ポンドの借入れを行う権限を認められていたが，鉄道会社はこの権限を行使することがなかったからである[38]。

　実際に鉄道建設に携わったコントラクターやナヴィ[39]についてはほとんど不明である。当時すでに標準軌の鉄道である A & W C R. が建設中であり，その鉄道で雇用されていたナヴィの一部がタリスリン鉄道の建設にも関与したであろうと考えられる。また採石労働者の中には鉄道建設に関与したものもいたと思われる。地方紙の記事からみても，コントラクターやナヴィは地元の人ではなく，外部，おそらくはカナーヴォンシャーあたりからやってきた人たちであったと推測される[40]。

　前述のように，この鉄道の建設を認可する法律が通過したのは1865年7月5日であった。そして，一見奇妙に思われるかもしれないが，鉄道建設はすでにそれよりも前から開始されており，法律が通過する前の1865年5月にはすでにその工事は完成していた。このことは地方新聞の記事からも確認されるし，しかもその記事によるとスレート輸送だけでなく，非公式ながらすでに一般の旅客輸送が開始される前から採石所労働者の輸送も行われていたことが伺われる。その記事によると，フルスピードで走るバラスト運搬用貨車に乗っていた乗客が風で飛ばされた帽子を拾うために列車から飛び下りてけがをしたという[41]。公式の認可が得られる前に非公式な旅客輸送を行うということは決して珍しいことではなく，隣接のコリス鉄道でも，あるいは南ウェールズのタフ・ヴェール鉄道でもロンザ支線で同様のことが行われていたのである[42]。

　しかし，公式な旅客輸送を開始するには商務省による認可が必要であった。商務省役人，H. W. タイラー（Capt. H. W. Tyler）による最初の視察が行われたのは1866年9月であり，彼は列車や施設を詳細に視察したのち9月25日に視察報告書を提出した。しかしこの時には，タイラーはまだ路線の柵や橋梁，機関車などで改善の必要があり，さらに客車も不足しているという理由で，これらの点が改善されないかぎり旅客輸送は認可されないという報告書を提出した[43]。会社はタイラーの指摘に沿ってこれらの点の早急に改善し，再度の視察を要請した。タイラーは再度の視察の後，同年11月に第2の報告書を提出した。その報告書によれ

ば，客車の数はなお不足しているものの，最初の視察のさいに指摘された機関車の改良に加えて，柵や橋梁に改善が施されており，旅客の安全は確保されているとして，旅客輸送の正式認可が出されることになった[44]。これにより，タリスリン鉄道は正式に旅客輸送を行うことができるようになった。この点に関してバラ(Bala) 発行のある地方週刊誌は次のように報じている，「この鉄道が旅客輸送のために開通したことは喜ばしいことである。会社が12月に発行した時刻表から1日上下各2本の列車は運転されていたことが明らかになる。すなわち，アバーガノルウィン発午前8時と午後3時，ターウィン・ペンドレ (Pendre) 午前9時と午後3時発がそれである。疑いもなく，夏のシーズン中にはさらに遠方のタリスリン湖，カエルバースリン城（Caerberllan Castle），スランヴァンゲル教会，そしてカダー・イドリス（Cader Idris）山を訪れる観光客用の列車が増発されるであろう」[45]。

(3) スレート鉱山と輸送の発展

① タリスリン鉄道の輸送

　タリスリン鉄道の開通は馬車時代に比べてはるかに迅速で安価な大量輸送を可能にし，地域経済の発展に貢献した。鉄道が開通する前の1862年に，例えばロバート・ウィリアムという人物はカナーヴォンシャーのスランスリヴニ(Llanllyfni) を朝5時30分に馬車で出発して，タリスリンに着いたときには夕暮れになっており，93キロメートルの行程を1日がかりで旅行していた。しかしA & WCR.とタリスリン鉄道の開通後には同じ距離を5時間以内で旅行できるようになったという[46]。鉄道はまた生活物資の大量輸送を通じて地域経済に貢献した。木材，石灰，砂などの建材，鉱山用の資材，機械類，家庭やパブで使用される石炭，ビール，油などが以前よりもはるかに容易に輸送できるようになった。

　だが鉄道の開通にもかかわらず，ブリンエグリス・スレート鉱山の生産は会社が意図していたほども伸びなかった。図9-1から明らかなように，タリスリン鉄道による貨物輸送量は鉄道開通後しばらく増加したものの，1877年と1883年をピークとしてその後低下傾向を示している。言うまでもなく，輸送低迷の最大の理由はスレート産出量の低迷にあり，1877年の約8,000トンをピークに低下して

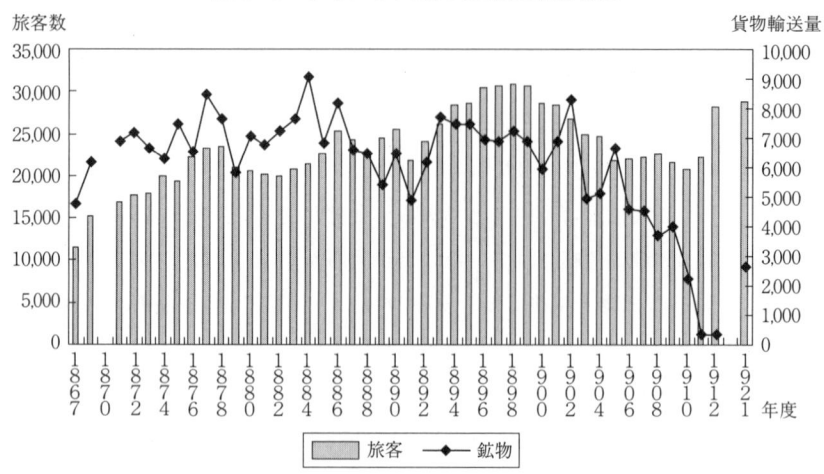

図9-1　タリスリン鉄道の貨物と旅客輸送

(出所) Boyd J. I. C., *The Tal-Y-Llyn Railway*, p. xl より作成。

いる。これに対して鉱山の経費は予想以上に増加した。その多くは鉱区使用料や地所の購入，水利権をめぐる地主との訴訟費用に費やされた[47]。経費の増加に対応するため，増資が行われた。アバーダヴィ・スレート会社（The Aberdovey Slate Company）の当初の資本金は75,000ポンドであったが，その後1865年には37,500ポンド（額面50ポンド株，750株）増資され，112,500ポンド（100ポンド株と50ポンド株，それぞれ750株）となった。また1867年には社名はアバーガノルウィン・スレート会社（Abergynolwyn Slate Co. Ltd.）に変更された。こうした増資によって鉱山施設も拡張され，スレート生産の増大が図られた[48]。

なお，当初の会社経営に関与したT. Hマッコーネルはスレート輸送推進のためにタリスリン鉄道の建設だけでなく，スレートの海上輸送にも関心を示している。このため彼は小型帆船セヴン・ブラザーズ（Seven Brothers）号（43トンのスマック）を購入し，アバーダヴィからアイルランドへの海運に関与していたのである。しかし不幸にも彼は1873年に57歳で死亡し，会社の経営は兄弟のウィリアム・マッコーネルに握られた[49]。ウィリアム自身は経営に直接関与せず，鉱山の運営は代理人を通じて行われていたのである。

タリスリン鉄道のスレート輸送だけでなく，旅客輸送も発展した。鉄道の開通

表9-1　タリスリン鉄道の時刻表（1913年）

上り列車

	午前	午前	午後	午後	午後
Towyn (Wharf)	6.00	9.25	1.15	3.15	6.00
Rhydyronen	6.10	9.40	1.25	3.30	6.10
Brynglas	6.15	9.45	1.30	3.35	6.15
Dolgoch	6.25	9.55	1.40	3.45	6.25
Abergynolwyn	6.40	10.10	1.55	4.00	6.40

下り列車

	午前	午前	午後	午後	午後
Abergynolwyn	6.50	11.20	2.00	4.35	6.45
Dolgoch	7.05	11.35	2.15	4.50	7.00
Brynglas	7.15	11.45	2.25	5.00	7.10
Rhydyronen	7.20	11.50	2.30	5.05	7.15
Towyn (Wharf)	7.30	12.00	2.40	5.15	7.25

(注) 7月～10月14日．月曜から土曜までの時刻表である。また，Towyn (Wharf) 発の始発列車は月曜のみに運行され，Abergynolwyn 発の終列車は金曜のみ運行。
(出所) Cozens L., *The Tal-Y-Llyn Railway*, p. 15.

当初，旅客用の駅はターウィン・ペンドレ駅とアバーガノルウィンだけであったが，1867年にはリディロネン（Rhydyronen），そして1873年にはブリングラス（Brynglas）とドルゴッホ（Dolgoch）が追加された[50]。また列車の走行回数も増加し，1867年には旅客輸送は土曜だけに限定され，しかも1日上り下りとも各3本にすぎなかったのが，1873年には月曜から金曜まで毎日上り下りとも3本の運行となった。その後，毎月曜日の早朝6時にターウィンを出発し，土曜日午後1時30分にアバーガノルウィンを出発する鉱山労働者用特別列車が追加された。しかしやがて鉱山の衰退に伴い，労働時間が週5日に短縮されたため，アバーガノルウィン発の下り列車は金曜の夕方に変更された[51]。表9-1は1913年の時刻表を示しているが，この表を見れば明らかなように，スレート鉱山労働者のための特別列車の出発時刻が月曜の早朝と金曜の夕方になっている。ところでこうした特別列車が導入されたのは，鉱山労働者への配慮があった。というのは鉱山労働者の中には毎日仕事場に通うのにはあまりに遠方に住んでいるものが数多くいたからである。彼らは月曜の早朝6時にターウィンを出発する労働者用の特別列

車に乗って通勤し，鉱山で仕事をした後，家に帰らずに採石所に建設されたバラック（Barrack）で宿泊し，週末の夕方にアバーガノルウィン発の下り列車でターウィンに帰ってくるのである[52]。ナントグァノール鉱山には丘の斜面に幾棟かの労働者用バラックが建てられており，そのあるものは切妻作りの建物で，1階は大きな食堂になっており，建物の端には食事や掃除など労働者の世話をする係の者が住んでおり，2階は共同寝室になっていたという[53]。

② スレート産業と地域経済

ここで幾分本論から逸脱するが，ナントグァノール鉱山におけるスレート採石所の作業の様子を垣間見ておこう。まずタリスリン鉄道とスレート鉱山は馬力によるトラムウェイと数本のインクラインによって結合されていた。インクラインの頂上部に巻き上げ機が設置されており，インクラインは2つの軌道を有していた。貨物を積んだワゴンが重力で下降すると巻き上げ機に取り付けられている2本の鋼索ケーブルによって空のワゴンが上昇するようになっていた。そのスピードはレバーを操作するブレーキマンによってコントロールされ，ケーブルは各軌道間に設置されたローラーの上を動くようになっていた。インクラインの端から単線の馬力で駆動されるトラムウェイが連結されていた[54]。

これら軌道を通ってスレート鉱山に出る。スレート鉱山での採掘方法は，鉱脈が地上に露出しているか，地下に埋没しているか，あるいは鉱脈が傾斜しているか，鉱脈が平地にあるか丘陵地帯にあるかなどによって，露天掘（open quarry），縦穴堀（pit quarry），そして地下鉱山（underground quarry）が発達した。カナーヴォンシャーのペンリン鉱山は，丘陵地帯に階段上に採掘する回廊式（gallery system）鉱山の代表的事例であった。これに対して，メリオネスシャーのブラナイ・フェスティニョク地方やナントグァノールの場合には縦穴堀や横穴と縦穴を組み合わせる地下鉱山が発達した[55]。

スレート鉱山での作業は炭鉱労働に匹敵するほど厳しく危険な仕事であった。中でも最も危険なのが採石作業であった。切り羽（working face）からスレートのブロックを採掘するためにジャンパー（jumper）とよばれる穿孔用道具を用いて岩盤に穴をあけ，その中に火薬を詰めて発破作業を行った[56]。その場合，火薬の詰める場所や火薬の量の調節には熟練を要する。ブロックが岩盤から取り出

されると，三脚が設置され，手動式のウィンチ（巻き上げ機）によって厚板用のトロッコに乗せられ，馬車軌道で作業場へと運ばれる。採掘現場の採光には粘土で岩に取り付けられた蝋燭が使用されていた。採掘作業で生じたガラクタの岩は特別のトロッコに乗せられ，外へ運び出された。1トンの完成品のスレートを作るのに少なくとも10トンのガラクタが生じたという[57]。

　大雑把に切り出されたスレートのブロックは馬車軌道を利用して採石所から加工場に運びこまれる。それらのブロックはまずは約4インチから8インチ（約10〜20センチ）の厚板に割られ，動力で駆動する丸鋸によって端が切られ，厚板（スラブ）としてそのまま利用するか屋根用のスレート用の小サイズに加工するか決められる。スレート製造の仕事は長年の経験によってのみ習得される熟練作業であった。職人は低い椅子に座り，厚板を股にもたれさせ，タガネと木槌を使用して厚板の端からひびを入れていき，ブロックが2つに割れるように注意ぶかく割れ口を広げていく。そしてそのプロセスを巧みに繰り返すことによって1インチの厚板当たり6枚のスレートを作ることができた。この作業をスプリッティング（splitting）と言う。この作業を効率よく行うために，機械を導入しようとする試みが行われたが，あまり成功せず，手作業によるスレート製造が続けられたのである[58]。

　最後の重要な作業がトリミング（trimming）である。その作業は当初，手作業で行われており，把手のついた長い刃のトリミング用ナイフが使用されていた。トリミングを行う前にスレートは必要サイズに合うように，ゲージでマークされた。後になると芝刈機のシリンダーのように回転歯をもった機械が導入された。一般にスレートにはさまざまな大きさの標準サイズが決められており，多くの場合サイズに従って貴婦人の名前が付けられていた。例えば，エンプレスは26インチ×16インチ，プリンセスは24インチ×14インチ，ダッチェスは24インチ×12インチ，レディーズは16インチ×10インチの大きさとなっていた[59]。

　スレート労働者たちは大抵チームで働き，普通1チームは，採石所における2人のロックマン（lockmen）と作業場で働く2人のスレートメーカーからなっていた。各チームは管理者との間で契約，すなわち「バーゲン」を行い，1,000枚当たりの標準賃率にプラスしてボーナス（poundage）が支払われた。一般によ

り困難なセクションで働く者のボーナスはより容易なセクションで働く者よりも高かった[60]。これに対して他の労働者，すなわち鍛冶屋や不熟練労働者（labourers），見習い職人などの賃金は日給で支払われ，契約労働で働く熟練労働者と日雇い労働者の間には大きな賃金格差が存在した。例えばこの鉱山で働いていたカラドグ・ジョーンズ（Caradog Jones）によると，熟練労働者は月15ポンドを得ていたのに日雇い労働者はせいぜい8ポンドにすぎなかったという[61]。

　ナントグァノール鉱山の発展はアバーガノルウィン村の発展の条件となった。アバーガノルウィンは1860年代の半ばになるまでは村としては存在せず，それ以前は数件の小村（hamlet）にすぎなかった[62]。その場所はグァノール川とダシニ川（River Dysynni）の合流点にあたり，かつては泡立つ渦巻きがみられたという。アバー（Aber）というのは2つの川の合流地という意味で gwyn-olwyn というのは白い輪（white wheel）を意味していた[63]。そしてこの村の発展はアバーダヴィスレート会社とタリスリン鉄道によっていた。スレート会社は採石所労働者のために街路や労働者用住宅を建設した[64]。それらは多くの鉱山や工業都市に見られる長屋であったが，その敷地は比較的広かったという。

　またタリスリン鉄道の本線と鉄道駅から約140フィート下方にあるアバーガノルウィン村を結合するためにインクラインと鉄道支線が建設された。これらを通じて各家に石炭や日用品が届けられるようになったのである[65]。また通りに面した広場が会社によって村人に借り出され，村人たちはそこで豚を飼育していたという。したがってスレート鉱山労働者の賃金は決して高くはなかったが，会社から借りた土地で家畜を飼育することが出来たし，冬には川を遡上してきた鮭を捕獲して食料にするなど，かなり自給自足的でゆとりのある生活を営むことができた[66]。広場にはパン屋があり，顧客は自分自身のパン生地をもってきて，1ペニーでパンを焼いてもらうことができたし，クリスマスには鶏をローストするというサービスも行われていたという。すでに1835年から一つのチャペルがあったが，1879年に教会が設立され，チャペルの数も増加した。村の生活は採石所の運命と密接に関係しており，共同体精神は極めて強かった。1890年代には地方紙も刊行され村人たちに重要な情報を提供した。村の若者の結婚は村をあげて祝われたという。採石所では事故はつきものであり，時には致命的な事故も起こった。落盤

第9章　ウェールズのナローゲージ鉄道(2)　**271**

図9-2　ブリンエグリス鉱山の産出量と雇用者数

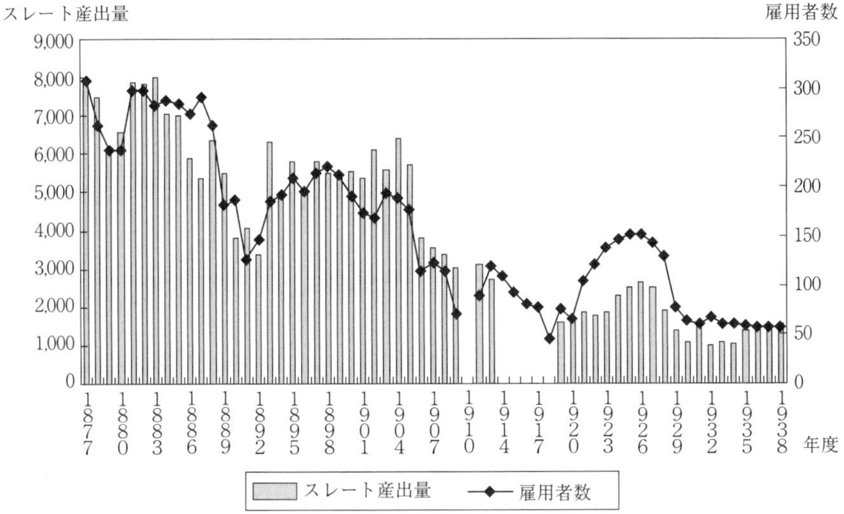

スレート産出量／雇用者数のグラフ（1877年〜1938年）

(出所)　Holmes A., *Slates from Abergynolwyn*, p. 51.

事故,インクラインでのトロッコの滑落,さらには加工場で回転鋸に足を巻き込まれて大怪我をするということは日常茶飯事であった。採石労働者が事故に会うと,村人が協力して助け合いが行われたのである[67]。

③　総収入と総費用,赤字による経営の変化

　さて,タリスリン鉄道の開通にもかかわらず,ナントグァノール鉱山では会社がもくろんでいたほどもスレート生産は増加しなかった。図9-2はこの鉱山のスレート産出量と雇用数の変遷を示している。この図を見れば明らかなように,スレート生産量は1870年台末に約8,000トンに達し,80年代に入り若干低下したのち83年に再び8,000トン近くに回復した。その後この鉱山からの生産量が同水準に達することは一度もなく,長期的衰退過程に入っていった。より詳しくみれば,スレート生産量は1892年に約3,400トンにまで低下した後,若干回復し,19世紀末から1905年頃までは5,500～6,000前後の水準を保っていた。その後鉱山のリース契約が満期に近づいたことにより新規の投資が行われなかったため,スレート生産量は大幅に低下していった。鉱山労働者の雇用数も生産量とほぼ相関した傾向を示している。すなわち,雇用数は1877年に308人でピークに達した後低

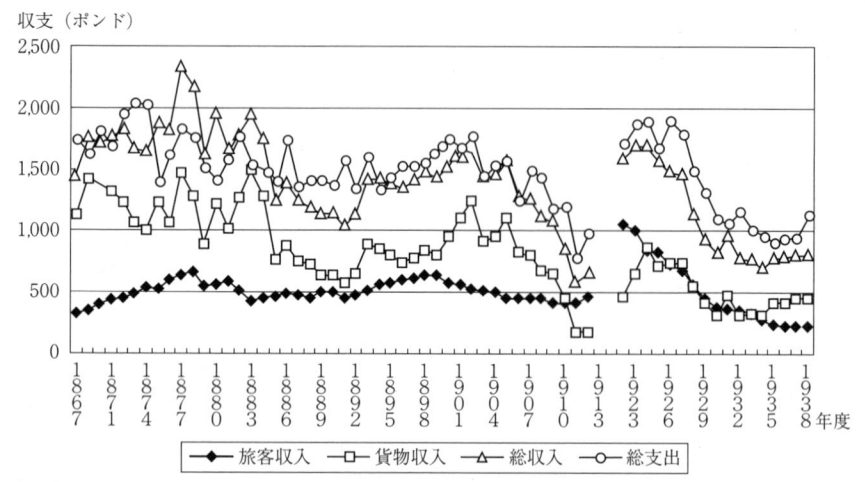

図9-3 タリスリン鉄道の収支変動

収支（ポンド）

（横軸：1867〜1938年度）
凡例：●旅客収入　□貨物収入　△総収入　○総支出

（出所）Boyd J. I. C., *The Tal-Y-Llyn Railway*, p. xl より作成。

下し，1881〜82年に300人近くに回復した後，再び低下し1891年に130人足らずに減少した後，幾分増加し19世紀末から第一次世界大戦末にかけて低下が続き，1918年には50人を割っている。第一次大戦後1929年まで生産量の回復を上回る雇用増加が見られるが，これはヘイドン・ジョーンズによるワークシェアリング政策によるものと思われる。

スレート鉱山における生産の低迷は当然タリスリン鉄道の収支にも大きく影響した。図9-3は同鉄道の収入と支出の変動を示している。この図から明らかなように，1870年代初期と1870年代後半から80年代初期にかけて総収入が総支出を上回ったが，それ以外の時期はほとんどの年で赤字となっている。また総収入と総支出の規模もほぼ並行した趨勢を示している。この鉄道の収入を貨物と旅客に分けてみると，幾分興味深い事実が明らかになる。すなわち，図を一見して明らかなことは，まず第1に貨物収入は，その変動幅がかなり大きいのに対して，旅客収入の振幅は小さいことが指摘できよう。これはおそらく貨物輸送がスレート鉱山の生産変動と同調して変動したのと対照的に，鉄道が多くの地域住民のコミューターとして利用されていたことによるものと思われる。第2に明白な点は，当初は貨物収入が旅客収入を大幅に上回っていたが，その後貨物収入の低下と対照

的に旅客収入の方は第一次大戦頃までほぼ一定に保たれていたため，総収入の中に占める旅客収入の割合が増加していったことである。そして第一次大戦後の相対的安定期には，貨物と旅客収入とも増加し，とりわけ旅客輸送の回復が早かったため旅客輸送が貨物輸送収入を上回り[68]，その後両者並行して低下していった。世界恐慌以後の1930年代には引き続き両者とも低下したが不況からの回復は貨物輸送のほうが早かったことがわかる。

いずれにせよ，これらの図より明らかなように，スレート鉱山の生産とタリスリン鉄道の輸送収入は会社の期待を裏切って低下したのであり，会社は経営難に陥った。かくして経営者たちは会社の再建をあきらめすべての資産を競売にかけることを決定した。

会社資産の競売は1879年，チェスターのクィーンズ・ホテルで行われたが，折からの不況の影響もあって一人の購買者も現れなかった。その後，1881年に行われた２回目の競売で，ウィリアム・マッコーネル自身が会社資産を買い取ることになり，これによりいまやマッコーネル家の家族企業となった。この時，ウィリアム・マッコーネルはすでに70歳を超えていたので，息子のウィリアム・ホールスワース・マッコーネル（William Houldsworth McConnel）が共同経営者に加わっている[69]。こうした経営形態の変革により，一時的に生産は回復したものの，その後再び低下に転じ，1892年にはピーク時の半分に低下した。スレート生産の衰退はなにもこの鉱山だけに見られたわけではなく，すでにこの頃には北ウェールズ・スレート産業全体が衰退期に入っていた。スレートに代わる屋根用材料としてのタイルの増大，外国産スレートとの競争の激化，そしてとりわけ世紀転換期に起こったペンリン・ストライキ[70]がこうした傾向を加速させる働きをした。ペンリン鉱山は当時北ウェールズ産スレートの約1/4を生産しており，３年間にわたるこの鉱山のストライキにより一時的にではあるがメリオネスシャーのスレート産業は潤ったものの，長期的にはマイナスのほうが大きかった。というのは，「ペンリン鉱山の産出高は非常に大きかったので，他の鉱山が一攫千金を狙って生産活動を拡大しても，建築業の需要を完全には充足できなかった」[71]からである。その結果，このストライキを契機に外国産スレートやタイルへの転換が加速された。またブリンエグリス鉱山の場合，リース契約の満期の接近が衰退を加速

した。赤字の累積により，事業の清算を決心したマッコーネル家は追加資本を注ぎこんで新たな砕石場を開くよりも危険を承知で既存の施設を最大限に利用する道を選んだ[72]。そしてついに1909年には事業の清算を決定し，労働者にも閉鎖の通知を行ったのである。

(4) スレート産業と鉄道の衰退(サー・ヘンリー・ヘイドン・ジョーンズ時代)

採石所の機械の撤去が開始され，砕石労働者たちやその家族たちが転職の準備を行っている頃，救世主が現れた。ヘンリー・ヘイドン・ジョーンズ（Henry Haydn Jones）がマッコーネルの利権を購入し，新たなリース交渉を開始したのである。彼は地方の名士であり，地方自治体の議員であり，メリオネス州議会の出納係であった。彼は1911年にメリオネス選出の自由党の代議士になったが，それは疑いもなく採石所への彼の行動によるところ大であった。

しかし，ヘイドン・ジョーンズに経営が移転した後も鉱山に活気が戻ることはなかった。スレート産業全体が衰退期に入っていたし，この鉱山もほとんど開発され尽くされていた。この鉱山には2つの鉱脈があった。そのうちナローヴェイン（Narrow Vein）は厚さが54フィート（16.5m）で濃い青灰色のスレートを産し，ブロードヴェイン（Broad Vein）は厚さ1,500フィート（457m）で淡い青灰色のスレートを産した。そのほかにレッドヴェイン（Red Vein）と呼ばれる鉱脈もあったが，その商業価値はほとんど皆無であった[73]。ヘイドン・ジョーンズに引き継がれた頃にはナローヴェインのスレートはほとんど開発され尽くされていた。しかもヘイドン・ジョーンズによる鉱山経営は進歩的というのに程遠かった。彼が鉱山経営を引き継いだのは営利企業として利益をあげようという企業家的動機より，むしろ鉱山や鉄道などの施設で働く労働者を失業から救うことや，地域住民の票を獲得するという政治的動機のほうに力点がおかれていたと思われる。したがって彼は鉱山経営に革新を導入するよりもむしろ労賃の切り下げによって経営の悪化を防ごうとした。彼は熟練労働者には1日当たり4シリング6ペンス，日雇い労働者には4シリングの最低賃金を保証していたが，実際に支払われて賃金は1911年に北ウェールズ採石労働者組合（the North Wales Quarrymen's Union）によって定められたものよりも低かった[74]。このため労働条件をめぐ

って労使関係は悪化し、紛争が絶えなかったのである。

さて、第一次大戦中鉱山はほとんど生産停止状態であったが、戦後になって操業は再開された。そして戦後の住宅ブームによりスレート産業も若干恩恵を受けたが、もはやこの頃には新築住宅の多くはスレート以外の材料を使用するようになっていた[75]。したがってブームの影響はわずかであった。戦後、労働者数も若干増加し、1925～26年には150人の労働者が雇用されていたが、ブームが終わり、やがて勃発した世界恐慌が波及する1930年代になると労働者数は50～60人に低下した。第二次世界大戦が勃発すると採石所はほとんど停止状態になり、1945～46年の生産は88トンとなり、ついに1947年に最終的に閉鎖された[76]。この閉山は岩石の崩落によって早められたが、この頃にはほとんど資本投下が行われず、劣悪な労働条件のためほとんど新規の労働者を誘因できず、閉山を妨げるものはなにもなかったのである。

他方、スレートを中心とする貨物と旅客輸送を同時に行う公共鉄道として出発したタリスラン鉄道であるが、この鉄道もその後援者であるスレート鉱山と同様、当初より期待されたほど大きな成功を収めえなかった。イギリス経済史の中で両大戦間時代は古い時代から新しい時代への移行期であり、明るい面と暗い面が同時に現れた時期であった。このことはタリスリン鉄道にも当てはまった。この時期に見られた大きな変化として自動車交通の増加があった。それはイングランドからウェールズへの観光客の増加をもたらしたが、反面、鉄道への手ごわい競争相手ともなった。戦後に花咲くツーリズム時代はすでにこの時代に始まっていた。タリスリン鉄道にとっても、夏の観光シーズンには、観光客の増加がスレート輸送の低下を幾分相殺する役割を演じるようになった。第一次世界大戦後の輸送の改善、とりわけ自動車の普及により、夏の観光シーズンには毎年ミッドランドやランカシャーの工業地域からますます多くの観光客がウェールズにやってきた。そして他のウェールズの町と同様、ターウィンでもリゾート開発を行うものが現れた。ウィリアム・コルベットはその一人である。塩の取引で財を成した彼は、ターウィンに大きなホテルを建築するとともに、カーディガン湾に面した海岸沿いにプロムナードを建設した。タリスリン鉄道もウェールズへの「ピクチャレスク」観光客を引き寄せるために、この鉄道がタリスリン湖やカダー・イドリス山

への最も安価で迅速なルートであると宣伝した[77]。ツアーを推進したのはこの鉄道だけではなかった。コリス鉄道やカンブリアン鉄道[78]も鉄道とバスを組み合わせて中部ウェールズの自然美を楽しむ「グランド・ツアー」を主催した[79]。このように，自動車の普及はイングランドからウェールズへの観光旅行を促進したが，しかし他方で自動車はタリスリン鉄道にとって手ごわい競争相手ともなった。すなわち，ターウィン=アバーガノルウィン間の定期バスサービスの開始がそれである[80]。新たな競争相手に直面してタリスリン鉄道は，技術革新を積極的に採用してそれに対抗したという形跡はほとんどみられない。ヘイドン・ジョーンズは鉱山経営と同様，鉄道の技術革新にも積極的というには程遠く，なんとか廃線にすることなく細々ながらも営業を続けてきたというのが現状であった[81]。かくして保存協会の手に渡る前のこの鉄道はまさに骨董物と言えるもので，いつ廃線になってもおかしくない状態であった。最初に導入された蒸気機関車が何十年も使われていたし，線路もぼろぼろであった。

3．「ツーリズム」時代

　しかし，この鉄道は廃線にはならず，再び救世主が現れることによって，不死鳥のように蘇った。その主体となったのは戦後にボランティアたちによって設立されたタリスリン鉄道保存協会（The Talyllyn Railway Preservation Society；TRPS）であった。この保存協会設立にあたって主導的な役割を演じたのが，ビル・トリンダー（Bill Trinder），ジム・ラッセル（Jim Russell），そしてとりわけトム・ロルト（L. T. C. Rolt）といった鉄道の情熱家たちであった[82]。そこで以下ではボランティアたちによる戦後の鉄道再建運動について概述しておこう。
　第二次世界大戦後の労働党政府によりイギリスのほとんどの鉄道は国有化されたが，幸いにもタリスリン鉄道は国有化のリストから漏れ，独立を維持することができた。こうした状況においてトム・ロルトをはじめとするこの鉄道の保存に関心をもつ人々がウェールズにやって来て，タリスリン鉄道の経営責任者のエドワード・トマスを通じてサー・ヘイドンと会見することとなった。不幸にしてサー・ヘイドンは1950年7月9日に死亡するが，彼の未亡人も亡き夫の意志を継い

第9章　ウェールズのナローゲージ鉄道(2)　**277**

で鉄道の存続を希望していた。

　当時多くの人々がこの鉄道の成り行きに関心をもっていたが，その場合いかなる方法で存続させるかという点では必ずしも見解が一致していたわけではなく，例えばオウエン・プロッサーは自らこの鉄道を買い取ることを考えていたし，また少数の富裕者の出資による継続を考えているものもいた。しかし，これらの案には金銭上の問題をはじめいろいろ問題があり，結局，ロルトとトリンダーはこの鉄道の存続に関心をもつ出来るだけ多くの人々を引きつけるために公聴会 (public meeting) を開くことを決定した。その公聴会は1950年10月11日にバーミンガムのインペリアル・ホテルで開催され，その準備としてロルトたちは *Birmingham Post* 誌などのメディアを通じて大衆に会議への参加を呼びかけた。それにより30人以上の人々が出席し，そこに集まった人々の中にはバーミンガムで会計士を営むジム・ラッセル (Jim Russel)，鉄道ファンで Stephenson Loco. Society のメンバーのパトリック・ガーランド (Patrick Garland)，後に鉄道作家となるパット・ホワイトハウス (Pat Whitehouse)，さらにはサー・ヘイドンの娘 (Mrs. Mathias) も含まれていた。この会議で主導的な役割を演じたのがトム・ロルトであり，それにより鉄道の保存協会を設立し，会員の寄付とボランティア活動によってこの鉄道を救済するという方法が採用されることになった。

　また保存活動の実行のための委員会が設立され，その最初の委員会は同年10月20日にバーミンガムにおけるパット・ガーランドの事務所で開催された。そこにおいてこの委員会はタリスリン鉄道保存協会 (The Talyllyn Railway Preservation Society；TRPS) と呼ぶこととされ，ビル・トリンダーが会長に，パット・ホワイトハウスが秘書に，ガーランドが出納係に，そしてトム・ロルトが渉外係に就任することとなった[83]。この協会にはこの鉄道に関心のある者なら誰でも入会でき，その会費は１ポンドとされた。

　このように，TRPS は何よりもタリスリン鉄道の救済に大きな情熱をもつ人々によって設立されたが，この協会を支えたのはタリスリン鉄道のために無償の奉仕活動を厭わない多くのボランティアたちであったことに注目すべきであろう。それでは当時どうしてそうしたボランティア精神のほとばしりが見られたのであろうか？　その場合，当時のイギリスの鉄道に生じた大きな状況変化に注目すべ

きである。第二次世界大戦後，労働党政府の下でイギリスのほとんどの鉄道が国家管理下に置かれることになったことはすでに述べたとおりであるが，鉄道国有化に反感を抱く者も決して少なくなかったと思われる。ポッターが述べているように，「国有化という地引き網（drag-net）からもれた小魚（のような鉄道）があること，そしてそれが瀕死の危機に喘いでいることを聞きつけた時，多くの人々が熱心に援助の手を差し延べた」[84)]のである。

また，それと並んで強い個性でボランティアたちを指導していったリーダーの存在も無視できない。中でも大きな役割を演じたのがトム・ロルトであった。彼は本章の主題であるタリスリン鉄道のみならず，内陸水路協会（Inland Waterway Association）設立主導者として，運河の保存運動にも関係し，また活発な執筆活動を通じてイギリスの産業遺産保存運動の先駆者となった。

さて新生の TRPS がまず行ったのはサー・ヘイドン夫人との交渉による鉄道の獲得であった。1951年2月に TRPS の代表とヘイドン・ジョーンズ夫人，およびその代理人で事務弁護士であったアーサー氏の間で，鉄道の譲渡協定（Memorandom of Agreement）の署名が行われた。ここにおいて，協会側は鉄道所有者であるヘイドン夫人に対してタリスリン鉄道のすべての株式を新しく形成される持ち株会社（The Talyllyn Holding Company）に譲渡すること，そして TRPS がその鉄道の運営にあたること，新設持ち株会社の取締役4人中の2人はヘイドン・ジョーンズ夫人側から，他の2人は TRPS 側から指名し，会長は協会側から出すことなどが同意された[85)]。

この協定の調印後，TRPS のメンバーたちはただちに再建に向かって行動を開始した。その場合，ボランティアのほとんどがバーミンガムとその周辺のブラックカントリーに居住する工場企業家であったことに注目すべきである。周知のようにブラックカントリーには数多くの中小機械工場が存在しており，しかも仕事の関係上，これらの企業家の多くが鉄道に関心をもっていた。彼らの気質は概して反官僚主義的であり，タリスリン鉄道のような弱小の地方鉄道に同情的であった[86)]。TRPS のメンバーたちはまず再建の下準備として必要項目リストを作成し，創刊された Talyllyn News を通じて，メンバーに対する機関車やレールなどの必需品の提供や修理などの協力を呼びかけた。すると多くの人々がそれに応じた。

とりわけ鉄道にとって不可欠のレールや枕木の多くは1948年に廃線になったコリス鉄道から購入されたし，フェアバーン鉄道の所有者で TRPS の取締役でもあったジョン・ウィルキンス（John Wilkins）はフェアバーン鉄道で使用されていたレールを無償で提供した。さらに不足分は採石所やスクラップ商人から購入された[87]。西ミッドランドのディーラーからは以前 BR で使用されていた枕木が購入された。機関車の修理や改造において専門的機械業者が協力した。例えば，オールドバリーのハント兄弟（Hunt Bros.）は No.2 Dolgoch 号を修理し，ギボンズ兄弟（Gibbons Bros.）は No.1 Talyllyn 号の修理を担当した。Kerr, Stuart の後継者である The Hunslet Engineers は No.4 Edward Thomas 号を分解修理した。また，トム・ロルトの友人のトミー・ハントは Abelson 社によって提供された機関車を分解修理し，タリスリン鉄道用の2フィート3インチのゲージに合うように改良したが，この機関車は No.6 Duglus 号と名づけられた[88]。グロスターの木材商人，ウォーカー少佐（Major Walker）は無償で木材を提供し，またヴォートン氏（Mr. Vaughton）はボランティアによるレール敷設工事を指揮した。

　多くのボランティアたちによる熱心な活動により，再建されたタリスリン鉄道は1951年5月14日の Whit Monday 〔聖霊降臨祭（イースター後の第7日曜日の翌日）〕にオープンし，開通式典において4台の客車と1台のブレーキバンを牽引した No.2 Dolgoch はターウィンからラダゴネンまで走行した。ターウィンからアバーガノルウィン間の正式の営業が開始されたのは同年6月第1月曜日のことであった。1951年の乗客数は15,628人であったが，1956年には36,928人に増加した。そして1957年に BBC テレビで放送されると，この鉄道への人気は大きく高まり，同年度の乗客数は57,632人，そして1973年には103,787人でピークに達した。しかし，その後は売店などの事業活動で収入は増加したものの，乗客数は減少し，1987年には58,000人に低下した[89]。

　この鉄道が戦後再建され，成功裏に営業が続けられているのは何よりも熱心なボランティアによっていた。ボランティアは大抵地域ごとに組織されていた。最初に組織されたのは北西部グループ（1951年）で，初期の再建工事の多くは彼らによって行われた。それに次いでロンドン，ミッドランド，東ミッドランド，ヨ

表9-2　第二次世界大戦後におけるタリスリン鉄道の展開

年度	項　目
1950	ヘイドン・ジョーンズ死去，TRPSの設立
1951	TRPSによる列車運行開始（6月）
1953	トム・ロルト，*Railway Adventure* 出版
1956	Narrow Gauge Railway Museumの開設
1957	BBCによるテレビ放送
1965	創業100周年記念列車の走行
1976	ナントグァノールまで路線延長
1982	皇太子夫妻ターウィン訪問，タリスリン鉄道乗車
1991	No.7 Tom Rolt 号の運行開始

（注）オードリー（Rev. Wilbert Awdry）は『きかんしゃトーマス』（*Thomas the Tank Engine*）の著者で，"Four Little Engines" はそのシリーズ中の一作品である。また，オードリーは後に TRPS の会長に選ばれた。
（出所）Potter, *Talyllyn Railway*, David St John Thomas, David & Charles, (1990); *Talyllyn Railway Guide Book* より作成。

ークシャー，ブリストルを中心とする南西部グループなどが組織された[90]。これらのボランティア・グループは列車の運行，切符の販売，機関車や客車などの修理，保線工事など鉄道のあらゆる活動に従事した。また，グループごとに会報の発行を行うなど，さまざまな活動に従事していたのである。ロルトが *Railway Adventure* で書いているように，このウェールズの偉大な小鉄道は「数多くの市井の人々によって補給されているのである。すなわち，学生，店主，僧侶，技師，鉄道マン，そして学校の先生がわれわれとともに働き，ボランティアの間にもスタッフの間にもなんらのヒエラルキーや地位の違いは存在しないのである」[91]。

　表9-2は TRPS による再建後タリスリン鉄道に生じた主要な出来事をまとめたものである。

4．おわりに──現在のタリスリン鉄道──

　現代タリスリン鉄道はウェールズの保存鉄道の中でもフェスティニョク鉄道と並んで観光客に人気のある鉄道である。この鉄道は他のウェールズのナローゲージ鉄道と同様，インターネットのホームページを通じてかなり詳しい情報を発信しているし，ウェールズのナローゲージ鉄道の案内書でも紹介されている[92]。以下，それらに拠りながら同鉄道の現況を簡単に触れて本章の結びにかえたい。

2001年のタリスリン鉄道協議会報告（Report of the Counsil）によると，この年の旅客の予約数は49,689人でこれは前年よりも4.2％の増加，乗客数は92,530人で同3.9％の増加となっている。料金にはさまざまなタイプがあるが，最もよく利用されているのがターウィンからナントグァノール往復で，その運賃は大人1人7ポンド50ペンスである。またターウィン・ワーフ駅には売店やナローゲージ鉄道博物館（Narrow Gauge Museum）[93]があり，売店ではこの鉄道に因むさまざまな土産物（書籍，機関車トーマスに関係するおもちゃ，バッグ，絵葉書，ペンダント等）を販売しており，保存協会の収入に貢献している。他方，鉄道博物館にはスレート輸送に使用された機関車やスレート貨車など数々の貴重な展示物が陳列されている。保存協会の1998年の議事録によると，毎年乗客の25〜30％にあたる約14,000人がこの博物館に入館しているという[94]。また，下り列車のアバーガノルウィン駅での列車停止時間は幾分長めにとってあり，乗客はこの駅のレストランで食事をしたり，あるいは紅茶やソフトドリンクを飲んだり，スナック菓子を買うことができる。

　この鉄道は利用客の便宜のために，年間の列車運行状況を示す時刻表もインターネットで知らせている。それにより，季節や曜日によって列車の運行本数は異なることがわかる。最も本数が多いのは7月から8月にかけてであり，最盛期にはターウィン・ワーフ駅午前10時発を始発，ナントグァノール午後5時2分を最終便として往復各8本列車が運行されている。それぞれの列車には5〜6両の客車が連結されている。会社は全部で21台の客車と2台のブレーキ・バンを所有しており，各客車は18人から24人乗りで，客車の多くは各々6人から8人が座ることのできる3つのコンパートメントからなっている。また客車の中には1等を含み12人乗りのものや，6つのコンパートメントをもつもの，車椅子で乗車できるものもある。この鉄道は主に観光客を目的とするため，シーズン中には運行本数が多いが，オフシーズンの12月から3月には往復2本に運行本数は減少している。この時期にはボランティアたちは次期シーズンに備えて，施設の修理やメンテナンスに多忙な時期である。他方，この鉄道は6台の蒸気機関車と4台のディーゼル機関車を保有しており，その中で最古のNo.1 Talyllyn号は1864年，そしてNo.2 Dolgoch号は1866年にいずれもFletcher Jennings社で製造されているの

表9-3 タリスリン鉄道の時刻表

上り

Tywyn Wharf	10.00	10.40	11.30	12.20	1.20	2.10	3.10	4.00
Rhydyronen	10.12	10.52	11.42	12.32	1.32	2.22	3.22	4.12
Dolgoch Falls	10.31	11.11	12.03	12.53	1.53	2.43	3.43	4.33
Abergynolwyn	10.45	11.25	12.15	1.06	2.06	2.56	3.56	5.06
Nant Gwernol	10.55	11.32	12.22	1.12	2.12	3.02	4.02	5.12

下り

Nant Gwernol	11.05	11.45	12.40	1.30	2.30	3.20	4.15	5.22
Abergynolwyn	11.10	11.50	12.45	1.35	2.35	3.25	4.20	5.27
Dolgoch Falls	11.30	12.20	1.30	2.20	3.20	4.10	4.50	5.30
Rhydyronen	11.55	12.45	1.45	2.35	3.35	4.25	5.04	5.59
Tywyn Wharf	12.11	1.01	2.01	2.51	3.51	4.41	5.35	6.15

(注) 2002年6月1-7日, 7月22-26, 29-31日, 8月1-2, 5-9, 12-16, 19-30日の時刻表である。
タリスリン鉄道会社ホームページ (http://www.talyllyn.co.uk/timetable/2002) による。

写真9-1 タリスリン鉄道の蒸気機関車No.1 Talyllyn号 (筆者撮影)

で, なんと150歳近くにもなる長老である。表中で最新の蒸気機関車No.7 Tom Roltは1991年に製造されたことがわかる。1998年の年次総会の議事録をみると,

最新の機関車 No.10 の愛称が会員達の投票の結果，Bryn Eglwys 号に決定されたことが報告されている[95]。

注

1) ここでいう産業遺産には産業遺物，遺跡，遺構が含まれるが，加藤康子氏によれば，それは単に工場跡，機械類，ダム，橋梁ばかりでなく，「歴史をつくってきた産業文明の仕事，それにかかわる人々の全人生であり，働く人，産業を興す人，いろいろな側面から産業を支える人々——彼等の汗で築かれた生活文化や知恵」を含むものである。加藤康子『産業遺産』日本経済新聞社（1999）10ページ。

2) ウェールズの産業遺産については数多くの個別の概説書が存在するが，それらを総体的に概説したものとしては Rees D. M., *The Industrial Archaeology of Wales*, David & Charles, (1975)，またスウォンジー地域の産業遺産の概説書としては Hughes S. & Reynolds P., *A Guide to the Industrial Archaeology of the Swansea Region*, (1991) がある。

3) アイアン・ブリッジはすでに1986年に世界遺産に登録されていたが，ブラナヴォン製鉄所とビッグ・ピット炭鉱一帯は最近（2000年）登録された。このほかにもイギリスではダーウェント渓谷の工場群，ニューラナーク，ソルテアなど数多くの産業遺産が世界遺産に登録されている（http://homepage1.nifty.com/uraisan/liste.html 参照）。

4) ナショナル・トラストの設立に関してはグラハム・マーフィー／四元忠博（訳）『ナショナル・トラストの誕生』緑風社出版（1992）を参照。なおわが国でも1964年に鎌倉で鶴岡八幡宮の裏山の保存運動からナショナル・トラスト運動が展開された。大井川鉄道は㈶日本ナショナル・トラストの保存鉄道である。木原啓吉『ナショナル・トラスト』三省堂（1998）；横川節子『ナショナル・トラストの旅』洋販出版（1997）参照。

5) 例えばイギリスでは鉄道ファン（railway enthusiasts）の数は約25万人存在すると言われており，運河，船などのその他の交通機関の熱狂家を合わせると50万人にも達するという。この点については Harvie C., 'Engineers Holiday', in Berghoff H., Korte B. & Schneider R. (eds.), *The Making of Modern Tourism*, Palgrave, (2002), p. 205 参照。

6) タリスリン鉄道はウェールズ片田舎のわずか7マイル余りのナローゲージ鉄道であるが，この鉄道への関心の高さは出版物の多さからも伺うことができる。Boyd や Potter の詳細な研究書のほかに，簡単な紹介を行った小冊子や写真集，さらにはウェールズのナローゲージ鉄道を扱った書物なども含めると20冊は下らない。

7) この鉄道の保存運動が始まったのは1950年で，それに次いでフェスティニョク鉄道，ウェルシュプール＆スランフェア鉄道，コリス鉄道の一部が再建された。現在保

存・運営されているウェールズのナローゲージ鉄道としてはそのほかにウェルシュ・ハイランド鉄道，ライドル渓谷鉄道，バラ湖鉄道，スランベリス湖鉄道，スノードン山岳鉄道等がある。Turner W., *Railways of North Wales*, John Jones, (1998); Richards A. J., *The Slate Railways of Wales*, Gwasg Carreg Gwalch, (2001); Dean I., *Industrial Narrow Gauge Railway*, Shire Publications Ltd., (1985); Jones J., *The Great Little Steam Railways of Wales*, Aston Publications, (1991).

8) 北ウェールズのスレート輸送と海事産業の発展との関係については本書第3章，および拙稿「19世紀イギリス海事産業のひとこま——北ウェールズ・スレート輸送をめぐって——」『帝塚山経済・経営論集』第12号参照。

9) Holmes A., *Slates from Abergynolwyn*, Gwasaneth Archifau Gwynedd Archives Service, (1999), pp. 13-15.; Holmes A. & Thomas R., *Quarry Tracks, Village Ways*, the Talyllyn Railway Company, (1977).

10) なお同鉄道で蒸気機関が導入されるのは1879年であり，正式の旅客輸送が開始されるのは1883年であった。同社の経営権は1878年に the Imperial Tramway 社（ブリストル）の支配下におかれ，1887年には Bristol Tramways and Carriage 社に吸収された。詳しくは Boyd J. I. C., *Narrow Gauge Railways in Mid-Wales*, pp. 19-28 参照。

11) Rolt L. T. C., *Railway Adventure*, Allan Sutton, (1953), p. 3.

12) Lewis H. M., *Pages of Times: A Pictorial History of Aberdyfi*, (1989) において，アバーダヴィ港の変遷を辿ることができる。この小港は19世紀から20世紀にかけてスレート搬出港として賑わったが，現在は閑静な漁港で，夏期には臨海リゾートの町となっている。

13) Holmes, *op. cit.*, pp. 99-103.

14) ダヴィ川でのスレート輸送に使用された小型帆船の例として1853年に建造された Seven Brothers 号があげられる。しかし当時この川でのスレート輸送に使用された川舟の詳細は不明である。Boyd J. I. C., *Narrow Gauge Railways in Mid-Wales*, The Oakwood Press, (1970), p. 62.

15) Holmes, *op. cit.*, pp. 15-21.

16) 'But for the American Civil War there might have been no Talyllyn railway—'. Baughan P. E., *A Regional History of Great Britain, vol. 11. North and Mid Wales*, David St. John Thomas Publisher, (1980), p. 171.

17) 同社の経営史研究については，Lee C. H., *A Cotton Enterprise 1795-1840*, Manchester University Press, (1972) がある。それによると J. マッコーネルと J. ケネディは共にスコットランドの出身で，1791年に紡績機械の製造と紡績業を開始した。しかし残念ながら同書の叙述は1840年頃までで，綿花飢饉やスレート鉱山経営については触れられていない。

18) Boyd, *op. cit.*, pp. 10-12.

19) 「綿花飢饉」については森芳三著『イギリス綿花飢饉と原綿政策』御茶の水書房（1999）参照。
20) Holmes A., *op. cit.*, pp. 23-24.
21) マッコーネル家はスレートだけでなく金鉱発掘にも期待していたようである。Boyd, *op. cit.*, p. 63.
22) *Ibid.*, p. 64.
23) この鉄道の建設で主導的な役割を演じたのがトマス・サヴィン（Thomas Savin）であった。彼は呉服商や炭鉱業にも従事していたが、ウェールズを代表する企業家デヴィッド・デイヴィス（David Davies）とともに Llanidloes & Newtown 鉄道を建設した。彼は A. & W.C.R. の建設によって北中部ウェールズのスレート輸送、ホテル、さらには観光開発をもくろんでいた。しかし彼の事業は1866年に破産し、彼が所有する鉄道は他の鉄道会社に引き継がれた。Kidner R. W., *The Cambrian Railway*, Oakwood Press, (1992), pp. 15-28.; Simmons J., & Biddle G. (eds.), *The Oxford Companion to British Railway History*, Oxford Univ. Press, (1997), p. 433.; Richards A. J., *The Slate Railways of Wales*, Gwasg Carreg Gwalch, pp. 71-72.
24) 他方、マカンスレス=ボース間は1863年6月に、ボース=アベリストゥイス間は1864年6月に開通した。Kidner, *op. cit.*, pp. 25-28.
25) Baughan P. E., *op. cit.*, pp. 156-161.
26) タリスリン鉄道に限らず、ウェールズのスレート鉄道の大半が60～70センチメートルのナロー・ゲージを採用したが、この程度のゲージが山岳地域に立地するスレートの輸送にとって最適であったからである。カーブの多い山岳地帯の稜線を縫ってすすみ、場合によっては狭い鉱山内に入っていくのは標準軌鉄道では不可能であった。Turner W., *Railways of Wales*, John Jones Publishing, (1998), p. 66.
27) Boyd J. I. C, *The Tal-Y-Llyn Railway*, p. 45.
28) タリスリン鉄道法の具体的条文については、Cozens L., *Tal-Y-Llyn Railway*, (1948) によっている。
29) Holmes, *op. cit.*, p. 15; Boyd, Mid-Wales, p. 67.
30) Boyd, *The Tal-Y-Llyn Railway*, p. 43.
31) Boyd, *Mid-Wales*, p. 67.
32) Rolt, *op. cit.*, pp. 5-6.
33) Boyd, *Mid-Wales*, p. 66.
34) フェスティニョク鉄道の建設と同鉄道へのスプーナー親子の関わりについては、Winton J., *The Little Wonder*, The Festiniog Railway Company, (1975) 参照。
35) Boyd, *Mid-Wales*, p. 67.
36) フェスティニョク鉄道で初めて機関車が導入されたのは1863年であるが、同社を世界的に有名にしたのはフェアリー（Robert F. Fairlie）が設計した Little Wonder 号

であった。詳しくは Winton, J., *The Little Wonder*, Chap. 6 参照。
37) この鉄道路線上の唯一の難所はドルゴッホ（Dolgoch）渓谷で，スプーナーはここに3つの橋脚をもつ橋を建設した。Rolt, *Railway Adventure*, p. 5.; Boyd, *Mid-Wales*, p. 65.
38) Boyd, *The Tal-Y-Llyn Railway*, p. 43.
39) イギリスの鉄道建設で活躍したナヴィの労働状態や生活については Coleman T., *The Railway Navvies*, Huntchinson, (1965) 参照。またコントラクター（請負業者）の組織やナヴィの雇用については湯沢威『イギリス鉄道経営史』日本経済評論社 (1988) 参照。
40) Boyd, *The Tal-Y-Llyn Railway*, p. 44.
41) *Ibid.*, p. 46.
42) この点については拙稿「タフ・ヴェール鉄道と南ウェールズ経済」『鉄道史学』第17号（1999）参照。
43) タイラーの2度にわたる視察報告書の内容は Rolt, *Railway Adventure*, pp. 8-15.; Boyd, *Mid-Wales*, pp. 68-70, および Boyd, *The Tal-Y-Llyn Railway*, pp. 48-49 を参照。
44) Rolt, *op. cit.*, p. 11.; Boyd, *The Tal-Y-Llyn Railway*, pp. 46-50.
45) Cozens L., *Tal-Y-Llyn Railway*, p. 7.
46) Holmes, *op. cit.*, p. 105.
47) *Ibid.*, pp. 26-29.
48) Boyd, *The Tal-Y-Llyn Railway*, p. 13.
49) Holmes, *op. cit.*, pp. 28-29.
50) Boyd, *The Tal-Y-Llyn Railway*, p. 50
51) 1889年まではアバーガノルウィンからの下り列車は土曜の午後1時30分に出ていたが，その後週5日制になったため，金曜6時45分になった。なお，労働者用特別列車の運賃は通常の半額であったという。Holmes, *op. cit.*, p. 123.
52) Rolt, *op. cit.*, p. 16.
53) Holmes & Thomas, *op. cit.*, p. 18.
54) ここ使われる「トラムウェイ」という言葉は鉱物を運ぶ軽軌道を意味する。通常トラムウェイは旅客輸送用の鉄道よりも急カーブと急勾配に適した軽いレールで敷設されていた。
55) Williams, M.,*The Slate Industry*, p. 10. なお，北ウェールズのスレート鉱山発展の詳細については Lindsay J., *A History of the North Wales Slate Industry*, David & Charles, (1974) 参照。
56) Holmes, *op. cit.*, p. 51.
57) Holmes & Thomas, *op. cit.*, pp. 19-20.
58) Williams, *op. cit.*, p. 19.; Holmes & Thomas, *op. cit.*, p. 10.

59) サイズの統一は1738年にペンリン鉱山で始まった。詳しくは Richards A. J., *Slate Quarrying in Wales*, pp. 18-19, および p. 212, App. 2 参照。
60) Williams, *op. cit.*, pp. 26-27.; Holmes & Thomas, *op cit.*, pp. 10-15.
61) Holmes, *op cit.*, p. 51.
62) 1851年のセンサスでは全部で16軒の家があったという。Holmes, *op. cit.*, p. 123.
63) Holmes & Thomas, *op cit.*, p. 21.
64) the Anerdovey Slate 社は71軒の労働者用社宅を建設した。Holmes, *op. cit.*, p. 129.
65) Rolt, *op. cit.*, p. 15.
66) *Ibid.*, p. 133.
67) Holmes & Thomas, *op. cit.*, pp. 22-23.
68) この場合，コリス鉄道やカンブリアン鉄道が企画したタリスリン湖やその周辺へのバスと鉄道を組み合わせた観光旅行（グランド・ツアーと呼ばれた）によるタリスリン鉄道への効果も無視しがたい。Potter, *op. cit.*, p. 26.; Boyd, *Mid-wales*, p. 74.
69) Holmes, *op cit.*, p. 30.
70) ペンリン・ストライキの詳細については Lindsay J., *The Great Strike, A History of the Penrhyn Dispute of 1900-03*, David & Charles, (1987); Jones R. M., *The North Wales Quarrymen 1874-1922*, Univ. of Wales Press, (1982)；久木尚志「世紀転換期におけるウェールズのペンリン争議とイングランド社会」『歴史学研究』No. 693（1997）をはじめとする同氏の一連の研究参照。
71) Rolt, *op cit.*, p. 20.
72) Holmes, *op. cit.*, p. 32.
73) *Ibid.*, p. 48.
74) *Ibid.*, p. 39.
75) Boyd, *The Tal-Y-Llyn Railway*, pp. 35-36.
76) Holmes & Thomas, *op cit.*, p. 8.
77) Rolt, *op cit.*, pp. 23-24.
78) 第一次大戦後の鉄道グループ化により，カンブリアン鉄道は GWR に合併され，コリス鉄道を経営するブリストル・トラムウェイ・グループも GWR の支配下に入った。Kidner, *op. cit.*, p. 163.
79) この点については Boyd, *Mid-Wales*, pp. 73-74.; Boyd, *The Tal-Y-Llyn Railway*, pp. 180-181 参照。
80) Rolt, *op cit.*, p. 26.
81) ヘイドン・ジョーンズが鉄道を廃線にしなかったのは，その方が高くついたから，という見解もみられる。
82) 以下，ボランティアたちによるタリスリン鉄道再建運動についての叙述は主として Potter D., *The Tal-Y-Llyn Raiway*, David St. John Thomas David & Charles, (1990)

によっている。そのほかに Williams H., *Railways in Wales*, Christopher Davis, (1981), pp. 172-174 にも簡単に紹介されている。
83) ロルトは後に総支配人に就任し、ターウィンで鉄道経営の指揮をとった。Rolt, *op. cit.*, p. 54.
84) Potter, *op. cit.*, p. 68.
85) ポッターの著書にその協定の内容が掲載されている。Potter, *op. cit.*, p. 70.
86) *Ibid.*, p. 75.
87) このように不均質なレールの使用により、一部は使い物にならなかったという。Potter, *op. cit.*, pp. 126-127.
88) Potter, *op. cit.*, p. 76.
89) *Ibid.*, p. 133.
90) *Ibid.*, p. 149.
91) Williams, *Railways in Wales*, p. 174.; Rolt, *op cit.*, p. 147.
92) タリスリン鉄道ホームページ (http://www.talyllyn.co.uk); Turner W., *Railways of North Wales*, John Jones Publishing Ltd., pp. 93-101.
93) 博物館設立の考えは保存協会設立当初からあったが、それが実行に移されるのは1950年代末からで、Newcommen Society などの支援や TRPS のメンバー達の努力により、1967年6月に開設された。他方、売店は1964年にターウィン・ワーフ駅が再建された時に切符売り場から分離される形で設けられ、タリスリン鉄道の大きな収入源となっている。Potter, *op. cit.*, pp. 153-156.
94) T. R. P. S., *Report of the Council for 2001.*
95) T. R. P. S., *Annual General Meeting* 1998.

第10章　ウェールズのナローゲージ鉄道(3)
──フェスティニョク鉄道──

1．はじめに

　本章ではフェスティニョク鉄道を中心に若干の考察を行う。この鉄道は19世紀に北ウェールズの主要産業であったスレート産業の発展に大きく貢献し、狭軌鉄道の中で最も長命を保ち、しかも今なお立派に活躍している鉄道である。この鉄道において注目すべき第1点は、狭軌鉄道で初めて本格的に蒸気機関車を導入し、この成功が、その後各地で狭軌鉄道ブームを引き起こしたことである。また、第2に注目すべき点は、この鉄道はスレート産業の衰退とともに、第二次世界大戦後、一時廃線に追い込まれたが、その後熱心なボランティアたちの努力によって蘇り、現在は終点のスレート鉱山や近隣の景観とともに、北ウェールズを代表する観光資源になっている点である。実際、フェスティニョク鉄道は、タリスリン鉄道と並んで、観光客に大変人気の高い保存鉄道であり、この鉄道の設立から現代に至るまでの歴史は、狭軌鉄道によるスレート輸送の事例としても、またボランティアによる保存運動の面からも極めて興味深いものがある。この鉄道の170年以上にわたる歴史は、いくつかのエポックに分けることが可能であるが[1]、経営主体を基準にすると、大きく2期に分けることができる。すなわちスレート産業の発展と密接に関連して建設され、発展し、衰退し、やがて廃線になる時期（すなわちこの鉄道が開通する1836年から1946年までの約110年間）がその第1期であり、「スレート産業」時代と言うことができよう。また、第二次世界大戦後、フェスティニョク鉄道協会（the Festiniog Railway Society Limited）を中心に、観光を主たる目的として、熱心なボランティアたちによって再建され、運転が再開される1954年前後がその第2期の開始で、これ以後を「ツーリズム」時代とい

うことができる。ここではまず，この鉄道が建設され，スレート産業とともに繁栄を謳歌し，やがてライバルの鉄道の出現やスレート産業の衰退に伴って長期にわたる衰退を開始するヴィクトリア時代を中心に考察し，次いで第二次世界大戦後のボランティアを中心とする再建運動をみていく。

2．フェスティニョク鉄道の建設と発展

(1) フェスティニョク地方のスレート鉱山開発と鉄道以前の輸送

　フェスティニョク地方のスレート鉱山の開発が開始されるのは17世紀後半以後であり，当初は地方の農民たちが近隣の家屋の屋根に利用するためにスレートを生産していたのである[2]。しかしながら，それらの地方砕石業者の多くは小規模で，短期間の経営にとどまっていた。ルイスとウィリアムズはそうした地方スレート業者についての多くの事例をあげている[3]。フェスティニョク地方のスレート産業の本格的な開発は19世紀にイングランド出身の企業家によって行われた[4]。すなわち，この地方で最初に成功したスレート砕石業者となったターナー（William Turner, 1777-1853）とカッソン兄弟（William Casson, 1761-1837 と Thomas Casson, 1767-1839）はいずれもレイク・ディストリクトのスレート砕石業者の家族の出身であった。彼らは1800年に折から売りに出されたゲリ（Gelli）スレート砕石所を1,000ポンドで購入することによってフェスティニョク地方に進出し，1805年には約70人，1811年には180人を雇用するかなりの規模のスレート企業を経営していたのである[5]。1820年代になると，リヴァプール商人兼スレート砕石業者の息子，サミュエル・ホランド Jr.（Samuel Holland Jr.）が父親の命を受けてこの地方に到着（1821年）し，スレート鉱山開発に乗り出していった[6]。ホランドはやがて自ら開発した鉱山の一部を当時の著名な政治家，パーマストン卿と国際金融業者，ネイザン・ロスチャイルドが経営する The Welsh Slate Company に販売したが，その後彼自身も同じ谷の奥地で鉱山事業を続けていたのである[7]。彼らと並ぶもう一人の重要人物として，J. H. グリーヴズ（John Whitehead Greaves）があげられる。グリーヴズはウォリックシャーの銀行家の

4男で、あちこち遍歴を重ねた後、ポースマドックに到着し、やがてその内陸部の採石所を借り受け、成功をおさめるのである[8]。

このように、フェスティニョク地方における大規模なスレート鉱山の開発は、いずれもイングランド出身の企業家を中心に進められたが、スレートの大規模輸送を可能にする交通インフラ、すなわち鉄道の建設も主として外部資本を中心に行われたことも注目すべき事実である。この点について触れる前に、初期のスレート輸送がどのように行われていたか、またポースマドックの築堤と波止場の建設について簡単にふれておこう。

フェスティニョク地方のスレート鉱山は海抜1,300から1,900フィート（約390～570メートル）の高地に立地していたため、港までの輸送が大きな問題であった。スレートは当初、駄馬や荷馬車で川岸まで輸送されていた。例えば19世紀初期にこの地方のスレート鉱山開発に乗り出したターナーとカッソンは、輸送の改善を最優先事項とし、1801年に彼の鉱山が立地する場所から私的な荷馬車道を建設するとともに、教区に道路の改善を要請した。教区道路の端から河岸の波止場までターンパイク道路が通じており、道路を通って荷馬車で輸送されたスレートは河岸の波止場で川舟に積み替えられた[9]。

河岸まで運ばれたスレートはさらに小型の川舟で川を下り、沿岸船に積み替えられていた。この地方の川舟の船頭は黒いフェルトの山高帽をかぶり、半ズボンを履き、狩猟番に似た服装という一風変わったいでたちをしており、フィリスティン（Philistines）と呼ばれていたという。その名称はフィリス・イオワース（Ffylys Iowerth）というこの地方の川舟運送業者の女主人の名前に由来する[10]。フィリスティンたちが川を下って輸送したスレートは河口で沿岸船に積み替えられ、リヴァプールやロンドンなどの消費地へと輸送されていた[11]。こうした荷馬車（時には駄馬も使用された）と川船による輸送は不便で輸送費も高くついた。コストの中で大きな割合を占める輸送費の節約方法がスレート業者によって考えられたのは当然であった[12]。

鉄道建設以前のこの地方のスレート輸送に関連して、忘れてならないのはポースマドックにおける築堤と港湾建設であった。そもそも現在ポースマドックと呼ばれている港町の起源はウィリアム・A. マドックス（William Alexander

イラスト10-1　W. A. マドックス
(William Alexander Madocks)

(出所) Beazle E, *Madocks & the Wonder of Wales*, Faber & Faber, (1967).

Madocks) による築堤建設に由来する[13]。1773年にロンドンで生まれたマドックスはデンビーシャーの地主の子孫であった[14]。マドックスの意図は，彼が土地を所有していたトライス・マウア（Traeth Mawr）と呼ばれる河口の湿地に築堤工事を行うことによって，湿地の干拓を行い，その土地の価値を高めることであった。マドックスは工事に先立ち，1807年に議会立法を獲得し，翌年1月から工事を開始した。それは大変な難工事で，ようやく1811年9月17日に完成した。当初の見積もりでは23,500ポンドの予定であったが，実際には6万ポンドも要したという。この築堤は通常「コブ」（Cob）と呼ばれ，全長1,600ヤード，上部の幅が18フィート，基底部の幅90フィートであった。築堤工事中，湿地を流れる河川の流れは水門によって調節された。またその築堤のメリオネス側の端に労働者用のバラックや作業場が建設され，マドックスが国会議員に立候補したときの選挙区に因んでボストン・ロッジと呼ばれた。この名称は後にフェスティニョク鉄道の駅と車両工場の名称となった。しかし難工事完成の喜びもつかの間に終わり[15]，翌年2月にこの地方を襲った嵐のために築堤は破損し，大掛かりな修理工事が実施されねばならなかった。その修理が完成したのはようやく1814年のことであった[16]。

　マドックスの築堤工事の当初の意図は湿地干拓事業であったが，この工事によってカナーヴォン側に水深の深い水路ができたため，これを利用して波止場を建設する計画がたてられた。このためマドックスは議会立法を獲得し，波止場が建設され，ポースマドックと命名された。ポースマドックの最初の波止場は1824年に完成し，スレート鉱山業者，サミュエル・ホランドに貸し出された[17]。

(2) フェスティニョク鉄道の建設と初期のスレート輸送

　港の建設によってスレートの海上輸送に便宜がはかられると，今度は内陸の鉱山から港へ通じる鉄道を建設しようとする計画が立てられた。そのひとつはマドックスの計画で，地方地主ニューバラ卿がその計画を支援した。ジョージ・オーバートン（George Overton）が技師に雇用され，J. ボーン（J. Bourn）がその路線の測量にあたった。もうひとつの計画はスレート鉱山業者オーケリー（W. G. Oakeley）によって立てられた。技師としてメナイ海峡吊り橋の建設で活躍したトマス・テルフォードの助手，プロヴィス（W. A. Provis）が雇用された。それらの法案は1825年に議会に提出されたが，いずれも却下された[18]。その後もマドックスやロスチャイルドが鉄道建設のために努力するが，実現には至らなかった。因みにロスチャイルドは the Royal Cambrian Company を設立し，ウェールズの王領地での鉱山開発を行うとともに，鉱物輸送のために鉄道（the Moelwyn and Porthmadoc Railway）を建設する計画を立てたが，地方地主の反対にあって却下された[19]。

　フェスティニョク地方のスレート鉱山からポースマドックへの鉄道建設計画が実現するのは1830年代に入ってからであるが，この時期の鉱山開発に刺激を与えた要因としてスレートの沿岸輸送税の撤廃（1831年）があげられる。この税はあるイギリス沿岸の港から他の港へのスレート輸送に対して従価税を課すものであったが，同じイギリスでもカンブリア地方のスレートをランカシャー地方へ沿岸船で運ぶ場合には同じ港内での輸送とみなされ，免税となっていたので，ウェールズの人々から見れば不当な差別とみなされていたのである。この税の撤廃のために北ウェールズ各地で反対運動が展開されたが，同時にこの地方のスレート鉱山に利権を持っていた大物政治家，パーマーストンやシティの大金融業者ロスチャイルドの影響力も無視できない[20]。

　さて前述のように，すでに1820年代からフェスティニョク産のスレート輸送を主目的とした鉄道計画が立てられていたが，それが結実するのは30年代に入ってからであった。しかも大規模なスレート鉱山開発と同様，鉄道の建設も外部資本を中心に展開された。鉱山開発を行ったのがイングランド出身の企業家であった

とすれば，フェスティニョク鉄道の建設はアイルランド資本を中心に行われた。その中心人物がヘンリー・アーチャー（Henry Archer）であり，彼に鉄道建設を勧めたのが前述のスレート鉱山業者，サミュエル・ホランドであった。ヘンリー・アーチャーはダブリン市長も出したアイルランドの名家の出身であったが，彼のこの地方とのかかわりや鉄道建設の動機などについては不明な点が多い[21]。ここで重要なことはフェスティニョク鉄道の創業資本金24,185ポンドの大半がアーチャー自身と彼のアイルランドにおける知人によって調達されたことである[22]。

　フェスティニョク鉄道法案の議会通過に際して，ライバルのスレート鉱山業者や農場経営者，さらには川舟運送業者が反対したが，時代の風潮はアーチャーたちに味方し，鉄道の重要性が認識されるようになった。法案は1832年1月に議会を通過し，5月25日に勅許が与えられた[23]。ジェームズ・スプーナー（James Spooner）が技師に雇用され，カナーヴォンのジェームズ・スミス（James Smith）が請負業者となった。その請負契約金は6,972ポンドで，作業の進行度に応じて8回の分割払いとされ，スミスが路線の建設に加えて枕木を供給し，鉄道会社がレールや座金，車両を提供することとなった[24]。建設が開始されたのは1833年2月からで，路線の両端から始められたが，翌年4月にスミスは未完成のまま契約を破棄してしまった。スミスへの支払いをめぐって訴訟が行われ，建設作業は会社自身の手で続行しなければならなかった[25]。鉄道建設に携わった労働者（ナヴィ）の数は，多いときには150人に達した。折からの不況により，多くの失業労働者が鉄道建設に雇用され，フェスティニョク鉄道会社は労働者の供給という点では，不自由しなかったという[26]。ナヴィの多くはポースマドック，カナーヴォン，ホーリーヘッド，プルヘリ，バラなどウェールズの地方出身の農民や砕石労働者であり，通常10人程度の組に分かれて働いた[27]。彼らへの支払いは出来高払いで仕事は馬力や人力によって行われた。なお，鉄道の完成間際の1836年1月になって，アーチャーと他の取締役たちの間で争いが生じ，その結果，アーチャーは会社の経営から手を引かざるを得なくなった[28]。鉄道が完成したのは1836年4月20日で，開通を祝って盛大な式典が行われた。スミスとのトラブルもあって，実際の建設費は3万ポンド以上に達していた[29]。

　フェスティニョク鉄道は終点のポースマドックからブラナイ・フェスティニョ

第10章　ウェールズのナローゲージ鉄道(3)　295

地図10-1　フェスティニョク鉄道の路線

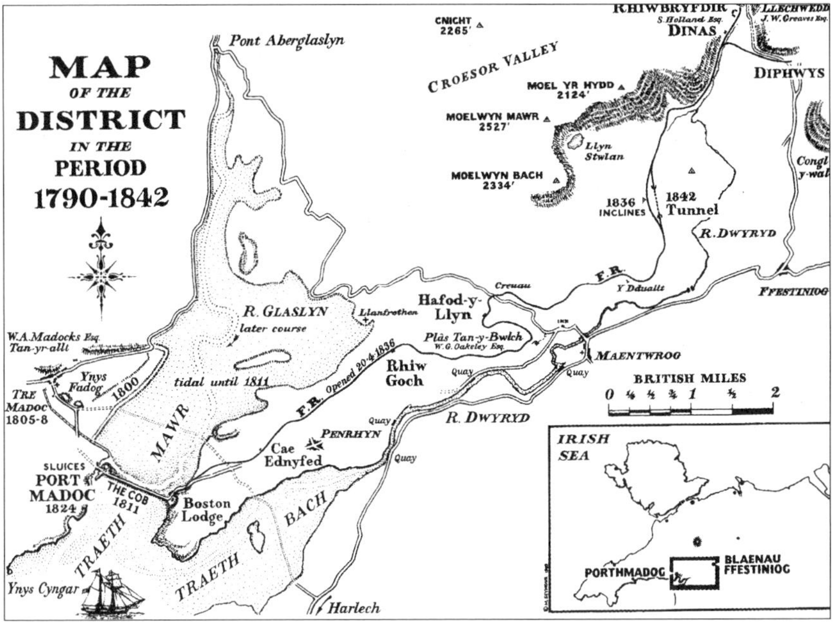

(出所) Rheilffordd Ffestiniog Railway, Traveler's Guide, the Festiniog Railway Company.

クまでの全長が13マイル半，ゲージは1フィート11インチ1/2（約60センチ）で，開設当初終点のフェスティニョクにおいて，ディナス（Dinas）とディフス（Diffwys）の2つの終着駅を有しており，それらの終着駅から支線やインクラインを通じてスレート鉱山と連絡していた。ディナス支線はホランドのスレート鉱山および Welsh Slate 社のインクラインや支線と連絡され，他方ディフスの終点は町の真ん中にあり，Bowydd 鉱山などと連絡された。そのさい，Welsh Slate 社のインクラインは1838年10月，そしてホランド鉱山のインクラインは翌年に建設された。やがてこの地方において，フェスティニョク鉄道の路線はスレート鉱山の所有する支線とインクラインによって，多くの鉱山と連絡されるようになったのである30)。スレートはたいていの場合，勾配の急な山岳地帯で採掘されたため，それらの積み出しのために数多くのインクラインが使用された。それらのあるものはスレートや鉱物自体の重力と人力によって（gravity 式），あるものは水

地図10-2　フェスティニョク地方のスレート鉱山と鉄道連絡

THE QUARRIES.
A Llechwedd　I Craig Ddu
B Maenofferen　J Oakeley
C Votty & Bowydd　K Nyth y Gigfran
D Diphwys Casson　L Cwmorthin
E Cwt y Bugail　M Conglog
F Blaen y Cwm　N Wrysgan
G Rhiwbach　O Moelwyn
H Manod

a Llyn Newydd
b Llyn Bowydd
c Llyn y Manod
d Llyn Cwmorthin

The RAILWAYS & QUARRIES of BLAENAU FFESTINIOG.

(出所) Jones I. W., & Hatherill G., *Llechwedd and other Ffestiniog Railways*, the Cambrian News Ltd., (1977).

を入れたタンクを利用することによって（water balances 式），さらにあるものは蒸気力，後に電力を使用することによって，稼動された。また地図10-2から明らかなように，インクラインと並んで，スレート鉱山内では，砕石現場から切り出されたスレートの原石を加工場に運んだり，加工されたスレートやスラブを鉄道の本線まで輸送するために，鉱山内を網の目のように支線が敷設されていた。これらの支線のゲージは当然フェスティニョク鉄道の本線と同じであり，鉱山会社が使用する貨車は鉄道会社が貸し出していたのである。ピーク時の19世紀末にフェスティニョク鉄道は1,095台もの貨車を15の砕石所に貸し出していたという[31]。

　フェスティニョク鉄道の路線全体の高度差は約700フィートで，勾配が最も急だったのはフェスティニョクの終点付近で，最も緩かったのはほとんど水平の築堤（コブ）からポースマドックの終点付近であった（図10-1参照）。機関車が導

図10-1 フェスティニョク鉄道の勾配

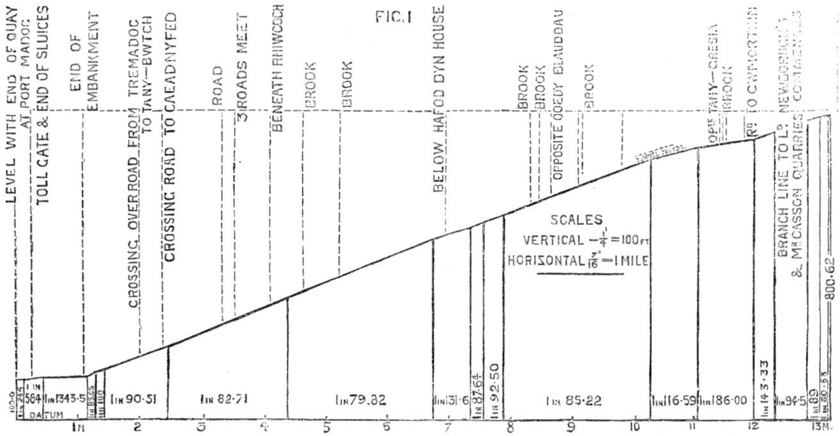

(出所) The Engineer, April 29 1870, p. 256.

入されるまでの動力は引力と馬力であった。ブラナイ・フェスティニョクを出た列車はボストン・ロッジまで引力を利用して下り，その後コブから終点までは馬力が利用された。各列車には数人のブレーキマンが乗っており，スピードが出過ぎると手動式ブレーキで速度を制御していた。また初期のこの鉄道で興味深いのは，下りの馬の輸送のためにダンディ（horse dandies）と呼ばれる特殊な馬用運搬車両が使用されていたことである[32]。

この鉄道の初期の経営史で興味深い点は，しばらく会社自ら輸送に従事した後，特定の業者に輸送業務を委託したことである[33]。その最初の契約者はモーガン・ジョーンズ（Morgan Jones, Riw Goch Farm）で，1838年11月6日付けとなっている。それによるとジョーンズはフェスティニョクのリューブラブディア（Rhiwbryfdir）からポースマドックへのスレートを1トン当たり7ペンスで輸送した。その場合スレートの輸送に許された時間は積み込みから日中18時間以内とされた。契約書には輸送に関わる詳細な規定が定められていた。その中には列車をブレーキ以外のいかなる手段によっても止めてはならないとか，貨車に自分自身の費用で油を注さなければならないといった些細な規定も含まれていた。

ジョーンズとの契約がいつまで続けられたかは明らかでないが，その後，会社

表 8-6　1856年（9月）の時刻表

下り							
Quarry	—	7.30	9.28	11.16	13.14	15.12	17.10
Tunnel	—	7.48	9.36	11.34	13.32	15.30	17.28
Hafod-y-llyn	—	8.06	10.04	12.02	14.00	15.58	17.56
Rhiw-Goch	6.46	8.34	10.32	12.30	14.28	16.26	18.24
Cae Ednyfed	—	—	—	—	—	—	—
Boston Lodge	7.04	9.02	11.00	12.58	14.56	16.54	—
上り							
Boston Lodge	—	—	7.14	9.12	11.10	13.08	15.06	17.04
Cae Ednyfed	—	5.54	—	—	—	—	—	17.34
Rhiw-Goch	—	6.46	8.34	10.32	12.30	14.28	16.26	18.34
Hafod-y-llyn	6.28	8.06	10.04	12.02	14.00	15.58	17.56	19.54
Tunnel	7.58	9.36	11.44	13.32	15.30	17.38	19.26	—
Quarry	9.18	11.06	13.04	15.02	17.00	18.58	—	—

（注）18時24分 Rhiw-Goch 着の下り最終列車は翌日6時46分発の上り列車となる。
（出所）Boyd J. I. C., *The Ffestiniog Railway*, the Oakwood Press, (1956), vol.2, p.362.

は1849年3月31日にロバート・ロバーツ（Robert Roberts, Pensyflon）という人物と輸送契約を締結した。その契約金額は1トン当たり5ペンスであったが，後に6ペンスに引き上げられた。彼にも列車で干し草やわらを運んではならないといった，もろもろの制限が課されていた。1856年の時刻表をみると，列車の通行時間はポースマドックに下るのに1時間半であったのに，上りは6時間もかかっていた。機関車の導入前，動力として上りは馬力，下りは引力を利用していた。この時刻表ではボストン・ロッジまでとなっており，ポースマドックへは記載されていない。1頭の馬は時速3マイルで8台の貨車を牽引できると計算されていた。下りの列車の制限速度は時速10マイルで，列車は1日6～7往復行っていた[34]。

(3) 蒸気機関車の導入

フェスティニョク鉄道にとって最初の大きな局面変化は蒸気機関車の導入であった。当時，フェスティニョク鉄道のような幅の狭い鉄道で，蒸気力の導入が果たして可能かどうか疑問がもたれていた。少なくとも当時のイギリスを代表する著名な鉄道技師であったI. K. ブルネルやロバート・スティーブンソンはそれに

否定的であった[35]。その意味で，フェスティニョク鉄道による蒸気機関車の導入は鉄道史上画期的なことであった[36]。1860年代後半から70年代にかけて，イギリスのみならず世界中で狭軌鉄道ブームが起こるが，そのきっかけはフェスティニョク鉄道での成功にあったといっても過言ではない。

さて，フェスティニョク鉄道における機関車導入には，少なくとも3つの要因が考えられる。そのうち一つは外的なものであり，他の2つは内的であった。外的要因としてはライバル鉄道の出現可能性があげられる。すなわち後に統合されてカンブリアン鉄道の一部となる A & WCR. によるフェスティニョク地方への支線計画がそれであり，この計画は実現こそしなかったが，フェスティニョク鉄道にとっては大きな脅威になった。他方，内的要因の一つはスレート輸送の増加に伴う従来の輸送方法の限界があげられる。1856年の時刻表をみると，1日6本の列車が運行されており，1日のスレート輸送量は150トンであった。しかし，ブラナイ・フェスティニョクの町の発展につれて，上り列車に積み込まれる石炭や木材，日常品の量がますます増加し，鉄道輸送は限界に達していたのである。第3の要因として無視できないのは，正式の旅客輸送を開始しようという意図があげられる。ここで注意を要するのは，機関車の導入以前にこの鉄道は実際には貨物だけでなく，旅客も輸送していた点である。しかしそれは非合法な輸送であって，正式な旅客輸送を行うには商務省の認可が必要であった。

このような状況において，会社は蒸気機関車の導入に踏み切り，取締役たちの委託を受けたチャールズ・スプーナーはサミュエル・ホランドの甥，チャールズ・M・ホランドに問い合わせた。後者は当時ロンドンの機関車製造会社であったイングランド社（Messrs. George England & Co.）で働いており，彼の勧めによってこの会社と契約することとなった。1863年3月にフェスティニョク鉄道会社とイングランド社との間で契約が交わされ，最初の2基は各1,000ポンドで，第3の機関車は800ポンドで購入されることとなった[37]。最初に到着したのは2基の機関車，Mountaineer 号と Princess 号で，1863年7月18日のことであった。それらの機関車はカナーヴォンまで標準軌の鉄道で運ばれ，次いで4頭立ての大型荷車でポースマドックへ運ばれた[38]。

前述のように，フェスティニョク鉄道による蒸気機関車導入の重要な動機は，

正式な旅客輸送の開始にあった。このため会社は1864年6月に商務省に旅客輸送サービス認可を申請している。そして商務省は同年10月27日にキャプテン・タイラー（H. W. Tyler）[39]を視察させている。彼の視察は徹底したものであり、路線沿いを隈なく歩き、報告書を提出した。その報告書において多くの改善を要求している[40]。これらの改善が施された後、12月28日に商務省の認可が得られ、旅客サービスは1865年1月5日から開始されることとなった[41]。

フェスティニョク鉄道における蒸気機関車の導入は専門誌にも取り上げられた。例えば、*The Engineer* 誌は、同鉄道の機関車による旅客輸送の開始に強い関心を示し、長文の論説を掲載している。同誌によると、現行法では標準軌（イギリスでは4フィート8インチ1/2）以下の鉄道での旅客輸送は禁止されているが、鉄道の最適ゲージは今なお未解決の問題であるとして、既存の法規制に疑問を提出している。その論説によると、ゲージの決定は交通量や維持費、あるいは地理的状況によって行われるべきであり、カーブの多い山岳地帯での狭軌鉄道の利点を高く評価している。たとえ標準軌の2分の1の狭軌鉄道でも、適度の需要を満足させるのに十分なスピード（例えば時速15マイル）で旅客列車を走行させることは可能であり、そうした鉄道の事例としてフェスティニョク鉄道をあげている。同誌によると、フェスティニョク鉄道は急勾配、急カーブにもかかわらず、機関車走行に成功しており、それは「機関車によって運行されている鉄道のうちでおそらく最狭軌の鉄道」であるとして評価している[42]。

このように機関車導入の成功により、会社はそのサービスを拡大するため、車両を増加している[43]。当時、旅客輸送サービスは1日6便の走行が行われ、1868年の輸送数は126,745人となり、会社は大きな黒字をあげることができた。後述するように、この時期がフェスティニョク鉄道にとってもこの地方のスレート産業にとっても全盛時代であり、図10-2からも明らかなように、1860年代に鉄道によるスレート輸送量も飛躍的に増加している。その反面、従来型の蒸気機関車の輸送力の限界が問題になり、1869年7月の議会立法により、複線化、ないしその他の方法による輸送力の増強が認可された[44]。

コスト・パフォーマンスの関係で、会社が選択したのは強力な新型蒸気機関車、すなわち、ロバート・F・フェアリー氏（Robert Francis Fairlie）によって

開発されたダブル・ボギー型蒸気機関車の採用による輸送力の増強であった。1831年にスコットランドで生まれたフェアリーは，L＆NWRで訓練を受けた後，22歳でLondonderry & Coleraine R.のコンサルティング・エンジニアとなり，1862年にジョージ・イングランドの娘と結婚し，イングランド氏の後を継ぐ機関車製造業者となった[45]。ダブル・ボギー型蒸気機関車は狭軌鉄道で機関車のパワーを増加させるための特別の考案であり，ボイラーは一つであるが，エンジンを2つもち，背中合わせとなった2連機関車であり，同じボイラーから両方のエンジンに蒸気が供給される仕組みになっていた。各エンジンはボギー車台に積まれていたため，急カーブに対応でき，レールへの負担を比較的少なくして強い牽引力を発揮できた。また終点で機関車を転回することなしに逆方向へ進行できたこともその利点の一つであった[46]。

　フェスティニョク鉄道の注文に応じて，イングランド社の後継会社フェアリー機関車車両会社（Fairlie Engine & Steam Carriage Co.）が最初に製造したダブル・ボギー機関車は1869年7月にポースマドックに届けられ，Little Wonder号と名付けられた。それはまさしく小さな驚きであった。Little Wonder号の走行テストは1869年から70年にかけて数回行われた。それらの走行テストにおいて，新型機関車は驚くべき性能を発揮した。例えば，1870年2月の走行実験はロシアの鉄道関係者をはじめ，多くのゲストを招いて実施された。同年2月12日の走行実験でLittle Wonder号はスレート用貨車90台，56人の乗客を乗せた客車7台，有蓋貨車1台を牽引した。その列車の全長は854フィート（約256m）で，機関車の自重を含めた総重量は94トン余りに達した。ポースマドックを発車した列車は1時間33分で終着駅のディナスに到着，その平均時速は15マイル（最高時速25マイル）であった。翌日には従来型の機関車と新型機の性能比較実験が行われた。実験に参加した従来型機関車，Welsh Pony号は，総重量138トン（スレート用貨車50台，乗客43人）を牽引してポースマドックを発車したが，途中で停止してしまい，幾台かの貨車を切り離して，総重量79トンでようやく動き出した。その後行われた走行実験によって，新型機関車は従来型の2.6倍余りの牽引力を持っていることが明らかになった[47]。

　Little Wonder号とフェスティニョク鉄道の名前を一躍有名にした大きな要因

として，会社の技師兼経営者として活躍していたチャールズ・スプナーの積極的で巧妙な宣伝活動があったことを忘れてはならない。フェスティニョク鉄道はその試運転をその後も実施したが，そのさい，イギリスの著名人や鉄道関係者，専門誌の記者，さらには外国の鉄道関係者を招待してこの新型機関車の性能をアピールした。例えば，1870年6月の試運転に際して，会社はイギリスだけでなく，インド，カナダ，メキシコの鉄道関係者を招待した。*The Engineer* 誌によると，同年6月15日午後9時15分にロンドンのユーストンを出発した招待客一行は，13時間半をかけて翌日午前10時45分にポースマドックに到着した。早速行われた走行実験で，Little Wonder 号は総重量114トン（自重19.5トンを含む）の列車を牽引して，ポースマドックを出発，1時間17分でフェスティニョクに到着した。その列車の全長は1,245フィート（約373m）で，平均時速は20マイル，最高速度は30マイルに達した[48]。2月に行われた走行実験に立会い，Little Wonder 号の性能に満足した商務省の鉄道視察官キャプテン・タイラーは，会社主催の晩餐会の席で，この鉄道に課されてきた時速12マイルというスピード制限はもはや不要になったと述べている[49]。

Little Wonder 号がいかに成功したかは，その後フェアリーの会社が300台以上の機関車を製造したことからもうかがえる。まさに Little Wonder 号はフェアリーの傑作だった。因みに彼はその後，海外の後発地域を開発する手段として3フィート・ゲージの普及に努めた[50]。同様に，チャールズ・スプナーも狭軌鉄道の熱心な伝道者となった。彼はペンリン卿が経営するスレート鉱山鉄道の蒸気機関車導入にさいして，フェアリー式機関車の採用を勧めたり，1871年に *Narrow Gauge Railways* という書物を出版することによって，その利点を紹介した[51]。また，1870年3月におけるタイラー（Henry Tyler）の報告書によりフェスティニョク鉄道のスピードは撤廃された。また列車を快速，かつ安全に走行させるためにレールや枕木などが新しいものに取りかえられ，客車も改善されていった。

(4) **輸送の発展**

⑦ 貨物輸送

フェスティニョク鉄道が輸送した主要貨物はもちろんスレートやスラブ（厚

図10-2 フェスティニョク鉄道のスレートと旅客輸送

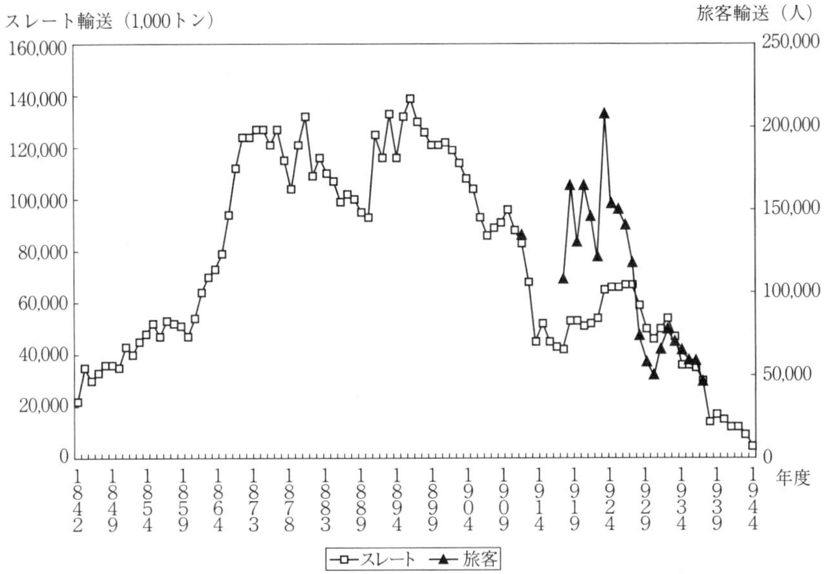

(出所) Boyd., J. I. C., *The Ffestiniog Railway*, the Oakwood Press, (1956), vol. 2, pp. 434-441 より作成。

板）であった。フェスティニョク鉄道によるスレート輸送は，最初から順調に増加したわけではなかった。というのも，当初この鉄道を利用した企業はサミュエル・ホランドのみで，他の企業は従来の伝統的輸送方法を続けていたからである。その後 Welsh Slate Company が1838年10月から鉄道輸送に転換すると，ニューバラ卿の砕石所もそれに続いた。その後他の企業も相次いで鉄道輸送に切り替えると，鉄道輸送は徐々に増加していった[52]。もちろん景気変動による時折の落ち込みは見られるものの，1870年代までは，比較的順調に増加した（図10-2参照）。

また，フェスティニョク鉄道が輸送した貨物はスレートだけでなかった。フェスティニョク地方で採掘され，加工されたスレートをポースマドックに輸送したばかりでなく，内陸の住民や鉱山で必要とされる多くの物資の輸送に携わった。そうした貨物として石炭，木材，日常雑貨品など多様であった。

④　旅客輸送

すでに蒸気機関車が導入され，正式の認可がおりる前から，非公式の旅客輸送

が行われていた。例えば1851年の *Cambrian Mirror* 誌が報じるように，フェスティニョクのホテル（Oakeley Arms Hotel）がフェスティニョク鉄道の列車に客車を連結していたという。また，路線視察用の客車が観光用に転用されたことは十分考えられるし，たといそれが非合法であったとはいえ，スレート鉱山労働者やその家族たちが鉄道を利用していなかったとは考えにくい[53]。

　残念ながら，当該考察期間におけるこの鉄道による旅客輸送の統計は利用できないが，断片的資料から，ヴィクトリア時代を通じて旅客輸送が増加していたことは明白である。

　その場合，旅客と一口にいっても，いくらかの範疇に分類することができる。すなわち，①沿線住民，②観光客，③スレート鉱山労働者，がそれである。

　①沿線住民。フェスティニョク地方のスレート産業の発展につれて，その町やポースマドック，および沿線人口が急速に増加していった。そうした沿線住民の鉄道利用も増加したことは疑いない。また，フェスティニョク鉄道の駅数は機関車導入当初は4駅にすぎなかったが，1878年には6駅に増加している。その理由は沿線住民の要求を満たすことにあったと思われる。表10-2から明らかなように，フェスティニョク町の人口は最初のセンサスが行われた1801年にはわずか732人にすぎなかったが，1901年にはその15.6倍の11,435人に増加していた。またこの表には掲載されていないが，ポースマドックの人口も1851年に2,347人であったのが，1881年には5,506人に増加した[54]。

　②観光客。すでに機関車が導入される前から観光客の輸送が行われていたが，それが大幅に増加するのはやはり蒸気機関車の導入以後であった。観光客はこの鉄道にとって常に重要な収入源であったようで，このことはすでに正式旅客輸送の開始当初から，エクスカーション用列車を走行させていることからも明らかである。1865年4月22日の *North Wales Chronicle* 誌の記事にそうした列車の走行を報じている。それによると，このエクスカーションには500人もの客が参加し，客の数が非常に多かったので，中には通常の客車ではなく，スレート輸送用の貨車に乗ることを要求された者もあったという。しかも列車が長すぎたため，2台の機関車で牽引しなければならなかったという[55]。

　③スレート鉱山労働者。北ウェールズのスレート鉱山で働く労働者の多くは職

第10章　ウェールズのナローゲージ鉄道(3)　305

表10-2　北ウェールズ主要都市の人口

	1801	1831	1851	1871	1881	1901	1911
Bangor	1,770	4,751	6,338	7,939	9,005	11,269	11,236
Caernarfon	2,626	7,632	8,674	8,512	9,449	9,760	9,119
Festiniog	732	1,648	3,460	8,055	11,274	11,435	9,674
Beaumaris	2,675	2,599	2,599	2,291	2,239	2,326	2,231

(出所) Williams J. (ed.), *Digest of Welsh Historical Statistics*, vol. 1. University College of Wales, Aberystwyth, (1985), pp. 62-65 より作成。

表10-3　1878年(11月)の時刻表

下り	月曜のみ	月曜は除外					
Portmadoc	6.00	7.00	8.40	10.45	13.00	15.20	17.00
Minffordd Jct.	6.10	7.10	8.50	10.55	13.10	15.30	17.10
Penrhyn	6.21	7.20	9.00	11.05	13.20	15.40	17.19
Tan-y-Bwlch	6.42	7.42	9.22	11.27	13.44	16.05	17.45
Tan-y-Grisiau	7.09	8.07	9.47	11.52	14.09	16.30	18.09
Duffws	7.17	8.15	9.55	12.00	14.15	16.38	18.15
上り	月曜のみ	月曜は除外					
Duffws	6.12	7.12	8.55	11.00	13.15	15.35	17.15
Tan-y-Grisiau	6.19	7.19	9.02	11.07	13.22	15.42	17.22
Tan-y-Bwlch	6.42	7.42	9.22	11.27	13.44	16.05	17.45
Penrhyn	7.00	8.00	9.40	11.45	14.06	16.23	18.05
Minffordd Jct.	7.05	8.05	9.50	11.55	14.15	16.30	18.12
Portmadoc	7.15	8.15	10.00	12.05	14.25	16.40	18.22

(注) 上下が逆になっている点に注意。ポースマドック6時発の列車、およびダブス13時15分初の列車は労働者用特別列車。ダブス13時15分発の列車は土曜日のみ運行。また、ミンフォーズ・ジャンクションでフェスティニョク鉄道の列車はカンブリアン鉄道の列車と連絡されている。
(出所) Boyd J. I. C., *The Ffestiniog Railway*, the Oakwood Press, (1956), vol. 2, p. 371.

場からかなり遠方に居住するものが多かった。彼らの中には毎日自宅から通勤するのではなく、仕事の終了後、普段は採石場のバラックで寝泊りし、週末に鉄道を利用して自宅に帰り、毎週月曜日の早朝に砕石場へ戻っていく者がかなり多くいた[56]。このため、鉄道会社は毎週月曜早朝と、週末の夕方に労働者用の通勤列車を走らせていたのである。Boydによると、こうした特別列車は1867年11月から走行していたという。それによると、月曜の上り列車は6時きっかりにポースマドックを出発し、土曜の下り列車は4時ないし4時半にブラナイを出ていた[57]。なお、表10-3は1878年11月の時刻表である。今や駅の数は全部で6駅に増加し、

表10-4 フェスティニョク鉄道の運賃（1870年）

旅　　客	運賃（ペンス）
1等片道（1マイル当たり）	1.71
同往復（〃）	1.28
2等片道（〃）	1.28
同往復（〃）	0.96
3等片道（〃）	1.07
同往復（〃）	0.78
鉱山労働者用列車（片道）	0.32
貨　　物	運賃（ペンス）
スレート（14マイル全サービスを含む）	2.32
一般貨物・小包（14マイル）	2.70

（出所）*The Engineer*, 6 May 1870.

すでに Minffordd Junction でカンブリアン鉄道との連絡が行われている。またフェスティニョクでの終点は Duffws となっている。ここで興味深いのは，鉱山労働者用の特別列車が導入されていることで，月曜の午前6時だけポースマドックを発車する列車がこれにあたる。またこの時刻表では上りと下りが逆になっている。日本の鉄道では東京を中心に上りと下りが表示されるのと同様，イギリスでもロンドン向けが上り，ロンドンから遠ざかる列車が下りに表示されるのが一般的であるが，地図をみるとフェスティニョク鉄道では地理的勾配の上り・下りとロンドン向けの上り・下りが一致するので，この時刻表は間違いのようである。また，この時刻表はフェアリーのダブル・ボギー式機関車導入後ということもあって，上り列車の速度は1時間15分で，以前に比べてかなり早くなっている[58]。

また表10-4はC.E.スプーナーが *The Engineer* 誌に掲載した論説の中から引用したものである。比較対照が示されてないので，この運賃の高低の程度は明らかではないが，この表から鉱山労働者用特別列車の運賃が3等往復運賃の半額以下に設定されていることが明らかになる。労働者用の車両は客車というよりむしろ単なる「箱」であり，3等客車に比べてはるかに粗雑な造りになっていたので，運賃が安いのは当然であった。また，1～3等の往復運賃がいずれも片道運賃よりも低く設定されている点にも注目される。このことが何を意味するかは明らかではないが，おそらくこの鉄道を利用する観光客への便宜を図るためであったものと思われる。そのことは地方住民を無視した運賃設定とも見られるが，実態は

不明である。もちろんこの表に掲載されているのは普通運賃であり，おそらくこれ以外にも地方住民に便利な割引運賃があったかもしれない。なお，この論説の中で，スプーナーは標準軌に比べて狭軌鉄道が，とりわけ建設費や操業費の点で，多くのメリットを有していることを強調している[59]。

さて，以上で3つの範疇の旅客輸送について論じてきたが，これらの範疇の輸送の具体的な実態は不明であり，今後の研究課題として残るが，この鉄道がフェスティニョクやポースマドックの人口増加や産業発展に大きく貢献したことは疑いない。その点については，例えば，フェスティニョク地方のスレート鉱山労働者の増加や，ポースマドック港の海事産業の発展などに反映されている。

3．ライバル鉄道の出現とその影響

1870年代末から80年代にかけてフェスティニョク地方からのスレート輸送を目的としてライバルの鉄道が出現するが，それにはいくらかの理由がみられた。最大の要因はこの地方のスレート産業，およびフェスティニョク鉄道の繁栄であった。しかしそれと並んで，この鉄道による輸送独占に伴うさまざまな弊害が多方面からの不満を生み，そのことがライバル鉄道の誘引となったことも忘れてはならない。

⑦　会社の高配当政策や運賃差別への不満

フェスティニョク鉄道の開設当初は低い配当率にとどまっていたが，60年代からのその全盛時代には，かなり高い配当を支払うようになった。図10-3からは1870年代の数値が欠落しているが，60年代前半の一時的落ち込み（蒸気機関車の導入に伴う資金需要の増大による）は別として，常に平均7～8％の高率配当を維持していた。この表からは明らかではないが，1853年には9％，1868年には12％，69年には10％，そして1881～82年には10％の高配当を支払っていたのである。こうした高配当はスレート鉱山業者からの批判を引き起こした。スレート鉱山会社は会社に対して，請願を行うことで，不満を訴えた。例えば，1869年に路線の複線化をめぐって提出された反対請願はその一例である。その請願には，鉱物輸送に害悪を与えて（犠牲にして）旅客輸送が行われていること，そして，年

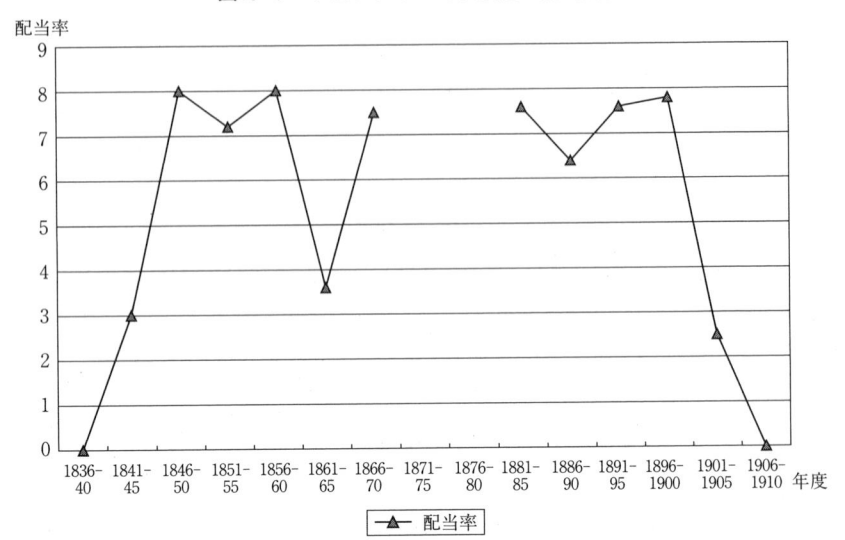

図10-3 フェスティニョク鉄道の配当変化

(出所) Boyd J. I. C., *The Ffestiniog Railway*, the Oakwood Press, (1956), vol. 2, pp. 434-441 より作成。

10％もの配当が支払われているのは，暴利をむさぼっていることの証拠であるなどと書かれており，会社に対する配当の引き下げを要求している[60]。この請願はフェスティニョク鉄道がその主要顧客であるスレート業者から離れる苦い感情を要約している。すなわち，スレート鉱山業者は会社があまりにも地方の交通を独占し，高い運賃を課し，旅客輸送によりかれら自身の生産物であるスレートの輸送に悪い影響を与えていると感じていたのである。

さらに，フェスティニョク鉄道が運賃差別によってある特別のスレート鉱山業者を優遇していたことが，多くのトラブルの原因になった。この鉄道はその路線を独占的に使用する大鉱山会社の間で協定を結ぶことにより，これらの会社を優遇していたのである。その1例が1864年12月に行われたフェスティニョク鉄道とJ. W. Greaves スレート鉱山との協定で，1874年12月の裁判でそうした協定が行われていたことが指摘されている[61]。こうした特別業者への優遇措置は，新興の中小鉱山会社への差別を意味しており，彼らの不満の原因となった。例えば，1863年に形成された Diphwys Casson スレート会社は，他の鉱山会社よりも高い運賃を課されていることに不満をもっていた。Diphwys Casson 社はフェスティ

ニョク鉄道の路線のみの輸送に同意することを拒否したことにより，フェスティニョク鉄道はその鉱山会社の側線への転轍にトン当たり1ペンスの（追加）料金を課していたが，他の鉱山会社にはそうした料金は課していなかったという。これに対するフェスティニョク鉄道側の主張では，Diphwys Casson 鉱山の支線やインクラインの保線状態が非常に劣悪なため，鉄道貨車の磨耗が非常に大きいというものであった。Diphwys Casson 社はこのような差別的待遇は1854年に制定された the Railway and Canal Traffic Act に違反すると訴えた，Railway Commissioner はこの鉱山会社の訴えを認めたという[62]。

　以上のようなフェスティニョク鉄道会社の配当政策や特定顧客への優遇措置がなぜ行われていたかを明らかにするには，この鉄道会社の経営者の性格やその社会的背景といったより突っ込んだ分析が不可欠であろう。この点については今後の研究課題としておきたい。ただウィントン（Winton）の研究には全盛時代の同社の経営者として，グリーヴズ親子（J. E. Greaves と息子の Richard Greaves）についての興味深い言及が見られる。グリーヴズ親子は，フェスティニョク地方を代表する大スレート鉱山業者，ジョン・ホワイトヘッド・グリーヴズ（John Whitehead Greaves）の子孫であった。このうち息子のリチャードはカナーヴォンの機械工場，デ・ウィントン社（de Winton Iron Foundry）で訓練を受けた関係で，この会社から数台の蒸気機関車を購入している[63]。地方企業家の人的関係が企業経営と深く関わっていたことを考慮に入れれば，フェスティニョク鉄道による特定スレート鉱山への優遇措置もこうした人的関係と無関係ではなさそうである。逆にそうした優遇措置が，スレート業者間の敵対関係を生み出し，ひいてはライバル鉄道建設への引き金になったとも言えよう。

④　ライバル鉄道の出現
①　カンブリアン鉄道
　ここで重要なことは，GWR や L & NWR がこの地方に進出する前に，すでにカンブリアン鉄道の臨海線が完成しており，フェスティニョク鉄道のミンフォーズ駅やポースマドックでこの鉄道による輸送が開始されていたことである。
　すでに述べたように，カンブリアン鉄道の臨海線開通以前にはサヴィンがA & WCR からフェスティニョクのスレート鉱山地域への支線建設計画を立てて

おり，この計画がフェスティニョク鉄道による機関車導入の一因にもなったのである。しかしながら，フェスティニョク鉄道にとって幸運なことに，サヴィンの計画は失敗に終わった[64]。

後にカンブリアン鉄道に合併されるA&WCRはサヴィンやデヴィッド・デイヴィスを中心に建設されたが，この鉄道はサヴィンの破産とそれに続くオヴァレンド・ガーニィ恐慌によって，一時困難に陥った[65]。その危機を脱すると，ウェールズの海岸沿いの路線は徐々に拡大していき，ようやく1867年にバーマスからポースマドックを経由してプールヘリに至る沿岸線が完成した[66]。この時期にはA&WCRはカンブリアン鉄道に合併されていた[67]。そして，1872年4月にはフェスティニョク鉄道のミンフォーズ・ジャンクションからカンブリアン鉄道への積み替え用側線が完成した。これによって，内陸からのスレートは一部がカンブリアン鉄道の貨車に積み替えられ，イングランドの工業地帯へ輸送されるようになった[68]。もっともカンブリアン鉄道の拡張はポースマドック港からの海運業にとって大きな影響を与えたが，フェスティニョク鉄道の輸送にはほとんど影響しなかった。その意味でこの鉄道に対する真の競争はグレート・ウェスタン鉄道やロンドン＆ノース・ウェスタン鉄道のフェスティニョク地方への路線拡張によってやってきた。

② グレート・ウェスタン鉄道（GWR）

フェスティニョクのスレート鉱山に達する最初のライバル鉄道建設の主導者となったのは，サミュエル・ホランドであった。実際，フェスティニョク＆ブラナイ（Ffestiniog & Blaenau）鉄道はホランドを中心に，フェスティニョク鉄道に不満を持つスレート業者を中心に建設された。その取締役として，サミュエル・ホランドのほかに，彼の兄弟のチャールズ，甥のC. M. Holland 仲間のスレート業者の William Davies，T. H. Wynne，George Casson，John Casson などがいた。この鉄道建設の指揮をとったのがC. M. Holland で，当初はフェスティニョク鉄道と同じゲージで建設されたものの，すべての土木作業は後に標準軌に転換できるように設計されていたのである[69]。この鉄道はフェスティニョク鉄道のDuffws 駅から南に向かって伸び，Llan Ffestiniog の村に達するわずか3.5マイル（約5.6km）の鉄道であった。この鉄道が開通したのは1868年5月で，当初はフェ

スティニョク鉄道によって操業されていた。しかしその後，標準軌のバラ＆フェスティニョク（Bala & Ffestiniog）鉄道が建設されると，フェスティニョク＆ブラナイ鉄道はGWRに託され，1883年には標準軌に変更された。このようにして，GWRはフェスティニョク地方への乗り入れを達成したのである[70]。

③　ロンドン＆ノース・ウェスタン鉄道（L & NWR.）

フェスティニョク鉄道にとって，最大のライバルとなったのが，L & NWRのフェスティニョク地方への延長であった。L & NWRの計画はフェスティニョク地方のスレートを2マイル余りのトンネルを通って本線が通るベトゥス・ア・コイドまで輸送し，さらにコンウィ河口のデガンウィ（Deganwy）に港を建設することによって，FRとポースマドックのスレート輸送を奪い取ろうとするものであった[71]。そのトンネル建設は1875年2月に開始され，1879年に完成した。さらにコンウィ河口のデガンウィにスレート船積み用の波止場を建設するとともに，スレート鉱山地域においては，L & NWR.の路線を利用するスレート鉱山会社に2フィート・ゲージのスレート貨車を提供するとともに，波止場の無料使用を約束した。また狭軌の貨車を標準軌の貨車に積み込むための側線の建設に取りかかった。L & NWR.のブラノウ・ターミナルと連結用側線は1881年4月に完成した[72]。

㋑　ポースマドック港とフェスティニョク鉄道への影響

フェスティニョク鉄道に対するライバル鉄道の出現はポースマドック港の海運，およびフェスティニョク鉄道の経営に大きな打撃を与えた。このうちポースマドック港の海運に対する鉄道輸送の影響は，図10-4からも明らかである。カンブリアン鉄道とフェスティニョク鉄道とがミンフォーズ・ジャンクションで連結された1872年頃から，カンブリアン鉄道によるスレート輸送は順調に増加し，他方その影響を受けてポースマドック港からの海上輸送は低下した。その結果，19世紀末にはついに鉄道輸送が海上輸送を凌駕した。その後スレート産業全体の衰退につれて，鉄道輸送も低下したが，海上輸送ほど急速な低下は見られなかったのである。なおフェスティニョク鉄道からカンブリアン鉄道に積み替えられたスレートは，おそらくウィッチャーチやレクサムを経由してランカシャーやミッドランドの工業地帯へ運ばれていたと思われる。いずれにせよ，スレートの海上輸送

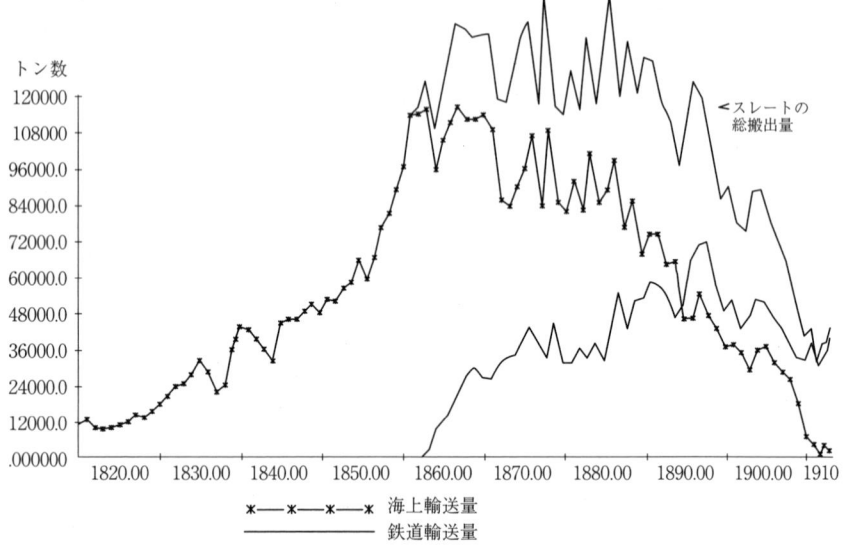

図10-4　ポースマドック港のスレート搬出量（海運と鉄道輸送の推移）

Sources : Harbour Records, E. Davies, *Hanes Porthmadog*. and W.M.Richards, N.L.W. 10590.
（出所）Hughes E & Eames A., *Porthmadog Ships*, Gwynedd Archives Service, (1975), p. 46.

から鉄道輸送への転換はポースマドックの町全体に大きな影響を与えたことはいうまでもない。というのも、スレート輸送は、その輸送に従事する帆船の所有と建造を軸として、ポースマドック港における海事産業繁栄の基盤をなしていたのであるが、鉄道輸送、さらに後にはスレート産業そのものの衰退が、その繁栄の基盤を切り崩したからである[73]。ポースマドックで建造された船舶は1876年～80年に25隻（4013トン）でピークに達した後、急速に減少し[74]、その町の人口も1881年にピークに達した後、漸次的に低下していったのである。

　ライバル鉄道の進出は、フェスティニョク鉄道にも深刻な影響を与えた。スレート鉱山の中にはフェスティニョク鉄道からライバルの鉄道に輸送転換するものも現れた。中でもフェスティニョク鉄道にとって大顧客であった Oakeley Quarry（以前の Welsh Slate 社）がライバルの鉄道に転換したことは大きな打撃となった。同社はフェスティニョク鉄道とカンブリアン鉄道の共同の引止め努力にも関わらず、L&NWR. のフェスティニョクへの路線完成後、その鉄道による

輸送を行うと通知した[75]。

　前述のように，L&NWR.はフェスティニョク地方からのスレートを船積みするために，コンウィ河口のデガンウィに大きな波止場を建設し，スレート輸送のために寄港する船舶に港湾使用を無料にするなど便宜を与えていた。これに対抗してフェスティニョク鉄道は運賃を切り下げ，ポースマドック港は港湾使用料を切り下げるなどの措置によって，対抗したが，輸送経路の転換を全面的に防止できなかった[76]。1885年にはフェスティニョク鉄道とL&NWR.との間で，両港への輸送料金均一化などを取り決める協定が行われた。しかしそれにもかかわらず，1886年4月にはポースマドックへの輸送量の半分がデガンウィに輸送されたという。もっとも，まもなくポースマドックでの船積みのほうがライバルよりも便利なことがわかり，ポースマドックは盛り返した。しかし，フェスティニョク鉄道による輸送量は完全には回復しなかったのである。

　こうした危機的状況への打開策を見出すために，フェスティニョク鉄道会社は1887年に特別調査委員会（A Special Committee of Enquiry）を開設した。この委員会は1887年2月22日に取締役会に報告書を提出した。その報告書の作成者はマッキンタイア（J. S. Macintyre）で，前年（1886年）の総収入が1881年の額より5,000ポンド低下しているのに対して，支出の低下は3,400ポンドにすぎないと指摘し，経費削減策を提案し，レールや保線作業，車両，そしてとりわけボストン・ロッジ工場での節約を主張している。それによると，ボストン・ロッジ工場では50から60人が雇用され，機関車や車両だけでなく，レールなどの部品も製造されている。そして果たしてフェスティニョク鉄道のような小規模な地方鉄道でそうした製造が得策かどうかという点に疑問をなげている。

　ボストン・ロッジ工場での車輪とチェア（レールの座枕）の製造コストはcwt当たり，4シリング9ペンスであるが，外注すれば少なくとも25％は安く購入できるし，フィッシュ・ボルトの製造もボストン・ロッジ工場ではcwt当たり21シリングであるが，外注すればその半額で入手できるという。こうした点を考慮すれば，機関車や車両などは外注し，ボストン・ロッジ工場の作業を修理作業のみに限定すればかなり大きな経費節減になるであろう[77]。マッキンタイア報告の結論は，機関車や客車については，修理に限定すべきで，車両の製造は貨車や労

表10-5　部品製造コストの比較

	FR 価格	市場価格
最善の棒鉄	7シリング6ペンス（cwt）	5シリング6ペンス（cwt）
機関車用オイル	2シリング5ペンス（ガロン）	2シロング0ペンス1/2（ガロン）
黒色，赤色ペイント	21シリング25シリング（cwt）	16-18シリング（cwt）
テレピン油	10シリング（ガロン）	6シリング（ガロン）

（出所）Boyd J. I. C., *The Festiniog Railway*, vol. 1. Oakwood Press, (1975 reprint 2002), vol. 1, p. 146.

働者用車両の製造に限定し，それに応じて，従業員数を削減する必要があるというものであった。なお表10-5はフェスティニョク鉄道のボストン・ロッジ工場での部品製造価格と市場価格を比較したものであり，マッキンタイア報告書が取締役会に提出したものである。委員会はこうした資料を根拠にして経営合理化を勧告している。ライバル鉄道の挑戦とスレート市場の縮小という困難に直面して，委員会の勧告は遅かれ早かれ実行せざるをえなかったと思われる。

4．戦後の再建

　その後，外国産スレートやスレートに代わるタイルへの需要増加につれて，北ウェールズ産スレート市場はますます縮小していき，20世紀初期のペンリン争議は市場の縮小に拍車をかけた。20世紀，とりわけ第一次世界大戦後に生じた大きな変化は，自動車の普及であった。鉱山労働者でさえ鉄道からバスに転換していった。この時期フェスティニョク鉄道会社の経営はさまざまな要因によって危機的状況にあった。とりわけ1925年に社長となったスティーブンス大佐（Colonel Stephens）は軍隊並みの厳しい規律を鉄道従業員に押し付けたため，多くの従業員に嫌われた。また従業員とのトラブルの一因として，イングランド人支配へのウェールズ人の不満があり，このため会社の経営もギクシャクした[78]。

　確かに両大戦間の不況期はイギリス経済全体にとっても困難な時代であったが，新たな希望の光が見えてきた時代でもあった。フェスティニョク鉄道にとって大きな希望の光は観光客の増加であった。とりわけ評判の良くないスティーブンスに代わって，1931年に社長となったデイヴィス（E. R. Davies）は，そのことを明確に認識し，観光客の誘致のために他社と提携して「ファイブ・ヴァレー・ツ

アー」(Five Valley Tour) を企画した。その他，フットボール・ゲーム，園芸・フラワーショー，ポースマドックのフェアなどのために特別列車が仕立てられた。宣伝にも力をいれ，北ウェールズの観光用ガイドブックにもフェスティニョク鉄道は「おもちゃ」鉄道として宣伝し，カラフルな宣伝ポスターを用意した[79]。

　フェスティニョク鉄道にとって，デイヴィス社長が1934年に早死にしたことは不幸なことであった。また新設のウェルシュ・ハイランド鉄道（Welsh Highland Railway）の経営に深入りしたことが危機を助長した。この鉄道は設立時の大きな期待にもかかわらず赤字続きで，1927年には破産管財人の下で再建された。しかし夏の観光シーズン中にはかなりの旅客が見込まれたこともあって，フェスティニョク鉄道は1934年にこの鉄道を2年契約で借り受けた。しかしウェルシュ・ハイランド鉄道は結局破産し，1936年9月には旅客サービスを停止した[80]。

　第二次世界大戦中，鉄道従業員の徴兵や輸送需要の縮小によりフェスティニョク鉄道はほとんど停止状態にあった。旅客サービスは1939年9月に停止され，スレート輸送サービスも週3回に縮小された。この鉄道は終戦直後の1946年についに活動を停止した[81]。放置され，雨ざらしとなった機関車はさび付き，列車の窓は割られ，線路にはペンペン草が生えていた。みやげ物を漁る鉄道マニアが，ネームプレートなどの部品を持ち去っていくものも現れた。

　しかし中にはその鉄道を再建しようとするものも登場した。すでに1940年代後半にフェスティニョク鉄道会社の支配人 R. エヴァンスや鉄道史家ボイド (J. I. C. Boyd) を中心とする鉄道愛好家たちによって再建計画が立てられたが，実現には至らなかった[82]。当時，鉄道会社は鉄道の放棄を目論んでいたが，会社の解体のためには新たな議会立法を獲得する必要があった。そのためには煩雑な手続きが必要であった。したがって会社は鉄道を売ることも放棄することもできず，袋小路に陥っていたのである。

　フェスティニョク鉄道の窮地を救い，新たな活路を見出すきっかけを与えたのがハンフリーズという17歳の少年からの手紙であり，それは1951年7月に *Railway Gazette* 誌に載せられた。"Proposed Festiniog Railway Preservation Scheme" と題するその手紙は鉄道の現状を訴えるとともに，その歴史的意義を強調することによって，再建に関心を持つ仲間を募ろうとするものであった[83]。

ハンフリーズ少年の訴えがきっかけとなって、同年9月にブリストルで会合が開かれ、再建計画が実行されることとなった。こうしてブロードベント（Bill Broadbent）を会長、ギルバート（Frank Gilbert）を秘書とするフェスティニョク鉄道協会（The Festiniog Railway Society）が形成された[84]。この鉄道の再建で活躍した人物として忘れてならないのがアラン・ギャラウェイであった。彼は当初タリスリン鉄道の再建に貢献していたが、1955年にフェスティニョク鉄道の常任のマネジャー兼技師として雇用され、この鉄道の再建のために精力的に活動した。

当初、旧会社と協会との関係は決して良好とは言えなかったし、再建のために設立された協会には、数多くの熱心なボランティアがいたにもかかわらず、活動資金が不足していた。両者の関係を改善し、再建活動に弾みを与えたのが、British Rail の東部地区取締役会の一員、アラン・ペグラー（Allan Pegler）であった。彼は鉄道の支配権を購入し、後にその株式は The Festiniog Railway Trust によって所有されることとなった[85]。そのトラストは会社の株式のほとんどすべてを所有する非営利団体であった。トラストの活動はボランティアからなる協会（society）によって支えられていたのである。

前述のように、フェスティニョク鉄道はひどい荒廃状態にあったため、その再建活動は機関車や車両の修復、路線の修理、募金活動、ボランティアの募集など、多方面にわたっていた。機関車の修復で活躍したのはボストン・ロッジと呼ばれるフェスティニョク鉄道の工場での最後の雇用者モリス・ジョーンズや技師のギャラウェイであり、当初はどの機関車も動かなかったが、彼らの努力により走行可能な機関車が増加していった[86]。最初に修復されたのは Simplex 牽引車であった。路線の修復も徐々に進んでいった。例えばスレート輸送用貨車の修復、客車の修復、囲いの再建、カーブの修復、線路の修理等がそれである。

こうした地道な再建活動で活躍したのが草の根ボランティアたちであったことを忘れてはならない。もっともボランティアと一口にいってもその中身は多様であったし、産業遺産の保存の理念や目的をめぐって活動家たちの間で必ずしも意見が一致したわけではなかったことに注意する必要がある。特にフェスティニョク鉄道のように、馬力の時代から存続する鉄道の場合、動力ひとつをとっても、

馬力から蒸気機関車，ディーゼル機関車へと発展してきたのであり，どの時期のものを保存するのかという点でも見解の相違が見られた。ただフェスティニョク鉄道の保存運動を見るかぎり，アラン・ギャラウェイのような鉄道専門家の意見が大きく反映されたと思われる。ギャラウェイは「鉄道熱狂家」(railway enthusiast) と「鉄道マン」とを明確に区別していた。そして彼自身は鉄道熱狂家としてではなく，熱心な鉄道マンとみなし，自らの仕事に大きな誇りをもつ典型的な鉄道技術者であった。そしてギャラウェイは「グライサー」(gricers) とよばれる熱狂家を幾分軽蔑の目で見ていたようである。彼らは気取ったかっこうをし，長いグリースの塗った髪の毛をして，メガネをかけ，カメラをぶらさげたタイプの人々であったという[87]。

またギャラウェイにとって「保存主義者」(preservationist) の本務は，ツーリスト・アクラクションのための鉄道の運行であり，昔のまま保存することではなかった。そしてこの考えは昔のままに保存しようとする人々との間でトラブルを引き起こした。その一例として石油焚き問題があげられる。ギャラウェイは石炭から石油への転換の主導者であったが，それはそのほうが安価で，扱いやすく，より清潔だからであった[88]。しかしこの点については鉄道を昔のまま保存すべきであるという人々と衝突した。

いずれにせよ，ボランティアたちの努力によって，フェスティニョク鉄道は新たな息吹が与えられ，不死鳥のように蘇った。最初に再建された区間はポースマドック＝ボストン・ロッジ間であった。1955年7月29日（金曜）に開通式が行われた。開通式典はウェールズのツーリスト・クイーンを招き，盛大に行われた。開通時の営業は午前2回，午後4回の走行で，シンプレックス機関車が牽引していた[89]。

その前年の1954年にイギリス電力公社（The British Electricing Authority）がピーク時の需要に対処し，配電網の電圧を上げるためにフェスティニョク鉄道の路線上にダムを建設する計画を立てた。それにより2つの貯水池を建設し，その間に発電所を建設するという計画であった。当然のこととしてフェスティニョク鉄道はこの計画に反対した。というのはもし計画が実行されれば，フェスティニョク鉄道の路線は貯水池によって水没してしまうからであった。しかしこの時期

表10-6 フェスティニョク鉄道関連年表

年度	事項
1807	W. マドックスによるトライス・マウア築堤建設開始
1811	築堤完成（翌年の嵐で破損，1814年修理完了）
1824	ポースマドックに最初の波止場建設（S. ホランドに貸出）
1831	スレートの沿岸輸送税撤廃
1832	フェスティニョク鉄道建設認可，翌年建設開始
1836	フェスティニョク鉄道開通（6月30日）
1863	蒸気機関車による牽引開始（Lord Palmerston 号と Mountaineer 号）
1865	商務省の認可を得て，正式旅客輸送開始（1月5日），A&WCR. カンブリアン鉄道に併合。同鉄道ポースマドックへと拡張。
1870	R. F. フェアリーのダブルボギー型機関車（Little Wonder 号）試運転
1872	カンブリアン鉄道との積み替え用側線完成
1881	ロンドン＆ノースウェスタン鉄道，ブラナイに拡張
1883	グレート・ウェスタン鉄道，ブラナイに拡張
1889	Regulation of Railways Act，自動真空ブレーキなど安全装置設置義務付け
1896	ペンリン争議（第一次争議，1896～97），第二次争議（1900～03）
1914	第一次世界大戦勃発，ボストン・ロッジ工場徴用，軍需品生産開始
1922	Welsh Highland Railway 形成，FR と連結
1927	Welsh Highland Railway 経営破綻，破産管財人の手中に
1931	スティーブンス大佐死亡，E. R. デイヴィス社長に，観光事業に重点
1934	Welsh Highland Railway を長期リース
1936	Llechwedd スレート鉱山，FR によるスレート輸送停止
	Welsh Highland Railway 旅客輸送停止
1939	第二次世界大戦勃発，FR によるスレート輸送週3回に削減，旅客輸送停止
1946	FR による輸送停止（8月），廃線となる
1949	FR 再建運動開始
1951	ハンフリーズ少年の手紙，*Railway Gazette* に掲載，再建運動本格化
1954	Festiniog Railway Society 設立
1955	ポースマドック=ボストン・ロッジ間開通
1956	ミンフォーズまで拡張
1958	タナブルフ（Tan-y-Bwlch）まで再建
1968	デュアルトまで拡張
1971	電力公社との裁判決着。FR は貯水池やダム建設に伴う損失に対し10万6千ポンドの補償金を獲得
1977	モイルウィン（Moelwyn）トンネル完成
1978	デュアルト=タナグリショー（Tanygrisiaw）間迂回線開通（6月24日）
1982	ポースマドック=ブラナイ・フェスティニョク間再開
1983	ブラナイ・フェスティニョク駅開設（4月30日）

(出所) Lindsay J., *A History of the North Wales Slate Industry*, David & Charles, (1974); Richard A. J., *The Slate Railways of Wales*, Gwasg Curreg Gwalch, (2001); Boyd J. I. C., *The FestiniogRailway*, vol. 2. Oakwood Press, (1956), pp. 434-441.; Winton J., *The Little Wonder, The Story of the Festiniog Railway*, The Ffestiniog Railway Company, (1975); Rheilfford Ffestiniog Railway, http://www.festrail.co.uk/

写真10-1　コブを通過しポースマドックに向かうフェスティニョク鉄道の列車
　　　　　（フェアリー形ダブル・ボギー蒸気機関車が牽引している（筆者撮影）

に電力公社はフェスティニョク鉄道の再建に取り組む人たちの活動を単に素人たちの鉄道遊びとしてしかみておらず、1956年には鉄道路線が通過する土地が強制的に獲得された。これに対して会社側はブラナイ・フェスティニョクへの全線復旧をめざし、電力公社に訴訟を起こした。この訴訟は結局、鉄道会社側の勝訴に終わり（1971年）、鉄道会社は、評価額65,000ポンドに利子や税金などを考慮して全部で10万7000ポンドを電力公社から受け取ることとなった[90]。

　鉄道路線の再建は、ボランティアたちの努力によって順調に進行していった。そのプロセスについてはここでは述べないが、表10-6からも明らかなように、ついに1982年にはポースマドック=ブラナイ・フェスティニョク間の全線が再開されたのである。ブラナイ・フェスティニョク駅が公式にオープンするのは1983年4月30日のことであった[91]。

5．おわりに

　以上、本章では北ウェールズのナローゲージ鉄道、とりわけフェスティニョク鉄道の建設と発展、そしてライバル鉄道の出現とその影響といった点を中心に若干の考察を加えた後、戦後の再建運動を垣間見てきた。本章で主たる考察の対象

としたヴィクトリア時代は，その末期には困難が待ち構えていたとはいえ，その大半の時期を通じて，この鉄道にとって栄光の時代であった。その後，第一次世界大戦を経て，戦間期にはいると，北ウェールズのスレート産業はますます減少するのに加えて，鉄道会社にとって新たな手強い競争相手となる自動車が現れる。もっとも自動車はスレートなどの貨物輸送のシェアを奪う点で，鉄道のライバルであったが，反面，イングランドからの観光客を北ウェールズにもたらすという点で，フェスティニョク鉄道にとって新たなビジネス・チャンスをもたらしたのである。しかし，いずれにせよ時としては木洩れ日がさすことはあっても，第二次世界大戦にかけて衰退の一途をたどり，ついに1946年に廃線の運命を迎えることになる。しかし，本章第4節で示したように，この鉄道はタリスリン鉄道などとともに，タイプ2の鉄道に分類され，いったん廃線になった後，熱心なボランティアたちの努力によって，不死鳥のように蘇えり，現在では北ウェールズの重要な観光資源となっているのである[92]。

注

1) 例えば，成立期（会社の設立から蒸気機関車の導入まで），成熟期（蒸気機関車の導入からライバル鉄道との競争が増加するヴィクトリア時代末期まで），衰退期（20世紀初期から第二次世界大戦終了まで）に分けることができる。

2) 北ウェールズのスレート鉱山開発はカナーヴォンの後背地のナントル地域やペンリン地域を中心とするカナーヴォンシャーのほうが早く，フェスティニョク地方を中心とするメリオネスシャーは遅れて開始された。この点については Richard A. J., *Slate Quarrying in Wales*, Gwasg Carreg Gwalch, (1995), chap. 1 参照。

3) M. J. T. Lewis & M. C. Williams, *Pioneers of Ffestiniog Slate*, Snowdonia National Park, (1987), pp. 1-14.

4) これは決して例外ではなく，ペンリン卿に代表されるように，北ウェールズのスレート鉱山開発は大部分イングランド出身の企業家によって開始された。

5) Lewis & Williams, *op. cit.*, pp. 1-14.

6) 父親のサミュエル・ホランドは18世紀末にリヴァプール登録船40隻（9,447トン）の持分を所有する大船主であった。Craig R. & Jarvis R., *Liverpool Registry of Merchant Ships*, Manchester, (1967), p. 195.

7) サミュエル・ホランド Jr. はスレート鉱山の経営や鉄道建設ばかりでなく，ポースマドックの海上保険協会の設立にも関与し，その会長として活躍した。Hughes E. &

Eames A., *Porthmadog Ships*, Gwynedd Archves Service, (1975), pp. 35-36.
8) Winton J., *The Little Wonder: the Story of the Ffestiniog Railway*, Festiniog Railway Company, (1975), p. 13.
9) 詳しくは、Lewis & Williams, *op. cit.* 参照。
10) Hughes E., & Eames A., *Porthmadoc Ships*, Gwynedd Archives Service, (1975), p. 23.; Winton, *op. cit.*, p. 14.
11) スレートの海上輸送は帆船で行われており、その輸送を中心にして北ウェールズ各地で海事産業が繁栄した。詳しくは本書第3章および拙稿「19世紀イギリス海事産業のひとこま――北ウェールズのスレート輸送をめぐって――」『帝塚山経済・経営論集』第12号（2002年）参照。
12) 例えばサミュエル・ホランド SR はリヴァプールでボートを作らせ、自身の川船で輸送したし、また沿岸船も所有していた。
13) 伝説のマドック王子がここからアメリカへ向かって出航したという説もあるが、それはあくまでも伝説上の話である。なお、マドック王子の神話については川北稔『アメリカは誰のものか――ウェールズ王子マドックの神話――』NTT 出版（2001年）参照。
14) マドックスはまたリンカンシャー、ボストン選出の代議士として活躍し、社交的で、ロマン派詩人のシェリー（P. B. Shelley, 1792-1822、『鎖を解かれたプロメテウス』などの著者）や劇作家のシェリダンとも親交があった。Winton, *op. cit.*, p. 3.
15) この工事の完成後、マドックスは盛大な式典を開催した。しかしその反面、T. V. ピーコックのように、築堤による景観破壊を非難する者もいた。Winton, *op. cit.*, p. 8.
16) Boyd J. I. C., *The Festiniog Railway*, vol. 1, The Oakwood Press, (1975, reprint 2002), pp. 15-16. なおこの修理作業に詩人のシェリーが貢献した。すでにマドックスの資金は底をついていたため、シェリーが事業継続の資金を募る仕事を引き受けた。シェリーは築堤修理工事の完成後もこの地に滞在した。吉賀氏によると、1813年2月26日に賊が彼の家に侵入し、侵入者とシェリーの間で銃撃が交わされ、賊は逃亡したという。吉賀憲夫『旅人のウェールズ』晃学出版（2004）337-339ページ。
17) ホランドは2年間、波止場を独占的に使用していたが、その後 Welsh Slate 会社、Rhiwbryfdir スレート会社、そして J. W. Greaves の波止場が建設された。Hughes & Eames, *op. cit.*, p. 26.
18) Boyd, *op. cit.*, p. 21.; Winton, *op. cit.*, pp. 17-18.
19) Winton, *op. cit.*, pp. 18-19.
20) Lloyd L., *The Port of Caernarfon 1793-1900*, p. 38.; 拙稿「19世紀イギリス海事産業のひとこま――北ウェールズのスレート輸送をめぐって――」『帝塚山経済・経営論集』第12号（2002年）69ページ。
21) ウィントンによると、ホランドの自叙伝では彼が鉄道建設の中心人物のように書

かれているが，彼の記憶には誤りが多く，そのまま信用できないという。Winton, *op. cit.*, p. 20.

22) アーチャー自身，11,905ポンド，そして彼の友人の布商人のジェームズ・スミス（James Smith）が5,400ポンドを出資している。因みに鉄道会社はもし必要ならば，さらに10,000ポンドを借り入れることができた。Boyd, *op. cit.*, p. 32.; Winton, *op. cit.*, p. 21.

23) Winton, *op. cit.*, pp. 21-22.

24) *Ibid.*, pp. 30-31.

25) 会社側と請負業者，スミスとのトラブルについての詳細はBoyd, *op. cit.*, pp. 28-29参照。

26) Boyd, *op. cit.*, p. 32.

27) なお鉄道建設に従事した労働者（ナヴィ）についてはテリー・コールマンの古典的研究を参照。Coleman T., *The Railway Navvies*, Hutchinson, (1965), Pelican Books, (1968).

28) アーチャーは1860年まで取締役会に名を連ねてはいたが，1863年3月に失意のうちに死亡した。Winton, *op. cit.*, pp. 34-35.

29) その内訳は，スミスの粗雑な工事に伴う余計な出費や，その他の変更に関わる金額が9,523ポンド，掘削・築堤などの費用が14,275ポンド，レールやブロックなどの費用が8,400ポンド，土地買収費が1,172ポンド，橋梁や排水溝の建設費が337ポンドであった。Winton, *op. cit.*, p. 32.

30) Jones I. W. & Hatherhill., *Llechwedd and other Ffestiniog Railways*, Quarry Tours Ltd., (1977), pp. 3-5.

31) *Ibid.*, p. 11.

32) この鉄道で使われていたダンディはタリスリン鉄道の終点，ターウィンにあるNarrow Gauge Railway Museumに保存されている。

33) こうした方法は北ウェールズのスレート鉄道で慣例的に採用されており，例えばパダーン鉄道もこの方法で運営されていた。Boyd J. I. C., *Narrow Gauge Railways in North Caernarvonshire*, vol. 3, the Oakwood Press, (1986), p. 50.

34) Winton, *op. cit.*, pp. 40-41. なお，Boydの著書の付属資料に契約書の内容が掲載されている。

35) Winton, *op. cit.*, p. 50.

36) 北ウェールズのスレート鉄道で蒸気機関車を最初に導入したのはパダーン鉄道（Padarn Railway）で，1848年のことであったが，この鉄道のゲージは4フィートもあり，標準軌の4フィート8インチ1/2には若干満たないが，決して「狭軌」とは言えなかった。なお，パダーン鉄道はディノーヴィックスレート鉱山の所有者，アシェトン=スミス（Asseheton-Smith）によって建設された。Richard A. J., *The Slate*

Railways of Wales, Gwasg Carreg Gwalch, (2001), p. 46.; Boyd J. I. C., *Narrow Gauge Railways in North Caernarvonshire*, vol. 3, the Oakwood Press, (1986), pp. 50-51.
37) Boyd, *op. cit.*, p. 66.
38) それらの機関車は1863年7月18日にポースマドックに到着し，大きな反響をを呼んだ。Boyd, *op. cit.*, p. 65.
39) キャプテン・タイラー (Sir Henry Tyler, 1827-1908) は商務省の鉄道視察官として，イングランドやウェールズの数多くの鉄道を視察し，貫通ブレーキや閉塞装置の設置を勧告するなど，鉄道の安全性向上のために貢献した。彼はまたカナダのグランド・トランク鉄道の取締役としても活躍した。*The Oxford Companion to British Railway History*, Oxford University Press, (1997), p. 546.
40) キャプテン・タイラーは1864年10月27日にその路線を視察し，窓のドアロック，信号機，ブレーキ，信号機などの改善を要求している。Boyd, *op. cit.*, pp. 72-74.
41) *Ibid.*, p. 74.
42) *The Engineer*, 28 April 1865, pp. 254-255.
43) フェスティニョク鉄道の機関車数は1865年の2台から1870年には7台に増加し，また同時期にスレート貨車の数は770台から878台に，客車数は1～3等含めて8台から14台に，一般貨車数は30台から51台に増加した。Boyd, *op. cit.*, vol. 2, p. 407.
44) *Ibid.*, vol. 1, p. 86.
45) *Oxford Companion to British Railway History*.
46) *The Engineer*, 2 Dec. 1865, pp. 341-342.
47) *The Engineer*, 25 Feb. 1870, pp. 116-117.
48) *Ibid.*, 24 June 1870, pp. 388-389.
49) *Ibid.*, 25 Feb. 1870, p. 117.
50) 日本最初の鉄道，新橋＝横浜間鉄道のゲージ決定もこうした動きと無関係ではないと思われる。因みにフェアリーはヴェズエラで熱病に罹り，1885年に死亡した *The Oxford Companion to British Railway History*, Oxford University Press, (1997), p. 155.
51) Boyd J. I. C., *Narrow Gauge Railways in North Caenarfonshire*, vol. 2, the Oakwood Press, (1985), pp. 28-33. また，彼の兄弟のジェームズもタリスリン鉄道の技師として活躍した。詳しくは拙稿「北ウェールズのナローゲージ鉄道――タリスリン鉄道を中心にして――」，Boydの本などを参照。
52) ただしターナーとカッソンの企業は1860年まで鉄道を利用しなかったという。Winton, *op. cit.*, pp. 38-39.
53) ウェールズのその他の鉄道，例えばタフ・ヴェール鉄道でもロンザ支線において，旅客輸送の認可が下りる前に，非公式の旅客輸送が行われていた。この点については拙稿「タフ・ヴェール鉄道と南ウェールズ経済」『鉄道史学』第17号（1999）参照。
54) Hughes & Eames, *op. cit.*, p. 28.

55) Boyd, *op. cit.*, pp. 83-84.
56) こうした慣習は，この地方だけでなく，タリスリン鉄道が通じているアバーガノルウィンのスレート鉱山でも見られ，労働者に便宜を図るためにタリスリン鉄道は同様の特別列車を走らせていた。Rolt L. T. C., *Railway Adventure*, Allan Sutton, (1953), p. 16.; 本書第9章および拙稿「ウェールズのナローゲージ鉄道——タリスリン鉄道の盛衰と保存運動を中心として——」『帝塚山経済・経営論集』第13号（2003）参照。
57) Boyd, *op. cit.*, p. 84.
58) 因みに蒸気機関車が導入される以前の上り列車はポースマドックからブラナイ・フェスティニョクまで約6時間かかっていたが，蒸気機関車の導入後の1865年の時刻表では同区間の上り列車は1時間35分となっている。
59) *The Engineer*, 6 May 1870.
60) Boyd, *op. cit.*, pp. 90-91.
61) *Ibid.*, pp. 122-123.
62) *Ibid.*, p. 121.
63) Winton, *op. cit.*, pp. 80-82.
64) Boyd, *op. cit.*, p. 55.
65) 拙稿「イギリス鉄道企業家と地域経済——デヴィッド・デイヴィスとヴィクトリア時代ウェールズの鉄道——」帝塚山大学経済学部ディスカッション・ペイパーシリーズ，J-143（2004）参照。
66) Baughan P. E., *A Regional History of the Railways of Great Britain, vol. 11. North and Mid Wales*, David St. John Thomas Publisher, (1991), p. 159.
67) カンブリアン鉄道は中部ウェールズの4つの鉄道，すなわちOswestry & Newtown R., Llanidloes & Newtown R., Newtown & Machynlleth R. およびOswestry, Ellesmere & Whitchurch R. が合併することによって1864年に設立された。Aberythtwyth & Welsh Coast Railwayは翌年にカンブリアン鉄道に合併された。詳しくは，本書第7章，Gasquoine C. P., *The Story of the Cambrian*, Woodall, Minshall, Thoms & Co. Ltd., (1922); Christiansen R. & Miller R. W., *The Cambrian Railways*, vol. 1, 1851-1888, David & Charles, (1967)参照。
68) もっとも当初その積み替えの影響はわずかであり，1873年にフェスティニョク地方で採掘されたスレート144,091トンのうち，116,676トンがポースマドックからの海上輸送，ポースマドックからの鉄道輸送が19,087トン，ミンフォーズからの鉄道輸送は8,426トンにすぎなかった。Boyd, *op. cit.*, p. 55.
69) Boyd, *Narrow Gauge Railways in South Caernarvonshire*, vol. 1, pp. 51-52.
70) Jones I. W. & Hatherhill, *Llechwedd and other Ffestiniog Railways*, Quarry Tours Ltd., (1977); P. E. Baughan, *North and Mid Wales*, A Regional History of the Railways of Great Britain, vol. 11.

71) デガンウィは臨海リゾート地スランディドノウ（Llandudno）への支線上にあり，その支線はすでに1858年に完成していたが，デガンウィの駅が設置されるのは1866年であった。Baughan, *North and Mid Wales*, p. 29.; Jones I. W., *Llandudno: Queen of Welsh Resorts*, Landmark Publishing, (2002), p. 16.
72) Jones I. W. & Hatherhill, *op. cit.*
73) Hughes E & Eames A., *Porthmadog Ships*, Gwynedd Archives Service, (1975)；拙稿「19世紀イギリス海事産業のひとこま——北ウェールズのスレート輸送をめぐって——」『帝塚山経済・経営論集』第12号（2002）参照。
74) Hughes & Eames, *op. cit.*, p. 37.
75) Boyd, *op. cit.*, pp. 150-151.
76) *Ibid.*, p. 150.
77) Boyd, *op. cit.*, p. 146.
78) Winton, *op. cit.*, pp. 94-96.
79) *Ibid.*, pp. 100-101.
80) *Ibid.*, pp. 97-100.
81) *Ibid.*, chapter 11 参照。
82) とりわけ鉄道技術史家ボイド（J. I. C. Boyd）は *Narrow Gauge Rails to Porthmadoc*, the Oakwood Press, (1949) という書物を発刊することによって，フェスティニョク鉄道に対する関心を喚起した。
83) Winton, *op. cit.*, pp. 110-111.
84) *Ibid.*, pp. 112-113.
85) *Ibid.*, pp. 115-116.
86) *Ibid.*, pp. 120ff.
87) *Ibid.*, pp. 126-128.
88) *Ibid.*, p. 128. 筆者の印象では，フェスティニョク鉄道は観光用であるとともに沿線住民にも利用されているようであり，この面からも実用面が重視されていると思われる。
89) *Ibid.*, p. 129.
90) フェスティニョク鉄道と電力会社との争いについての詳細については，Winton, *op. cit.*, chapter 15 に詳しく書かれている。
91) *Rheilffordd Ffestiniog Railway Traveler's Guide* によっている。
92) 因みにフェスティニョク鉄道はインターネットのホームページによって列車時刻表，路線情報，歴史，機関車・車両，土産物の販売，機関車や車両の写真などさまざまな情報を提供している。Rheilffordd Ffestinig Railway, http://www.festrail.co.uk/

第11章　ウェールズ観光旅行の歴史と鉄道

1．はじめに

　旅行の目的は多様である。探検，調査，商用，巡礼のような宗教的目的，そして観光など，古くから人々はさまざまな目的で旅をしてきた。このうち観光旅行はイギリスでは産業革命の開始以前から存在したが，一般的に見てそのころには未だ主として貴族や地主を中心とする上流階級の独占物であった[1]。すなわち貴族を中心とするグランド・ツアーや温泉地（スパー）への旅行がその代表であった。観光旅行が中産階級や庶民の間に普及するのは産業革命以後になってからであった。人々の生活水準の向上や，労働時間の短縮，さらには馬車や鉄道，蒸気船を中心とする交通の発展と密接に関係していたのである。工業化の進展に伴う交通機関の発達とともに旅行の大衆化が生じ，庶民による臨海リゾート，パッケージ・ツアー，山岳観光，さらには海外旅行が発展した。

　本章ではウェールズにおける観光旅行の歴史と交通，とりわけ鉄道との関係で概観するが，本論に入る前に，このテーマを取り上げる理由を述べておこう。まず，イギリス観光旅行の歴史的研究はすでに荒井政治氏や小池滋氏などを中心に行われてきた[2]。しかしこれらの研究はいずれもイギリスの中でもとりわけイングランドを中心としており，ウェールズ観光旅行についての歴史的研究は吉賀憲夫氏や森野聡子氏などによってようやく始まったばかりといえよう[3]。しかもそれらの研究は時代的には鉄道以前にとどまっている。観光旅行と交通，とりわけ本章で重点を置く鉄道との関係での考察は内外を問わず最近ようやく始まったばかりであり，決して十分とは言い難い状況である[4]。

　さて周知のように，21世紀の日本経済活性化の鍵を握る産業の一つとして観光，

とりわけ海外からの観光客の誘致やそれによる地域経済の活性化の必要性が活発に論じられている[5]。この問題を考えるにあたって，観光旅行のパイオニアであるイギリスから見習うべき点は少なくないように思われる。とりわけ本章で考察の対象とするウェールズは少なくとも観光旅行に関する限り，イギリスの中でも極めてユニークな地域といえよう。

2. 鉄道以前のウェールズ旅行

観光旅行の対象は時代とともに変化する。そのことの一つの現れがウェールズの山岳地域への観光である。少なくとも18世紀初期において，北ウェールズの山岳地域やスコットランドのハイランド地方は多くの人々から見れば未開地域であり，野蛮人が住む恐ろしい地域とみなされており，決して観光旅行の対象ではなかった。イングランド人からみれば，18世紀後半になってピクチャレスク観光が普及する以前には，ウェールズといえばこの世の果てのような山国で，住民は妙な言葉を話し，英語を解さず，原始的な住まいで食事も粗末なくせに，やたらと先祖の自慢ばかりしている地域であった[6]。ウェールズの山は「ノアの洪水でできた瓦礫の山のような景観」というのが18世紀半ばの旅行者の一般的見方であった。これはなにもウェールズの山だけではなく，山に対する当時の人々の伝統的感情を表したものであった。「山はもともと神の創られたものではなく，大洪水によって大地が破壊されてできた残骸だというのが中世以来の考え方」[7]であった。実際，ロビンソン・クルーソー物語で有名なダニエル・デフォーは1722年にウェールズを旅した時，その地域を「野蛮で恐怖に満ちた地域」とみていた。デフォーはイングランド西部から山越えでウェールズを旅したが，あたかもアルプス山脈を越えるかのようにウェールズの山々を越えなければならなかった。例えば，ブレコンの町からカーディフへ向かう途中，ブラックマウンテン付近の恐ろしい山の背の道を通らなければならず，「もし信頼できるガイドがいなかったならば，とても正しい道を行けなかったであろう」[8]と書いている。また，メリオネスシャーの山岳地帯の通過に際して，「悪魔が住む」[9]と恐れている。デフォーは，彼の同時代人と同様，合理主義者の目で見ていたのであり，合理主義者にと

って，景観であろうと，人生であろうと，洗練され，有用なものが美であり，野蛮で統御されないものは美とはみられなかった[10]。

　こうした自然に対する態度は18世紀後半になり，ルソーを中心とする自然法哲学やロマン主義文学や絵画の発達とともに変化した。例えば，ルソーは人為的社会的な因習とたたかう自然の感情の気高さを説き，無限の感情の源として自然を見ることを教えた[11]。こうした自然に対する新しい感情とともに，山岳地帯への新たな愛情が生まれてきた。そして，ヨーロッパ大陸の詩人や画家がアルプスを発見したのと同様に，イギリス人はスノードニアなどのウェールズの山々を発見した。そうした詩人の一人がトマス・グレイ（Thomas Gray）であり，画家のポール・サンドビー（Paul Sandby）であった。グレイは'The Bard'（ケルト人の吟遊詩人のことをバルドという）という題名の詩を書き，自然に自由の声を聞き，ウェールズの山をエドワード1世の侵入者から逃れる最後の避難所とみた。彼はロマン主義やケルト復興のさきがけとなったばかりでなく，ピクチャレスク・ツアーの先駆者となった[12]。また，画家のポール・サンドビーは吟遊詩人のポートレイトの背景にスノードン山を選んだ。さらに，ウィリアム・ギルピン師（Reverend William Gilpin）は合理主義の厳格な規則性に反対して，ラフさと不規則性，あいまいさやゆがみの中に美を見出した。彼は画家たちに対して，廃墟となった修道院や古城，荒涼とした自然をモチーフにすることを勧めた。ギルピンやその後の世代の画家や詩人はワイルドな地域，すなわちウェールズやスコットランドを旅し，多くの作品を残した[13]。かくしてピクチャレスクの先駆者たちは，無意識のうちにツーリズムのトレンドの設定者となったのである。

　表11-1は18世紀にウェールズを訪問した主な旅行者を枚挙しているが，この中に含まれているのはウェールズの自然や歴史遺産の中に美を見出したピクチャレスクの旅行者ばかりではない。前述のダニエル・デフォーの旅行の目的は決して観光にあったわけではなく，イギリス産業の調査旅行であった。また，著名な農業改良家，アーサー・ヤングの旅の目的は農業や国土の調査であった。彼は1776年10月23日にアイルランドからミルフォード・ヘイヴンに上陸した。そこからハーヴァーフォード・ウェスト，セントクリアを通り，カマーザン（10月25日），スランドヴェリ，ブレコン，クリックハウエル（10月27日）を経て，10月

表11-1　著名人のウェールズ旅行（18世紀中心）

年	人物名	主要な業績
1722	Daniel Defoe	南ウェールズのブレコン，モンマス，チェプストー，さらには北ウェールズの山岳地帯を広く旅行。その間，ウェールズの悪路に悩まされる。
1738	Thomas Jones	ウェールズ，ラドノーシャー出身の風景画家で，トマス・グレイの詩「吟唱詩人」(The Bard) に基づく優れた作品を残す。
1756	G. Lyttleton	ポウイス，フェスティニョク渓谷やスノードンの山岳地帯を旅行し，ウェールズの山に「崇高」を見出す。Account of a Journey into Wales.
1770	Joseph Cradock	スノードン山頂からの眺望に魂の高揚を覚え，Letters from Snowdon を著す。
1770	Thomas Gray	ロス・オン・ワイからチェプストウへワイ川を川船で旅行。翌年，その紀行をもとに作品を発行。
1770	William Gilpin	トマス・グレイと同じく川船でワイ川を航行する。ギルピンはロスを出発し，途中，グッドリッチ城の景観に感嘆。ピクチャレスク美学の提唱者。
1771	Sir Watkin Williams-Wynn	画家の Paul Sandby ら14人の従者などを同伴する一種のグランド・ツアー。スランゴスレン，バラ，カナーヴォンなど北ウェールズを旅行。サンドビーが多くのスケッチを残す。
1773	Thomas Pennant	イラスト画家 Moses Griffith を同伴。その旅行記，Tour in Wales (1778-81) は北ウェールズのピクチャレスク・ツアーの優れた案内書となる。
1774	Henry P. Wyndham	画家の Samuel H. Grimm を同伴。A Gentleman's Tour through Monmouthshire and Wales (1775) を著す。
	S. Johnson & H. L. Thrale	18世紀を代表する文人ジョンソン博士とヘンリー7世の血を引くスラール夫人らによる北ウェールズへのグランドツアー。
1776	Arthur Young	ミルフォードから東へ向けてウェールズを縦断。主たる旅行目的は地域の農業調査。しかし，彼の旅行記には所々に風景描写もみられる。
1784-1806	John 'Warwick' Smith	1784年以後1806年まで何回もウェールズを訪れ，『アイフル・ヒルズ遠景』など，多くの風景画を描く。
1791	Samuel Roberts	ワイ川下り。グッドリッチの下流について記述。
1792	J. M. W. Turner	ティンターン・アベイ，コンウィ城など数多くの水彩画を描く。1792-98年にかけて5回ウェールズを旅行。
1792	Robert F. Greville	2人の画家，John 'Warwick' Smith, Julious Caesar Ibbetson とともにウェールズを旅行。
1797	Samuel Ireland	ワイ川沿いに旅行し，ティンターン・アベイ，チェプストウ城などの名所を紹介。
1797	Henry Wigstead	画家の Thomas Rowlandson を同伴。
1797	Richard Colt-Hoare	特権階級の銀行家一族に生まれ，准男爵。妻の死後，旅行の覚書やスケッチに熱中。ギラルドゥス・カンブレンシスの挿絵入り新版を出版 (1806)。
1798-1824	William Wordsworth	ワイ川流域，ティンターン修道院の上流数マイルで作詩 (Lines witten a few miles above Tintern Abbey)。また，スノードン登頂も行いここでも作詩を行う。その詩は『序曲』の中に収められている。

（参考文献）Defoe D., *A Tour through the Whole Island of Great Britain*, J. M. Dent & Sons Ltd., (1974); Andrews M., *The Search for the Picturesque*, Scolar Press, (1989); Young A., *Tours in England and Wales*, London School of Economics and Political Science, (1932); Owen S., *A Grand Tour of North Wales*, Gwasg Carreg Gwalch, (2003) 吉賀憲夫『旅人のウェールズ』晃学出版 (2004)；森野聡子「ウェールズの山はいかにしてブリテンの国家的風景となったのか」『静岡大学情報学研究』第6号 (2000)；『ウェールズ紀行：歴史と風景』岐阜県美術館 (1998) より作成。

28日にモンマスからワイ川を越えてグロスター（10月29日）に達している。この経路からわかるように，ヤングのウェールズ旅行は南ウェールズに限られていた。彼の旅行の目的は農業調査であり，通過した各地の土壌状態や作物，農業規模，地代，そして人々の暮らしぶりなどを詳しく記述している。それによって当時の南ウェールズの農民の貧しい暮らしぶりが活写される。彼は南ウェールズの丘陵地帯では数多くの羊が飼育されていたと述べ，「貧民の間ではフランネルの紡績と織布が行われている。――彼らは皆何とかして羊毛を買って紡ぎ，それらを織布業者に届け，1日1シリングないし1シリング3ペンス稼いでいる。ある者は帆布用の亜麻を紡ぎ，山地の人々の多くは靴下を編みそれらを地方市やウスターなどへ運んでいる」[14]と書いている。またヤングは地方人の生活描写の他に所々で景観描写も行っている。例えばスランディロ（Llandilo）近辺の城に関して，「――その突端に蔦の絡まる城があり，その光景は尊く威厳がある。丘の突端から谷にかけて森林，牧草地，小川，そして耕作された丘が開けている。遠くに山が眺望できる。ドリスラン（Drislan）城を包み込むように丘が谷間からせりたち，奇妙な光景をなしている――」[15]。実際，ヤングのウェールズ旅行記の中には，ピクチャレスクな風景描写が随所に見られ，優れた農業調査であるばかりでなく，観光案内書も兼ねている。

　さて，ピクチャレスク・ツーリズムを中心とするウェールズへの旅行が18世紀後半に盛んになった理由として，上記のようなロマン主義文学や絵画の流行ということだけでなく（あるいはそれと関連して），さまざまな理由が見られた。その一つがフランスとの戦争に伴うヨーロッパ大陸へのグランド・ツアーの中断であった。グランド・ツアーは17～18世紀のイギリスの貴族の師弟のいわば修学旅行であり，教育の一環であった[16]。イギリス貴族の子弟は自家の紋章の入った豪華な馬車に乗り，召使や家庭教師を連れてヨーロッパを旅した。彼らは芸術・文化の中心であったパリの社交界の人々と交歓し，ギリシャやイタリアの古代遺跡に蘊蓄を傾け，アルプス山脈の雄大な自然に驚嘆していた。だが，フランス革命後のヨーロッパ大陸の混乱や英仏間の戦争によって，イギリス人のヨーロッパへの旅行は困難となり，代わりの旅行地としてウェールズが選ばれた。そして，この時期にイングランド人の画家や文人たちはウェールズを再発見したのである。

因みにウェールズへのグランド・ツアーを通じて多くのイングランド貴族階級の関心がウェールズへ向けられたことは、地域産業、とりわけ北ウェールズのスレート鉱山の開発にも大きな影響を与えたのである[17]。18世紀後半にウェールズへの観光旅行が活発化したより根本的な理由として忘れてはならないのが、当時急速に進行しつつあった産業革命であった。人々はウェールズのスノードニアやブレコン・ビーコンズの山岳地帯へ旅し、雄大な自然やエキゾチックな文化に接することによって、煤煙と悪臭で汚染された工業都市の喧騒から逃れ、しばしの安らぎを見出すことができたのである[18]。また、産業革命と関連して、18世紀後半には多くのターンパイク・トラストが形成され、有料道路の建設を通じて道路の改修が進んだことが旅行を容易にしたことも忘れてはならない。すでにアルバートらの研究によって明らかにされているように、イギリスにおけるターンパイク道路の建設は18世紀にロンドンを中心にして放射状に伸びていった[19]。ウェールズの辺境地帯は有料道路建設の最も遅れた地域であったが、それにもかかわらず18世紀後半から末期にかけて、地方地主や企業家を中心に道路建設が進み、徐々にではあるが、道路が改善されていったのである。例えば、北中部ウェールズにおいて1752年から82年に有料道路の建設を認可する法律が10以上通過した[20]。とりわけ、シュルーズベリー＝ホーリーヘッド間の道路では、テルフォードによる改善が行われる前に、すでに18世紀半ばからターンパイク道路の建設が始まっていたのである[21]。こうした道路の改善がウェールズへの旅行ブームに貢献したと思われる。

　以下、北ウェールズへのグランド・ツアーの一例として、1774年に行われたサミュエル・ジョンソン博士とスラール夫人らの旅行を紹介しておこう[22]。ヘスター・リンチ・スラール（Hester Lynch Thrale）の家系はウィリアム征服王とともにイギリスへ渡ってきた貴族で、ヘンリー7世の血をひき、ウェールズのクルイドに地所を持つソールズベリ（Salusbury）家出身の貴婦人で、小柄でウィットに富み、おしゃべり好きな女性であった。名門ではあるが、当時、財政的には困窮していた。彼女の夫ヘンリー・スラールは父親から相続した醸造所の経営者で、いわばブルジョワジーの家系であった。両人の結婚を取り持ったのは、ヘスターの伯父で判事のトマス・ソールズベリ（Thomas Salusbury）で、彼は当時

ロンドンに在住し，ヘンリー・スラールと親交があった[23]。このように見ると，ヘスター・ソールズベリとヘンリー・スラールの結婚は，没落貴族と成り上がりブルジョワの結婚ともいえる。スラール夫妻は12人の子供をもうけたが，そのうち成人に達したのは4人の娘だけであった。

　これに対してサミュエル・ジョンソン博士は当時すでに文人として名を上げていた。1755年に発行された最初の『英語辞典』の編纂や，シェークスピア研究，そして10巻からなるイギリス詩人の研究で有名であった。またスコットランドの法律家，ジェームズ・ボズウェルや劇作家のシェリダン，エドモンド・バークなどと知遇があった。ジョンソン博士の生活は決して富裕とは言えなかったが，彼の学問への貢献が評価されて1762年にジョージ3世から300ポンドの年金を得たことで，その生活は大きく変化した[24]。

　ジョンソン博士は1765年ごろからヘンリー・スラールの家に出入りするようになり，徐々にかれらの親交が深まった。そしてこのことが彼らの旅のきっかけとなった。当時スラールは醸造業者としても，またサウスワーク選出の国会議員としても有名で，ロンドン南部のストリートハムに立派な邸宅を構えていた。彼には4人の娘がいたが，このうち長女のヘスター・マリア・スラールがジョンソン博士のお気に入りで，クイニー（Queeny）と呼ばれていた。ジョンソン博士はすでに前年の1773年に友人のジェームズ・ボズウェル（James Boswell）とともにスコットランドへの旅に出，北ウェールズにも幾分の関心をもっていた[25]。他方，スラール夫人にとって北ウェールズへの旅の動機は数多くあった。旅に出る前年に彼女は母親と娘の一人を亡くし，悲嘆に沈んでいたため，何らかの気分転換を望んでいたことや，おじの死亡に伴い，北ウェールズのバハグレイグ（Bachygraig）の地所と家屋を相続したが，なお現地に赴き，解決すべき問題を抱えていたことも大きな要因であった[26]。しかしなによりも北ウェールズは彼女の生誕地であり，そこには多くの知人が住んでいた。彼女はジョンソン博士や娘に紹介したい多くの魅力的は場所を知っていたし，彼女自身，旧友たちとめぐり会いたいという強い感情をもっていたのである。

　ジョンソン博士とスラール一家（夫妻とクイニー）が北ウェールズへの旅に出たのは1774年で，この旅は2カ月に及ぶ一種のグランド・ツアーであった。この

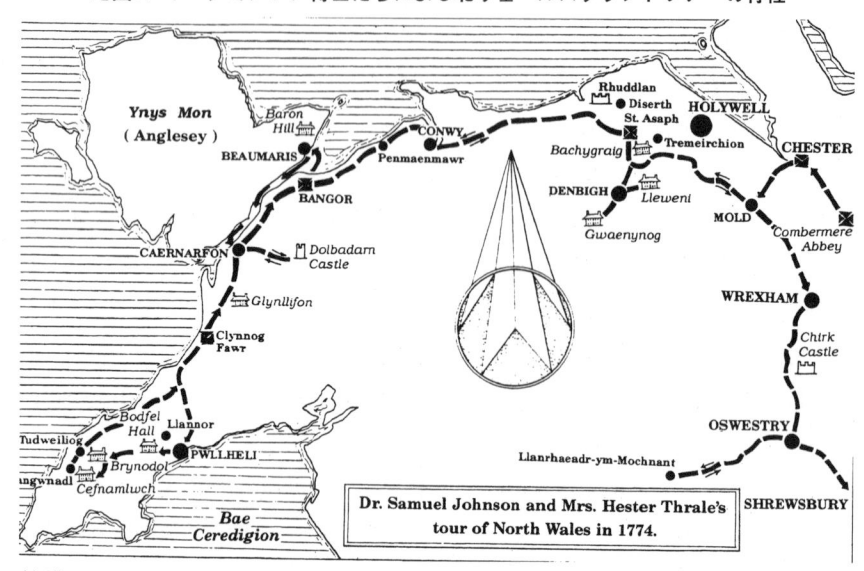

地図11-1　ジョンソン博士たちによる北ウェールズグランドツアーの行程

(出所) Owen M., *A Grand Tour of North Wales*, Gwasg Carreg Gwalch, (2003), p. 8.

とき，ジョンソン博士が64歳，ヘンリー・スラールが50歳，ヘスターが33歳，そして娘のクイニーは10歳であった[27]。その出発日は7月5日（木曜）で，ストリートハムのスラール邸を11時にスラール家の馬車で出発した。一般に貴族がグランド・ツアーに利用した馬車は，庶民が利用する乗合馬車ではなく，特性の家紋入り自家用馬車で，スラール達の旅も例外ではなかった。馬車を牽引する馬は4頭で，1マイル当たり2シリングで賃借りされた。もちろん当時の道路は現在のように舗装されてはおらず，馬車にはバネもなかったし，空気入りタイヤのない時代であった。したがって現代的水準からすれば決して快適とは言えなかったであろうが[28]，それでもジョンソン博士は馬車に乗りながらローマの哲学者キケロの書簡集を読むことができたという[29]。彼らの旅の最終的目的地は，スラール夫人の生誕地，スリン半島のプルヘリ近郊のボドヴェル・ホール（Bodfel Hall）であった（地図11-1参照）。

ロンドンを出発した一行はリチフィールド（Lichfield）からチェスターを経由してウェールズに入り，モルド（Mold）を通って，1774年7月28日に最初の目

的地であるスレヴェニ（Lleweni）に到着した。そこはヘスターの母方のふるさとであり，ヘスターが青春時代を過ごした場所であったが，当時はいとこのロバート・コットン夫妻が居住していた。彼らはそこで3週間滞在し，スラール夫人が相続する地所に関する諸問題を処理したり，友人や旧跡地などを訪問してすごしている[30]。スラール夫人の先祖はウィリアム征服王の家臣でババリアの貴族アダム・ド・ザルツブルク（Adam de Salzbulg）で，その後エドワード1世のウェールズ征服とともに北ウェールズに住みついたといわれている[31]。その年代は明らかではないが，時の経過とともにウェールズの貴族としての基盤を確立していった。スラール家の先祖でもう一つ興味深い点は，芸術文化に造詣が深く，その関係で多くの詩人（バルド）やハープ奏者と親交があったことである。とりわけ16世紀に活躍したジョン・ソールズベリ（John Salusbury）は，彼自身詩人であり，ウィリアム・シェークスピアとも親交があった。ロンドンでペストが流行した時，シェークスピアはスレヴェニに滞在，『真夏の夜の夢』（*Midsummer Night Dream*）はそこで書かれた。またシェークスピアに多くのウェールズ人に関する知識を提供したのはジョン・ソールズベリであったという[32]。スラール夫人自身，シェークスピア文学に詳しく，したがってジョンソン博士一行のスラヴェニ滞在中，多かれ少なかれ，シェークスピア論議が行われたであろうと推察される[33]。

　7月30日にスラール夫人は彼女が相続することになっているバハグレイグ（Bachygraig）の地所と邸宅を訪問しているが，彼女が期待していたほど立派なものでなかったことに失望している[34]。その後，一行は，セント・アサフの大聖堂での礼拝後，その聖堂の司祭の歓迎されている。ジョンソン博士によると，セント・アサフの大聖堂は「大きくはないは，威厳に満ち壮大なもので」[35]あった。他方スラール夫人の評価では「その教会の全体的外観は，真に立派なものであり，チェスター大聖堂と同等とは言えないまでも，あまり違わないものであ」[36]った。その後一行はデンビー城やその周辺を散策し，ホストのロバート・コットンとともにスランナーフ（Llannerch）の館を訪ねている[37]。その館はその起源が15世紀にさかのぼる古い大邸宅であり，彼らの旅の1年前にはトマス・ペナントも訪れている[38]。ここはまたスラール夫人の母親のお気に入りの地でもあった。

博士一行がホーリーウェル（Holywell）に到着したのは8月3日であった。その地の由来は聖少女ウィニフレッド（Winifredあるいは Winefride）の物語に由来する[39]。ウィニフレッドと呼ばれる少女がカラドッグ（Caradog）と呼ばれる部族の長の求婚をはねつけると，怒ったカラドッグは彼女の首を刎ねてしまった。すると彼女の首が落ちた所から清らかな泉の水が湧き出てきた。おりしもおじのセント・ビューノ（St.Beuno）が彼女の首を取り上げ，魔法で彼女を元通りの姿に蘇生させると，カラドッグは倒れて消えてしまったという話である。やがてその泉は聖なる泉（Holy well）と呼ばれるようになり，多くの巡礼者が訪れるようになったという[40]。

ホーリーウェルでもう一つ興味深い点は，ジョンソン博士一行がこの地を訪問していた頃，豊富な水資源を利用して，産業革命が進展していたことである。当時，精錬された銅板は軍艦の船底のカバーに使用され，航行性能の向上に欠かせない金属であった。そして北ウェールズは精銅業の中心地として栄えていた。アングルシー島で採掘された銅の精錬がこの地で行われていたのである[41]。ホーリーウェルで精錬された銅板は西アフリカへ運ばれ，そこで積み込まれた黒人奴隷が西インド諸島やアメリカ南部諸州で普及していた綿花プランテーションの重要な労働力をなしていた。収穫された綿花はランカシャーやホーリーウェルで木綿工業の原料として使用されていたのである。しかしやがてマンチェスターを中心に大規模な機械製木綿工業が起こるとホーリーウェルの木綿工業は衰退し，代わって亜麻布や毛織物工業が起こり，さらに後には亜鉛や石鹸などの産業が発達した[42]。

ホーリーウェルを訪れた一行はその後8月4日にリュズラン（Ryuddlan），8月5日にはグエナノグ（Gwaenynog）のこじんまりしたジェントリーの館に宿泊している。その後，スレヴェニに戻ったのち，8月18日にスレヴェニを出発し，アバーゲール，コンウィを経由してバンゴールに向かっている。この行程はでこぼこ道の悪路で，コンウィ川にはまだ橋がなかったため，小型ボートで渡らなければならなかった。中でも最大の難所はペンマンマウア（Penmaenmawr）の断崖絶壁地の通過であった。ここにはすでに1772年にジョン・シルベスター（John Sylvester）という技師によって新道が作られ，海側には高さ5フィートの

防護壁が設置されていた[43]）。それにもかかわらずなお道幅は狭く，上からは落盤の危険があったし，防護壁の真下を覗くと眩暈がするほどの絶壁で，波が磯に打ち寄せていた。一行がこの難所を通過したのは月夜の晩で，ジョンソン博士によると，その「壁はふざけたいたずらによってあちこち破損していており，——山肌にはちょっとしたアクシデントで崩れそうになった石が見られた。——しかしその晩には，月が明るく輝き，恐ろしい気分は晴れ，その後の旅はとても快適であった」[44]という。一行がバンゴールに到着したときにはすでに真夜中になっていた。彼らはその晩はバンゴールのみすぼらしい宿に一泊し，翌8月19日にボートを借りてバンゴールからアングルシー島のビューマリスに渡っている。

ビューマリスで地方学校の校長や地方貴族の接待を受けたのち，8月20日には，船でメナイ海峡を通り，カナーヴォンに到達している。そしてその町の近郊にあるグリンスリヴォン（Glynllifon）という館で後の初代ニューバラ卿となるトマス・ウィン卿（Sir Thomas Wynn）のもてなしを受けたのち，最後の訪問地スリン半島に向かっている。すでに述べたように，彼らの旅の最終目的地はスラール夫人の生誕地を訪れることであった。彼ら一行はそこへの途中で，カナーヴォン州知事の経験をもつ地方の名士ヒュー・グリフィス（Hugh Griffith）のもてなしを受け，その邸宅ブラノドール（Brynodol）に滞在している。ここで興味深いのは，スリン半島は古くから海賊や密輸業者の巣窟であったことである。この地方の名士の中には，非合法貿易で財を成した者も少なくなかったのである。ヒュー・グリフィス自身がその一人であったかどうかは明らかではないが，後にある地方史家によると，彼の邸宅とそこから1マイル離れた海岸を連絡するトンネルが発掘されているという。

さて，博士一行が彼らの旅の最終目的地であるボドヴェル・ホール（Bodfel Hall）に到着したのは8月23日であった。そこはすでに他人の手に渡ってはいたが，スラール夫人の生誕地であり，彼女が少女時代を過ごした故郷であった。スラール夫人は周辺を歩いているうちに彼女の母親のことをよく覚えている一人の老婦人に出会い，その老婦人からいろいろ懐かしい話を聞き，あわれな母親のことを思い出して感傷にふけっている[45]）。一行はさらにプルヘリ（Pwllhhli）に立ち寄ったのち，さらにスリン半島の2～3の知人を訪問して帰路についている。

以上、ジョンソン博士一行の北ウェールズへの旅を垣間見てきたが、ここで紹介したジョンソン博士とスラール一家の旅は、典型的なグランド・ツアーであることに注意する必要がある。もちろん産業革命の時代になって、貴族だけでなく、工場経営や商業活動で財を成した新興の中産階級の観光旅行が増加したに違いないが、未だこの頃には低賃金、長時間労働に苦しむ労働者階級にとってそうした余裕はなかったと思われる。観光旅行がイギリスの労働者階級の間でも手軽に楽しめるようになるには鉄道の時代を待たねばならなかった。そこで次に、観光旅行大衆化の事例として、ヴィクトリア時代になって庶民の間で人気となった臨海リゾートの発達を交通、とりわけ鉄道との関係でみていこう。

3．臨海リゾートの発達と鉄道

(1) 臨海リゾートの大衆化と鉄道

観光旅行はイギリス人によって発明されたわけではないが、臨海リゾートはイギリス人によって発明されたと言われている[46]。荒井政治氏の『レジャーの社会経済史』によると、内陸のスパー（温泉）[47]とともに臨海リゾートはもともと病気の治療や貴族やジェントリーの保養地として発展した。とりわけ1752年にリチャード・ラッセルという人物が、海水が万病にきくことを説いて海水療法を勧めると、臨海の保養地が大都市近郊の海辺の各地に発達した[48]。ブライトン、ブラックプール、ウェイマス、スカーバラ、マーゲイトなどがそれである。産業革命時代になると一方では新興中産階級が成長し、他方ではターンパイク・トラストによって有料道路の建設が進み、リゾート地へのアクセスが容易になった。それによって、多少時間やお金に余裕のある都市の商工業者が、都会の煤煙と喧騒を逃れ、新鮮な海辺の空気と多様な快楽を求めて海辺のリゾート地を訪ねるようになった。また19世紀初期には、鉄道に先駆けて、蒸気船が安価で迅速な交通手段として発達した。すなわち、ナポレオン戦争終了後、テムズ河口のリゾート地への蒸気船による旅が可能になり、グレーブゼンド（Gravesend）、サウスエンド（Southend）、さらにはマーゲイト（Margate）、ラムズゲイト（Ramsgate）とい

ったリゾート地が発展した。また産業革命のメッカであるランカシャーの人々にとっては，メナイ海峡やライル（Rhyl）のような，北ウェールズの海岸への蒸気船による手軽な観光旅行が可能になった[49]。

　このようにすでに19世紀初期に，蒸気船が臨海リゾート地への安価なアクセスの先触れとなっていたが，それがよりいっそう大規模かつ広範に発展し，単に貴族や中産階級だけでなく，広く労働者階級の保養地として発展していく原動力となったのが，鉄道であった。

　例えば，ロンドン南方85キロにあるブライトンは古くから高級リゾート地として知られていた。やがて，1784年にはオリエント風のロイヤル・パビリオンが建てられ王室の愛顧を受けた。また，ロンドン・ブライトン間に幹線道路が建設され，駅馬車による旅行が容易になると，それまでは宮廷人や貴族，ジェントリーのリゾート地であったのが，徐々に中流階級の進出が目立つようになった[50]。さらに1841年9月にロンドン＆ブライトン鉄道が開通すると，ロンドンから押し寄せる日帰り観光客で溢れるようになった[51]。というのも鉄道は駅馬車と比べてはるかに安価で快適な旅を可能にしたからである。ロンドン＆ブライトン鉄道が開通する前の駅馬車での旅行では，屋内席で21シリング，屋外席で12シリングを要し，ロンドンからブライトンまで片道平均6時間を要していた。しかし1841年に鉄道が開通すると，旅行時間は2時間半に短縮された。しかも一等料金で14シリング6ペンス，二等が9シリング6ペンスと駅馬車よりも安くなり，その後導入された3等車ではわずか4シリング2ペンスとなった。今やブライトンは大衆の臨海リゾート地として発展していき，1844年には36万人ものロンドンっ子がそこを訪れ，ブライトンの人口は1841年の約65,000人から，1901年には12万人以上に増加した[52]。

　またランカシャー北部，アイリッシュ海に臨むブラックプールは，1780年代には未だ小さな海水浴場として近隣の人々に知られているだけであった。1840年代になると，近くの工業都市プレストンから港町のフリートウッドに達するプレストン＆ワイヤー鉄道が開通，さらに1846年にブラックプールへの支線が開通すると，この町は手軽な臨海リゾート地として発展していった。それにより，夏の観光客数は1880年代には約120万人であったのが，世紀転換期には300万人を突破し

た。ここへやってくる観光客の多くは都市中産階級の下層ないし労働者階級であった。「年じゅう工場の黒煙の下の快適とはほど遠いウサギ小屋で暮らしている彼らにとって，ブラックプールは文字通り息抜きの場所」であり，「たまの一泊か二泊の休みをせいいっぱい楽しむために，海水浴以外の娯楽（酒，ダンス，ギャンブル，スポーツ，演芸などなど）を満喫した」[53]という。他方，鉄道の開通によってリゾート地が俗化，大衆化されると，上流階級はそこを見放し，より静かな場所を求めて移っていったのである。例えば，王室は1851年にブライトンのパビリオンを市に売却して撤退し，新しいリゾート地をワイト島に求めている[54]。

(2) ウェールズにおける鉄道時代の開始と臨海リゾート開発

さて，ウェールズの臨海リゾートも，少なくとも19世紀前半までは，貴族や上流階級によって愛顧される閑静な保養地であった。例えばアベリストゥイス（Aberystwyth）は，19世紀初期には，ロバート・ピール卿，グロスター公爵夫妻，ドーセット公爵夫妻，その他多くのイギリス貴族がひいきする高級リゾート地であった[55]。同様にスランディドノウ（Llandudno）も，19世紀初期には小さな漁村にすぎず，リヴァプールやミッドランド地方の工業都市からやってくる上流中産階級のリゾート地として発展していた[56]。地図11-2で示しているように，やがてイングランドの海岸と同様に，ウェールズでも数多くのリゾートが発達した。中でも北部海岸ではスランディドノウのほかに，ライル（Rhyl）をはじめ，プレスタティン（Prestatyn）やコルウィン湾（Colwyn Bay）が，中部沿岸ではアベリストゥイスのほかに，バーマス（Barmouth），ターウィン（Tywyn），アベラロン（Aberaeron）が，そして南部沿岸ではテンビー（Tenby），ポースカウル（Porthcawl），マンブルズ（The Mumbles），そしてペナース（Penarth）が大衆のリゾート地として発展していった。

イングランドと比較するとウェールズの臨海リゾートは一般に次のような特徴を持っていた。まず第1の特徴として小規模性があげられる。人口規模は必ずしも臨海リゾート地としての規模を正確に示しているわけではない[57]。そのことを考慮に入れつつ人口規模で見ると，例えば1911年におけるイギリスの大規模臨海リゾート地の上位20位まではいずれもイングランドの大都市近郊に立地していた。

表11-2 イングランドとウェールズの主要臨海リゾートの人口推移

○イングランドの主要臨海リゾートの人口推移

地 名	1851年	1881年	1911年	地 名	1851	1881年	1911年
Brighton	65,569	107,546	131,237	Yarmouth	26,880	37,151	55,905
Dover	22,244	30,270	43,645	Hastings	17,621	42,258	61,145
Gravesend	16,633	23,302	—	Ramsgate	14,853	23,068	29,603
Torquay	13,767	24,767	38,771	Scarborough	12,915	30,504	37,201
Margate	10,099	18,226	27,085	Southport	8,694	33,763	51,642
Weymouth	8,230	13,715	22,324	Whitby	8,040	14,086	11,139
Bournemouth	695	16,859	78,674	Blackpool	2,564	12,989	58,371
Exmouth	5,961	8,224	11,962	Brixham	5,936	7,033	7,954
Bridlington	5,786	8,117	14,334	Worthing	5,370	11,821	30,305

○ウェールズの主要臨海リゾートの人口推移

地 名	1851年	1881年	1911年	地 名	1851年	1881年	1911年
Penarth	—	4,963	15,488	ColwynBay	—	2,418	12,630
Llandudno	1,131	4,807	10,469	Rhyl	1,563	6,029	9,005
Aberystwyth	5,189	7,088	8,411	Oystermouth	—	3,487	6,098
Newquay	—	1,600	4,415	Tenby	2,982	4,750	4,368
Penmaenmawr	—	2,212	4,042	Pwllheli	—	3,242	3,731
Porthcawl	—	1,397	3,444	Fishguard	—	—	2,892
Goodwick	—	—	2,612	Abergele	—	1,916	2,121
Barmouth	—	—	2,106	Towyn	—	—	2,063
Prestatyn	—	—	2,036	Criccieth	—	—	1,376
Aberayron	—	—	1,342	Aberdovey	—	—	1,253
NewQuay	—	—	1,191	Llangranog	—	—	708

(出所) Walton J. K., *The English Seaside Resort; A Social History 1750-1914*, Leicester U. P., (1983), p. 53, p. 60, p. 65 より作成。

すなわち1位がブライトン (131,237人), 2位ボーンマス (78,674人), 3位サウスエンド (62,713人), 以下ヘイスチングス, ブラックプール, グレートヤーマス, イーストボーン, サウスポート, ドーバーと続いている。これらはいずれもロンドンやランカシャーといった大都市近郊のリゾート地であった。人口規模で見る限り, ウェールズの臨海リゾート地はいずれも小規模で, ようやく23番目にペナースが現れる。こうしたウェールズ臨海リゾート地の小規模性はイングランドの主要都市からの遠隔性と後背地域の小規模性をある程度反映している。このことは例えば背後にロンドンという大都市を控えているブライトンとは対照的である。

表11-3 ウェールズの主要リゾート地と鉄道連絡

地　名	リゾート開発と特徴
Rhyl	クルイド川の河口のリゾート地であり，Chester & Holyhead 鉄道の開通（1848年）により，マージーサイドやミッドランド地方からは便利となる。1867年に観光用桟橋が建設され，また温水浴，ビリヤード，水族館，ホテル建設が進む。
Penmaenmawr	かつては手すりのない細い道が断崖絶壁の中腹を通過する交通の難所であったが，1849年に Chester & Holyhead 鉄道の駅ができると，辺鄙ではあるが魅力的な臨海リゾート地として発展。
Llandudno	19世紀半ばから臨海リゾート地として発展。Chester & Holyhead 鉄道の社長 S. M. Peto の主導下で約3マイルの支線が建設（1858年開通）され，19世紀末には路面電車や Great Ormes R. など観光用の登山鉄道が建設される。
Caernarvon	1283年から建設されたエドワード1世の城で有名。19世紀にはスレート積出港として栄える。Bangor & Caernarvon 鉄道の建設（1852年）後，メナイ海峡やアングルシーへの観光の中心地としての重要性が高まる。
Porthmadoc	1807年にウィリアム・マドックスが築堤を建設し，また1836年に Festiniog 鉄道の開通以後，スレートの積出港として栄える。その後 Cambrian 鉄道により Caernarvon, Pwllheli と連絡され，リゾート地として発展。
Tywyn	Talyllyn 鉄道（1866年）や Aberystwyth & Welsh Coast 鉄道の開通（1864年）以後，スレート産業で栄え，第二次大戦後はリゾート地として繁栄。
Aberystwyth	古くから海事産業が繁栄。トマス・サヴィンによるリゾート開発の失敗後，Cambrian 鉄道の開通により，ウェールズ文化や臨海リゾートの一大中心地として発展。Vale of Rheidol 鉄道や Cliff 鉄道の観光用鉄道も一役買う。
New Quay	地名は1835年に建設された波止場に由来。カーディガン湾の海事産業の中心として繁栄。第一次大戦後は臨海リゾート地として発展。詩人のディラン・トマスの Under Milk Wood で有名。ただし19世紀には他の都市との鉄道連絡は行われず。
Tenby	Pembroke & Tenby 鉄道（1863年開通），さらには South Wales 鉄道（後に GWR に併合）への延長線（1866年）の開通により臨海リゾート地として発展。
Oystermouth	中世の遺跡 Oystermouth 城で有名。1804年に世界最初の旅客鉄道である Oystermouth 鉄道の建設，さらには南ウェールズ鉄道のチェプストー～スウォンジー間開通以後，南ウェールズやイングランドからの観光客で賑わう。
Porthcawl	Duffryn Llynvi & Porthcawl 鉄道（1828年）やドック建設により，石炭や鉄製品の積出港として栄えていたが，炭鉱業や製鉄業の衰退後は，臨海リゾート地として発展。遊歩道沿いに多くの飲食店や娯楽施設が建設される。
Barry	バリー・ドックと鉄道の開通（1889年）後，第一次世界大戦にかけて，カーディフを抜き世界最大の石炭積出港として栄える。鉄道路線の拡張により，ウィットモア湾を中心に主として炭鉱労働者の臨海リゾート地としても発展。
Penarth	ドックと鉄道の建設（1865年）以後，石炭輸出港として栄える。また地方地主や鉄道会社などによる観光桟橋，遊歩道，公園の建設により，内陸炭鉱労働者の手軽な臨海リゾート地として栄える。

(出所) Baughan P. E., *North and Mid Wales*, A Regional History of the Railway, vol. 11, David & Charles, (1980); *Book of the Seaside*, Drive Publications Ltd., (1972) より作成。Barrie D. S. M., *South Wales*, A Regional History of the Railways of Great Britain, vol. 12, David St John Thomas (1980); Lee C. E., *The Swansea and Mumble Railway*, the Oakwood Press, (1988) より作成。

ウェールズ臨海リゾート地の第2の特徴として比較的遅くなって発達したことがあげられる。というのもウォルトンの研究によると，1851年に人口規模で70位以内に入っているウェールズの臨海リゾート地はアベリストゥイス（Aberystwyth, 5,189人），テンビー（Tenby, 2,982人），ライル（Rhyl, 1,563人），スランディドノウ（Llandudno, 1,131人）と4つの町だけにすぎなかった[58]。そして表11-2で示しているように，ほとんどのウェールズの臨海リゾート地が19世紀後半になって，かなり急速に発達したことがわかる。こうした発達の遅れはこの地域の経済発展の遅れ，そしてそれと関連して交通機関，とりわけ鉄道網の普及の遅れによって説明できるであろう。

イングランドと比較すると，ウェールズは鉄道後進地域であった。すでにイングランドは1830年代に鉄道時代に入っていたが，ウェールズでは遅れ，1850年にようやくチェスター＆ホーリーヘッド鉄道（Chester & Holyhead R.）とサウス・ウェールズ鉄道（South Wales R.）が完成したばかりであった[59]。もちろん，炭鉱や鉱物を運ぶ短距離の地方鉄道がなかったわけではないが，イングランドと比べるはその遅れは歴然としていた。因みに表11-3はウェールズ臨海リゾートと鉄道連絡との関連性を示している。この表からも明らかなように，ウェールズの臨海リゾートが主要鉄道と連絡され，大衆化していくのはいずれも19世紀半ば以降，場合によっては19世紀末であることが明らかとなろう。

4．北ウェールズの主要臨海リゾート地

(1) チェスター＆ホーリーヘッド鉄道沿いの主要臨海リゾート地

すでに第6章で若干触れたように，1850年にCHRの社長となったサミュエル・モートン・ピートーは沿線の臨海リゾート開発に積極的に取り組んだ。彼の計画は，ブリタニア・パーク計画に典型的に見られるように，必ずしもすべての計画が成功したわけではなかったが，臨海リゾート開発はCHRがL&NWRに合併された後も，この鉄道会社にとって重要な収入源となったのである。地図11-2は現代のウェールズの主要臨海リゾートであるが，このうち，北ウェール

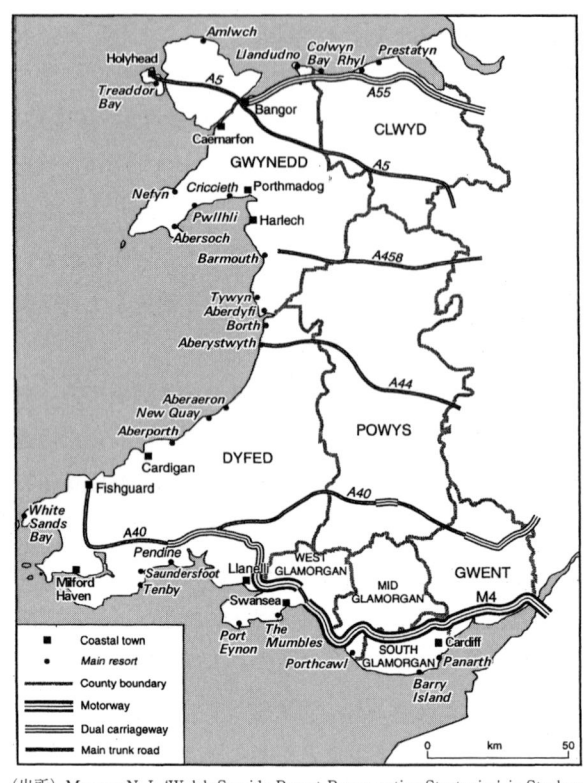

地図11-2　ウェールズの臨海リゾート地

（出所）Morgan N. J., 'Welsh Seaside Resort Regeneration Strategies', in Starkey D. J. & Jamieson A. G., (eds.) *Exploiting the Sea*, Univ. of Exeter, (1998), p. 198.

ズの海岸線に立地するプレスタティン，ライル，コルウィン湾，バンゴール，アバー，コンウィ，そしてとりわけスランディドノウがCHR沿線上の主要臨海リゾートであった。以下，これらのうちの主な町の特徴を簡単に触れておこう。

① ライル

L&NWRの沿線観光案内書[60]によると，ライルはこの鉄道のロンドン終着駅ユーストンから209マイル，急行で4時間22分の距離にあり，鉄道が開通する以前は小村にすぎなかった。その後，CHRの開通後，ヨークシャー，ランカシャー，ミッドランド地方からの臨海リゾート地として発達したのである。全長3マ

イルのマリン・ドライブ（遊歩道），観光桟橋が設置され，マリンレイクではボート遊びを楽しめるという。加えて，クルイド渓谷の景観も魅力の一つである。また，この町から少し内陸に足を伸ばせば，すでにジョンソン博士たちの旅で紹介したセント・ウィニフレッド（St. Winifred）の泉で有名なホーリーウェルの町がある[61]。また，クルイド渓谷へは支線の The Vale of Clwyd Railway に乗ってリュズラン（Rhuddlan）からデンビーまで行くことができる。またデンビー近くには大聖堂で有名なセント・アサフがある。またライル近くの臨海リゾートとしてプレスタティン，アバーゲールなどがある。

② コルウィン湾

コルウィン湾まではユーストンから急行で4時間26分（約220マイル）。バーミンガムから約117マイル，リヴァプールから68マイル，そしてマンチェスターから80マイルの距離にある。この臨海リゾート地は CHR の開通後，優れた砂浜が夏の海水浴に最適であったため，19世紀後期に急速に成長した。リゾート客に便宜を図るため，どの臨海リゾートにも典型的に見られる遊歩道やパビリオン付の桟橋が建設された[62]。また，湾の反対側にはエドワード一世の城や長い城壁で有名なコンウィがあり，ホテルやヴィラが立ち並び，避寒地としても有名となった。

③ スランディドノウ

スランディドノウが位置するオームズ・ヘッドの岬は古くから鉱山業で知られ，とくに17世紀から19世紀半ばにかけて銅の採掘で有名であった。1851年にスランディドノウには1,131人の住民が住んでいたが，そのうち約200人が鉱山労働者であった[63]。また，スランディドノウの臨海リゾート地として開発が始まるのはこの町への鉄道の開通よりも幾分早かった。そのきっかけは1843年におけるエンクロージャー立法の成立，その法律に基づく土地の割り当てと関係していた。それによってスランディドノウを含む地域一帯832エイカーの共有地が地方貴族であったエドワード・モスティン（Edward Lloyd Mostyn）に割り当てられることとなった[64]。その間，スランディドノウの先端のオームズ・ヘッドの銅鉱山の株主総会に出席するため，オウエン・ウィリアムズ（Owen Williams）という人物がリヴァプールから海路スランディドノウの海岸へやってきた。目先のきくウィリアムズはその地が臨海リゾート地として適していることを認識するに至り，地主

のモスティン卿の依頼を受けてリゾート開発に乗り出すのである。そして彼の斡旋により，スランディドノウ最初のリゾート・ホテル（モスティン・アームズ・ホテル）が建設されるのである[65]。これはCHRの支線建設以前のことであり，初期のリゾート客は，主としてリヴァプールから蒸気船でやってきた。地図を見れば明らかなように，リヴァプールからスランディドノウへの交通はチェスターを通って鉄道でくるより，蒸気船で来たほうがはるかに便利な位置にあった。したがって鉄道開通までのこの町へのリゾート客の多くはランカシャー地方から来ていたと思われる。

　もっとも，臨海リゾート地としてのスランディドノウのより大規模な発展はCHRの支線開通によって可能になった。というのはそれによりランカシャー地方だけでなくはるかミッドランド地方やロンドンからも手軽にやってくることが可能になったからである。スランディドノウはピートーがその将来性に注目した臨海リゾートであった。1853年 8月に通過したthe St. George's Harbour Actによって，CHRから支線建設が行われ，3マイルの支線は1858年10月に開通した[66]。それ以後，スランディドノウは北ウェールズでも屈指の臨海リゾート地として発展した。CHRは1850年代末にL＆NWRに合併されたが，スランディドノウ支線も1862年にL＆NWRにリースされ，1873年には合併された。

　イギリスの臨海リゾート地に見られる大きな特徴は海岸線に沿って整備された長い遊歩道と観光用桟橋であった。そしてこの点スランディドノウも例外ではなかった。先に述べたようにこのリゾート開発のパイオニアはオウエン・ウィリアムズという人物であったが，1854年にウェーナートとアシュダウン（Messrs. Wehnert & Ashdown）が彼に代わってこの町の観光開発に従事することになった。したがってこの町の海辺の遊歩道も彼らによって敷設されたと思われるが，詳細は不明である。ただ，ここで重要なことは，そうした遊歩道沿いに漸次多くのホテルや娯楽施設が建設され，徐々に臨海リゾートの体裁を整えるようになっていったことである。海辺のプロムナード沿いに建設された最初のホテルはセントジョージズホテルで，早くも1854年にオープンしている。その後1860年にはハイドロ・ホテル（Hydro Hotel），1864年にはトレヴォーン・ホテル（Trevone Hotel），翌年にはインペリアル・ホテル（Imperial Hotel），マリンホテル

(Marine Hotel) など相次いでホテルが建設され，遠方からの宿泊客に便宜を提供するようになっていった[67]。

　イギリスの臨海リゾートと不可分の関係にあったのがベイシング・マシン (bathing machine) であった。それは幌馬車のような形をしており，海水浴客を浜から水際まで運ぶとともにその中で着替える更衣室の役割を果たすようになっていた。ベイシング・マシンはすでにロンドン近郊のマーゲイトでは18世紀末ごろから使用されていたが[68]，スランディドノウには1855年に始めて導入された。ジョーンズによると，その利用料は40分で6ペンスであったという。当初スランディドノウの浜では，女性用区域と男性用区域とが分けられ，ベイシング・マシンの業者は女性用の海水浴用のガウンを用意しなければならなかったという。もっとも客がそれを着用しければならないという義務はなかったのであるが。ようやく19世紀末になり，家族で泳ぐときに限って男女の区域区分はなくなったという。こうしたベイシング・マシンは1958年まで使用されていたのである[69]。

　スランディドノウに本格的な観光用桟橋の建設が行われるのは1870年代後半になってであった。すでに1858年に St. Georges Harbour & Railway Company によって一種の桟橋が建設されていたが，嵐によって破壊されてしまっていた[70]。したがって本格的な観光桟橋の建設は1875年にスランディドノウ桟橋会社 (Llandudno Pier Company) の設立によって始まった。同社は1877年に366メートルの長さの桟橋を建設した。この桟橋は，観光客の要望にこたえその後何度も改築された。桟橋の先端 (pier head) は船舶が接岸し，乗客が乗り降りするのに利用されるばかりでなく，コンサートなどの催しにも利用された。当初，そこに6角形の野外ステージが設けられているだけであったが，フランス出身のリヴィエール (Jale Riviere) という指揮者が就任すると楽団のメンバーが当初の7人から28人に増員され，野外ステージでは不十分となった。このため桟橋会社はここに長さ62メートル，幅26メートルのパビリオンを建設した。そのパビリオンは1886年にオープンし，コンサートばかりでなく，政治家の演説会，晩餐会など，さまざまな催しに利用されたのである[71]。

(2) カンブリアン鉄道沿いの主要臨海リゾート地

地図11-2からも明らかなように，現在カーディガン湾には数多くの臨海リゾート地が散在する。北から挙げれば，プルヘリ，クリケシュ，ハーレフ，バーマス，ターウィン，アバーダヴィ，そしてアベリストゥイスがその代表といえよう[72]。これらの臨海リゾート地はいずれもその発展の動因を，後にカンブリアン鉄道の沿岸線を構成することとなるアベリストゥイス＆ウェルシュ・コースト鉄道の開通に起因する点で共通している。この鉄道はトマス・サヴィンの鉄道とホテルの建設による臨海リゾート開発に起因することは既述のとおりである。不幸にして彼の計画は自らの破産によって失敗に終わったが，後にカーディガン沿岸の港町の多くが臨海リゾート地として発展したのを鑑みれば，彼の構想そのものは決して長期的には誤りではなかったことは明白であろう。その意味からすると，彼の構想は少々時代に先駆けすぎていたともいえよう。以下では，カンブリアン鉄道の北の終着駅となったプルヘリから順にカーディガン湾の主要臨海リゾート地を垣間見ておこう。

① スリン半島の臨海リゾート地

プルヘリ（Pwllheli）は海水の入り江（Saltwater Basin）という意味のウェールズ語で，古くから市場町として栄えた。1774年にジョンソン博士たちがこの町を訪れているが，彼は「国の果てにある粗末な古い町」[73]と評している。この町は今でもウェールズ語を話す人の数が圧倒的に多く，ウェールズ・ナショナリズム運動の中心（Plaid Cymru）が創設された土地でもある。また漁業や造船も古くから栄え，近くに花崗岩採石所もあった。この町が臨海リゾート地として発展するのはカンブリアン鉄道到達以後であったが，とりわけ，カーディフ出身の企業家ソロモン・アンドリュース（Solomon Andrews）[74]によるところが大きい。彼やその息子のフランシス・エミール（Francis Emile）は道路や住宅，遊歩道の建設，さらには路面電車の開設によって，臨海リゾート地としての発展に貢献したのである[75]。

他方，プルヘリから約14キロ（9マイル）東，ポースマドックから8キロ（5マイル）西に位置するクリケシュ（Criccieth）[76]は，海岸沿いにそびえるように

建つ中世の古城クリケシュ城や，ウェールズ出身の偉大な政治家ロイド・ジョージの出身地として有名である。この町は，毎年5月23日と6月29日には大市 (fair) が開催され，大勢の人で賑わう。この町を臨海リゾート地に変貌させたのはやはり交通機関の発達によっており，すでに鉄道の到来よりはるか以前の1808年からトレマドック=ポースダンスランを結ぶターンパイク道路が開通していた。しかしこの町が臨海リゾート地として多くの観光客を呼び寄せるきっかけとなったのは1868年におけるカンブリアン鉄道の沿岸線開通以後のことであった。

② 北カーディガン湾の臨海リゾート地

北カーディガン湾沿岸は西側には大海原，東側には急峻は山岳地帯によって隔離され，しかも陸上交通が未発達であったため，この地方に鉄道時代が訪れる1860年代後半まで，外界との連絡や物資の輸送は主として海上輸送によっていた。したがって臨海リゾート地としてのこの地方の発達もようやく鉄道時代になって訪れた。主なリゾート地としては，ハーレフ，バーマス，ターウィン，アバーダヴィがあげられる。

このうちハーレフ（ハーレク）は，エドワード1世によって築かれたハーレフ城（1283年に建築開始）や，チューダー朝最初の国王，ヘンリー7世（ヘンリー・チューダー）の本拠地として有名だが，言うまでもなくこの地が臨海リゾート地となったのは，カンブリアン鉄道の沿岸線の伸張によっていた。他方，モウダフ川（Mawddach）の河口に立地するバーマス[77]は，近世から19世紀半ばにかけて，木造帆船の建造で栄えた港町であった。19世紀はじめにこの港町を訪れた詩人のワーズワースは，その地から眺めたカダー・イドリスの絶景を賞賛した。このようにバーマスはすでに鉄道の到来以前から一部の詩人や画家に賞賛されていたが，ここが臨海リゾート地として栄えるのは1860年代半ば，カンブリアン鉄道沿岸線の連絡以後のことであった。しかもバーマス橋や，後に観光客をひきつけるために建設されたフェアバーン鉄道に見られるように，鉄道の施設や鉄道そのものが観光の対象になった。

バーマスよりさらに南方にはターウィン[78]がある。ターウィンは砂浜，海辺，あるいは砂丘を意味するウェールズ語からきており，類似の地名と区別するため時にはターウィン・メイリオニーズ（Tywyn Meirionydd）とも呼ばれる。ここ

が臨海リゾート地として発展したのはカンブリアン鉄道の沿岸線とタリスリン鉄道によるところが大きい。しかし鉄道時代以前に，この町のために尽くした人々がいたことも忘れてはならない。中でも18世紀半ばにコルベット家の人々は村の近くを流れるダサニ川（Dysynni）河口の沼地の干拓に主導的役割を演じ，農地の拡大に尽力した。また，鉄道時代になってこの村を臨海リゾート地に変えたのがジョン・コルベット（John Corbett）であった。彼は，臨海リゾート地として不可欠な遊歩道やホテル（コルベット・アームズ・ホテル）の再建に携わったばかりでなく，水道から下水道，学校，後に劇場となる集会場，さらには1897年のヴィクトリア女王戴冠50周年を記念してマーケットホールの建築にも私財を投じたのである。

ターウィンの南方，ダヴィ川の河口の臨海リゾート地がアバーダヴィ（アバードヴェイ）である[79]。ここもバーマス同様，古くから海事産業で栄えたが，鉄道開通後，臨海リゾート地として発展し，あるいはマリンスポーツで賑わっている。ここはまた「アバーダヴィのベル」（The Bells of Aberdovey）というフォークソングでも有名であり，その歌はカーディガン湾に沈んだ伝説の王国を歌ったもので，Seithenninと呼ばれる大酒のみがカーディガン湾そのものをつくったという伝説に基づくものである[80]。

③ アベリストゥイス

カンブリアン鉄道の沿岸線の終着駅がアベリストゥイスである。アベリストゥイスという地名はアスティス川（Ystwyth）川の河口という意味で，その地名が知られるようになったのはエリザベス1世の時代あたりからであった。もっともその土地にはすでに古代から人が住んでおり，中世には城が築かれ，エドワード1世時代には外敵の侵入を防ぐため，他の多くの中世都市と同様，城壁が築かれていたのである[81]。

すでに近世の時代から多くの医学者がアベリストゥイスの日照の多い天候や澄んだ海水や空気による効用を認めていたため，この町はすでに近世から保養地として知られており，とりわけミッドランド地方の多くの人々が手近な臨海リゾート地として，馬や馬車に乗って訪れていたのである。

当時の道路は整備されていなかったため，ウェールズ西岸の生活物資の輸送の

中心は船で行われていた。この頃のアベリストゥイスは海事産業が盛んで，ウェールズでも有数の海運，造船の中心地でもあった。すでに17〜18世紀にアベリストゥイスは中部ウェールズにおける海事産業の中心地としての地位を確立していたが，その港の全盛時代は19世紀になって訪れた。1830年代半ばにジョージ・ブッシュ（George Bush）という技師を中心に港湾改善計画が実行され，石造桟橋が建設され，多くの大型船の入港が可能となった[82]。1847年にアベリストゥイスは地方の中心的登録港となり，ニューキー（New Quay）からターウィンに至る港の船舶がアベリストゥイス登録とされた。その結果，1850年には213隻，12,458トンが登録され，船員の数は900人に達した[83]。

　鉄道開通以前の日用品の輸送は主として船舶で行われていた。アベリストゥイスからの主要搬出品は，鉛や亜鉛鉱石で，それらは主として南ウェールズのスラネリ（Llanelli）やブリストルへ運ばれ精錬された。オーク材やその樹皮も重要な搬出品で，前者は炭坑の支柱として主として南ウェールズ，後者はなめし皮工場用としてアイルランドへ運ばれた。搬入品は多種多様で，南ウェールズからの石炭や石灰，ロンドンやブリストル，リヴァプールからの日用雑貨，北ウェールズからの屋根用スレートなどがその主なものであった[84]。また，木造帆船時代には，造船業も重要な産業であった。造船用木材の多くはアベリストゥイスの船によってバルト海沿岸や北アメリカから輸入された。木材輸送船は，時にはバラスト積みで出航することもあったが，多くの場合移民を乗せて出て行った。船舶の進水式は田舎の港町にとって一大イベントで，進水式の日はたいてい祝日となり，大人から子供まで晴の行事を見物した[85]。

　大きな変化は鉄道時代になってやってきた。この町に鉄道が通じるのは1865年で，この年にカンブリアン鉄道の沿岸線が開通した。今まで船で運ばれていた貨物や旅客の多くが鉄道で運ばれるようになった。またこの頃になると，海事産業にも大きな地殻変動が生じていた。木造帆船から鉄製蒸気船への移行がそれである。今や大型蒸気船の建造はますますクライドサイドや北東イングランドの造船所に集中し，船舶所有もロンドン，リヴァプール，カーディフといった大港に集中するようになった。それと並行して地方の木造帆船を建造する古くからの造船の町は徐々に衰退していった。もちろん北中部ウェールズでも蒸気船会社が設立

され，帆船に代わり地方の沿岸輸送に従事した。例えば Aberystwyth & Aberdovey Steam Packet Co. の蒸気船はカーディガン湾とリヴァプール間の輸送で重要な役割を演じた。しかしますます多くの輸送が鉄道で行われるようになり，それとともに地方の海運・造船業は漸次衰退を余儀なくされた。アベリストゥイスの造船所も優れたスクーナー船の建造で名声を博していたが，時代の流れには逆らえず，1881年にエディス・エレノア（Edith Eleanor）という帆船の進水がこの港での造船活動の見納めとなった[86]。

しかし海事産業の衰退は決してアベリストゥイスという町の衰退を意味しなかった。今日，この町は人口1万6千人を数え，中部ウェールズ屈指の大学とケルト文化の中心の町となっているが，その一大基盤をなしたのが鉄道の開通とともに新たに発展した観光産業であった。もちろんすでに述べたようにサヴィンが計画した最初の構想は彼の破産によって失敗に終わった。彼が建てたホテルは売却され，1872年には University College of Wales として生まれ変わった[87]。しかしサヴィンの構想は，彼自身の破産にもかかわらず，後に他の人々によって実現した。臨海リゾート地としてのアベリストゥイスの起源が19世紀以前にさかのぼることはすでに述べたとおりであるが，そのひとつの象徴としての遊歩道は19世紀になって作られた。すでに19世紀初期に海辺のホテルや家屋を高波から守るために防波堤が築かれ，同時に遊歩道が作られた[88]。ハワード・ジョーンズの著書に掲載されている古い写真はアベリストゥイスの歴史を知る上で貴重な資料であるが，それを見ると，すでに1864年には海岸沿いにびっしりホテルが立ち並び，砂浜とホテルの間には立派な遊歩道が続いていることがわかる[89]。またこの町の古い観光案内書によると，20世紀初め（1903年頃）には防波堤が強化させ，1931年の不況期には主に失業対策事業の一環として，アベリストゥイスの遊歩道（Promenade）がさらに拡大された。他方，プロムナード・ピア（Promenade Pier）と呼ばれる桟橋が初めて作られたのは1864年であったが，1866年の暴風雨で流されたため，後に再建され，1872年に再開された。1896年には2,000人もの観客を収容できる大パビリオンが建設され，その開設を記念する祝賀会が当時のプリンス・オヴ・ウェールズ（後のエドワード7世）出席のもとに盛大に開催されたという。同じ年の8月にはこの町のアトラクションの一つ，Cliff Railway が

開通している。

　以上，イギリスとの比較において北ウェールズの臨海リゾートの特徴，とりわけスランディドノウとアベリストゥイスの事例を幾分詳しく考察してきた。臨海リゾートの発達において，自然の恵みや立地条件とともに，鉄道を中心とする交通機関の役割が重要なことは明らかであるが，その他にも地主や企業家，さらには地方自治体の果たす役割を無視できない重要性をもっていることが指摘される[90]。ウェールズの臨海リゾートについては個別的事例も含めて，まだまだ検討の余地が多いことは明らかである。最近では過度のリゾート開発に伴う自然環境の破壊，安価な海外旅行に押されて，国内リゾートの衰退が問題になっている[91]。

5．おわりに

　以上で見てきたように，鉄道が建設される以前のウェールズへの旅行は，ピクチャレスク観光を中心に一部の人々に人気となったものの，産業革命当時には，低賃金，長時間労働にあえぐ労働者階級にとって，観光旅行は未だほとんど無縁であった。その意味で，イギリスの他の地域と同様，ウェールズにおいても鉄道網の拡張は，この地域への観光旅行，とりわけ臨海リゾートの繁栄にとって基軸的に重要な動因となった。もっとも大都市から離れていたこともあって，ウェールズの臨海リゾートは一般的に小規模で，しかもウェールズでの鉄道網の普及の遅れもあって，その発達はイングランドのライバルに比べると遅くなってからやってきた。ウェールズの観光旅行はなにも登山や臨海リゾートに限ったわけではなく，その豊富な文化遺産や産業遺産も重要な観光資源を形成しているが，中でも戦後になって新たに注目を集めるようになったのが，鉄道とりわけナローゲージ鉄道であった。ナローゲージ鉄道についてはすでに考察したとおりである。

注

1) パーキンによると，鉄道の出現以前のイギリスでは２つの階級が存在した。すなわち一方の階級は貴族やジェントリー階級であり，彼らは常に休日（１週間ないしそれ以上の期間，仕事を休んで家を離れて旅行することができるという意味で）である

階級の人々であり，他方の階級はそれ以外の庶民であり，彼らは上記の意味ではほとんど休日というものを持たない階級である。Perkin H., *The Age of the Railway*, David & Charles, (1970), pp. 201ff.

2) 荒井政治『レジャーの社会経済史』東洋経済新報社 (1989); 小池滋「イギリスの臨海リゾート都市と鉄道——ブラックプールの場合——」『鉄道史学』第7号 (1989) 参照。

3) 吉賀憲夫『旅人のウェールズ』晃学出版 (2004); 森野聡子「ウェールズの山はいかにしてブリテンの国家的風景となったのか」『静岡大学情報学研究』第6号 (2000)。

4) もっともイギリス保存鉄道については，青木栄一氏が歴史地理学の立場から単に文献史料だけでなく，現地での聞き取り調査に基づいて，下記のような数多くの優れた業績を発表されておられる。青木栄一「イギリスの保存鉄道の実態」『鉄道ピクトリアル』第249号 (1971); 「イギリスのミニチュア鉄道」『鉄道ピクトリアル』第255号 (1971); 「イギリスの保存鉄道——その現状と展望——」『鉄道ジャーナル』第232号 (1986年)。筆者は本章の基をなす鉄道史学会での報告に際して，青木氏から貴重な批評を賜った。

5) 例えば，浅羽良昌『サービス大国への挑戦』ミネルヴァ書房 (2002); 額賀信『過疎列島の孤独』時事通信社 (2001); 『国土交通白書』国土交通省 (2004); 『観光白書』国土交通省 (2004); 堀貞一郎『メイドイン・ジャパンからウェルカム・ジャパンへ』プレジデント社 (2002) 参照。

6) 森野聡子「ウェールズの山はいかにしてブリテンの国家的風景となったの」『静岡大学情報学研究』第6号 (2000) 115ページ; 森野聡子・森野和弥『ピクチャレスク・ウェールズの創造と変容——19世紀ウェールズの観光言説と詩に表象される民族的イメージの考察——』青山社 (2007) 参照。

7) 森野前掲「ウェールズの山は……」115-116ページ。

8) Defoe D., *A Tour through the Whole Island of Great Britain*, J. M. Dent, (1962), vol. 2, p. 54.

9) *Ibid.*, p. 61.

10) Sager P., *Wales*, Pallas Guide, (1991), p. 36.

11) 押村襄 (他著)『ルソーとその時代』玉川大学出版部 (1987) 146ページ。

12) Sager, *op. cit.*, pp. 36-37.

13) *Ibid.*, p. 38; Andrews M., *The Search for the Picturesque*, Scolar Press, (1989), p. 31.

14) Young A., *Tours in England and Wales*, London School of Economics and Political Science, (1932), p. 14.

15) *Ibid.*, p. 12.

16) 本城靖久『グランド・ツアー』中公新書 (1983)。

17) Richard A. J., *Slate Quarrying in Wales*, Gwasg Carreg Gwalch, (1995), p. 39.

18) Sager P., *Wales*, Pallas Guide, (1991), p. 38.
19) Albert W., *The Turnpike Road System in England 1663-1840*, Cambridge U. P., (1972), Chap. 3 参照。
20) *Ibid.*, pp. 202-223, App. B. 参照。
21) Trinder B., 'The turnpike roads in north Wales and the coming of Thomas Telford's road' in Quartermaine J. Trinder B. & Turner R., *Thomas Telford's Holyhead Road*, the Council for British Archaeology, (2003). またホーリーヘッド道路の建設に関しては拙稿「19世紀初期北ウェールズにおける交通改善のひとこま――ホーリーヘッド道路と海上ルートの近代化――」『帝塚山経済・経営論集』第15巻 (2005) 参照。
22) 以下の記述は、主として Bristow A., *Dr Johnson & Mrs Thrale's Tour in North Wales 1774*, Bridge Books, (1995); Owen M., *A Grand Tour of North Wales*, Gwasg Carreg Gwalch, (2003) によっている。とりわけ、Bristow の本にはジョンソン博士とスラール夫人の旅日記の全文が注付きで紹介され、詳しく解説されている。因みにジョンソン博士の旅日記の題名は 'A Journey into North Wales in the Year 1774'、スラール夫人の旅日記のタイトルは 'Journal of A Tour in Wales with Dr. Johnson' となっている。なお、吉賀憲夫氏もスラール夫人とその家系、およびジョンソン博士との旅を紹介されている。吉賀憲夫『ウェールズ史の女性たち』晃学出版 (2007) 132-153ページ、同『旅人のウェールズ』晃学出版 (2004) 171ページ、173ページ、286-288ページ参照。
23) Owen M., *op. cit.*, chapter 1 参照。
24) 当時の300ポンドは、現代価値に換算すると、約2万ポンド (400万～500万円)、あるいはそれ以上の値打ちがあったと思われる。
25) Owen M., *op. cit.*, p. 19.
26) Bristow A., *Dr Johnson & Mrs Thrale's Tour in North Wales 1774*, pp. 11-12.
27) *Ibid.*, p. 13.
28) 実際スラール夫人の娘のクイニーは旅の途中でしばしば熱を出したし、ジョンソン博士はすでに高齢でさまざまな病気を患っていたことに加えて、前年のスコットランドへの旅の余韻が残っていた関係もあり、スラール夫人が期待したほど、ウェールズに関心を示さなかった。Bristow A., *op. cit.*, p. 24.
29) ジョンソン博士の日記には 'On the road I read Tully's Epistles' と書かれているが、Bristow の注によると Tully は Marcus Tullius Cicero のことである。Bristow A., *op. cit.*, p. 31, p. 57.; Owen M., *op. cit.*, p. 21.
30) スラール夫人の旅の目的の一つは、この近くにあるバッハグレイグ (Bachygraig) の地所相続に関わる諸問題の解決であり、ここに滞在しつつその問題の交渉を行っていた。
31) Owen M., *op. cit.*, pp. 25-26.

32) *Ibid.*, p. 26.
33) 残念ながらこの点については両者の日記には何も書かれていないが。
34) スラール夫人の日記には「その邸宅は思ったより狭く，周りの森は思ったより木々が少ない」と書かれている。Bristow A., *op. cit.*, p. 101.
35) *Ibid.*, p. 38.
36) *Ibid.*, p. 103.
37) Owen M., *op. cit.*, chapter 7.
38) ペナントのウェールズ旅行記については吉賀憲夫『旅人のウェールズ』晃学出版，44-88ページ参照。
39) ジョンソン博士もスラール夫人もともにこの物語について日記の中で触れている。Bristow A., *op. cit.*, p. 40, p. 104.
40) Bristow A., *op. cit.*, p. 70.; Owen M., *op. cit.*, p. 45.
41) スラール夫人の日記からも精銅業の繁栄をうかがい知ることができる。彼女によると，「その流れは19台の水車を回し，下流の精銅所で驚くほどよく利用されて」いたのである。Bristow A., *op. cit.*, p. 105. なお，北ウェールズの銅の採掘や精銅業で活躍し，「銅王（Copper King）」と呼ばれた著名な企業家トマス・ウィリアムズの活動についての詳細については，Harris J. R., *The Copper King: A Biography of Thomas Williams of Llanidan*, Liverpool University Press, (1964) 参照。それによると，ウィリアムズが経営する Parys Mine Company はホーリーウェルに精銅所を持っていたことがわかる。Harris J. R., *The Copper King*, p. xiv, p. 152.
42) Owen M., *op. cit.*, pp. 46-47.
43) *Ibid.*, chapter 11.
44) Bristow A., *op. cit.*, p. 45.; Owen M., *op. cit.*, pp. 62-63.
45) Bristow A., *op. cit.*, pp. 114-115.
46) Berghoff H, Harvie C. (eds.), *The Making of Modern Tourism: The Cultural History of the British Experienxce, 1600-2000*, Thos. Cook & Son Ltd., (2002), p. 117.
47) スパー（温泉）については，例えば小林章夫『地上楽園バース』岩波書店（1989）参照。
48) 荒井政治『レジャーの社会経済史』東洋経済新報社（1989）119ページ。
49) Perkin, *op. cit.*, p. 213.
50) Dale A., *About Brighton: A Guide to the Buildings and Byways of Brighton and Hove*, The Regency Society of Brighton & Hove, (1986).
51) 荒井政治『レジャーの社会経済史』125-126ページ。
52) Perkin, *op. cit.*, pp. 213-214.
53) 小池滋「イギリスのリゾート都市と鉄道——ブラックプールの場合——」『鉄道史学』第7号（1989）11-15ページ。

54) 荒井政治，前掲書，127-129ページ。なお，荒井氏は臨海リゾート地の開発を開発主体と開発時期の違いによって3つに分類しておられる。すなわち一貴族主導型開発（開発初期18世紀から19世紀初期。主要な例としてはイーストボーン，トーキー，サウスポート，ダンダドノーなどがあげられている），二土地会社主導型（19世紀半ばに株式会社制度が整備されると，鉄道と連携して多くの土地開発会社が臨海リゾート地の開発に乗り出していった。この時期にディベロッパーによって開発された主要な臨海リゾートとしては，コルウィンベイ，セントアイブス，ウィットビーなどがあげられる），そして最後が三地方自治体主導型（1870年代になると臨海リゾートの大衆化が進行し，この時期になるとかつてリゾート形成で活躍した貴族やジェントリーの役割は後退し，代わって地方自治体が施設の整備・拡張の主体となっていった。
55) Hassan J., *The Seaside, Health and the Environment in England and Wales since 1800*, Ashgate, (2003), pp. 17-18.
56) Sager P., *Wales*, Pallas Guide, pp. 348-349.
57) というのは一般に臨海リゾート地とみなされる町でも，その町の人口のうちリゾート関係の仕事に従事する者とそうでないものを区別するのは困難だからである。例えば表11-2においてアベリストゥイスの1881年の人口は7,088人となっているが，この都市は中部ウェールズの行政の中心であり，海事産業をはじめさまざまな産業が発達しており，当時観光が町の主要産業というわけではなかったと思われる。またこの問題については Walton J. K., 'The seaside resorts of England and Wales, 1900-1950: growth, diffusion and the emergence of new forms of coastal tourism', in Shaw G. & Williams A. (eds.), *The Rise and Fall of British Coastal Resorts*, Mansell, (1997), p. 25 参照。
58) 少なくとも19世紀前半にはこれらのリゾート地へのアクセスは船舶，とりわけ蒸気船によって行われていた。すでにナポレオン戦争終了後，マージー河畔からライルやメナイ海峡への蒸気船航路が開かれており，19世紀前半には中部や南部ウェールズへの蒸気船航路も拡大していった。Fenton R. S., 'Steam Packet to Wales: A Chronological Survey of Operators and Service', *Maritime Wales*, no. 12, (1989)；拙稿「19世紀イギリス海事産業のひとこま——北ウェールズのスレート輸送をめぐって——」『帝塚山経済・経営論集』第12号（2002）参照。
59) チェスター&ホーリーヘッド鉄道は1848年に開通したが，R. スティーブンソンのブリタニア鉄道橋は1850年に完成した。他方，南ウェールズ鉄道のチェプストゥ＝スウォンジー間は1850年に開通した。
60) ここでは1912年に発行されたものを利用することができた。*The Official Guide to the London & North Western Railway*, Cassell and Company Ltd., (1912).
61) その泉についてはL&NWRのガイドブックにもイラスト入りで簡単に紹介されている。*The Official Guide to the London & North Western Railway*, p. 208.

62) *Ibid.*, pp. 211-214.
63) Jones I. W., *Llandudno: Queen of Welsh Resorts*, Landmark Publishing, (2002), pp. 22-23. また，臨海リゾート地としてのスランディドノウの特徴については，*The Official Guide to the London & North Western Railway*, pp. 214-217 も参照。
64) Jones I. W., *op. cit.*, p. 19.
65) このホテルは後にロイヤル・ホテルとなった。*Ibid.*, p. 22.
66) *Ibid.*, p. 16.
67) *Ibid.*, pp. 39-49.
68) 荒井政治『レジャーの社会経済史』東洋経済新報社 (1989) 119頁。
69) Jones I. W., *Llandudno: Queen of Welsh Resorts*, pp. 51-52.
70) *Ibid.*, p. 16.
71) *Ibid.*, pp. 60-61.
72) アベリストゥイスより南の海岸にもアベラロン，ニューキーなどが現在では人気の臨海リゾート地となっているが，これらは地理的にも，また発展の時期からも本書の対象外である。
73) Bristow A., *Dr Johnson & Mrs Thrale's Tour in North Wales 1774*, p. 49.
74) ソロモン・アンドリュース (1835〜1908) はカーディフでパンやお菓子屋を営んだ後，路面電車やバス事業へ拡大した。後に息子のフランシス・エミール (Francis Emile, 1858-1943) も父親の事業に加わった。残念ながらプルヘリの路面台車は1927年の暴風雨で大きな被害を受け，廃止された。
75) Seaside resorts in Wales from Wikipedia, the free encyclopedia http://en.wikipedia.org/category:seaside-resorts-in-wales の中の Pwllheli によっている。
76) *Ibid.*, Criccieth の項目参照。
77) *Ibid.*, Barmouth 参照。
78) *Ibid.*, Tywyn 参照。
79) *Ibid.*, Criccieth 参照。
80) その作曲家は不明だが，19世紀の作詞家，ジョン・ケリオグ・ヒューズ (John Cerriog Hughes) の作詞といわれる。また，その伝説をもとに，ピーコック (Thomas Love Peacock) が Misfortunes of Elphin (1829) という小説を書いた。*Ibid.*, Aberdyfi 参照。なお港町アバーダヴィの歴史を知る上で，Lewis H. M., *Pages of Time: A Pictorial History of Aberdyfi*, (1989) は極めて興味深い。
81) アベリストゥイス初期の歴史に関する記述は次の文献によっている。Cambrian News Illustrated Guide, *What to see Aberystwyth and How to see it*.
82) Troughton W., *Aberystwyth Harbour: An Illustrated History*, National Library of Wales, (1997), p. 9.
83) *Ibid.*, p. 15.

84) *Ibid.*, pp. 17-18.
85) *Ibid.*, p. 21.
86) *Ibid.*, pp. 24-40.
87) アベリストゥイスの大学の歴史については Ellis E. L., *The University College of Wales, Aberystwyth 1872-1972*, University of Wales Press,(1972)参照。
88) *What to see Aberystwyth and How to see it*, p. 8.
89) Jones H. C., *Aberystwyth Yesterday*, Stewart Williams,(1980)掲載の写真参照。
90) この問題については,例えば Roberts R., 'The Corporation as impresario: the municipal provision of entertainment in Victorian and Edwardian Bournemouth'; Walton J. K., 'Municipal government and the holiday in Brackoppl, 1876-1914', in Walton J. K. & Walvin J., *Leisure in Britain 1780-1939*, Manchester U. P.,(1983)参照。
91) Shaw G. & Williams A. (eds.), *The Rise and Fall of British Coastal Resorts*, (1997); Morgan N. J., 'Welsh Seaside Resort Regeneration Strategies', in Starkey D. J. & Jamieson A. G. (eds.), *Exploiting the Sea*, Univ. of Exeter, (1998).

第12章　結　論

　最後に本書の要点をまとめるとともに，ここで明らかになったことに言及し，さらに問題点を指摘し，今後の展望を行うことにする。

　本書執筆に際して最大の課題は，北ウェールズの交通の盛衰を地域産業との関係で考察することであった。ここで取り上げた交通機関とは主として産業革命前後に発展した交通機関である道路，海運（とりわけ内航海運），運河，そして鉄道に限られており，それ以外の交通機関（路面電車，自動車輸送，外航海運，航空輸送など）は取り上げることはできなかった。

　第1章では，北ウェールズの主要産業，農業，毛織物工業，そして製鉄業を交通発展との関係で概観した。本章の目的は地域産業の盛衰が交通と無関係ではないことを示すことにあり，いわば本書全体の序章をなすものであった。まずウェールズの農業の特性，議会エンクロージャーの普及の遅れ，農業技術の採用の遅れにふれ，とりわけ交通革命との関係で，ウェールズにおける鉄道網の波及に伴うドローヴィングの衰退に言及した。次に毛織物工業をとりあげ，18世紀末から19世紀にかけての機械化，さらには鉄道時代における北ウェールズ毛織物工業の衰退に論及した。最後にジョン・ウィルキンソンの事業を取り上げ，彼の北ウェールズでの工場立地を交通との関係で論及した。

　次に第2章では，シュルーズベリー＝ホーリーヘッド間道路およびホーリーヘッドからダブリンへの海上ルートの改善について考察した。ホーリーヘッド道路の建設によって，距離の短縮と拡幅，道路の直線化，安全性が増大し，またアイリッシュ海の海上ルートでも蒸気船が使用されるようになった。こうした陸海の交通インフラの改善の結果，交通時間は大幅に短縮され，旅行が安全，かつ規則的に行われることになった。しかし本章ではホーリーヘッド道路に論点を集中したため，それ以外の北ウェールズのターンパイク道路については言及すること

できなかった。

　第3章では，北ウェールズの一大重要産業であるスレート産業を取り上げ，その輸送を海運業，造船業，海上保険など海事産業の発展との関係で論じた。スレートの輸送のために北ウェールズ各地で海運業が発展し，さまざまな職業の人々に投資の機会を提供した。またスレート輸送の発展は単にその搬出港ばかりでなく，バーマス，プルヘリ，アムルクなど周辺の港町の造船業に活気を与えた。単にスレート輸送だけでなく，陸上交通が不便であったことや鉄道時代の到来が遅れたこともあって，海運業は19世紀になるとウェールズの人々の生活に不可欠な輸送手段で，かつ重要な情報伝達手段であった。最初は帆船が主流であったが，19世紀後半になるとウェールズ諸港で蒸気船会社が開設された。この頃には，とりわけイングランドの大都市への輸送において鉄道が海上輸送に大きなインパクトを与えた。その影響を受けて，伝統的木造船の建造は行われなくなったとはいえ，沿岸海運業は全面的に衰退したわけではなかった。

　第4章では，北ウェールズの2大運河（エルズミア運河とモンゴメリーシャー運河）建設と運河沿いに発展したさまざまな産業について言及した。ついで第5章では，第二次世界大戦後の運河再建運動と政府政策の変化に言及し，再建の事例として北ウェールズの2つの運河と南ウェールズのモンマスシャー運河を取り上げた。

　本書の後半では北ウェールズの鉄道を地域経済との関係で論じた。第6章と第7章で取り上げたチェスター＆ホーリーヘッド鉄道とカンブリアン鉄道は，標準軌道の幹線鉄道であったが，両者の建設動機にはかなり大きな違いがあった。前者の場合，ウェールズの地域的利害よりむしろ，イングランドの首都ロンドンとアイルランドの首都ダブリンの通信改善を主たる目的として建設され，資金的にも大手鉄道会社のロンドン＆ノース・ウェスタン鉄道が少なからず関与していた。またそれと関連して，その建設に携わった主任技師は，ヴィクトリア時代のイギリスを代表するロバート・スティーブンソンであった。これに対して，後にカンブリアン鉄道に統合される北中部ウェールズの鉄道は純粋にウェールズの地主や貴族を中心に発起され，カンブリアン鉄道として統合された後も，地域経済と密着して発展した。このようにチェスター＆ホーリーヘッド鉄道とカンブリアン鉄

道とではその建設動機にかなり大きな違いがあったものの，ともにウェールズ経済にとって不可欠の輸送手段を提供した点で共通していた。またともに過疎地域に建設されたことから，輸送需要は常に不足しがちで，資金調達に困難を極めた点でも共通していた。チェスター＆ホーリーヘッド鉄道では，地元ウェールズの人々を代表して一時コントラクターのS. M. ピートーが社長として，地域経済の開発に貢献したのである。

　第8～10章では北中部ウェールズのナローゲージ鉄道について，それらの建設動機と輸送目的の変貌を基軸として4つのタイプに分類し，まず第8章でそれぞれのタイプの鉄道を簡単に紹介した。そして第9章と第10章では，現存のナローゲージ鉄道の中でも特に注目すべき事例として，タリスリン鉄道とフェスティニョク鉄道を取り上げ，それらの建設事情，発展と衰退，さらには第二次世界大戦後の再建活動を論述した。ここで明らかになったことは，北中部ウェールズのナローゲージ鉄道の大半はスレート輸送を目的として建設され，その産業の盛衰と運命を供にしたことである。それらの中にはすでに廃線になってしまったものも多いが，中には第二次世界大戦後になってボランティアたちの熱意によって再建され，現在でも貴重な産業遺産として主として観光目的で営業されているのである。現在，北中部ウェールズはナローゲージ鉄道の宝庫として有名であるが，その背景には何万人もの鉄道愛好家たちの熱心で地道な再建活動があったことを忘れてはならない。

　最後に第11章では，北ウェールズの観光旅行を交通発展，とりわけ鉄道との関係で考察した。北ウェールズへの観光旅行にみられる一つの転換期は18世紀の第4四半期であり，この時期になると，ピクチャレスク運動や産業革命，陸上交通（とりわけターンパイク道路の建設）の影響で，かなり多くの詩人や画家などがウェールズ，とりわけ北ウェールズに旅をするようになった。本書ではその一例としてジョンソン博士とスラール家一行の北ウェールズへの旅を紹介した。しかし，この時期に旅行を楽しむことができたのは一部の上流階級の人々に限られていた。その意味で鉄道の到来は観光旅行の大衆化に大きく貢献したのである。イギリスの鉄道と観光旅行の大衆化に関してはすでに荒井政治氏や小池滋氏などによって詳しく論じられているが，本書では北ウェールズの鉄道と臨海リゾートの

発展について論及した。

　さて，本書で著者が常に念頭においていたのは，交通史をそれ自体として捉えるのではなく，経済史の立場から，できるだけ地域経済との関係で考察することであった。というのはいかなる交通機関もそれが立地する地勢や地域経済と無関係には存在しえないからである。わずか60〜80センチという北ウェールズ独特のナローゲージ鉄道は，入り組んだ山岳地帯に立地する北ウェールズのスレート輸送にとって必要十分な軌間であったし，フェアリー式蒸気機関車は狭軌鉄道の弱点をできるだけ克服するために開発されたのであった。しかし北ウェールズのどの交通手段（とりわけ陸上交通）においても共通して相伴って生じた困難は，技術的なものよりもむしろ，人口密度の低い貧困地域という独特の経済事情に付随する困難であった。本論からは話が逸れるが，中世の時代にウェールズ人がどうしてイングランド人によって征服されたのであろうかという問題への一つの解答は，両者の経済格差にあったと思われる。実際，ウェールズ各地に残る中世の城の中でとりわけ立派なものはいずれも征服者であるイングランド人が建てたものである。カナーヴォン城，コンウィ城，ビューマリス城，ハーレク城など世界遺産に登録されている著名な城はいずれもイングランド王エドワード1世がウェールズを征服するために建てたものである。これに対してウェールズ人の王様たちが建てたといわれる城はほとんど破壊されてしまっており，しかもそれほど立派には見えない。ウェールズ人は，強弓で知られるように，征服者のイングランド人に比べて，決して体力や勇猛さでは劣っていなかった。それにもかかわらず，彼らが最終的にイングランド人の支配下に置かれることになった最大の要因は経済力の違いにあったのではないかと思われる。そしてイングランドとウェールズの経済格差という点では，中世の時代も，産業革命時代も，そして現代もほとんど変わっていないように思われる。そうしてみると，北ウェールズの交通発展はその経済にかなり大きな影響を与えたにも関わらず，経済構造そのものを根本的に変えるほど大きな影響を与えることはできず，むしろ交通機関自体，貧困で人口希薄な経済事情からくる制約から免れることができなかったといえるかもしれない。そのことがもっとも明白に現れていたのがカンブリアン鉄道の数度にわたる経営危機であった。

ウェールズ経済の相対的貧困と関連して，もう一つ明らかになったのは，イングランドと比較した際の制度の導入や技術発展の相対的後進性である。本書で明らかにしたように，ウェールズの農業や産業，そして交通に見られる特徴は，その変革へのインパクトが，多くの場合，イングランドから波及してやってきたことであった。エンクロージャー運動，農業の技術革新，毛織物工業の機械化はイングランドと比較して遅れていたし，場合によっては不徹底に終わることもあった。運河や鉄道建設の開始もイングランドより遅れていた。エルズミア運河やモンゴメリーシャー運河の建設が始まったのは，イギリスの運河建設ブームの第2期（1790年代初期）のいわゆる運河熱時代においてであった。またチェスター＆ホーリーヘッド鉄道が建設されたのも鉄道建設の第2ブーム期においてであった。北中部ウェールズの地方鉄道は1850年代後半から60年代にかけて生じた鉄道建設の最終ブーム期になってようやく建設が開始された。この時期はすでにイギリスの幹線鉄道網はほとんど完成しており，投資家の目は海外に向かっていた。そしてこのことが，現地での資本蓄積不足に加えて，鉄道建設資本の調達をいっそう困難にしたのである。

　それでは，ウェールズが経済のすべての面でイングランドより遅れをとっていたかといえば，決してそうではなかった。産業遺産の保存運動はウェールズから始まった。本書で詳しく論じたように，北ウェールズにおいて運河や鉄道施設のかなり多くが地域経済の盛衰と運命をともにしたものの，中には戦後になって再建され，現在でも重要な観光資源として活用されているものも少なくない。そのさい，忘れてならないのは，それらの施設を貴重な産業遺産として認識し，熱心に再建・保存活動に従事した愛好家の存在である。しかも北ウェールズはそれらの保存運動という点で，決してイギリスの他地方の後塵を拝していたわけではなく，むしろそのパイオニア地域となったことは強調されてよいと思う。そのことはとりわけナローゲージ鉄道について当てはまる。タリスリン鉄道，さらにはそれに続くフェスティニョク鉄道の保存運動の成功が，ウェールズばかりでなく，イングランドの鉄道保存運動を誘発したのである。また，運河についても，その保存運動のパイオニアとなったトム・ロルトが最も大きな愛着を持っていたのは，ポントカサルテ水道橋の通過であった。しかもその水道橋のほとりは，彼の愛船

クレシー号の生誕地であったのである。この水道橋をテルフォードが設計したか，あるいはウィリアム・ジェソップが設計したかについて考察することは今後の研究課題として残るが，産業革命時代のイギリスを代表する運河施設の傑作中の傑作といってよいこの水道橋を破壊することなど，おそらく心あるイギリス人なら誰一人考えなかったことであろうし，そこを通過することはおそらくロルトばかりでなく，多数の運河愛好家の憧れであったと思われる。その意味で北ウェールズは戦後におけるイギリスの運河保存運動の発祥地ともいえよう。

　さて，本書によって筆者のウェールズ交通史の研究が完結したとは決して言えない。ここで扱った交通機関は産業革命前後の中心的交通機関，すなわち道路，海運，運河，そして鉄道だけにすぎない。これは筆者の経済史研究における関心の中心が主として産業革命前後からヴィクトリア時代にあることから，ある程度やむをえないかもしれない。もちろん筆者は20世紀になって発達した交通機関，とりわけ自動車やバス，路面電車などにも関心がないわけではないが，それらの発展と経済との関係について論じるのは今後の課題としておきたい。またその他にもさらに検討を要する課題も少なくない。例えば第1章では，北ウェールズの主要産業として，農業，毛織物工業，そして製鉄業と交通との関係に論及したが，それ以外の重要産業，例えば精銅業や炭鉱業については全く触れることができなかった。第2章では，ホーリーヘッド道路とアイルランドとの海上交通の改善に力点をおいたが，産業革命前後の時代に数多く建設されたそれ以外のターンパイク道路についてはほとんど触れることができなかった。また，筆者自身の研究過程で生じてきた疑問点も決して少なくない。例えば，エルズミア運河の建設に関連して，この運河に関する従来の研究の多くが，ポントカサルテ水道橋の建設をめぐる技術面の研究に力点が置かれる反面，運河会社の経営面についての研究が等閑視されているのではないかと書いたが，筆者自身，決してこの問題を十分研究したとは言えない。その他筆者が気付かなかった問題点が多数あると思われる。読者諸賢の忌憚のない御批評を賜ることができれば幸甚である。

　最後に本書で使用した史料上の問題についても触れておかねばならない。本書は前書『南ウェールズ交通史研究』の続編という形をとっているが，両書の執筆事情にはかなり大きな違いがみられる。前書の執筆に際しては，1995年秋から96

年夏にかけてカーディフ・ビジネス・スクール留学中に収集した一次史料を数多く利用することができた。これに対し本書執筆にさいして利用した史料は，筆者が職務の合間の休暇を利用してイギリスを訪問することによって入手したものか，帝塚山大学図書館の方々のお世話によって内外の図書館からお借りしたもの，あるいはインターネットを利用して内外の書店・古書店から購入したものがほとんどである。中にはほとんど2次資料のみに頼っている章も少なくない。その意味で，本書は決して十分な研究書とは言えず，さらにいっそうの調査研究を必要とするものである。今後の研究課題としたい。

あとがき

本書の基になった論文は以下のとおりである。
　第 1 章「工業化初期北ウェールズ産業の盛衰と交通発展」『帝塚山経済・経営論集』第19巻（2009年）
　第 2 章「19世紀初期北ウェールズにおける交通改善のひとこま——ホーリーヘッド道路と海上ルートの近代化——」『帝塚山経済・経営論集』第15巻（2005年）
　第 3 章「19世紀イギリス海事産業のひとこま——北ウェールズのスレート輸送をめぐって——」『帝塚山経済・経営論集』第12巻（2002年）
　第 4 章「北ウェールズの運河と地域経済」『帝塚山経済・経営論集』第18巻（2008年）
　第 5 章「戦後イギリスの運河再建運動」『交通史研究』第65号（2008年）
　第 6 章「チェスター＆ホーリーヘッド鉄道の建設と地域経済」『帝塚山経済・経営論集』第18巻（2007年）
　第 8 章(2)「ウェールズのナローゲージ鉄道——タリスリン鉄道の盛衰と保存運動を中心として——」『帝塚山経済・経営論集』第13巻（2003年）

　なお，第 8 章(3)は「ヴィクトリア時代における北ウェールズのナローゲージ鉄道——フェスティニョク鉄道の盛衰を中心にして——」『帝塚山経済・経営論集』第16巻（2006年）に戦後の再建を付け加え，修正したものである。また，第 9 章「北ウェールズ観光旅行の歴史と鉄道」は「ウェールズ観光旅行の歴史と鉄道」と題する帝塚山大学経済学部のディスカッション・ペイパーシリーズ（J-145）の内容に大幅な変更を加えたものである。第 8 章(1)と，第 7 章「カンブリアン鉄道の形成と発展」，および第10章の終章は書き下ろしであるが，第 7 章と類似の論考を『帝塚山経済・経営論集』第20巻に発表する予定である。
　本書の基となった論文の作成に際して，社会経済史学会，経営史学会，鉄道史

学会，交通史研究会，海運経済学会，カムリ学会，関西ウェールズ学会，そして筆者の母校である関西大学の経済史研究会，さらには筆者が勤務する帝塚山大学での研究会において，報告させていただく機会を与えていただいた。そして筆者の拙い発表に際し，多くの先生方から暖かい御批評や助言を賜った。諸学会やシンポジウムでの報告では，天川潤次郎，湯沢威，青木栄一，小川功，佐村明知，吉賀憲夫，廣野史子，片山邦雄，渡哲郎，富田昌宏，後藤伸，深井甚三，上村雅洋，沢井実，老川慶喜，柴孝夫，胡桃沢勘司，市川文彦，鶴田雅昭，寺本益英，三木理史，井田泰人氏をはじめとする諸先生方から貴重な批評を賜った。また関西大学の研究会では，恩師の荒井政治，原田聖二両先生，さらに両先生の引退後も，加勢田博，北川勝彦，浜野潔，北原聡，山本千映，勝矢倫生，宇都宮浩司，矢切努，森本行人氏をはじめとする諸先生や同僚の方々に大変お世話になった。また筆者が勤務する帝塚山大学の研究会では日夏嘉寿雄，山田雄久，伊藤敏雄の各先生から有意義な助言を賜り，さらに帝塚山学園出版助成の申請に際し，経済学部長の重本和泰先生をはじめ同僚の先生方に格別のお世話になった。

　また前著『南ウェールズ交通史研究』に引き続き，本書の出版を快くお引き受けくださった日本経済評論社代表取締役栗原哲也氏，ならびに出版部の谷口京延氏をはじめ，日本経済評論社の方々には編集から刊行に至るまで，大変お世話になった。

　最後になったが，本書の出版にあたり，学校法人帝塚山学園から平成21年度帝塚山学園学術研究等出版助成金を賜ることができた。この場をお借りして，謹んで感謝するしだいである。

索引

事項

1885年計画……………………………………226
1947年運輸法…………………………………137
1968年運輸法……………………………142,148
A & WCR（Aberystwyth & Welsh Coast Railway）……211,228,232,259,261,262,264,265,299,309,310
BR（British Railways）……………………279
BTC（British Transport Commission）……137,138,140,149,151,153
BWB（British Waterways Board）……140-143,147-150,155
CHR（Chester & Holyhead Railway）………157,158,162,166,168,169,171,173,176-178,180,183-189,191-198,201,343-346
DIWE（Docks and Inland Waterway Executive）…………………………………137
GDP（Gross Domestic Products）………………1
GWR（Great Western Railway）………207,213,245,309-311
IWA（Inland Waterways Association）……135,136,139,145-149
IWAAC（Inland Waterways Amenity Advisory Council）…………………………143
L & NR（Llanidloes & Newtown Railway）………………………………206-209,211
L & NWR（London and North Western Railway）……118,158,174,177,178,185,187,191,196-198,200,207,211,230,309,311,313,343,344
N & MR（Newtown & Machynlleth Railway）……………………………………210,211
O & NR（Oswestry & Newtown Railway）……………………………………209-212
OE & WR（Oswestry, Ellesmere & Whitchurch Railway）………………………211
SDC（Shrewsbury Drapers Company）……15,16,35
SUC（Shropshire Union Canal Company）……………………………………………118
TRPS（The Talyllyn Railway Preservation Society）………………………………277,278
W & LR（Welshpool & Llanfair Railway）…………………………………………243-245

【あ行】

アイアンブリッジ……………24,30,56,74,132
アイルランド併合…………iv,46,51,63,162,197
アイルランド併合法……47,48,50,51,63,64,157,162
アシュトン運河（Ashton Canal）……………137
アシュトン＆ロウワー・ピークフォレスト運河（Ashton & Lower Peak Forest Canal）……137
アバーディア運河……………………………129
アバーガノルウィン・スレート会社（Abergynolwyn Slate Co. Ltd.）……………266
アバーダヴィ・スレート会社（The Aberdovey Slate Company）…………266
アプト式………………………………237,250,270
アベリストゥイス＆ウェルシュ・コースト鉄道（Aberystwyth & Welsh Coast Railway）……………………206,209-211,259,348
アベリストゥイス・クリフ鉄道（Aberystwth Cliff Railway）………………………………236
アメニティ………133,138,139,141,146,148,153
アメリカ独立戦争………………………………25
アメリカ南北戦争……………………………180,258
イギリス運輸委員会（British Transport Commission, BTC）……………………………137
イギリス水路公社（British Waterways Board, BWB）………………………………………140
イギリス電力公社（The British Electricing Authority）………………………………317-319
一般エンクロージャー法（The General Enclosure Act）…………………………………4,32
インクライン……84,165,268,270,271,296,309
インターネット………………………………280
ヴァーニー水道橋（Vyrnwy Aqueduct）……127
ヴァン鉄道（Van Railway）…………………227

ウィラル線（Wirral line）………112,118,123
ヴェール・オヴ・クルイド鉄道（Vale of Clywd Railway）………………………12
ヴェール・オヴ・ライドル鉄道（Vale of Rheidol Railway）………227,236,237,239,246
ウェブ（web）…………………………19
ウェルシュ・ハイランド鉄道（Welsh Highland Railway）………………………………315
ウェルシュプール＆スランヴェア鉄道（Welshpool & Llanfair Railway）……227,236,237,239,243
ウォータールー橋…………50,56,61,121
請負業者…………49,61,62,114,294,322
運河再建運動………iv,133,134,152,362,369
運河熱時代………………………110,143,365
エア＆コールダー・ナヴィゲーション（Aire & Calder Navigation）………………138
駅馬車…………………………44,54,69,339
エスクワイア………………………217,218
エネルギー………………………ii,iii,20
エネルギー革命……………………iv,79
エルズミア＆チェスター運河（Ellesmere and Chester Canal）………111,112,118,123
エルズミア運河（Ellesmere Canal）……iv,28,29,52,110,112-114,116,118,119,122-124,126,129,130,143,144,148,362,365,366
沿岸船……i,8,123,148,242,258,291,293,294,321
沿岸輸送税……………………………86,293
エンクロージャー………3-6,23,30-32,38,361,365
エンクロージャー立法……………4-6,32,345
円筒型送風機………………………24,30
オヴァレンド・ガーニィ恐慌……214,219,310
オヴァレンド・ガーニィ商会……197,214,233
王領地……………………………………6,293
大市………………………………………15
オープン・パイプライン………………129
オズウェストリー＆ニュータウン鉄道（Oswestry & Newtown Railway）…206,207,209,226
オズウェストリー・エルズミア＆ウィッチャーチ鉄道（Oswestry, Ellesmere & Whitchurch Railway）……………206,211
オペレーション・アシュトン（Operation Ashton）………………………………137

【か行】

海運業………76,79,90,93-95,100,102,104,106,194,228,361
海事産業………iv,31,79,90,91,93,95,106,228,307,312,321,325,342,350-352,357,362,369
海上保険………………79,90,91,97,99,320,362
海上輸送…8,12,20,33,35,46,65,106,176,192,202,228,243,266,293,311,321,324,349,362
海賊………………………………………337
外部経済効果……………………………22
外部不経済効果…………………………22
外輪船……………………………………65
革新的企業家……………………ii,93,94
囲い込み運動…………………………3,31
貸しボート業……………………………149
化石エネルギー…………………………iii
家畜商人……………………………………i
家畜品評会………………………………8
家畜輸送…………………………20,226
カナーヴォン城…………………iii,59,193,364
ガリヴァー旅行記………………………45
カレドニア運河（Caledonian Canal）……52,121
環境保護…………………………iii,147,151
観光産業………………iii,1,194,228,230,352
観光シーズン………………………275,315
観光（用）桟橋………………342,345-347
観光旅行……3,132,276,327,328,332,338,339,352,353,363,369
管財人（破産管財人）……214,219,220,225,315
幹線鉄道………4,11,160,205,240,253,362,365
カンブリアン鉄道（Cambrian Railways）…v,11-13,20,37,205,206,210-230,232,233,244,245,248,276,287,299,306,309-311,324,348-351,362,364,369
議会エンクロージャー………………4,5,11
機械工業……………………………i,217,218
議会立法………29,239,243,261,292,300
寄宿含学校………………………………179
北ウェールズ観光………………iii,v,248,369
北ウェールズ採石労働者組合（The North Wales Quarrymen's Union）…………………274
キドウェリー運河（Kidwelly Canal）………129,143
ギャンガー…………………………169,183
狭軌鉄道…ii,iii,v,86,186,227,228,239,246,

289,299,300,302,307,364
教区道路···41,44,291
教区民··41
共有地···32,345
金融恐慌··197,214
金融業者····································214-216,290,293
クエーカー教徒······································23,27,38
グラモーガンシャー運河 (Glamorganshire Canal)·······················110,129,143,144,154
グランド・ジャンクション鉄道 (Grand Junction Railway)··············50,77,157-159
グランド・ツアー·········3,276,287,327,330-333,338,354
グランド・ユニオン運河 (Grand union Canal)··138
クリスタル・パレス·······························189,190
クリミア戦争·······································180,181,196
クレシー号 ('Cressy')·········134,135,145,366
クルーズウェイ···145
クルージング・ライセンス···························149
グレート・ウェスタン・ホテル (Great Western Hotel)·····································190
グレート・ウェスタン鉄道 (Great Western Railway)··205,248
グレート・オーム鉄道 (Great Orme Tramway)···································236,237,251
クロスヴィル・モーターズ (Crosvill Motors)··245
軍需品··25
軽便鉄道法····························228,239,243,247,253
軽便鉄道補助法···228
毛織物(工)業·······i,1,2,13-15,17-22,30,35,36,109,127,128,207,216,225,336,361,365,366
毛織物市場··15,16
ケネット&エイヴォン・カナール・トラスト (Kennet & Avon Canal Trust)··················136
ケネット&エイボン運河 (Kennet & Avon Canal)··61
ケリー支線 (Kelly Branch)··············209,226
航海時間···64-66,68
耕作···2,4,331
耕作競技··8
工場制手工業··i
工場制度··15-17,19,36
交通機関·······iv,20,109,137,283,327,343,349,

353,361,364,366
荒蕪地···6,32
衡平法裁判所···220
コークス·····································23,24,27,38
コークス製鉄··27
黒人奴隷···ii,336
国立公園及び田園地域アクセス法 (The National Parks & Access to the Countryside Act)································148
国会議事堂···179
コットン (cotton)·····································19
呉服商人··15,16,91
娯楽(用)クルージング·······134,138,139,141,145,147-150
コリス鉄道 (Corris Railway)·····227,236,237,261,262,264,276,279,287
コンウィ城···················iii,59,193,330,364
コンウィ橋····················50,59,60,158,201,255
コントラクター········158,166-170,177-180,183,184,187,197,200,202,206-214,219,220,231,244,247,250,251,253,264,286,363
コントラクターズ・ライン···184,197,206,207,231,253

【さ行】

産業革命·······i-iii,10,33,36,38,42,43,46,60,75,109,113,132-134,139,202,203,255,327,332,336,338,339,353,361,363,364,366
採石労働者·····································6,260,264,271
サウス・ウェールズ鉄道 (South Wales Railway)··205,343
刷毛機··16,19
サマーエクスプレス・サーヴィス················230
産業遺産····iii,134,136,139,151,154,235,236,255,278,283,316,353,363,365
産業考古学者···iii,23
残余の水路···142,145
ジェニー紡績機··16
ジェントリー······················3,115,336,339,353
自給自足··3,7,270
自然保護評議会 (Nature Conservancy Council)···147
社会的アメニティ···140
ジャガイモ···6
住宅ブーム··275
縮絨工場··129

シュルーズベリー・ドレイパーズ・カンパニー（Shrewsbury Drapers Company）…14, 15, 35
シュルーズベリー運河（Shrewsbury Canal）…29
シュロップシャー・ユニオン運河（Shropshire Union Canal）…118, 143, 144
シュロップシャー運河（Shropshire Canal）…18, 22, 29, 37
蒸気機関車…237, 241, 243, 248, 261, 263, 281, 282, 289, 298-300, 302, 303, 307, 309, 310, 318, 320, 322, 324
蒸気船…64-68, 79, 95, 100-106, 120, 123, 132, 157, 159, 161, 192, 229, 327, 338, 339, 346, 351, 357, 361, 362
商業用水路…138, 141, 142
商務省…175, 244, 247, 250, 252, 261, 264, 300, 302, 323
織布工程…19
植民地…ii, 46
新農法…7, 8
水路再開発諮問委員会（Waterways Redevelopment Advisory Committee）…140
水路に関する諸事実（Facts about the Waterways）…141
水路の将来（The Future of the Waterways: Interim Report of the Board）…140, 141
スウォンジー運河（Swansea Canal）…129, 143
スクーナー…65, 352
スコットランド国務省（Secretary of State for Scotland）…138
ステイブル港…13
ストゥアブリッジ運河（Stourbridge Canal）…136
ストラットフォード・アポン・エイヴォン運河（Stratford-upon-Avon Canal）…136
ストックトン＆ダーリントン鉄道（Stockton and Darlington Railway）…131
スノードン登山鉄道（Snowdon Mountain Railway）…236, 237, 239, 248, 250, 251
スプリッティング（splitting）…269
スラナマネフ線（Llanymynech Branch）…112
スラニドロエス＆ニュータウン鉄道（Llanidloes & Newtown Railway）…206
スランヴェリン支線（Llanffelyn Branch）…209, 226
スランゴスレン運河（Llangollen Canal）…iii, iv, 118, 129, 130, 138, 143-145, 147, 148, 255
スランディドノウ桟橋会社（Llandudno Pier Company）…347
スランベリス・レイク鉄道（Llanberis Lake Railway）…243
スレート鉱山…6, 43, 44, 71, 81, 83-86, 93-95, 103, 122, 186, 187, 194, 227, 238, 240-243, 249, 255, 256, 258, 259, 265, 267, 268, 270, 272, 273, 275, 289-296, 304, 307-312, 320, 324, 332
スレート砕石業者…290
スレート産業…ii, iv, 1, 2, 80, 82, 84, 86, 106, 110, 129, 132, 192, 225, 226, 235-237, 239, 249, 250, 256, 252, 268, 273-275, 289, 290, 300, 304, 307, 311, 320, 342, 362
製鉄業…ii, iii, 1, 23, 24, 27, 29, 30, 37, 38, 109, 124, 183, 185, 191, 192, 204, 216, 342, 361, 366
世界遺産…iii, 59, 255, 283, 364
世界恐慌…248, 273, 275
絶対王政時代…14
繊維産業…22
専門運送業者（パブリック・キャリア）…69
総支配人…221, 225, 250
造船業…i, 65, 90-99, 174, 228, 288, 351, 352, 362
創造的破壊…11

【た行】

ターンパイク・トラスト…3, 41, 42, 44, 47, 49, 52, 55, 71, 332, 338
ターンパイク・ライオット（turnpike riot）…41, 42
ターンパイク道路…10, 16, 41, 42, 44, 45, 50, 55, 70, 258, 332, 361, 363, 366
第一次世界大戦…79, 81, 101, 106, 118, 122, 129, 237, 245, 248, 272, 275, 287, 314, 320, 342
第二次世界大戦…iv, v, 75, 129, 130, 133, 134, 136, 144, 145, 147, 149, 151, 235, 237, 245, 248, 256, 275, 276, 278, 289, 290, 315, 320, 362, 363
大英博物館…179
大幹線鉄道〔カナダ〕（The Grand Trunk Railway of Canada）…180
脱穀機…8
タフ・ヴェール鉄道（Taff Vale Railway）…264, 286, 323
ダブル・ボギー（式）蒸気機関車…241, 306, 319

索　引

タリスリン鉄道（Talyllyn Railway）……v , 31, 44, 152, 235-237, 239, 245, 246, 256-268, 270-273, 275, 276, 278-283, 285, 287, 289, 316, 320, 322, 324, 363, 365, 369
炭鉱業……iii , 1, 2, 38, 102, 124, 183, 184, 191, 203, 285, 342, 366
ダンディ（horse dandies）………………297, 322
反物市場……………………………………………15
チェスター＆バーケンヘッド鉄道（Chester & Berkenhead Railway）…………………………165
チェスター＆ホーリーヘッド鉄道（Chester & HolyheadRailway）……iv , 11, 18, 20, 50, 157, 165, 178, 205, 240, 327, 342, 343, 357, 362, 363, 365, 369
チェスター運河（Chester Canal）……110-112, 118, 122, 125, 126, 148
築堤工事………………………………………171, 292
地方銀行………………………………………………9
チャーク水道橋（Cherk Aqueduct）…112, 116, 120, 121, 130, 144
チャーチスト運動………………………………18, 37
通行料……………………10, 12, 34, 41, 42, 45, 48, 241
通行料徴収所……………………………………11, 34, 54
通信販売……………………………………………22
ツーリズム………255, 257, 275, 276, 289, 290, 329
ディー川での橋梁崩落事故…………………………172
定期船…………………………45, 64, 79, 101, 148, 162
ディノーヴィック・スレート鉱山（Dinorwig Slate Quarry）……………………………………249
ディノーヴィック鉄道（Dinorwig Railway）…………………………………………236, 237, 242
手織工……………………………………………17, 19
鉄道国有化………………………………………245, 278
鉄道時代……ii , 8, 9, 11, 20, 67, 100, 118, 127, 128, 133, 147, 179, 229, 259, 340, 343, 349-351, 361, 362
鉄道熱狂家…………………………………………317
鉄道輸送……ii , 12, 128, 151, 192, 299, 303, 311, 312, 324
テナント運河（Tennant Canal）………129, 143
電力公社……………………………………………319
ドア・ツー・ドア…………………………………245
道路建設………3, 43, 44, 49, 50, 52, 54, 55, 75, 61, 146, 153, 249
道路修理………………………………………41, 48
特別科学重点地域（Site of Special Scientific Interest）……………………………………147
ドック・内陸水路管理局（Docks and Inland Waterway Executive, DIWE）……………137
ドニントン・ウッド運河（Donnington Wood Canal）……………………………………29, 39
土木技師…………………………10, 160, 162, 165, 255
土木技術……………………………………44, 61, 109
トミー・ショップ…………………………170, 200
トラック・システム……………………168-170, 200
トラファルガー海戦……………………………19
トラムウェイ……………83-87, 262, 268, 287
トリミング（trimming）…………………………269
トレント＆マージー運河（Trent & Mersey Canal）…………………………………………110, 123
ドローヴァー……………………………………9-12, 33
ドローヴィング（droving）……i , 2, 8, 9, 11, 12, 30, 33, 34, 361

【な行】

内部補助…………………………………………49, 220
内部留保…………………………………………221
内陸水路アメニティ諮問評議会（Inland Waterways Amenity Advisory Council, IWAAC）…………………………………………143
内陸水路協会（Inland Waterways Association, IWA）…………………………………134, 150, 152, 278
内陸水路調査委員会に続く政府の提案（Government Proposals following the Report of the Committee of Inquiry into Inland Waterways）……………………………………140
ナヴィ（navvy）……135, 137-139, 148, 167-171, 182, 198, 207, 212, 232, 264, 286, 294, 322
ナヴィーズ（"Navvies"）…………137, 138, 148
ナヴィーズ・ノートブック（"Navvies Notebook"）…………………………136, 138, 155
中グリ旋盤………………………………23-25, 30, 33
ナショナル・トラスト（The National Trust for Places of Historic Interest or Natural Beauty）……………………………………75, 136, 283
ナポレオン戦争………5, 19, 25, 32, 37, 58, 84, 87, 100, 112, 125, 338, 357
ナローゲージ鉄道…iii , v , 31, 71, 152, 160, 186, 204, 235, 238, 252, 256, 261, 263, 280, 289, 303, 319, 324, 353, 363, 364, 369
ナローゲージ鉄道博物館（Narrow Gauge Museum）…………………………………………281

ナローボート……………………112, 134
ナントグワノール鉱山（Nantgwernol Slate Quarry）…………………268, 270, 271
ナントル鉄道（Nantle Railway）………236, 237, 241
ニース運河（Neath Canal）……………129, 143
荷馬車……………18, 54, 69, 236, 242, 256, 291
ニューコメン機関………………………24, 25, 33
ニュータウン＆マカンスレス鉄道（Newtown & Machynlleth Railway）……………206, 210
熱風炉………………………………………………24
ネルソン記念塔…………………………………179
年次報告書（Annual Report and Accounts）……………………………………141, 143
農業院（the Board of Agriculture）……………7
農業協会（Agricultural Societies）……………7
農村工業……………………………………………17
ノース・ウェールズ・ナローゲージ鉄道（North Wales Narrow Gauge Railway）……………………………………236, 237
ノース・ブリティッシュ鉄道（North British Railway）…………………………………225
ノーフォーク式農法, 30
乗合馬車……………………………………………334

【は行】

バーケンヘッド・パーク（Berkenhead Park）……………………………………………189
パートナーシップ………122, 179, 209-211, 232
ハイウェー・マン…………………………………68
ハイランド鉄道（Highland railway）………223
ハイランド道路（Highland Road）……52, 71, 74
バウズ委員会報告書（The Report of the Committee of Inquiry into Inland Waterways）……………………………………139, 151
馬車軌道……27, 28, 109, 114, 121, 194, 227, 269
パダーン鉄道（Padarn Railway）……236, 237, 242, 243, 322
旅籠（inn）………………………………………10, 91
パッケージ・ツアー………………………189, 327
パドリング法……………………………………24
バラック……………………………268, 292, 305
バンゴール＝カナーヴォン支線（Bangor & Caernarvon Branch）……………………190
半自給自足…………………………………………9
帆船………ⅱ, ⅳ, 20, 65, 66, 79, 87, 91, 95, 97, 98,
100, 102, 104-106, 123, 192, 194, 229, 257-259, 266, 284, 312, 351, 352, 362
帆船時代…………………………45, 64, 65, 68
帆船輸送……………………………………………ⅱ
パンディ……………………………………………14
ピーク・フォレスト運河（Peak Forest Canal）……………………………………………137
ピクチャレスク・ツアー（観光）………31, 193, 275, 328, 329, 330, 331, 353
ピクチャレスク・ツーリズム…………………331
ピクチャレスク運動……………………………3, 363
ビッグ・ピット…………………………255, 283
ビューマリス城……………………………59, 364
標準軌……186, 238, 241, 259, 261-263, 285, 299, 300, 307, 310, 311, 362
ファイブ・ヴァレー・ツアー（Five Valley Tour）………………………………………314, 315
ファンシー（fancy）……………………………21
フィリスティン（Philistines）………………291
フェアバーン鉄道（Fairbourne Railway）……………………………………237, 279, 349
フェアリー式（蒸気）機関車……………302, 364
フェスティニョク鉄道（Festiniog Railway）…………v, 86, 160, 199, 204, 227, 235-237, 239, 241, 246, 249, 250, 261, 263, 280, 283, 285, 289, 290, 292-304, 306-320, 323, 325, 363, 365, 369
フェスティニョク鉄道協会（The Festiniog Railway Society）……289, 316
フォース＆クライド運河（Forth & Clyde Canal）…………………………………………110
不定期船……………………………………………79
不法定住者…………………………………………6
フライング・ワゴン………………………………69
プラスキナストン化学工場（Plaskynaston Chemical Works）………………………122
プラスキナストン製鉄所（Plaskynaston Iron Foundry）…………………………121, 128
ブラナヴォン製鉄所……………………………255
フランス革命……………………………5, 25, 46, 331
プランテーション………………ⅱ, 82, 240, 336
フランネル……………………16, 18, 35, 128, 331
フリー・メイソン…………………………121, 129
ブリタニア・パーク計画（Britania Park Plan）……………………………………198, 343
ブリタニア・ホテル（Britania Hotel）……189,

索　引　377

190
ブリタニア鉄橋（Britania Bridge ブリタニア管状橋）……11, 158, 174-177, 185, 186, 189, 197, 201, 255
ブリッジウォーター運河（Bridgewater Canal）……………60, 109, 110, 119, 133
ブリンエグリス（スレート）鉱山（Bryneglwys Slate Quarry）……258, 260, 261, 265, 271, 273
プリンス・オヴ・ウェールズ」委員会（Prince of Wales Committee）……………146
フリント石炭運河（Flint Coal Canal Company）………………………29
ブレーキ・バン……………………281
ブレコン運河（Brecon Canal）
ブレコン&アバーガベニー運河（ブレックノック&アバーガベニー運河 Brecon & Abergavenny Canal）…129, 138, 143, 144, 147
ブレコン・ビーコンズ国立公園…………148
ブレコン&マーサー鉄道（Brecon & Meythr Railway）……………………226
プロト工業化………………………ii
ベイシング・マシン（bathing machine）……347
ベイシングストーク運河（Basingstoke Canal）……………………136
ペンリン・ストライキ…………239, 273, 287
ペンリン鉱山（Penrhyn Slate Quarry）……186, 194, 240, 241, 249, 256, 268, 273, 287
ペンリン争議……………252, 287, 314
ペンリン鉄道（Penrhyn Railway）…236, 237, 240
ポントカサルテ水道橋（Pontcysyllte Aqueduct）……52, 112, 113, 115, 116, 118, 120-122, 129, 130, 144-146, 255, 365, 366
ボーア戦争………………………122
ポースウォーン支線（Porthywaen Branch）……………………209, 226
ホーリーヘッド道路（Holyhead Road）……iii, iv, 5, 41-43, 46-57, 61, 62, 64, 68-70, 77, 157, 158, 162, 198, 199, 355, 361, 366, 369
ホーリーヘッド道路委員会（Holyhead Road Commission）………42, 47, 50-52, 58, 60, 71
ボールトン&ワット商会……………30
牧畜………………………2, 5, 8, 14, 124
ポスト・ボーイ……………………69
ボストン・ロッジ（Boston Lodge）…292, 297, 298, 316-318

ボストン・ロッジ工場（Boston Lodge Works）……………………313, 314
保存協会（タリスリン鉄道保存協会）……246, 276, 277, 281, 288
保存主義者（preservationist）……………317
保存鉄道………iii, 235, 236, 256, 289, 354
ボランティア……iii, iv, 129, 134, 136, 137, 141-143, 145, 150, 235, 239, 246, 255, 257, 276-279, 281, 287, 289, 316, 317, 319, 320, 363

【ま行】

マーケティング……………………ii, 9
マクレスフィールド運河（Macclesfield Canal）………………………61
マリンスポーツ……………………350
マンチェスター銀行（Manchester Bank）……17
ミッド・ウェールズ鉄道（Midwales Railway）……………………226
密輸業者……………………337
ミュール機……………………17, 20
メナイ（海峡）架橋………………50, 58
メナイ海峡吊り橋……50, 57-59, 68, 69, 157, 165, 189, 255, 293
綿花飢饉……………………259, 284, 285
モーズウィ鉄道（Mawddwy Railway）……227
モータリゼーション………………142, 245
モスティン製鉄所（Mostyn Iron Works）…192
木綿工業……………………i, 336
モルド支線（Mold Branch）……158, 167, 183
モンゴメリーシャー運河（Montgomeryshire Canal）……iii, 19, 110, 112, 114-116, 118, 122, 124-131, 138, 143, 144, 146-148, 207, 362, 365
モンゴメリーシャー水路再建トラスト（Montgomery Waterway Restoration Trust）……………………147
モンサント・ケミカル会社（Monsanto Chemical Works）……………122, 128
モンマスシャー&ブレコン運河（Monmouthshire & Brecon Canal）………149
モンマスシャー運河（Monmouthshire Canal）……………110, 143, 144, 147, 154, 362

【や行】

郵政省………………………50, 66, 67
郵船基地……………………162, 163, 165
郵便船…………45, 46, 63, 77, 157, 159, 162, 188

郵便馬車·················53,54,67,69,70,77
郵便輸送····45,50,52,64,65,100,106,157-159,
　177,187,202
郵便輸送契約·························45,166
遊歩道················180,193,342,345,350,352
有料道路············12,34,41,42,52,241,332,338
ユナイテッド・アイリッシュメン（United
　Irishmen）·····························46,47,50
ユニオン橋（Union Bridge）·················58
溶鉱炉·······························23,24,121

【ら行】

ライムキルン···························124-126
酪農品································ⅰ,8,33
ラシュルム委員会報告書···················140
ランカシャー＆ヨークシャー鉄道（Lancashire
　& Yorkshire Railway）······················223
リヴァプール＆マンチェスター鉄道
　（Liverpool & Manchester Railway）······11,
　131,133,157
力織機··························17,18,20,21,36,37
陸上交通·········ⅳ,3,43,90,100,109,349,362-364
リゾート開発······················181,188,275,346
料金徴収所·································41

臨海リゾート（地）········ⅴ,188,193,204,211,
　220,226,230,237,247,251,284,325,327,338-
　350,352-354,357,363
レインヒル・トライアル（Rainhill Trial）···131
レクリエーション··················140-142,144
レッセ・フェール（自由放任）······43,71,158,
　163
ロイヤル・パビリオン······················339
労働党···························137,276,278
ロマン主義文学···························3,329
ロンザ・ヘリテージ・パーク（Rhondda
　Heritage Park）·························255
ロンザ支線（Rhondda Branch）·········264,323
ロンドン＆ノース・ウェスタン鉄道（London
　& North Western Railway）······118,158,362
ロンドン＆バーミンガム鉄道（London &
　Bermingham Railway）······77,131,157,158,
　159,166
ロンドン＆ブライトン鉄道（London &
　Brighton Railway）······················339
ロンドン万博·························90,189

【わ行】

ワット式蒸気機関·························26

人　名

【あ行】

アークライト（Arkwright R. 1732-92）···16,36
アーチャー（Henry Archer）·······159,294,322
アームストロング（Armstrong J.）·····132,228
青木栄一··························151,252,354,370
アシェトン＝スミス（Asheton-Smith Thomas）
　······6,27,84,186,187,194,242,249,250,256,
　322
アプト（Abt Carl Roman 1850-1933）·······237,
　250
荒井政治·······36,38,75,132,153,204,327,338,
　354,356-358,363
アルバート（Albert W.）···11,41,48,70-73,332
アンドリュース（Andrews S.）··········348,358
アンドリュース（Andrews F. E.）·······348,358
イオワース（Ffylys Iowerth）···············291

イングランド（England G.）···············301
ヴィクトリア女王（Queen Victoria）···176,350
ヴィグノールズ（Mr. Vignoles）········159,164
ウィニフレッド（St. Winifred）········336,345
ウィラン（Willan T. C.）·····················13
ウィリアム征服王（William the Conqueror）
　································332,335
ウィリアムス（Williams E. Ellis）····87,104,107
ウィリアムス（Williams John）·········74,115
ウィリアムズ（Williams Charles）·············67
ウィリアムズ（Williams Owen）········345,346
ウィリアムズ（Williams Thomas）··········356
ウィルキンス（Wilkins John）················279
ウィルキンソン（Wilkinson Isaac）·····24,122
ウィルキンソン（Wilkinson John 1728-1808）
　·················2,8,23-30,121,122,361
ウィルキンソン（Wilkinson William）·········38

索引　379

ウィルキンソン親子················23-25, 27
ウィルソン（Wilson John E. A.）···113, 130-132
ウィルソン（Wilson John）······················61
ウィン（Sir Watkin Williams Wynn）···7, 8, 27, 210, 232
ヴェーン伯爵（Earl Vane）···210, 213, 221, 227, 232
ウェリントン（Wellington A. W.）··········19, 56
ウォーカー（J. Walker）·························172
ウォード（Ward J. R.）····················115, 131
ウォードル大佐（Wardle Gwyllym Lloyd）·····19
ウォーカー（Walker J.）·························165
ウォーカー少佐（Major Walker）···············279
ウォートン氏（Mr. Vaughton）···················279
ウォーバートン家（The Warburtons）············83
エアード（Aird John）····························64
エイクマン（Aickman Robert）··················134
エイチソン（Aitchson G. C.）····················250
エヴァンズ R.（Evans R.）·······················315
エヴァンズ（Evans Thomas）······················61
エヴィンス（Messrs Cropper Evins）············169
エドワード1世（Edward the 1st）·······59, 75, 193, 329, 335, 349, 350, 364
エドワード7世（Edward the 7th）···········352
エメリー（Emery G.）·····················123, 132
エリザベス1世（Elizabeth I）···········74, 190
エリス（Ellis）·······································84
オウエン（Owen John）···························94
オウエン（Owen Humphrey）·····················94
オウエン（Owen Robert 1771-1858）············18
オウエン（Owen G.）····························213
オウエン（Owen John）·························251
オウエン（Owen Ann）·························207
オードリー（Rev. Wilbert Awdry）······280, 294
オーバートン（Overton George）···············293
オッシュ（Hoche L. L. 1768-97）·················47

【か行】

カッソン兄弟（Casson Bros.）···········290, 291
カラドッグ（Caradog）·························336
ガーランド（Garland Patrick）··················277
カンブレンシス（Cambrensis Giraldus 1149-1223）···································13, 330
キナストン-パウエル（Kynaston-Powell John）···································110
ギボンズ兄弟（Gibbons Bros.）··················279
キャドベリー家····································31
ギャラウェイ（Garaway A.）···············316, 317
ギルバート（Gilbert Frank）·····················316
ギルピン師（Reverend William Gilpin）······329, 330
クック（Cook Thomas 1808-92）·········189, 204
クラーク（Clarke M. L.）························190
クライヴ卿（Lord Clive）························126
クライムズ（Crimes Thomas）··················126
クラックストン（Claxton Christopher）·····174
グリーヴズ（Greaves John Whitehead）···290, 309
グリッセル（Grissell Thomas）··················179
グリフィス（Griffith Hugh）·····················337
グリン（Glynne Sir Stephen）·················5, 8
グレイ（Gray Thomas）··················329, 330
クレイトン（Clayton Elizabeth）················29
グレッサー（Graesser Robert）··················122
クロウザー（Crawther Timothy）···············122
クローシェイ家····································143
グロスター公爵（Duke of Glocester）·········340
クロッパー（Clopper）····················167, 170
クロムウェル（Cromwell O. 1599-1658）···46, 231
ケア（Sir Reginald Kerr）·····················149
ケイ（Kay George）··························7, 216
小池滋·······························327, 354, 363
ゴードン（Rear-Admiral Sir James A. Gordon）···································163, 164
コールマン（Coleman T.）··············208, 322
ゴット（Gott Benjamin）·························20
コットン（Cotton Robert）··············335, 336
コナチャー（Conacher John）············225, 226
コニーベア（Coneybeare Henry）···············212
コルベット（Corbett W.）························273
コルベット（Corbett J）·························350
コルベット家····································350
ゴルボーン（Golborne John）·····················57
コレット（Collet W. R.）··················166, 177

【さ行】

サヴィジ··70
サヴィン（Savin Thomas）···207-214, 219-221, 230-232, 253, 285, 310, 342, 348, 352
サヴィン兄弟·····································211
ザルツブルク（Adam de Salzbulg）···········335

サンドビー（Sandby Paul）……………329
シェークスピア（Shakespeare W. 1564-1616）
　………………………………333,335
ジェソップ（Jessup Josias）……………115
ジェソップ（Jessop William）………29,57,110,
　113-115,117,121,366
シェリー（Shellry P. 1792-1822）…………321
シェリダン（Sheridan R. B. 1751-1816）……321,
　333
ジェンキンス（Jenkins J. G.）………21,22,35-37
ジェンキンス（Mr. Jenkins）…………160,164
シモンズ（Simmons Captain）…………172,175
ジャクソン（Jackson Peter）………………123
ジャクソン（Jackson T.）……………168,169
ジャクソン（Jackson Thomas）……………177
シュムペーター（Schumpeter J. A. 1883-1950）
　……………………………………11
ジョージ3世（George III）……………7,333
ジョナサン（Jonathan D.）…………………12
ジョーンズ（Jones Caradog）………………270
ジョーンズ（Jones Hugh）…………………83
ジョーンズ（Johns J. W.）…………213,347,358
ジョーンズ（Jones M.）……………297,316
ジョーンズ（Jones H.）……………………352
ジョーンズ（Jones O. T.）…………………104
ジョーンズ（John Lloyd Jones）…………6,258
ジョーンズ（Jones Pryce）……………21,22,37
ジョンソン（Johnson William）……………123
ジョンソン（Johnson Thomas）……………249
ジョンソン博士（Johnson Samuel, 1709-84）
　…………330,332,334-338,345,355,356,363
シルベスター（Sylvester John）……………336
シンクレア卿（Lord Sinclair）………………7
スウィフト（Swift Jonathan 1667-1745）……45,
　65
スクリヴナー（Scrivener H.）………………27
スケンプトン（A. W. Skempton）……………113
スチュアート（Captain N. P. Stewart）………250
スティーブンス大佐（Colonel Stephens）
　………………………………314,318
スティーブンソン（Stephenson George 1781-
　1838）………51,158,160-162,164,165,167
スティーブンソン（Stephenson Robert 1803-
　59）……11,50,60,131,158,165,167,171-174,
　176,177,185,197,255,298,357,362
スプーナー（Spooner James Swinton）……263,
　294
スプーナー（Spooner Charles）…241,249,263,
　299,302,306
スプーナー親子……………………263,285
スマイルズ（Smiles Samuel 1812-1904）………57
スミス（Smith Adam 1723-90）………………8
スミス（Smith Samuel）……………………124
スミス（Smith Sir F.）……………………164
スミス（Smith James）……………294,322
スラール（Thrale Henry）……………332,333
スラール夫人（Thrale Hester Lynch）……332-
　337,355-356
スラール家…………………330,335,338,363
スワード（Sword J. A. S.）…………………131
セント・ビューノ（St. Beuno）……………336
ソールズベリ家（Salusburys）………………332
ソールズベリ（Salusury John）……………335

【た行】

ターナー（Turner M.）………………………5,32
ターナー（Turner William）………84,94,110
ターナー（Turner J. J.）……………………127
ターナー（Turner William）…………290,291
ダービー1世（Darby A. 1677-1717）……24,27
タイラー（Tyler H. W.）……264,286,300,302,
　323
ダッドフォード（Dadford Daniel）………83,114
ダッドフォード（Dadford John）……………117
ダッドフォード（Dadford Thomas）…83,114,
　117,240
ダンコム（Duncombe John）………………110
チャップマン（Chapman J. A.）………………4,5
ツルンパー兄弟（James と William Szlumper）
　………………………………………247
ディーズ（Deas George）……………………61
デイヴィス（Davies David 1818-1890）……200,
　207-212,215,219,221,223,227,231-233,253,
　285,310,324
デイヴィス（Davies E. R.）………314,315,318
デイヴィス師（Davies Revd. Walter）…………7
テイラー（Taylor Captain George）…………64
ティレル（Tyrell Timothy）…………………165
デフォー（Defoe D. 1660-1731）……31,328,329
テルフォード（Telford Thomas 1757-1834）
　…iii,10,42,44,47,49-61,110,113,114,121,
　129,157,162,171,193,255,293,332,366

索　引　381

ドーセット公爵（Duke of Dorset）………… 340
トーン（Tone Wolfe）……………………… 46, 47
ドッド（Dodd A. H.）…………… 4, 5, 24, 77, 107
トマス（Thomas John）……………………… 176
トマス（Thomas Dylan 1914-53）…………… 342
トムソン（Thompson Francis）……………… 174
トリンダー（Trinder B.）…… 71, 72, 74, 75, 77, 276, 277
トレヴィシック（Trevithick F.）…………… 174

【な行】

ナポレオン（Napoleon Bonaparte, 1769-1821）
　……………………………………………… 47, 56
ニーダム（Needham D.）……………………… 155
ニューバラ卿（Lord Newborough）…… 293, 303, 337

【は行】

パーキン（Perkin H.）………………………… 353
バーク（Burke Edmond, 1729-97）………… 333
パーネル（Parnell Henry B,. 1776-1842）… 50, 51, 58, 59, 73, 157
ハーパー（Harper, C. G.）…………… 53, 57, 73
パーマー（Palmer Graham）………………… 136
パーマー（Palmer John）……………………… 69
パーマーストン（Palmerston H. J. T. 1784-1865）……………………………………… 290, 293
バーロー博士（Professor Barlow）………… 164
ハウエル（Howell David）…………………… 210
バウズ（Bowes L.）…………………………… 139
バグウェル（Bagwell P. S.）…………… 70-72, 129
ハスキッスン（Huskisson William, 1770-1830）
　……………………………………………… 51
バック（Buck G. W.）…………………… 117, 131
パックストン（Paxton Joseph）………… 189, 190
バックリー（Buckley J. F.）………………… 226
ハッドフィールド（Hadfield Charles）…… 28, 73, 113, 114, 122, 130, 132-135, 151
バナー（Banner J. S. H.）…………………… 250
バリー（Barry J. M.）…………………… 31, 50
ハンター（Hunter Robert）………………… 136
ハント（Hunt William）……………………… 18
ハント兄弟（Hunt Bros.）…………………… 275
ハンフリーズ（Humflies）………… 315, 316, 318
ピアシー（Piercy Benjamin）…… 208, 210-212
ピーコック（Peacock Thomas Love）…… 321, 358
ビーズ家………………………………………… 31
ビーチェイ（Captain Beechey）………… 163, 164
ピートー（Peto Henry）……………………… 177
ピートー（Peto Samuel. Morton.）…… 158, 167, 77-186, 188-189, 191, 194, 196-198, 214, 343, 346, 363
ヒープ（Heap Joan）………………………… 146
ピール（Peel Robert, 1788-1850）……………… 51
ヒクソン（Hickson Charles）……………… 123
ピュー（Pugh William）………… 17, 46, 116, 207
ピュー（Pugh John）………………… 210, 258
ヒューズ（Hughes M.）…………………… 71, 73
ヒューズ（Hughes P. G.）………………… 42, 50
ヒューズ（Hughes William）……………… 121
ヒューズ（Hughes E.）……………………… 107
ヒューズ（Hughes S.）…… 116, 124, 127, 131, 132
ヒューズ（Hughes J. S.）…………………… 249
ヒューズ（Hughes John Cerriog）………… 358
ヒル（Hill Octavia）………………………… 136
フィッツジェラルド（Fitzgerald W. V.）……… 50
フェアバーン（Fairbairn Wm.）………… 174, 176
フェアリー（Fairlie Robert F.）… 285, 300-302, 305, 318
フェントン（Fenton R. S.）………… 100, 101, 107
フォスター（Foster T. H.）………………… 49, 50
ブッシュ（Bush George）…………………… 351
プライス（Pryce R. D.）……………… 214, 219
ブラウン（Brown S. 1776-1852）………………… 58
ブラッシー（Brassey Thomas, 1805-1870）
　…… 158, 167, 177, 179-182, 196, 197, 200, 202, 214
ブリーキー（Breakey William）………… 168, 170
プリーストリー（Priestley Joseph, 1733-1804）
　………………………………………………… 25, 38
プリチャード（Pritchard T. F. 1723-1777）
　……………………………………………… 131
ブリッジウォーター侯爵（Duke of Bridgewater, 1736-1803）………………… 109
ブリンドリー（Brindley James, 1716-72）… 51, 60
ブルックス（Brooks E. C.）…………… 198, 202
ブルネル（Brunel I. K.）…… 160, 174, 177, 298
ブレア（Blair Thomas）………………………… 45
プレストン（Preston Edward）……………… 241
プロヴィス（Provis William）……………… 61, 293

ブロードベント（Broadbent Bill）............ 316
ヘイズルダイン（Hazledine William）........ 61,
  114, 121, 129, 131
ヘイドン・ジョーンズ（Haydon Jones H.）
  .... 272, 274, 276, 280, 287
ヘイドン・ジョーンズ夫人..................... 278
ペグラー（Pegler Allan）..................... 316
ベッツ（Betts E. L.）......158, 167, 170, 177-184,
  187, 196, 202
ペティック兄弟（Pethick Bros.）.............. 247
ペナント（Pennant John）....................... 82
ペナント（Pennant Richard, 1737-1808）.... 82,
  83, 240, 252, 256
ペナント（Pennant Thomas.）......16, 18, 22, 82,
  335, 356
ヘンリー7世（Henry VII）............. 330, 332, 349
ペンリン卿（Lord Penrhyn）.......43, 44, 55, 83,
  193, 240, 241, 253, 320
ホアリー（Whalley George Hammond）....206,
  207, 211, 212, 231
ボイド（Boyd J. I. C.）............ 242, 261, 315, 325
ホウク（Hawke G. R.）............................ 12
ボーガン（Baughan P. E.）...... 174, 188, 189, 258
ポーター（Porter A. L.）........................ 242
ポーテウス（Porteous J. Douglas）...... 119, 131
ボールトン（Boulton M. 1728-1809）...... 25, 30
ボズウェル（Boswell James）................... 333
ホプキンス（Hopkins R.）...................... 208
ホランド Jr.（Holland Samuel Jr.）...... 160, 256,
  290, 294, 299, 303, 310, 318, 320
ホランド Sr.（Holland Samuel Sr.）.......... 320
ホランド（Holland Charles M.）.............. 299
ホワイトハウス（Whitehouse Pat）........... 277

【ま行】

マーフィー（Murphy G.）..................... 283
マカダム（Mcadam J. L. 1756-1836）...... 10, 42
マッキンタイア（Macintyre J. S.）........... 313
マッコーネル（McConnel James）...... 259, 262
マッコーネル（McConnel William）..... 259, 273
マッコーネル（McConnel Thomas
  Houldsworth）............ 259, 262, 266, 273, 274
マッコーネル家.......................... 262, 485
マドック王子（Prince Madock）.............. 321
マドックス（Madocks William Alexander）
  .... 8, 19, 86, 291-293, 318, 321, 342

マリナー女史（Marriner S.）.................... 39
ミルン（Milne A.）.............................. 50
ムアサム（Captain C. R. Moorsom）....168-170,
  177, 185
ムンク（Munk Lionel）................... 140, 149
メトカーフ（Metcalf John 1717-1810）...... 10
モスティン卿（Lloyd Mostyn）......... 345, 346
モース（Morse S. F. B. 1791-1872）.......... 198
モリス（Morris William）..................... 246

【や行】

ヤング（Young Arthur 1741-1820）...... 7, 25,
  329-331
湯沢威..................................... 76, 200, 286, 370
吉賀憲夫........................ 31, 321, 327, 354, 370

【ら行】

ライス（Lyth P.）............................ 70-72
ライト（Wright Ian L.）..................... 149
ラシュルム卿（Lord Rusholme）........ 140, 153
ラスボーン（Rathbone Joseph）........... 29, 39
ラッセル（Russell Jim）................. 276, 277
ラッセル（Russell Richard）................. 338
リーズ（Rees D. M.）........................ 23, 38
リーズ（Rees James）......................... 247
リチャーズ（Richards A.）................... 106
リチャーズ（Richards David）............... 103
リード（Reed Charles）...................... 190
リックス（Rix Michael）..................... 139
リプソン（Lipson E.）......................... 21
ルイス（Lewis G.）..................... 213, 232
ルソー（Rousseau J. J. 1712-78）............ 329
レアード（Laird John）....................... 176
レニー（Rennie John）...... 46, 50, 57, 60, 63, 64
ロルト（Rolt L. T. C.）...... iv, 57, 74, 134, 135,
  140, 145, 150-152, 237, 276-280, 288, 365
ロイド（Lloyd C.）........................ 27, 28
ロイド（Lloyd E.）............................ 29
ロイド（Lloyd L.）...... 91, 94, 97, 98, 103, 107
ロイド（Lloyd J. R.）......................... 110
ロイド・ジョージ（Lloyd George David 1863-
  1945）................................. 349
ローレンス（Lawrence R.）............... 44, 69
ローンズリー（Rawnsley Hardwicke）..... 136
ロスチャイルド（Rothschild N. M. 1777-1836）
  .... 290, 293

ロバーツ（Roberts John）……………94
ロバーツ（Roberts W.）……………211
ロバーツ（Roberts Robert）…………298
ロバーツ（Roberts Thomas）…………62

【わ行】

ワーズワース（Wordsworth William. 1770- 1850）………………………330, 349
ワイアット（Wyatt Benjamin）………83, 240
ワイアット（R. H. Whyatt）……………149
ワット（Watt J. 1736-1819）………20, 25, 26
ワトソン（Watson William）……………177

【著者略歴】

梶本元信（かじもと・もとのぶ）
　1976年　関西大学大学院経済学研究科博士課程単位取得満期退学
　1991年　帝塚山大学経済学部助教授
　1995〜96年　ウェールズ大学カーディフ校留学
　現　在　帝塚山大学経済学部教授，博士（経済学）

【主要業績】
　単著『南ウェールズ交通史研究』日本経済評論社（2000年）
　分担執筆『21世紀イギリス文化を知る事典』出口保夫・小林章夫・斉藤貴子編，東京書籍（2009年）
　分担執筆『観光の経営史』市川文彦・鶴田雅昭編，関西学院大学出版局（2009年）
　翻訳　バグウェル P. S. & ライス P.（著）『イギリスの交通』大学教育出版（2004年）

北ウェールズ交通史論

2010年2月25日	第1刷発行	定価（本体5800円＋税）	

　　　　　　　　著　者　　梶　本　元　信
　　　　　　　発行者　　栗　原　哲　也
　　　　　　　発行所　株式会社　日本経済評論社
　　　　　〒101-0051　東京都千代田区神田神保町3-2
　　　　　　電話　03-3230-1661　FAX　03-3265-2993
　　　　　　　　　　　　info@nikkeihyo.co.jp
　　　　　　　URL：http://www.nikkeihyo.co.jp/
装幀＊奥定泰之　　印刷＊藤原印刷・製本＊高地製本所

乱丁落丁本はお取替えいたします。　　　　Printed in Japan
Ⓒ KAJIMOTO Motonobu 2010　　　ISBN978-4-8188-2085-2

・本書の複製権・翻訳権・上映権・譲渡権・公衆送信権（送信可能化権を含む）は，㈱日本経済評論社が保有します。
・JCOPY　〈㈳出版者著作権管理機構　委託出版物〉
本書の無断複写は著作権法上での例外を除き禁じられています。複写される場合は，そのつど事前に，㈳出版者著作権管理機構（電話 03-3513-6969，FAX 03-3513-6979, e-mail: info@jcopy.or.jp）の許諾を得てください。

梶本元信著
南ウェールズ交通史研究
A5判　3300円

18世紀後半のエネルギー革命にともなうイギリスの工業化と交通の発展は、南ウェールズ・カーディフ及びその後背地の運河、鉄道、港湾、海運と産業にどのような影響をもたらしたか。

坂巻 清著
イギリス毛織物工業の展開
——産業革命への途——
A5判　6500円

世界最初の産業革命はどのようにして始まったのか。欧米の最近の研究動向をふまえ、イングランド西部、ヨークシャー、ランカシャーなど地域繊維工業に即して実証的に分析。

ジェフリー・ジョーンズ著／坂本恒夫・正田繁監訳
イギリス多国籍商社史
——19・20世紀——
A5判　5500円

激動の二〇〇年、今日、世界の各地に事業の内容や形態を変えて今なお生き残っているイギリス多国籍商社の歴史を、日本の総合商社の歴史と織り交ぜながら生き生きと描く。

山田徹雄著
ドイツ資本主義と空港
A5判　6000円

都市、地域と空港を媒介とする空間的輸送関係および空港への投資を通じた連邦政府、州政府、自治体の空間的資本関係を本格的に分析する。『ドイツ資本主義と鉄道』の続編。

老川慶喜編著
東京オリンピックの社会経済史
A5判　4200円

東京五輪は、高度経済成長期の日本社会とどのように共鳴しあっていたか。都市開発、万博・ロンドン五輪との比較、消費、娯楽、流通など多彩な視点から検討する。

（価格は税抜）　日本経済評論社